吉林大学"985工程"项目"中国残疾人社会保障与服务体系研究"
中国残联重点招标项目"东北农村残疾人社会保障与服务体系研究"（2010001）

中国残疾人社会保障与服务体系研究

宋宝安　主编

ZHONGGUO CANJIREN SHEHUIBAOZHANG
YU FUWUTIXI YANJIU

中国社会科学出版社

图书在版编目（CIP）数据

中国残疾人社会保障与服务体系研究/宋宝安主编 .—北京：中国社会科学出版社，2013.4
ISBN 978-7-5161-2400-0

Ⅰ.①中… Ⅱ.①宋… Ⅲ.①残疾人—社会保障—研究—中国 ②残疾人—社会服务—研究—中国　Ⅳ.①D669.69

中国版本图书馆 CIP 数据核字（2013）第 066738 号

出 版 人	赵剑英	
选题策划	卢小生	
责任编辑	林　玲	
责任校对	高　婷	
责任印制	李　建	
出　　版	中国社会科学出版社	
社　　址	北京鼓楼西大街甲 158 号（邮编 100720）	
网　　址	http：//www.csspw.cn	
	中文域名：中国社科网　010-64070619	
发 行 部	010-84083635	
门 市 部	010-84029450	
经　　销	新华书店及其他书店	
印　　刷	北京市大兴区新魏印刷厂	
装　　订	廊坊市广阳区广增装订厂	
版　　次	2013 年 4 月第 1 版	
印　　次	2013 年 4 月第 1 次印刷	
开　　本	710×1000　1/16	
印　　张	24.5	
插　　页	2	
字　　数	412 千字	
定　　价	60.00 元	

凡购买中国社会科学出版社图书，如有质量问题请与本社发行部联系调换
电话：010-64009791
版权所有　侵权必究

目 录

前言 ……………………………………………………………… (1)

社会保障与社会服务篇

我国农村残疾人扶贫工作的历程与经验 ……………… 程 凯 (3)
农村残疾人社会保障与扶贫开发政策 ………………… 乔尚奎 (13)
东北农村残疾人社会保障与社会服务体系建设研究
    综合报告 …………………………………………… 宋宝安 (17)
反社会排斥视角下的我国农村残疾人就业
    问题研究 …………………………………… 周 沛 陈 静 (32)
基本公共服务均等化视角下的我国农村残疾人社会
    保障制度建设研究 ………………………………… 许 琳 (43)
为农村残疾人提供规范化就业服务的思考 …………… 杜 仲 (54)
农村残疾人社会保障与服务体系的实践探索研究
    ——以辽宁省抚顺县为例 ………………………… 胡亚菊 (64)
健全和完善农村残疾人社会保障和公共服务体系的
    途径 ……………………………… 张 臻 唐晓雪 林海燕 (73)
解析农村残疾人社会保障存在的问题
    ——以黑龙江省海伦市东林乡复兴村和兴海村
        残疾人为例 …………………………………… 姜 丽 (79)
平衡型就业政策下的东北农村残疾人就业问题研究 …… 李艳艳 (88)
东北农村残疾人社会服务供需的实证分析 …………… 刘 畅 (97)
我国东北地区农村残疾人医疗保障现状与问题研究 …… 马 宁 (105)

农村残疾人社会保障参保情况及其影响因素研究 ………… 王璐航（116）
东北农村残疾人社会保障问题 ……………………………… 王　一（130）
残疾人家庭扶助与社会保障的功能比较 …………………… 王　一（143）
以残疾人为专门对象的社会保障体系构想
　　——从普惠制度下的有限特惠向专门保障的转向 …… 王　一（153）
东北农村残疾人健康、医疗问题研究 …………………… 刘婧娇（167）
东北农村残疾人劳动就业问题研究 ……………………… 刘婧娇（175）
农村残疾人社会服务问题 ………………………………… 刘婧娇（185）
浅议农村残疾人托养中心的建立 ………………………… 严　妮（195）

经济研究篇

吉林省农村残疾人扶贫工作探索与实践 …… 吉林省残疾人联合会（205）
海伦市残疾人社会保障体系和公共服务体系的
　　建设研究 …………………… 黑龙江省海伦市残疾人联合会（215）
强化服务意识完善保障体系切实解决
　　残疾人困难 ………………… 黑龙江省富锦市残疾人联合会（219）
农村残疾人社会保障与服务体系
　　调查报告 …………………… 黑龙江省富裕县残疾人联合会（224）
吉林省农村残疾人群体组织的可行性分析 …… 黄晶梅　王爱国（231）
东北农村残疾人幸福感影响因素研究 ………… 徐晓海　詹　璐（243）
文化适应视角下的农村残疾人扶贫政策体系创新研究 …… 张　一（251）
东北农村残疾人婚姻状况及其影响因素分析 …………… 姜　丽（264）
农村残疾人文化需求问题研究 …………………………… 刘婧娇（283）
农村精神残疾人问题研究 ………………………………… 刘婧娇（290）
东北农村残疾人生活方式研究 …………………………… 宋向鑫（302）
东北农村残疾人社会地位与观念问题 …………………… 刘　畅（306）
东北农村残疾人收入与生活水平问题 …………………… 刘晓芳（317）
东北残疾人社会地位影响因素及对策研究 ……………… 芙蕾雅（326）
东北农村残疾人社会参与问题研究 ……………………… 颜　贺（335）

社会福利企业研究 …………………………………… 严　妮（347）
我国农村残疾人就业问题研究
　　——基于东北农村残疾人调研 …………………… 严　妮（354）
"早期疗育"：完善我国农村残疾儿童福利体系和服务
　　体系建设的核心问题
　　——基于"康复"和"教育"部分的实证分析 ……… 高圆圆（368）

前　　言

　　本书作为"农村残疾人社会保障体系和服务体系建设研讨会暨第五届中国残疾人事业发展论坛"的最终成果，同时也是吉林大学残疾人社会保障与服务体系建设"九八五"基地的研究成果之一。这项成果凝结着作者们的辛勤劳动和心血，体现着专家学者们对残疾人群体的关爱、责任与使命，标志着人们对社会公平正义的担当，是一本具有重要学术价值与人文关怀的著作。

　　"农村残疾人社会保障体系和服务体系建设研讨会暨第五届中国残疾人事业发展论坛"于 2011 年 12 月 2 日召开，这次会议由中国残疾人联合会、中国残疾人事业发展研究会、吉林大学、北京大学、中国人民大学、山东大学、南京大学、吉林省残疾人联合会、长春市残疾人联合会等九家单位共同主办，由吉林大学承办，吉林大学残疾人事业发展研究中心、北京大学中国残疾人事业发展研究中心、中国人民大学残疾人事业发展研究院、山东大学残疾人事业发展研究中心、南京大学残疾人事业发展研究中心协办。可以说，这次会议汇聚了国内最高水平的残疾人研究力量。

　　这次会议得到了党和国家有关部门的重视。国家扶贫办副主任郑文凯出席会议，吉林省副省长王化文代表吉林省委省政府致欢迎词，吉林大学党委书记陈德文教授作了热情洋溢的致词。陈书记指出，残疾人事业是崇高的事业，是中国特色社会主义事业的重要组成部分。促进残疾人事业健康发展，不断改善残疾人的生活状况，是全面建设小康社会的重要任务。此次会议的召开给大家创造了一个对农村残疾人事业进行理论探讨和实际工作经验交流的平台，一定会取得丰硕的成果。

　　中国残联副理事长程凯也对本次会议的召开表示热烈的祝贺并对今后农村残疾人社会保障与服务体系建设的重点与方向做出指示。

　　此外，国家有关部委领导、各地残联组织的代表、知名残疾人事业研究专家和学者 100 余名参加了本次会议。大会分为农村残疾人社会保障体系与服务体系建设设置两个分论坛，每个论坛均分设专家学者研讨与地方残联工作经验交流两个环节。通过这一平台，实现理论研究与实践工作的互补与结合，使每一位与会人员受益匪浅。

从本书收录论文的研究方向看，大致可划分为农村残疾人社会保障制度和农村残疾人社会服务体系两个方面。就农村残疾人社会保障制度的研究来看，学者们的观点大体可归纳为以下三个方面：

第一，从社会排斥的视角探讨了我国残疾人的就业问题。学者们提出，就业是从根本上消除社会排斥、促使残疾人融入社会的最有效措施；解决农村残疾人就业问题的主要途径，包括建立并完善覆盖农村残疾人的教育培训体系、强化对农村残疾人的就业扶持政策、构建农村残疾人就业的社会支持网络。

第二，从基本公共服务均等化视角对农村残疾人社会保障制度建构进行研究。基于实现基本公共服务均等化这一目标，必须坚持重点保障与特殊扶助相结合、一般性制度安排与专项制度安排相结合的原则，将农村残疾人纳入覆盖城乡居民的社会保障体系并予以重点保障和特殊扶助，为农村残疾人改善弱势地位、实现"平等、参与、共享"的目标提供强有力的制度保证。

第三，地方残联代表分别就本省农村残疾人社会保障制度的建设情况、存在问题与解决思路等方面进行了总结。学者们提出，农村重度残疾人居家服务不可替代，尊重残疾人的自由选择权是必须遵循的原则；目前，农村残疾人最迫切、最现实、最直接的利益问题仍然是温饱和康复问题。

就农村残疾人社会服务体系的研究来看，学者们提出，抢救性康复项目还存在投入资金总量有限、康复资源的城乡配置不合理、后续康复无法跟进、民办康复训练机构生存困难和对家长的支持较少等问题，并在此基础上提出了相关的政策建议；农村残疾人在社会保障和公共服务方面所享有的优、特惠政策及其效果非常有限，其社会保障的供求缺口仍较大，享有的基本公共服务面也较窄，农村残疾人生活质量处于低水平；从政府相关农村残疾人组织发展的政策保障以及社会第三部门社会责任的践行角度论述了吉林省农村残疾人群体自我组织的可行性。

残疾人作为一个特殊困难、特别需要扶助的社会群体，他们的生活状况最能体现社会关爱与文明程度。中国党和政府历来十分重视残疾人工作，残疾人事业不断取得历史性新成就。残疾人社会保障和服务体系建设扎实推进，残疾人生存和发展状况明显改善。但是，相比较社会整体发展水平，残疾人社会保障水平还比较低，服务十分薄弱，部分残疾人生活状况依然困苦，尤其是对于我国广大农村地区而言，由于受诸多因素的影响与制约，残疾人的社会保障与服务体系建设与城市存在巨大差别，无论是社会保障还是社会服务，都远远不能满足农村残疾人的基本需求。

残疾人事业发展任重道远，希望在越来越多的人的关爱和努力下，残疾人的美好生活能够早日实现，特别是农村残疾人的社会保障与服务体系不断完善。

宋宝安

2013 年 4 月

社会保障与社会服务篇

我国农村残疾人扶贫工作的历程与经验

中国残疾人事业发展研究会会长 程 凯

残疾与贫困具有同源性，常常互为因果。在一个长期处于社会主义初级阶段的人口大国发展残疾人事业，当然要把关注并解决残疾人的贫困问题放在突出位置。改革开放以来，借助国家大规模有计划的扶贫开发的不断深入，我国农村残疾人扶贫工作经过二十多年探索，已经走出一条符合国情、富有特色、初见成效的路子，成为我国残疾人事业的重要发展领域和我国扶贫减贫事业的重要组成部分。

一 我国农村残疾人扶贫工作的历程

农村残疾人扶贫开发大体经历了四个阶段：

（一）起步摸索阶段（1991—2000年）

中国残疾人联合会（简称"中国残联"）成立以前，没有专项残疾人扶贫计划和措施，绝大多数农村残疾人生活困难、缺乏保障，主要依靠家庭供养。中国残联成立以后，开始有计划地进行残疾人扶贫开发工作。

1991年，中国残联向中央提出开展康复扶贫的建议，得到中央领导的肯定和支持。当年，中国农业发展银行安排400万元专项康复扶贫贷款进行试点，中国残联为此专门在河北省承德市召开部分省市康复扶贫工作会议，在12个省的13个县安排落实贷款试点，拉开了残疾人扶贫工作序幕。1991年年底，国务院批转《中国残疾人事业"八五"计划纲要（1991—1995年）》，纲要首次提出了残疾人扶贫工作的任务目标。此后十多年，"初步解决残疾人温饱"成为残疾人扶贫工作的主要目标。"八五"计划纲要提出四项扶贫措施：（1）各级政府要将贫困残疾人纳入扶贫工作，在资金和物资上给予照顾。（2）通过康复手段改善残疾人的身体功能，帮助其参加生产劳动、脱离贫困。（3）专门安排贴息贷款用于残疾人康复扶贫。（4）地方各级政府要减轻农村残疾人的社会负担，为残疾人提供优先服务和特别扶助。

1992年8月，国家正式批准设立"残疾人康复扶贫贴息贷款"，安排贷款指标1亿元，并明确主要投向非国定贫困县。此后，贷款规模逐步增加，1998年开始每年固定安排8亿元。

1994年，国务院颁布实施《国家八七扶贫攻坚计划（1994—2000年）》，要求"各级残联要积极参与扶贫开发工作"，"中国残疾人联合会要继续做好贫困残疾人的康复扶贫工作"。

1995年，国务院颁布《中国残疾人事业"九五"计划纲要（1996—2000年）》。纲要提出了四条扶贫措施：（1）各级政府和有关部门要将残疾人扶贫列入议程，加强领导，落实经费。（2）扩大康复扶贫贷款规模，扶持发展残疾人扶贫项目，地方要安排相应配套资金。（3）农村要以"集体经济为主，地方补贴为辅"的原则对特困残疾人实行统筹扶助。（4）动员社会力量广泛开展"帮、包、带、扶"。与"八五"计划相比，"九五"计划措施比较具体，并首次提出对贫困残疾人进行社会帮扶。

1997年10月，中国残联在辽宁省辽阳市召开全国残疾人扶贫解困工作会议，邓朴方同志作了题为《努力解决残疾人温饱，为实现国家扶贫目标而奋斗》的报告，提出大力推进小额信贷、创办扶贫基地、组建残疾人服务社等一系列新的残疾人扶贫措施。根据会议精神，当年年底在全国范围内展开残疾人贫困户调查，完成《全国残疾人贫困户调查统计报告》，较为全面地掌握了农村贫困残疾人的分布状况。

1998年1月，中国残联在山东烟台召开第12次全国残联工作会议，推广莱州市"三位一体"乡镇残疾人扶贫服务社的工作模式。强调农村残疾人扶贫工作是残联组织重中之重的工作，是基层残联工作的中心，并明确提出"以任务促建设，以建设保任务"。

1998年4月，国务院扶贫开发领导小组、财政部、中国人民银行、中国农业银行、中国残联共同印发《残疾人扶贫攻坚计划（1998—2000年）》，提出三年目标：通过扶贫开发，基本解决适合参加生产劳动的贫困残疾人的温饱；通过社会保障，基本解决缺乏劳动条件的特困残疾人的温饱问题。该计划中首次提出必须坚持扶持到户到人的工作方针，要求在做好小额信贷、扶贫基地、社会帮扶、社会保障等项工作的同时，切实做到优惠政策、科技推广、技术培训和生产服务"四到户"，扶持农村贫困残疾人从事种养业、手工业和家庭副业。

1998年5月，国务院残工委会同四部委共同召开全国残疾人扶贫攻坚电视电话会议，安排落实《残疾人扶贫攻坚计划（1998—2000年）》。中国残联会同国家工商局下发《关于建立和完善残疾人服务社并进行企业法人登记注册的通知》，要求建立面向农村残疾人的服务体系，规定残疾人服务社职责为：(1) 全面调查掌握本地区残疾人劳动就业和生活状况。(2) 组织和扶持农村残疾人从事种植业、养殖业、手工业、家庭副业等多种形式的生产劳动，提供产前、产中、产后综合配套服务。(3) 承担残疾人扶贫的日常工作，承贷承还康复扶贫贷款，并确保扶贫贷款使用到户到人。之后，2001年制定的《农村残疾人扶贫开发计划（2001—2010年）》又对残疾人服务社职责作出了延伸与进一步的规定。

1998年6月，中国残联在陕西省宝鸡市召开全国残疾人小额信贷扶贫到户现场会，邓朴方同志作了题为"积极推行小额信贷，狠抓扶贫到户到人"的讲话，会议现场观摩了宝鸡市岐山县残疾人小额信贷到户到人成功经验。

1999年9月，中国残联与国务院扶贫办、中国农业银行共同在哈尔滨市召开残疾人扶贫开发工作会议，总结"九五"，研究"十五"，推动康复扶贫贷款的到户到人。邓朴方同志到会并现场指导工作。

2000年4月，中国残联分别在四川成都和浙江嘉兴举办中西部和东部两个省级残联扶贫干部培训班，学习国家三农政策，深入推进政策扶贫、基地扶贫和小额信贷到户到人扶贫，培训班还特别研究了依托农业产业化辐射带动残疾人发展生产、增加收入等新的问题。

总的看来，起步摸索阶段，在中国残联领导下，初步奠定了残疾人扶贫工作基础，尤其是邓朴方同志亲力亲为，大力推动，为实践他提出的"劳动福利型"的中国残疾人事业发展道路，在农村开创了残疾人扶贫工作实践的全新局面。当时提出的康复扶贫贷款、小额信贷到户到人、公司加农户、扶贫基地、社会保障、种养加技术培训、党政干部帮包带扶、残疾人服务社等许多新的思路和理念，现在看来依然十分适应国情和残情，展现出与时俱进的思想光芒和实践勇气。

（二）发展开拓阶段（2001—2007年）

2001年，国务院颁布实施《中国农村扶贫开发纲要（2001—2010

年)》，明确提出"把残疾人扶贫纳入扶持范围，统一组织，同步实施"。同年，国务院颁布《中国残疾人事业"十五"计划纲要（2001—2005年)》，提出在国家社会保障制度不断完善的过程中，要不失时机地大力推进残疾人社会保障工作。

为贯彻落实《中国农村扶贫开发纲要（2001—2010年)》和《残疾人事业"十五"计划纲要（2001—2005年)》，中国残联会同国务院扶贫办、财政部、中国人民银行共同制订《农村残疾人扶贫开发计划（2001—2010年)》（以下简称"十年计划"），确定残疾人扶贫开发工作的十年目标为：尽快解决贫困残疾人的温饱问题，继续巩固已有扶贫成果，提高贫困残疾人的生活质量和综合素质，缩小贫富差距，为实现共同富裕创造条件。"十年计划"明确了四项方针：（1）坚持以政府为主导。（2）坚持动员社会力量共同参与。（3）坚持扶贫开发到户到人。（4）坚持自力更生，艰苦奋斗。"十年计划"提出了六项扶贫措施：（1）选择适合地方产业和残疾人特点的扶贫项目。（2）积极发展"公司加农户"和订单农业。（3）大力开展实用技术培训。（4）动员社会解决残疾人扶贫资金、政策、项目、技术困难。（5）制定落实残疾人优惠扶持政策。（6）完善残疾人服务社全方位服务的职能。

在基本解决了残疾人"食不果腹，衣不蔽体"的绝对贫困后，"屋不避风雨"问题已成为农村一些贫困残疾人家庭十分突出的困难。2003年，中国残联对农村贫困残疾人家庭住房情况进行摸底调查，根据全国123个县摸底调查的结果推算，当时全国约有100万户农村残疾人无房或居住危房。2004年年初，中国残联启动中央财政彩票公益金农村危房改造项目，制定下发《农村贫困残疾人危房改造项目实施方案》，在全国率先启动实施农村残疾人危房改造项目（2009年国家开始进行农村危房改造试点）。2004年7月，在吉林省长春市举办全国残联扶贫干部培训班，安排部署危房改造及康复扶贫贷款项目工作。2004年10月，国务院办公厅转发民政部、财政部、中国残联等部门《关于进一步加强扶助贫困残疾人工作意见》，强调了扶贫、救助和保障的综合扶助要求。2004年10月下旬，中国残联与联合国亚太经社会在甘肃兰州共同举办联合国亚太地区残疾人扶贫会议，9个亚太国家和地区代表，联合国亚太经社会、世界银行等国际组织专家，我国有关部门代表出席会议。会议学习观摩了我国残疾人扶贫工作实践，同时召开全国农村残疾人扶贫和危房改造工作会议。

2006年，国务院颁布《中国残疾人事业"十一五"发展纲要（2006—2010年）》。明确三项扶贫指标：（1）扶持1000万农村贫困残疾人基本解决温饱。（2）帮助中西部地区100万名农村贫困残疾人接受实用技术培训。（3）完成32万户农村贫困残疾人家庭危房改造任务。纲要提出五项扶贫措施：（1）将农村贫困残疾人列入政府扶贫工作规划，统筹安排，同步实施。（2）贫困地区将残疾人扶贫开发纳入整体规划，经济较发达地区重点解决低收入残疾人及其家庭的相对贫困问题。（3）开展中西部地区农村贫困残疾人实用技术培训。（4）开展康复扶贫贷款贴息直补残疾人改革试点。（5）继续开展农村贫困残疾人危房改造工作。此外，实施方案中提出要"完善基地扶持服务体系，研究农村残疾人扶贫基地指导性意见，引导各地切实发挥扶贫基地示范、培训、扶持一体化的功能，使扶贫基地逐步纳入规范管理"。12月，中国残联在广州举办全国残疾人扶贫干部培训班，重点交流学习残疾人扶贫基地建设经验。

发展开拓阶段，残疾人扶贫工作得到进一步加强与拓展：一是国家扶贫十年规划中明确规定"把残疾人扶贫纳入扶持范围，统一组织，同步实施"；二是从着力解决温饱问题向解决温饱和扶贫开发并重转变；三是建成了一大批残疾人扶贫基地；四是开始实施农村贫困残疾人危房改造项目，拓展了残疾人扶贫开发的视野和领域。

（三）调整完善阶段（2008—2010年）

2008年3月，中共中央国务院颁发《关于促进残疾人事业发展的意见》（中发〔2008〕7号），针对农村残疾人扶贫提出六条具体要求：（1）保证贫困残疾人能够享受城乡居民最低生活保障和有关生活救助待遇。（2）加快实施农村贫困残疾人家庭危房改造项目。（3）农村危房改造计划优先照顾贫困残疾人家庭。（4）新农保试点地区要帮助农村残疾人参加养老保险。（5）制定和完善残疾人扶贫政策措施。（6）扶持农村残疾人从事种养业、手工业和多种经营，有序组织农村残疾人转移就业，促进残疾人增加收入。

2008年6月，中国残联会同国务院扶贫办、财政部、中国人民银行制定下发《关于康复扶贫贷款管理体制改革的通知》，明确残疾人康复扶贫贷款投放和贴息资金直接管理权限由中央下放到省、到户贷款计划和贴息资金管理权限下放到县，农村残疾人反映强烈的"贷款难"问题初步在政策层面得到解决。

2008年9月，党的十七届三中全会《关于推进农村改革发展若干重大问题的决定》，提出"加强农村残疾预防和残疾人康复工作，促进农村残疾人事业发展"，在党的纲领性文件中这是首次提出如此具体的农村残疾人工作目标。11月，中国残联五代会召开，提出残疾人两个体系建设总体目标：2015年要初步建立残疾人两个体系基本制度框架，2020年，要使两个体系更加完备，服务能力和保障水平得到大幅度提高，残疾人生活状况得到根本改善。两个体系建设进一步明确了残疾人扶贫工作方向，也为农村残疾人扶贫提供了更加有力的政策保障。

2010年3月，国务院办公厅转发《关于加快推进残疾人社会保障体系和服务体系建设的指导意见》，明确了残疾人两个体系建设的目标、框架和内容，针对农村残疾人保障和服务的严重不足，意见强调了对农村残疾人的保障与服务，并明确要求：加强农村残疾人扶贫服务，促进残疾人脱贫。保障农村残疾人充分享受各项惠农政策和社会保障政策，推动残疾人扶贫开发政策与各项社会保障政策的有效衔接。同年8月，国务院办公厅转发国务院扶贫办、民政部、财政部、国家统计局和中国残联《关于做好农村最低生活保障制度和扶贫开发政策有效衔接扩大试点工作的意见》，明确了健全贫困残疾人口的评议识别机制，对符合低保条件的残疾人要做到应保尽保。

进入调整完善阶段以来，国家扶贫开发由主要解决绝对贫困人口的温饱问题转向对农村没有解决温饱的贫困人口、低收入人口全面提供扶持和帮助。借助国家的扶贫政策调整和推进，残疾人扶贫逐步开始得到制度性的安排和保障，将逐步从温饱救济型向温饱救济与开发致富并重、相互衔接、相互促进的方向发展。调整完善阶段的标志性政策有：（1）农村残疾人扶贫工作首次成为党中央国务院促进残疾人事业加快发展和农村工作的重要目标和措施，成为残疾人两个体系建设的重要任务。（2）开始加快搭建"四保一救"（城乡低保、城乡医保、城乡养老保险、城乡保障性住房，救济救助）的农村残疾人社保体系。（3）启动低保和扶贫开发两项制度衔接试点，健全贫困残疾人口识别机制。

（四）全面推进阶段（2011年开始）

2011年3月，全国人大批准实施的《中华人民共和国国民经济和社会发展第十二个五年规划纲要》明确要求：加大对农村残疾人生产扶助和生活救助力度。这是国家五年规划纲要首次对农村残疾人的扶贫工作提出要求。2011年5月，中共中央国务院印发的《中国农村扶贫开发纲要（2011—2020年）》第一次将农村残疾人等困难人群作为扶贫开发"重点群体"，并提出"把对少数民族、妇女儿童和残疾人的扶贫开发纳入规划，统一组织，同步实施，同等条件下优先安排，加大支持力度"；"制定实施农村残疾人扶贫开发纲要（2011—2020年），提高农村残疾人生存和发展能力"的明确要求。纲要还就"加大对农村贫困残疾人就业的扶持力度"、"加大对各级各类残疾学生扶助力度"、"改善贫困地区医疗与康复服务设施条件"、"继续实施残疾人康复扶贫贷款项目"等具体政策措施提出了具体要求。可以说，新的十年国家农村扶贫开发纲要在巩固温饱成果、加快脱贫致富、提高发展能力、缩小发展差距的新扶贫战略中，真正落实了以人为本的扶贫方针，对残疾人等农村贫困和易贫人口的扶持提出了从未有过的具体要求，标志着巩固温饱和提高能力双轮驱动下的扶贫开发新阶段的到来。2011年5月，国务院批准颁发《中国残疾人事业"十二五"发展纲要（2011—2020年）》，在冷静分析"农村残疾人的社会保障与服务亟待改善"的突出问题基础上，提出三项具体任务：（1）加强农村残疾人扶贫开发，扶持1000万农村贫困残疾人改善生活状况、增加收入、提高发展能力。（2）为100万农村残疾人提供实用技术培训。（3）继续实施"阳光安居工程"，改善农村贫困残疾人家庭居住条件。同时明确六方面的具体措施和组织实施"阳光助残扶贫基地建设"的新要求。

经过十三个部门一年多时间的总结、调研、研讨、起草、修改、征求意见并完成会签的《农村残疾人扶贫开发纲要（2011—2020年）》在认真总结《农村残疾人扶贫开发计划（2001—2010年）》的基础上，按照党和国家新十年扶贫开发战略的总体部署，明确了未来十年农村残疾人扶贫开发的基本原则、任务目标、政策保障、扶持措施、组织领导五方面二十条具体要求。纲要第一次明确了部门责任分工，第一次制定了执行评估指标，特别是"纲要"与时俱进提出了未来十年农村残疾人扶贫"要以残疾人社会保障体系和服务体系建设为主线，以增加贫困残疾人家庭收入、提升贫困残疾人口生活质量为目标，以提高农村残疾人基本素质和生存发展能力为重点，加大生产扶助和生活救助力度，全面改善农村残疾人生产生活状况，促进其全面发展"的指导思想，这为实现"保障优先，到户到人，增加收入，提高能力"、"社保保基本、开发促发展"的新十年目标统一了思想，提供了政策依据。

为完善政策，充分发挥康复扶贫贷款在农村残疾人扶贫开发中的作用，2011年10月，财政部、中国人民银行、国务院扶贫办、中国残联共同制发了《关于进一步完善康复扶贫贷款和贴息资金管理有关政策的通知》，将贷款规模从原来的每年8亿元调整为每年不少于10.3亿元，同时提高了中央财政贴息利率，延长了贷款还款期限，并提出"有条件的地方要加大康复扶贫贷款担保金或风险金制度的试点，进一步缓解贫困残疾人贷款难的问题"。

全面推进阶段的鲜明标志是：（1）农村残疾人扶贫开发进一步纳入党和国家全面实现小康的战略部署和新一轮扶贫开发攻坚战，并有望优先安排。（2）农村残疾人扶贫开发进入"强化社保保基本，完善服务促发展"双轮驱动促进残疾人两个体系建设的新阶段。（3）农村残疾人扶贫开发进入政府负责、部门落实、量化评估、全面推进的新时期。

二 我国农村残疾人扶贫工作的基本经验

改革开放以来，国家开始了有计划、有组织的农村残疾人扶贫工作，特别是进入21世纪以来，通过实施《中国农村扶贫开发纲要（2001—2010年）》、《农村残疾人扶贫开发计划（2001—2010年）》，残疾人家庭收入水平稳步提高，生活状况明显改善。十年间，通过各种方式累计扶持农村残疾人2015.7万人次，使得1318万残疾人摆脱贫困，54.6万农村贫困残疾人家庭通过实施中央彩票公益金农村危房改造项目改善了居住条件，868万贫困残疾人接受农村实用技术培训。农村残疾人扶贫工作取得显著成就，有力促进了经济社会发展、减贫事业和民生改善，为我国农村贫困人口减少、农村居民生存和温饱问题解决作出了特殊贡献，有力推动了贫困地区的经济发展与社会和谐。

20多年来，我国农村残疾人扶贫工作的主要经验和做法值得认真总结并发扬光大。

第一，始终从初级阶段的基本国情出发，坚持不懈地推动农村残疾人扶贫工作。政府高度重视扶贫事业，不断将农村残疾人等贫困人口纳入扶持的重点，不断加大扶持力度；在"劳动福利"型的事业发展道路引领下，农村残疾人扶贫工作成为各级残联组织重中之重的工作，并不断研究新情况，努力解决新问题。

第二，始终坚持党政主导，与大扶贫统一安排、同步实施。各级残联成为政府扶贫开发领导小组成员单位，主动配合扶贫办等有关部门协调解决残疾人扶贫工作中出现的问题；地方各级政府大都成立了残疾人扶贫解困领导小组。新旧两个十年扶贫开发纲要都明确农村残疾人扶贫的政策措施，残疾人业已成为扶贫开发的重要人群。

第三，始终坚持动员社会，积极争取各方帮扶。采取"一帮一"、"众帮一"及单位定点帮扶等多种帮包带扶方式，充分发挥基层党团组织的政治优势和党团员的先锋带头作用，主动结对子，帮助解决残疾人生产和生活困难问题。

第四，始终坚持部门配合，共同推动残疾人扶贫开发。充分依靠政府扶贫部门的主导作用和有关部门职责，从解决农村残疾人的医疗、教育、社保、就业、生产等基本需求入手，联手行动，研究解决农村残疾人扶贫工作中出现的新情况新问题。这已成为当前形势下开展残疾人扶贫的重要保障。

第五，始终坚持多渠道筹措资金，千方百计增加投入。截至2010年，国家累计投放康复扶贫贷款超过100亿元；彩票公益金危房改造项目累计投入4.5亿元；慈善组织、民间力量也积极参与农村残疾人扶贫，出钱出策，日益活跃。据估算，全国各地累计投入的残疾人扶贫资金达40多亿元。

第六，始终坚持创新扶贫方式，帮扶带动贫困残疾人。1997年辽阳会议后，残疾人扶贫基地、小额信贷到户到人等多种扶贫方式加快推进。2007年7月23日，邓朴方同志专门为残疾人扶贫基地建设题词："坚持扶贫开发，迈向共同富裕。"目前，全国已累计创办残疾人扶贫基地近5000个，辐射带动了30多万贫困残疾人参加生产劳动增加收入。20多年来，"公司加农户"、"整村赶平均"、"一户一策滚动发展"、"农机合作社"等地方创新的有效扶贫方式，带动众多农村残疾人及家庭摆脱贫困。

第七，始终坚持宣传动员，大力营造扶贫氛围。充分借助大众传媒和农村有效宣传形式和载体，广泛宣传残疾人扶贫政策信息及残疾人扶贫解困典型，为社会和贫困残疾人搭建了沟通联系的桥梁，激励了广大农村残疾人奋发自强、生产自救的勇气和信心，扩大了残疾人扶贫工作的影响，在发动社会、营造氛围及鼓舞残疾人方面发挥了积极作用。

第八，始终充分发挥各级残联组织的特殊作用。可以说，没有残联和各级残疾人组织的参与，我国农村残疾人扶贫工作就不会顺利走上"充分纳入，特别发展"的中国特色残疾人扶贫减贫之路。同时，也正是因为坚持了"以任务促建设，以建设保任务"的扶贫工作方针，基层残疾人组织才能快速发展并不断加强。

在国家新一轮扶贫攻坚战即将打响，农村残疾人扶贫工作全面推进，"十二五"残疾人事业加快发展的新形势下，认真回顾农村残疾人扶贫工作走过的路子，总结好基本经验，对统筹城乡残疾人两个体系建设，完成好"十二五"任务目标都具有重要意义。

农村残疾人社会保障与扶贫开发政策

国务院研究室社会发展司副司长　乔尚奎

农村贫困残疾人是困难群体中的特困群体，是社会成员中最需要关注、最需要帮扶的部分。完善农村残疾人社会保障，是当前残疾人两个体系建设的重要内容，也是加快农村残疾人扶贫开发，改善贫困残疾人生活状况，促进社会和谐和全面建设小康社会的重要举措。

一　农村残疾人扶贫开发成效显著，社会保障有较大改善

2001 年，国家针对残疾人贫困群体专门制定了《农村残疾人扶贫开发计划（2001—2010 年）》，明确提出尽快解决农村贫困残疾人的温饱问题。计划执行十年来，经过各级各方面的共同努力，农村残疾人扶贫开发工作取得显著成效。全国累计扶持农村贫困残疾人 2015.7 万人次，有 1318 万农村残疾人摆脱贫困。农村贫困残疾人家庭收入和自我发展能力不断提高。2010 年农村残疾人家庭人均可支配收入达到 4739.2 元，比 2007 年增加了 1638 元。有 1749 万农村残疾人实现就业获得稳定收入，783 万贫困残疾人接受了农村实用技术培训，23.3 万贫困残疾人在残疾人扶贫基地、合作组织就业或得到帮扶。国家累计投入 80 亿元康复扶贫贴息贷款，扶持 140 余万贫困残疾人通过开展种、养、加工和家庭副业项目增加收入。相当一部分农村贫困残疾人不再单纯依靠家庭供养和社会救济，他们的精神面貌也因此发生可喜变化。

与此同时，农村残疾人社会保障得到加强。近四年残疾人状况及小康进程监测数据显示，2010 年，农村残疾人参加新型农村合作医疗的比例由 2007 年的 84.4% 上升到 96%；领取最低生活保障金的比例比 2007 年

增加了16.1%；新农保试点地区农村残疾人参加比例为73.8%；得到救济的比例比2007年度提高了1.1%；农村残疾儿童义务教育阶段入学率比2007年提高了7%。

农村贫困残疾人住房状况明显改善。国家通过实施保障性安居工程、抗震救灾、易地搬迁、危房改造、小城镇建设等工程，着力解决城乡低收入群众住房困难，共改善了54.6万户农村贫困残疾人家庭居住条件。其中2004年国家开始实施的彩票公益金农村残疾人危房改造项目，中央累计投入5.85亿元，带动地方投入41.2亿元，共为23.4万户农村贫困残疾人家庭实施了危房改造。社会保障既直接改善了农村残疾人的生活状况，也为农村残疾人扶贫开发创造了条件。

二 农村残疾人扶贫开发的艰巨性和加强农村残疾人社会保障建设的必要性、紧迫性

由于农村残疾人生产生活环境普遍较差，又面临着特殊困难，自我发展能力较弱，仍有大量农村残疾人尚未摆脱贫困，扶贫开发任务十分艰巨。一是农村贫困残疾人数量多，扶持难度大。按照2010年国家确定的扶贫标准年人均纯收入1274元统计，2010年年底我国仍有农村贫困残疾人1089万，占全国6225万农村残疾人总数的17.5%，在农村贫困人口中占较大比重。由于身体障碍、劳动能力低，文化程度普遍不高、接受技能培训和发展能力较差，加上医疗康复费用支出高、自然环境限制等多种因素，导致残疾人因残致贫、脱贫难度大、返贫率高，扶贫成本高、工作难度大。二是农村贫困残疾人生活水平与社会平均水平存在较大差距。全国残疾人状况监测数据显示，2010年，农村残疾人家庭年人均纯收入较全国农村居民人均纯收入低近10个百分点，贫困地区农村残疾人家庭年人均纯收入仅占当地居民年人均纯收入的60%。农村贫困残疾人生活救助需求率高达65%，未就业农村残疾人仍靠家庭供养和邻里接济的达76.9%。2010年农村残疾人家庭恩格尔系数高于全国农村居民家庭6.4个百分点，人均医疗支出是全国农村居民医疗支出的2.09倍。三是针对农村贫困残疾人的特惠政策和投入不足。农业税和村集体各项提留费用取消后，基层救济扶助贫困残疾人的原有资金来源中断，由于没有新的资金

来源政策，一些没有集体收入的村基层无法对生活困难的残疾人家庭给予扶助。各级财政用于残疾人扶贫的投入不足。扶贫项目补助标准偏低，扶贫贷款和贴息规模偏小，由于抵押担保等行业规定限制，贫困残疾人获取贷款资金的难度较大。

从农村残疾人社会保障看，总体上仍处于较低水平。据统计，2011年农村应纳入最低生活保障范围的残疾人为980.3万，已纳入的680.8万，还有299.5万残疾人未纳入，一些地方特困残疾人不能全额领取低保金。大部分贫困残疾人对于参加新农保个人缴费的支出还很困难。许多贫困残疾人病、残、贫叠加，需要长期服药维持正常生活，但一些地方新农合制度报销门槛高，报销比例低，缺少针对残疾人康复治疗特殊需要的政策安排，63.5%的残疾人有医疗救助需求。农村贫困残疾人危房改造标准低、设施配套差，全国仍有近50万户贫困残疾人家庭居住在危房中。由于补贴资金少，一些符合条件的贫困残疾人家庭不得不放弃危房改造的机会。

三　切实加大农村残疾人扶贫开发和社会保障建设力度

（一）加大农村残疾人扶贫开发力度

要深入贯彻中央关于促进残疾人事业发展的一系列政策措施，落实《中国农村扶贫开发纲要（2011—2020年）》，加快制定农村残疾人扶贫开发规划，大力改善农村贫困残疾人生产生活状况，增强自身发展能力，促进农村残疾人与全国人民一道奔小康。

第一，坚持政府主导，与国家扶贫战略统一安排，同步实施。各级党委政府要高度重视农村残疾人扶贫开发工作，切实列入议事日程，纳入地方扶贫开发总体规划。积极构建良好的扶贫开发政策体系，整合资源，形成合力，在城镇化改造、劳动力转移培训、产业化扶贫、科技扶贫、移民扶贫、危房改造等项目中，优先安排安置贫困残疾人。创新扶贫开发方式，突破重点和难点，增强实际效果。动员各方面力量广泛参与，深化帮扶结对，营造扶残助残的浓厚社会氛围。

第二，多渠道增加农村残疾人扶贫开发投入。加大财政扶贫资金投入。强化金融贷款扶助贫困残疾人的作用，增加康复扶贫贴息贷款和贴息资金的投入，提高项目贷款和到户贷款贴息比例，积极探索试行残疾人信贷风险担保制度，引导更多社会资金投入。加快研究建立适合贫困残疾人贷款的担保机制，开展农村残疾人个人信贷担保金试点，切实解决贫困残疾人贷款难问题。

第三，大力扶持贫困残疾人提高自我发展能力和收入水平。强化农村残疾人实用技术培训，加大培训补贴力度，建立培训与就业、生产扶持为一体的后续服务体系，帮助残疾人实现就业，加快脱贫致富。积极扶持农村残疾人扶贫基地建设，有效整合扶贫开发的各项政策，充分发挥资金、技术优势，扩大基地规模，安置更多残疾人就业，发挥辐射带动作用。

（二）加大社会保障建设力度

农村残疾人社会保障是农村残疾人扶贫开发的重要支撑，也是农村社会保障与救助体系建设的重点和难点。客观上讲，残疾人作为一个特殊困难群体，在基本生活保障方面的需求要多于健全人，对社会保障的依赖程度更深。因此，要以帮助解决贫困残疾人的基本生活、基本需求和基本保障为立足点和出发点，努力提高以"四保一救"为主体的农村社会保障对残疾人的保障水平，实行普惠基础上的特惠政策。

一是应将农村贫困残疾人全部纳入最低生活保障范围，做到应保尽保。同时，各地方应尽快出台分类施保政策，将贫困残疾人作为重点对象优先保障，并针对残疾人提高低保标准。

二是提高农村贫困残疾人基本医疗康复保障水平。完善新农合制度，应充分考虑贫困残疾人家庭生活负担重和医药费用支出大的实际，降低报销的起报点，提高报销比例，并将残疾人基本医疗康复费用纳入新农合报销范围。

三是扩大残疾人参加新农保个人缴费政府代缴范围。目前，各地普遍对重度残疾人参加新农保个人缴费按最低档给予全部或部分代缴，但其他大多数非重度贫困残疾人还没有享受政策优惠，应将此项优惠政策扩大到所有贫困残疾人，并根据财政实力逐步提高参保档次。

四是实施危房改造要充分考虑残疾人家庭的实际需求，降低残疾人家庭承担费用比例，对居住环境进行无障碍改造，提供水、电等基础设施，添置必要的生活设施必需品，切实改善贫困残疾人的基本生活条件。

五是加大对贫困残疾人家庭的生活救助，逐步建立贫困残疾人生活津贴和重度残疾人护理补贴制度。

东北农村残疾人社会保障与社会服务体系建设研究综合报告

吉林大学哲学社会学院　宋宝安

一　研究工作概述

（一）研究范围和方法

2010年秋季，我们组建了"东北农村残疾人社会保障与服务体系研究"课题组，进行了周密的课题设计，与东北三省残联及黑龙江农垦总局取得联系，制订研究方案。东北三省残联对此项工作给予了大力支持，使调查研究工作得以在全东北范围内顺利开展。

东北是我国的粮食生产基地，农村人口多。据第六次全国人口普查，全区5077万农村人口，占全区总人口的46.4%。在全区634万残疾人口中，有农村残疾人口377万人（持证，没办证残疾人约123万），占农村总人口的7.4%，占残疾人口的59.47%。也就是说，全区多数残疾人生活在农村，很多社会保障和服务问题不像城市那样好解决，农村残疾人问题值得关注。

根据研究的需要和课题组的研究力量，我们分别以东北黑、吉、辽三省和黑龙江农垦总局的农村残疾人口为研究对象，采取典型调查与抽样调查相结合、立意抽样与随机抽样相结合、文献研究与实地研究相结合、定性研究与定量研究相结合的方法，根据农村残疾人所在地的经济发展水平、人口密度两个指标确定县级调查对象，按照0.1%的比例确定样本数量，确定5000农村残疾人作为调查对象。课题组根据立意抽样确定的县（市、分局），在被抽取的黑龙江省富锦市、富裕县、海伦市，吉林省榆树市、安图县、前郭尔罗斯蒙古族自治县，辽宁省抚顺县、义县，黑龙江农垦总局的海伦管理分局、北安管理分局进行分层抽样，每个县级单位按照经济发展水平抽取2个乡镇，每个乡镇随机抽取2—3个行政村作为基本调查单位。课题组对被抽取的行政村的所有残疾人作入户访谈和问卷调查。我们认为，这种抽样方法，既符合研究问题的需要，也能够节省人力物力，还可以有效地避免调查研究工作的片面性，使研究结论和对策建议更有普遍意义。

（二）样本特点

本次调查共发放调查问卷5000份，回收有效问卷4360份，有效问卷回收率为87.2%，符合社会研究统计分析的基本要求。

从样本看，在性别比例方面，男性多于女性。男性残疾人2834人，女性残疾人1526人，这也反映了男女残疾人比例的实际分布情况。在残疾类别比例方面，肢体残疾多于其他残疾。肢体残疾2508人，占57.5%，多于其他六类残疾人的总和，符合残疾类别分布状况；在残疾等级方面，二、三级残疾人占主体，介于重度和轻度之间的残疾人数占总体的60%以上。在文化素质方面，文化程度普遍偏低，初中及以下文化程度的残疾人4012人，是高中以上所有残疾人的18.1倍，特别是文盲的比例，高达20%以上，远远高于正常人比例。在年龄分布方面，以中老年人为主体。31—75岁年龄段的中老年残疾人3814人，占样本总数的87.5%；30岁以下的残疾人377人，占61岁以上残疾人的34%。年轻残疾人远少于中老年人，说明东北农村残疾预防取得了明显成绩。

（三）调研内容

此次调研对涉及残疾人经济收入、劳动就业、生活消费、养老观念、医疗、康复、社会救助、扶贫开发等社会保障的基本方面都作了比较详细的调查研究。对残疾人的社会服务体系建设方面的情况和问题，以及残疾人护理、残疾人托养、残疾人社会服务等基本方面，也都作了较为深入的探讨。此外，课题组还对农村残疾人精神文化方面的情况，比如，文化需求、婚姻家庭、价值观念、社会交往等方面，也作了深入调研。在全面掌握基本情况的基础上，剖析了存在问题的根源，挖掘了影响因素的作用程度，并依据其作用的方向与大小进行排序，找出主要矛盾，为提出对策建议奠定基础。

（四）调研过程和特点

此项研究规模宏大，涉及面广，调研任务比较艰巨。我们组建了由教师、博士研究生、硕士研究生和省、地（市、局）、县（市、区）、乡（镇）、村（组）残联工作人员组成的调研组。在中国残联、黑龙江省残联、吉林省残联、辽宁省残联和黑龙江省农垦总局残联的大力支持帮助下，调研组在富锦市、富裕县、海伦市、北安农场管理局、绥化农场管理局、榆树市、安图县、前郭县、抚顺县、义县所属的部分乡镇和村屯开展调研，深入实地调查研究，行程数千公里，走访调查了2000余人次，召开了有省、县（市）、乡镇残联领导及相关部门以及社保、财政、民政、工商、税务等职能部门参加的各种类型的座谈会60余次，共计约900余人次参加座谈，使我们从宏观上掌握了农村残疾人社会保障体系和服务体系建设的现状、取得的成绩、遇到的主要困难等，为进一步探讨在构建农村残疾人两个体系过程中相互协调与配合机制问题，获取了大量第一手资料，也为我们深入残疾人家庭作更详细的调研提供了前提。我们通过听取残疾人管理部门和残疾人对两个体系建设的看法和解决问题的对策建议，了解了基层的需要，使这项研究更能够贴近残疾人生活实际和工作实际，为对策研究奠定了较好的基础。

农村残疾人调研困难很大。他们居住分散、行动不便、出门困难，甚至语言沟通都有一定困难。但是，由于各地残疾人管理部门都为调研配备了人力物力资源，每个乡镇和行政村都配备了4—5个人配合调研，保证了调研工作的顺利完成。调研组全体成员积极工作，克服重重困难，保质保量地完成了任务。这次调研顺利进行，是各地残联及相关部门大力支持和课题组成员共同努力的结果。

（五）取得的数据资料和初步研究成果

此次调查共获得有效数据120余万个，经过频率统计、回归分析、对比分析等方法进行研究，完成了31篇研究报告或论文；撰写了60余篇县、乡、村调研报告和个案访谈报告，从各个不同方面和视角研究了农村残疾人的基本生活情况、社会保障体系和服务体系建设情况、政策实施效果情况，挖掘了现象背后的深层原因，提出了解决问题的对策方案。我们认为，此次调查结果能够比较准确地反映东北地区乃至北方农村残疾人的基本社会保障与服务需求现状，对策建议有普遍指导意义。

二　主要研究结论及依据

毛泽东同志说：一切结论产生于调查情况的末尾而不是在它的先

头。调查使我们对农村残疾人两个体系建设情况和问题有了更深入的了解，对如何解决农村残疾人所面临的困难有了比较切合实际的建议。我们在对调研资料进行系统分析的基础上，进行理论总结，做出了以下结论：

（一）东北农村残疾人的基本生活能够得到切实保障，但其生活水平要比正常人普遍偏低，有残家庭负担沉重

根据我们的问卷调查统计，东北农村残疾人目前每年人均收入2225元，其中年收入不足1000元的占31.9%，60%的残疾人人均收入在1000—6000元之间，年人均收入6000元以上的残疾人是极少数，只占5.2%。东北农村残疾人家庭的人均年收入水平与城镇居民的家庭人均年收入水平相距甚远，后者约是前者的6倍。不仅如此，农村残疾人家庭的人均年收入水平与农村正常居民家庭的人均年收入也有较大差距，后者是前者的两倍多，农村残疾人是农村中最贫困的群体，并且因为其贫困持续的时间，大都在3年以上，根据国际经验，很难依靠自身的力量脱贫。

农村残疾人收入的主要来源有三条：一是个人务农收入。这部分收入占总收入的36.42%，其中包括有劳动能力的残疾人的种植业养殖业收入和没有劳动能力的残疾人承包土地的租金收入。二是政府的补助。这部分收入占农村残疾人收入的25.43%，其构成为最低生活保障金和新型农村养老保险等政府补助。三是残疾人家庭其他成员提供的资金帮助。这部分收入占残疾人个人收入的19.2%。三条收入来源构成维持残疾人基本生活的三条重要支柱，而其他收入如工资收入、社会救助、邻里救助和亲戚赠与等，所占比重很小，作用有限，并且具有不确定性。

从消费方面看，当下东北农民人均支出消费水平是4132.7元，而农村残疾人个人支出平均水平是3259元，残疾人个人消费是农村正常人消费的79%，虽然看起来差距不是很大，但是，残疾人的医疗康复费用支出远远大于正常人，也就是说，他们的实际生活水平很低。根据此次调研数据统计，残疾人个人支出比重超出个人收入的5.6倍。由此可知，残疾人是有残家庭的沉重负担，只有补足收支缺口，才能使残疾人过上正常人的生活。

农村残疾人生活质量偏低，他们的物质生活贫困，精神生活匮乏。

残疾人家庭的家电拥有率很低,大多数残疾人家庭只有比较简单的家电设备,并且只有一两件,甚至个别家庭家用电器只有手电筒,像电脑等高端物件拥有率很低,多数家庭唯一的娱乐方式就是看电视,生活质量很差。

残疾人本人对摆脱目前困境一般不抱希望,有将近50%的残疾人表示脱贫致富无望,他们基本依靠政府补助维持生活,有的残疾人将脱贫致富的希望寄托于下一代。

(二)残疾人社会保障参保率低,相当部分人被排除在社会保障之外

与社会救助不同,社会保险是保障残疾人基本生活的重要途径,但许多残疾人因为生活困难而无力参保。根据我们的调查,目前农村中有80.34%的残疾人参加了新型农村合作医疗,25.14%的人接受过医疗救助,15.44%人参加了大病医疗保险;2.36%的人参加了商业性的人寿养老保险;在过去的12个月里,领取过最低生活保障金的残疾人占43.28%,领取过救济金的人占27.02%。

按照性别、常住地、年龄、婚姻状况、文化程度、残疾类型、残疾等级等个人基本情况分析参保状况,做出如下统计(见表1)。

表1 东北农村地区残疾人社会保障参保率分类比较

单位:%

变量	指标	新农合	大病医疗保险	商业性人寿养老保险
性别	男	80.41	16.02	2.43
	女	80.26	14.36	2.23
常住地	小城镇	55.12	24.15	5.18
	近郊	85.89	16.99	1.92
	偏远山区	79.27	13.88	3.35
	偏远平原	90.91	7.26	1.13
婚姻状况	有配偶	80.08	16.45	3.00
	无配偶	82.14	13.44	0.92
文化程度	文盲	85.83	10.24	0.79
	小学	84.57	15.32	2.74
	初中	75.16	16.75	3.19
	高中、中专	57.75	30.52	1.41
	大学及以上	66.67	22.22	0

续表

变量	指标	新农合	大病医疗保险	商业性人寿养老保险
残疾类型	视力残疾	82.71	17.29	3.14%
	听力残疾	80.31	17.39	3.84
	言语残疾	80.61	15.76	2.73
	智力残疾	81.94	14.35	1.16
	肢体残疾	80.42	15.64	2.22
	精神残疾	81.75	14.04	1.75
残疾等级	一级	80.88	9.96	1.99
	二级	82.40	14.38	2.25
	三级	77.69	18.49	2.88
	四级	77.59	11.20	3.81
	不知道	70.88	16.49	1.05

通过表1数据可以看出：男性残疾人在新农合、大病医疗保险、商业性人寿养老保险三个类别的参保率均高于女性；小城镇的残疾人在大病医疗保险、商业性人寿养老保险两个方面的参保率均高于近郊、偏远山区和偏远平原地区，说明小城镇残疾人的社会保障水平要高于其他农村地区；有配偶的残疾人在大病医疗保险和商业性人寿养老保险两个方面的参保率高于无配偶的残疾人，其新农合参保率因其生活有依靠而低于无配偶的残疾人；残疾类型之于社会保障参保率没有显著的规律性特征。

（三）残疾人社会服务需求强烈，但服务设施不足、服务水平不高

农村残疾人由于所处地理环境和生理条件的限制，获得社会服务的种类及多寡与城市人大相径庭，直接为农村残疾人提供服务的体系和制度不健全，设施不完善。据这次调查，残疾人对不同类型服务需求水平大不一样，社会为他们提供的社会服务的频次低。

残疾人是最需要提供社会服务的群体，但是，在我们的调查中发现，从来没有接受过社会服务的残疾人竟然占总体的55.6%。而在接受过社会服务的项目中，除医疗服务占的比重相对较大（19.15%）以外，接受其他服务的残疾人，都不足0.1%，这说明我们为农村残疾人提供的服务，距离农村残疾人的需求还有相当大的差距。

农村残疾人康复服务问题突出。目前，农村残疾人康复服务基本不能

满足残疾人的实际需求。接受过有效康复训练与服务的残疾人，还不到有康复训练与服务需求总数的10%，现有康复服务与残疾人实际需求之间差距过大。

基本不能针对不同类别的残疾人提供服务。致残原因的千差万别，导致残疾人群体的异质性特别突出，不同的残疾人个体之间的服务需要存在差异，生活照料、精神慰藉、文化娱乐需要各不相同。根据不同需要提供不同服务，东北农村目前还远远没有做到。根据我们的研究，残疾类别与服务需求之间存在不同程度的相关关系（见表2）。

表2　　　　　　　　残疾类别同社会服务需求之间的关系

残疾类别	人数（人）	医疗护理需要（%）	生活照料需要（%）	精神慰藉需要（%）	文化娱乐需要（%）
视力残疾	597	47	31	15	8
听力残疾	428	44	29	18	10
言语残疾	429	38	23	15	9
智力残疾	485	45	33	16	6
肢体残疾	2826	41	32	16	11
精神残疾	327	48	29	19	4

说明：因多重残疾667人，统计总数大于问卷总数。

我们运用SPSS软件进行分析，得出的结论是：第一，残疾类别与社会服务需要之间的显著性关系较弱，相关系数v值为0.057，c值为0.098。第二，肢体残疾群体对医疗护理的需要高于其他类别的残疾群体。第三，残疾等级同社会服务需要高度相关，残疾等级越高、身体状况越差的残疾人，希望得到医疗护理方面服务越强烈，两者成正相关关系。

在无障碍设施利用方面，农村残疾人很少接触和利用。据此次调查数据显示，56.4%的被访者没有接触并使用过任何无障碍设施。据少数接触并使用过这些无障碍实施的被访者反映，提供给残疾人的无障碍设施不但数量少，并且使用率也不高，唯有10.2%的被访者使用过医疗设施，至于上厕所设施、饮食设施等，其使用率均不超过6%。我们调查中发现，农村中的重度残疾人受活动条件的限制，很少外出活动。

从服务设施的布局方面看，残疾人居住地附近的小商店和小诊所覆盖率相对较高，使用率也比较高，有81.2%和60.7%的人利用过上述设施。而残疾人所需要的集市、储蓄所的覆盖率相对较低，分别占被调查对象总数的18.9%和12.4%。覆盖率最低的是公共活动场所，只有7.3%的调查者使用。

（四）残疾人对社会服务满意度偏低

残疾人是社会服务政策效果的直接感受者，他们最有发言权，其对社会服务的满意度，直接反映社会服务的水平和质量。在此次调查中，对社会服务的综合满意率仅占11%，不满意和非常不满意的占13%，其他指标介于两者之间。

导致残疾人对社会服务不满意的主要原因，首先是社会保障水平过低难以维持残疾人生计，23.8%的被访者持有这种看法；其次是社会服务体系缺失、服务不到位以及管理不到位，26.7%的被访者是由于以上三种原因对社会服务不满意。此外，缺乏服务管理条例、服务不规范，服务人员态度恶劣等因素，也是造成残疾人对现有服务不满意的主要因素。

（五）残疾人也有较强的就业愿望，但就业率很低

就业是提高残疾人社会地位，使残疾人平等分享社会经济发展成果，过上有尊严生活的基本条件，但是在农村，受地理位置的限制，残疾人就业率很低。目前，农村中有劳动能力的残疾人，以传统的种植业为主要就业渠道，从事种植业与无业的群体共有3534人（其中无业人数为1895人），占总体的81%。有37.6%的残疾人表示在身体允许的情况下具有就业的意愿，有48.5%的残疾人表示在身体允许的条件下有自主创业的需求。实现就业和创业的残疾人为333人，仅占本次调查样本的7.6%，实际就业比率同有就业愿望的残疾人比率相差30个百分点。

（六）农村残疾人的社会参与意识差，实际参与率低

社会参与既是残疾人社会地位的标志，也是残疾人回归社会、维护基本权益的保证。费孝通先生曾说道，"乡土社会的一个特点就是这种社会的人是在熟人里长大的"[①]，人们彼此非常熟悉，没有隔离感。而残疾人内心的自卑感、消极情绪往往将自己与社会隔离，因此造成生活圈子狭窄，时间长久也就造成了思想上的闭塞与落后，缺乏对文化追求的主观认识。

---

① 费孝通：《乡土中国 生育制度》，北京大学出版社1998年版。

通过调查分析得知，大多数农村残疾人不愿意或无法参与社会活动，71.4%的人不去亲友家串门，83.4%的人不听广播，89.8%的人不读书看报，80.2%的人连出门散步都没有。从残疾人对社会参与的自我认知方面看，38%的残疾人认为，农村残疾人融入社会有一定的困难，只有10.6%的人认为，残疾人融入社会没有困难，其中男性比例高于女性。

（七）残疾人社会地位显著提高，自我认知状况良好

近年来，政府和社会采取有效途径提高残疾人的生活质量，保证他们的合法权益，使残疾人的社会地位显著提高。从残疾人对社会地位的自我认知上看，认为自己在社会上"较有地位"的残疾人占调查总人数近半数。但也存在30.5%的残疾人认为自己"没有社会地位"，认为"很有地位"的更是少之又少，甚至有15.7%的农村残疾人选择了"不知道"。这意味着有相当一部分农村残疾人对"社会地位"这个概念存在盲点，不知道该怎样回答，甚至根本不知道社会地位为何物。这些数字说明，尽管农村残疾人的社会地位与过去相比有了很大程度的改善，但仍然有进一步提升的空间。

（八）残疾人群体幸福感参差不齐，影响因素复杂

幸福感是衡量残疾人两个体系建设成效的综合指标。残疾人的幸福感从心理层面传达了残疾人对其生存状态的真实感受。著名哲学家亚里士多德说：幸福不会因为荣誉、快乐、理性或任何其他事情而被我们选择，它只因它自己而被选择。费尔巴哈也认为，幸福就是生命本身。孤独、幸福感低等是残疾人群体最容易出现的负面心理，既不利于其日常生活，也会影响其健康水平或康复效果，并可能加重其残疾程度以及引发其他疾病的产生。

在调查分析中发现，东北农村残疾人的幸福感不高，并且普遍存在孤独感。影响残疾人幸福感最大的因素，是残疾人的先天条件和社会环境。

残疾人先天所造成的身体受限越高，即残疾级别越高，人的幸福感就越低。根据问卷以及实际情况，我们将残疾级别分为四级，其中，一级残疾为残疾级别最高、残疾程度最重，四级残疾程度最轻。除去不确定自己是否幸福的选择，我们依据残疾的自我感觉程度，也分为四个等级，即很幸福、一般幸福、不幸福、很不幸福，强度依次递减。选取之后，样本总数为3021人，无论残疾级别，被调查者中感觉一般幸福的残疾人占多数，人数为1812人，认为自己很幸福的人数为701人，而认为自己很不幸福的人有 135 人。经过 Pearson Chi – Square 检验，显著性水平 SIG 值为 0.005，证明残疾等级与幸福感之间存在列联关系，影响较为显著。进一步分析其定序变量之间的关系，得出其 value 值为负值，证明身体残疾程度的加深与主观幸福感成负相关关系。分析发现，有 56.7% 的被研究者表示自己一般幸福，另外有 17.7% 的被访者表示自己不幸福和很不幸福，并且对幸福的理解与正常人不同，他们中的绝大多数认为"能吃饱穿暖"就很幸福了。

社会环境是影响残疾人幸福感的第二位因素。统计结果表明，残疾人自我认为在社会中较有地位并且生活相对幸福的人数最多，有 841 人，占被调查总数的 30% 以上。通过列联强度分析，得出残疾人自身对自我在社会上地位认知与其感受的幸福感有关联，且计算得出其 Gamma 系数为 0.565，二者具有较强的正相关关系。也就是说，越认为自身在社会中有地位的残疾人，其幸福感越强烈。残疾人融入社会的难易程度对其幸福感有影响，二者呈负相关关系，越认为融入社会容易的残疾人，越容易感觉幸福。也就是说，社会向残疾人提供社会支持，让残疾人领悟社会支持，可以有效提高残疾人幸福感，二者成正相关。

（九）残疾人文化需求差异性大，影响因素多元化

在竞争愈加激烈的当今世界，文化作为软实力在提高国家综合国力中的地位也愈加凸显，党的十七届六中全会吹响了社会主义文化大发展大繁荣的号角。然而，农村残疾人文化需求方面还有待提高和改善。通过个案访谈和问卷调查发现，当前农村残疾人的文化需求差异性大，主要根据文化程度、社会参与度、经济水平、残疾类别、年龄的不同而不同。从文化程度来看，文化程度高者，更主动地去读书看报、学习知识；而文化程度低者，则极少甚至从来不读书看报，没有学习的意识。从社会参与度来看，有一定社会参与的残疾人，会更主动地获取文化知识；而很少有社会参与行为的农村残疾人，一般更加自卑、消极，不愿去提升自己的文化素质。从经济水平来说，经济因素仍然是影响农村残疾人文化发展的重要因素，经济水平严重制约着农村残疾人对于文化需求的关注。从残疾类别来说，有文化需求的残疾人，通常为肢体残疾者。从年龄来说，年轻的农村残疾人会主动关注一些技术、生产、致富的消息，而年龄大的残疾人对文化的关注度较小。

农村残疾人在文化需求领域出现的问题，既有残疾人自身因素的影

响，也有外界不利条件的阻碍。普遍低下的经济水平严重限制了农村残疾人对于文化的需求；较低的文化程度也制约了个人主观能动性的发挥；自卑、消极心理阻碍了对于文化的追求。从外界不利条件看，社会上广泛存在"重物质轻精神"的保障理念，认为能够满足残疾人的生存需要就可以了；为残疾人提供服务的基层组织队伍薄弱，缺少对残疾人的鼓励、引导，难以提升残疾人的文化需求；用于提升残疾人文化需求的基础条件严重不足，资金缺失，基层文化工作困难很大，尤其在经济落后的农村，残疾人文化领域的工作基本处于空白状态。

三 问题与对策

（一）实施重度残疾人集中供养问题

据此次调查，一级残疾人有502人，占调查总体的11.5%，这些残疾人生活基本不能自理，是家庭的沉重负担。按照社会公平理论，残疾是工业文明的必然代价，其生活来源和服务保障不应该由有残家庭独立承担。建议政府投入一定资金建立集中托养机构，实行集中托养，这样，既解放了有残家庭，也节省了托养成本，还在一定程度上解决了部分人的劳动就业问题。

（二）提高社会服务水平问题

农村残疾人社会服务水平不高，主要表现在两个方面：一是服务供给不足，针对性不明确，不能满足残疾人群体的具体需求。二是服务信息不对称，需要与供给脱节。

解决服务问题的对策，一是加大为重度残疾人群体提供托养服务的力度和资源投入，转变传统救助理念和社会支持理念，提高残疾人群体的自信心和自我认同感，促使其进行有效的社会融合。二是根据经济能力，向残疾群体的家庭成员提供各项福利性服务，以发挥家庭在残疾人服务方面的功能，提高残疾人参加社会活动的能力。

（三）解决医疗康复资源供给严重不足问题

东北农村残疾人医疗保障制度的效用发挥不足，难以保障残疾人的基本医疗需求，导致相当一部分农村残疾人放弃治疗。根据此次调查，过去一年内，有69.7%的残疾人存在"有病硬挺"的情况，23.9%的残疾人

"经常硬挺",40.1%的残疾人因为付不起医疗费的原因而放弃治疗。贫困残疾人家庭更容易陷入"因残致贫—因贫致病—因病致残"的恶性循环。也就是说,那些贫困而医疗消费比重过小的家庭,更应该受到重视,提高医疗救助在减轻农村残疾人医疗负担方面的效用。

由于东北农村残疾人康复资源匮乏,很少有人接受过康复训练或康复治疗。此次调查数据显示,农村残疾人中只有24.9%的残疾人接受过不同程度的康复服务,6.6%的残疾人半年或一年做一次康复检查。另外,农村残疾人康复信心普遍偏低,康复服务严重不足,康复服务与康复资源普遍落后于城市。

解决农村残疾人康复问题的最有效途径,是通过实施康复计划,填补当前农村残疾人康复事业的空白区。建议建立以基层乡镇卫生院为依托、以各级财政的资金支持为支撑的康复体系,把配备各种康复器具的重点放在乡镇卫生院,在乡镇卫生院设立专门的康复医师,实施残疾人康复计划,使更多的农村残疾人接受康复训练,减少残疾的持续伤害。

(四) 解决重度精神病残疾人的集中托养问题

精神残疾指各类精神障碍持续一年以上未痊愈,由于病人的认知、情感和行为障碍,影响其日常生活和社会参与。此次调查对象中有精神病的残疾人尽管够标准的人数不多(占总人数的6.5%),但有继续发展的趋势,社会影响和危害很大,值得政府和社会高度重视,加强对精神病残疾人的管理和康复治疗。

要解决家庭照料的科学合理性欠缺、精神卫生机构的人性化治疗方式不足、社会歧视使精神病残疾人难以回归社会等问题,要做好以下几方面的工作:第一,要做好精神残疾预防这个源头性工作,既要重视前期预防,也不能忽视后期预防。有经验证明,后期预防能够使复发率由41%—63%下降到19%—32%。第二,健全基层精神卫生服务网络,改变农村精神病残疾人放任不管的状况。第三,建立全社会相互配合的治理体系,增加精神病残疾人康复的比率,减少对社会秩序的影响。第四,政府要加大对农村精神病残疾人康复治疗投入,改变目前无人问津的状况。

(五) 满足农村残疾人的文化需求问题

满足农村残疾人的文化需求,使其同健全人一样享受社会经济发展成果,是和谐社会的题中应有之义。为了进一步提高农村残疾人的文化生活水平,建议各级政府、残联及相关部门:一是要转变残疾人事业发展思路,把以往"重物质轻精神"的理念，转变为"物质精神齐发展"的理念，使农村残疾人形成"求生存也求发展"的热切渴望。二是各级财政要设立农村残疾人文化专项资金，鼓励非政府组织、慈善团体或个人加入大农村残疾人文化事业发展中去，夯实农村残疾人文化事业的经济基础，使农村残疾人文化事业能够可持续发展。三是完善与丰富现代化的文化传播设备，丰富农村残疾人文化产品供给，提高文化传播效率。四是千方百计提高农村残疾人收入，是解决农村残疾人文化事业发展的前提。五是重视农村残疾人教育、培训，提高农村残疾人的科学文化素质和思想道德素质，把培养正确的人生观、价值观、世界观作为满足文化需求的重要内容。

（六）农村残疾人管理体制机制构建问题

胡锦涛强调："多年的实践证明，农村工作千头万绪，抓好农村基层组织建设是根本，是关键，是必须做好的基础工作。"[①] 农村残疾人工作的重点在基层，但是，随着农村集体经济组织的解体，农村残疾人管理处于松散状态，工作方式千差万别，工作秩序不规范，服务质量不理想。县乡两级政府在残疾人社会保障和服务体系建设中的主导作用举足轻重，解决农村残疾人问题必须依靠县乡两级政府，将农村残疾人工作列入政府工作日程，建立干部考核机制和问责制，把残疾人工作列入考核指标，才能使农村残疾人社会保障和服务工作落实到基层。

要依靠政府和社会的力量，从农村残疾人的生活方式和居住特点出发，建立社会保障体系和服务网络，对重度残疾人实行以居家托养为主、集中托养为辅的托养模式，在村委会设立专职委员，专门负责残疾人事务，使残疾人托养不再是家庭个体行为，提高残疾人特别是重度残疾人的生活质量，把其他家庭成员从繁重的负担中解放出来，解放社会生产力。

残疾人服务条例、管理条例是进行农村残疾人服务体系建设的根本保障。有了"条例"，才能使服务工作走向制度化、规范化的轨道。此外，还要制定服务质量评估体系，定期检查服务工作，及时解决困难和问题。

不论社会保障还是社会服务，资金条件是基本条件。我们此次调查取得突出成绩的地方残联，基本都是由于县乡政府把农村残疾人社会保障和服务项目纳入县乡年度财政预算，并通过各种渠道整合各方资金。除了政

---

① 贺国强：《大力推进农村基层组织建设为建设社会主义新农村提供坚强组织保证》，《求是》2006年第7期。

府加大投入之外,发展残疾人福利企业,促进残疾人就业,提高残疾人经济收入水平,也是改变残疾人穷困状态的重要条件。

加强农村残疾人服务队伍建设是构建残疾人管理体制机制、更好地为残疾人服务的根本保障。农村残疾人居住分散,文化落后,信息网络不健全,管理困难,特别是在农村集体经济能力减弱的条件下,由谁向农村残疾人提供服务,是必须解决的难题。要通过建立农村残疾人专职委员队伍、农村助残志愿者队伍,解决服务资源不足问题;通过培训提高残疾人工作者服务技能,提高农村基层残疾人工作者素质,解决为残疾人服务的质量问题。

参考文献

1. 杜鹏、孙鹃娟、和红:《中国农村残疾人状况及政策建议》,《人口与经济》2009年第2期。

2. 成君、王革、郑平、李庆友:《家庭支持对肢体残疾人抑郁情绪的影响》,《中国心理卫生杂志》1997年第5期。

3. 张友琴:《社会支持与社会支持网——弱势群体社会支持的工作模式初探》,《厦门大学学报》(哲学社会科学版)2002年第3期。

4. 田向东:《对残疾人的社会支持》,《广州社科快讯》2003年第12期。

5. 杜金沛、张兴杰:《当前农村残疾人经济生活的基本状况与存在的主要问题》,《社会科学论坛》2008年第11期。

6. 宋玉奇、梁慧颖:《农村残疾人社会保障制度的研究》,《辽宁行政学院学报》2008年第10期。

7. [美]威廉姆:《当今世界的社会福利》,解俊杰译,法律出版社2003年版。

8. 郑功成:《中国残疾人社会保障的宏观思考》,《河南师范大学学报》2007年第6期。

9. 廖娟、赖德胜:《残疾人就业服务体系的构建:从分割到融合》,《人口与发展》2010年第6期。

10. 中国残疾人就业问题课题组:《残疾人就业现状与对策》,《经济研究参考》2003年。

11. 张琪、吴江等:《中国残疾人就业与保障问题研究》,中国劳动社会保障出版社2004年版。

12. 童泽:《人道主义与残疾人发展》,中国社会出版社2008年版。

13. 中国残疾人事业发展研究会:《残疾人社会保障与服务研究》,华夏出版社2010年版。

14. 姜向群：《农村残疾人的社会保障状况及社会保障需求》，《人口学刊》2011年第3期。

15. 周文林：《中国残疾人状况分析》，《社会学研究》1993年第5期。

16. 高圆圆：《中国残疾人社会保障综述》，《湖北社会科学》2009年第8期。

17. 杨洪斌：《农村残疾人社会资本的缺失与重建》，《北京科技大学学报》（社会科学版）2006年第12期。

18. 周林刚：《残疾人社会保障体系与公共服务体系建设研究》，《中国人口科学》2011年第2期。

19. ［印］阿马蒂亚·森：《论社会排斥》，王燕燕译，《经济社会体制比较》2005年第3期。

20. 克莱尔：《消除贫困与社会整合：英国的立场》，《国际社会科学》（中文版）2000年第4期。

21. 田维才：《中国残疾人事业与精神残疾康复》，《中国民政医学杂志》1995年第7期。

22. 国家统计局官方网站：《中国年统计年鉴》（2010）。

23. 邓朴方：《残疾人扶贫工作的经验与前瞻》，《中国残疾人》2004年第5期。

24. 闫芳：《农村残疾人事业：现状、问题及对策——基于河南的调查》，《社会现象与社会问题研究》2008年第5期。

25. 杜鹏、孙鹃娟、和红、尹尚菁：《中国农村残疾人状况及政策建议》，《人口与经济》2009年第2期。

26. 郑一平：《农村残疾人生存状况调查——中部地区某省千户调查问卷分析》，《中国农村经济》2007年第6期。

27. 郑功成：《残疾人社会保障：现状及发展思路》，《中国人民大学学报》2008年第1期。

28. 程凯：《第二次全国残疾人抽样调查主要结果及其对策》，《首届中国残疾人事业发展论坛论文集》，中国人民大学，2007年。

29. 熊凤水：《传统与现代：建国后我国社会救助理念的嬗变》，《理论观察》2007年第2期。

30. ［美］A. H. 罗伯逊：《美国的社会保障》，中国人民大学出版社1995年版。

31. 何冬云：《转型期重度残疾人托养工作的探讨》，《理论探讨》2011年第4期。

32. ［英］贝弗里奇：《贝弗里奇报告》，中国劳动社会保障出版社2004年版。

33. 孙莹：《残疾人经济生活保障策略考量》，《中国社会保障》2005年第5期。

34. 汪海萍：《以社会模式的残疾观推进智障人士的社会融合》，《中国特殊教育》2006年第9期。

35. 朱本浩：《残疾人的心理特征》，《中国社区医师》2005年第10期。

反社会排斥视角下的我国农村
残疾人就业问题研究

南京大学残疾人事业发展研究中心　周　沛　陈　静

根据《第二次全国残疾人抽样调查主要数据公报》，2006年，我国的各类残疾人总数达8296万。这一庞大的群体又以农村残疾人为主。2006年我国农村残疾人口已达6225万，占残疾人总数的75.04%。也就是说，我国3/4的残疾人是农村残疾人①。长期的"二元"经济体制使得城市居民与农民在获取资源和发展机会方面有很大的差别，相对于城市居民而言，农民是弱势群体；与健全人相比，残疾人由于身心障碍导致其无法发展潜能或独立生活，更具有弱势性。从目前的状况可以看出，我国农村残疾人群体已被边缘化，陷入了被社会所排斥的困境。

一　我国农村残疾人基本状况描述

研究农村残疾人的就业问题，首先要对这一群体的基本特征和状况有所了解。我国第二次全国残疾人抽样调查显示，在人口特征上，我国农村残疾人群体呈现出数量大、涉及家庭多、年龄结构老化、残疾率高于城市的特点。在残疾状况方面，农村残疾人中肢体残疾者所占比重最大；除多重残疾外，其他各类残疾以中度、轻度残疾等级为主；有些残疾种类如听力残疾、语言残疾等，对生活、工作和社会参与等方面的障碍不大。这就使得帮助有劳动能力的农村残疾人提高自身素质，实现就业和生产自救成为可能。

---

①　国家统计局第二次全国残疾人抽样调查领导小组：《第二次全国残疾人抽样调查主要数据公报》（第一号），http://www.cdpf.org.cn。

在社会生活和经济领域，我国农村残疾人处于一种困难的和被边缘化的境地。在教育方面，农村残疾人的受教育水平远远低于健全人及城市残疾人的水平。15 岁以上残疾人文盲率的城乡差异十分显著，城市为 27.49%，农村却高达 50.86%。在经济活动方面，农村残疾人的经济活动参与率低于健全人。经济活动参与率低，除了受自身的残疾影响外，还与农村残疾人的职业扶助情况有关。调查显示，仅有 0.57% 的农村残疾人接受过与职业有关的培训。在基本生活状况方面，贫困依然是困扰我国农村残疾人的突出问题。高达 88.09% 的农村残疾人主要依赖家庭及其他成员的供养，能够领取离退休金、基本生活费或有财产性收入的农村残疾人可谓凤毛麟角。我国农村有残疾人的家庭户 2005 年人均收入为 2260 元，而城镇残疾人家庭户为 4860 元。12.95% 的农村残疾人家庭户人均收入低于 683 元[①]。无论与健全人家庭还是城镇残疾人家庭相比，农村残疾人家庭的收入状况都是最差的。由此可见，农村残疾人中的大多数长期生活在贫困中而无力自拔，在自己痛苦之外也给家庭带来了沉重压力。目前，这一问题也引起了政府和社会的强烈关注，2011 年 6 月 8 日发布的《中国残疾人事业"十二五"发展纲要》指出，"十二五"时期，我国将加强农村残疾人扶贫开发，扶持 1000 万农村贫困残疾人改善生活状况、增加收入、提高发展能力。

二 反社会排斥与农村残疾人就业

（一）社会排斥与我国农村残疾人社会排斥状况研究

社会排斥（social exclusion）的概念首先由法国学者拉诺尔（Richard Lenoir）于 1974 年提出，指的是"一群未被涵括在社会安全体系中的人"[②]。20 世纪 80 年代末，社会排斥概念被欧洲委员会所采用，并将其作为形成社会政策的核心。欧洲委员会把社会排斥概念紧密地和社会权没有充分实现这一理念联系起来，认为社会排斥涉及公民的社会权，涉及一定

[①] 第二次全国残疾人抽样调查办公室：《第二次全国残疾人抽样调查主要数据手册》，华夏出版社 2007 年版。

[②] 黄世鑫、林志鸿、林昭吟：《新贫问题与社会福利政策》，《国家政策季刊》2003 年第 4 期。

的生活水平和参与主要社会与职业的机会。社会排斥的概念可以理解为社会成员愿意参与社会活动但是被不可控制的因素阻止的事实[①]。贫穷是社会排斥的主要指标之一，但贫穷与社会排斥是两种不同的理论典范，贫穷是一种分配的问题，即着眼于个人或家计单位缺乏可支配的资源；社会排斥是一个体系的问题，即不充分的社会参与以及缺乏社会融合和权力[②]。

社会排斥概念引入我国后，成为一个使用频率比较高的概念。很多学者和政府部门都倾向于从社会排斥角度来探讨一些社会问题的深层根源和研究弱势群体的处境。如周林刚从综合视角出发，具体分析了当前我国残疾人所面临的观念排斥、就业排斥、教育排斥等各种社会排斥现象及其消除社会对残疾人各种社会排斥的可行对策；许琳在描述了我国残疾人目前的就业状况后，运用社会排斥的理论分析了残疾人在就业方面遭受排斥的原因。基于我国农村残疾人的基本现状，我们可以看出，社会对这一群体的排斥是多面向的。主要包括以下几个方面：

1. 制度排斥。制度排斥是指由于制度的局限性或缺憾，使得某一部分人群遭受制度的排斥而无法获得必要的社会资源的支持，从而沦为弱势群体的过程和现象[③]。社会排斥的制度面向是社会排斥的重要方面，甚至是其他排斥的根源。我国在制度设计中的众多不足和缺失使得残疾人群体很难跟健全人一样享有公平的机会和资源。如有关残疾人权益保障的法律法规建设滞后，相关法律制度数量较少，威性不足；残疾人社会保障制度覆盖面狭窄，针对性不足等。制度的不完善无疑是造成残疾人社会环境恶劣的重要原因。对于农村残疾人来说，这种排斥的后果更为严重。我国长期的城乡二元社会结构，使得中央和各级政府在制定相关的残疾人制度时，更多关注的是城市残疾人，而忽略了农村残疾人群体，将本来就很边缘化的农村残疾人推向更边缘化境地。

2. 观念排斥。在漫长的传统社会中，对残疾人的扭曲解释逐渐成为社会主流价值观念的一部分，将残疾人视为负担的观念并没有随着现代社会的到来而得到根本改变。虽然法律规定了残疾人在政治、经济、文化、

---

① 彭华民：《社会排斥与社会融合——一个欧盟社会政策的分析路径》，《南开学报》（哲学社会科学版）2005年第1期。

② 黄世鑫、林志鸿、林昭吟：《新贫问题与社会福利政策》，《国家政策季刊》2003年第4期。

③ 潘光莉：《从社会排斥视角看残疾人的就业状况》，《贵州民族学院学报》2007年第2期。

社会生活等领域的平等权利，但是由于社会偏见等非正式约束的存在，残疾人的基本公民权利依旧难以实现①。农村残疾人相对于城市残疾人来说，所受到的观念排斥更为严重。由于农民群体普遍文化程度不高，对异质事物的理解力和接受度较城市居民低。此外，农村居民对于个人权利和尊重关爱的认知也有待提高。农村残疾人对自身的权利、尊严等缺乏正确的认知，更容易将自身放在一种低下的、卑怯的层面上。种种因素造成了农村残疾人较之其他群体更容易受到社会观念和社会主流文化的排斥。

3. 经济排斥。贫穷仍然是社会排斥的主要表现之一。按照国家年人均纯收入1196元新贫困标准，目前全国农村贫困残疾人至少还有1700万②。农村残疾人家庭收入大都是转移性收入，很少财产性和工资性收入，他们的生活主要还是依靠临时性救助和家庭邻里接济。一方面收入低，另一方面医疗和康复方面支出又高。除因重度残疾失去劳动能力、生存条件极度恶劣、综合能力较差等因素致贫以外，因灾、因病和子女就学等致贫因素交织，优惠扶持政策落实不到位，导致农村残疾人生活质量明显低于其他农民，生存状况十分困难。

4. 政治排斥。我国农村残疾人群体不仅在经济和制度方面上处于被排斥中，在政治参与方面也受到严重的限制。作为农村弱势群体中最为弱势者，农村残疾人表达利益诉求的声音极其微弱。人民代表大会和人民政协是我国公民最主要的利益表达渠道。但农村残疾人在这些机构中的代表数量很少，与其在总人口中所占的比例很不相称。各级残联是代表残疾人利益的组织，具有反映残疾人诉求的职能。但随着社会结构的分化，残联代表大会代表组成越来越呈现精英化、城市化特征，农村残疾人代表所占比重越来越小。此外，由于受教育程度低的影响，农村残疾人往往主动参与利益表达的意识不强，并且难以确切表达自己的利益诉求。

综上所述，我国农村残疾人在社会中遭受着多面向多维度的社会排斥，导致其基本生活水平低下，教育、医疗、康复、就业等资源不足，人际关系网络不健全，政治参与机会缺失，难以融入主流社会生活，在很大程度上失去了发展的机会和实现自我价值的可能。

---

① 卓彩琴、李颖奕：《农村残疾人就业排斥及对策探讨——以广州市农村残疾人为例》，《改革与战略》2009年第5期。

② 许琳、王蓓、张晖：《关于农村残疾人的社会保障与社会支持现状研究》，《社会学研究》2006年第5期。

(二) 反社会排斥与就业

一般认为，长期失业与社会排斥有关，"被排除于劳动力市场"通常被视为社会排斥的主要指标，尤其在政策讨论的议题中更是如此。

反社会排斥是指个人和家庭能够保障有体面的生活条件，整合于劳动力市场、整合于社会的过程。反社会排斥的目标是达到社会融合，使社会成员融入社会群体之中。由于排斥是个人与社会关系的断裂，因就业而得来的位置与社会连结是最重要的社会关系。因此，通过积极的劳动力市场政策，为公民提供就业机会是反社会排斥的重要措施。虽然国内外学者们对反社会排斥政策的倡议有各种不同的政策方向，但各国政府尤其是欧盟国家所实际推行的反社会排斥政策均以就业政策为主。包括：所得支持政策、对失业者的训练方案、地方性的跨部门促进基础建设与服务的投资、失业者微型企业的创业及于社区的结合等。这些政策虽然也涉及地方与社区，但显然都是以就业政策为核心的。希望借就业来达到社会融合的目标，也是当前欧洲国家在社会政策领域普遍推行及最强调的主要思想。

残疾人就业受到国际社会的普遍关注，其就业水平以及就业政策不仅是人权观念的体现，也是消除该群体的社会排斥，促使其融入主流社会的主要措施。就我国的国情而言，就业是残疾人最大的保障。对于残疾人个人而言，只有通过就业，才能实现其劳动权益和自身价值，摆脱贫困，改善生活状况和生存质量；才能增强自我生存和发展的能力；才能以平等的姿态真正参与社会活动，实现平等、参与、共享，实现回归社会，融入社会的最终目标；才能分享社会进步发展的成果。对社会而言，更多的有劳动能力和就业愿望的残疾人实现平等就业是社会文明进步的标志。它不仅能促进全社会人力资源的合理有效利用，促使生产力的进一步解放，创造出更多的财富，而且在改善残疾人边缘化状况、促进残疾人与健全人的社会融合、减少残疾人的福利依赖等方面具有重要的意义。

三 促进农村残疾人就业的路径分析

(一) 我国农村残疾人就业现状

就业是残疾人参与社会经济活动的基本路径，是谋生的重要手段。我国农村残疾人是典型的社会弱势群体，在劳动就业方面存在着特殊的困难和障碍。

我国目前的就业市场对农村残疾人呈现出非常严重的排斥状态。单一的就业结构造成农村残疾人大多数只能从事手工业和和传统农业，这些行业的经济效益较差，其收入有时甚至无法支撑残疾人的普通生活开销，更不用说承担特殊消费支出了。随着城市化的变迁，农民赖以生存的土地资源变的越来越少，很多本来从事基础农业生产、自给自足的农村残疾人也失去了收入保障。由于缺少进入正规部门的门槛和资格条件，绝大部分农村残疾人只能进入非正规部门，从而被排斥在正规的劳动力市场之外。由于身心障碍的影响，残疾人适合的工作类型受到严重制约。残疾人文化水平较低，劳动技能较为单一，适应的行业及工作范围较狭窄，对无障碍环境和安全生产环境有特殊要求，加之我国劳动力市场供需矛盾突出，岗位竞争日趋激烈，残疾人在参与社会生活和社会竞争中处于劣势。从残疾人就业率看，我国农村残疾人就业率普遍低于健全人；从就业质量来看，农村就业残疾人在就业的稳定与安全、个人尊重、健康与福利、社会保障、职业发展等方面不仅与健全人存在很大的差距，也低于城市残疾人群体。残疾人，尤其是农村残疾人通过就业自食其力还存在很大的困难。

（二）促进农村残疾人就业的路径分析

俗话说"授之以鱼，不如授之以渔"，这对于农村残疾人来说尤为重要。无论是在理论层面，还是在政策实践层面，国际社会反社会排斥的经验都告诉我们，就业是我国农村残疾人群体限制或消除社会排斥、融入社会的最根本的方法。促进和扶助我国农村残疾人就业，具有三个基本和重要的路径：

1. 建立和完善农村残疾人教育培训体系。导致农村残疾人就业困难的原因有很多，如生理缺陷、政策缺失、文化歧视等。但本文认为，就业难的根本原因在于残疾人教育和培训机制的不完善和滞后，使得我国农村残疾人普遍受教育水平低，人力资本缺失。

教育对个人人力资本的提升具有重要的作用，是影响就业的重要变量，然而我国农村残疾人在这一环节却处于劣势，进一步加剧了这一群体在劳动力市场上的不利地位。2007—2009年，我国农村18岁及以上残疾人中从未上过学和只上过小学的比例高达75%以上。2009年仍有30%以上的学龄残疾儿童没有机会和条件接受义务教育①。残疾人家庭对教育的投入也是有限的。经济上的低收入，使得很多残疾人家庭对于子女的教育投资心有余而力不足。而在特殊教育方面遇到的问题则更多。我国农村地区特殊教育发展程度极低，教育机构很少，农村残疾人，尤其是残疾儿童很难受到有针对性的教育。受教育程度低使得农村残疾人难以接受新知识，学不到实用的技能，因而在就业方面陷入极大的困境。

此外，劳动技能缺乏是农村残疾人实现就业目标的重要障碍。能够很好地掌握一门有实际效用的技术是残疾人就业的关键。我国农村残疾人的技能培训相对于城市残疾人群体来说明显滞后，培训的理念和制度在我国广大农村形同虚设。目前，残疾人的培训工作主要靠省、市、县残联，乡镇残联建设还比较滞后，要完成对农村残疾人的培训工作无疑是一个浩大的工程。

教育和培训对农村残疾人就业重要性不言而喻。解决农村残疾人就业问题，首先要解决教育培训问题。要把农村残疾儿童和残疾人子女接受教育、成年农村残疾人接受技能培训和普及文化知识放在突出的位置上，不断提升农村残疾人自我发展能力。政府相关部门和社会要落实残疾人教育扶助政策，提高残疾人教育质量和受教育水平。不断提高适龄残疾儿童少年义务教育入学率，完善残疾学生的助学政策，保障农村残疾学生和残疾人家庭子女免费接受义务教育；通过举办残疾人中等教育，扩大残疾人高等教育规模，开展残疾人成人教育和远程教育，让更多的农村残疾人能够接受高中以上教育；加强残疾人的职业培训、技能学习和素质教育，实行农村残疾人免费接受中等职业教育，进一步扩大残疾人职业培训规模；鼓励各级各类特殊教育学校、职业学校及其他教育培训机构开展多层次农村残疾人教育培训，培养更多有一技之长的农村残疾人，不断提高这一群体的就业竞争力。

2. 强化对我国农村残疾人的就业扶持政策。在推动残疾人就业的制度安排方面，需要重视政府的干预，并赋予社会目标高于经济目标的观点，寻求社会资源平等分配的经济理念。自改革开放以来，我国在残疾人就业领域方面制定并推行了一些扶助政策，如企事业单位按比例安置残疾人就业、缴纳残疾人保障金、开办福利工厂等措施，在促进残疾人就业领

---

① 程凯：《我国农村残疾人社会保障的现状与对策》，《行政管理改革》2011年第7期。

域取得了一些成效。但不得不指出的是，这些制度和政策存在很大的问题。首先是政策执行力度不强，很多政策流于文字，很难贯彻实施下去；其次是公共财政对残疾人就业投入不足，没有足够的财政支持，很多方面力不从心。最大的问题是，这些扶持政策的受益群体基本上都是城市残疾人，而占人数最多的农村残疾人群体成为被遗忘的人群。

我国专门针对农村残疾人群体实施的就业扶持政策非常有限，当前国家在农村残疾人就业方面的制度规定主要体现在2007年5月出台的《残疾人就业条例》中。该条例规定：地方各级人民政府应当多方面筹集资金，组织和扶持农村残疾人从事种植业、养殖业、手工业和其他形式的生产劳动。有关部门对从事农业生产劳动的农村残疾人，应当在生产服务、技术指导、农用物资供应、农副产品收购和信贷等方面给予帮助。事实上，这种规定的内容非常有限和笼统，没有具体的可操作的措施，弹性很大。是否去实施，怎样实施，实施到什么程度完全取决于行政官员的认知，在监察监督方面更是无章可依。在实践中，这样的条例对广大农村残疾人群体的帮助极其有限。

农村残疾人群体的特征决定了该群体对政府就业促进政策的需求非常强烈。完善以政府为主导的农村残疾人就业促进政策体系具有特别的紧迫性和现实意义。在政府政策方面，至少要从以下几个方面做出努力。

首先，要在社会价值观和社会认知层面上为农村残疾人参与社会生活，实现就业提供一个宽松的舆论环境。要通过政府主流媒体的宣传，培育社会成员的社会权利观和新残疾人观，消除农村社会对残疾人的歧视和排斥。使尊重残疾人、关心残疾人、理解残疾人、扶助残疾人成为一种社会文化。要使人们认识到，残疾人遇到的最大障碍不是"残疾"本身，而是人们对残疾人的态度。

其次，要多渠道筹集农村残疾人就业服务基金，为残疾人就业工作的开展提供坚实的资金支持。农村残疾人就业支持是我国社会保障制度的组成部分，这项工作的有效开展需要大量的资金投入。没有资金，所有的政策建议都只能是空中楼阁。目前，可行的筹资渠道包括各级政府财政预算资金、残疾人就业保障金收入、福利彩票收入、国内外慈善捐助等。其中政府财政预算资金和残疾人就业保障金是最重要、最稳定的资金来源。政府部门要充分认识农村残疾人就业的经济意义和社会意义，每年通过财政预算转移支付部分专项资金，并支出相当部分的残疾人就业保障金收入用于开展农村残疾人就业支持服务。需要指出的是,这笔开支不仅是必要的,也是必需的,而且必将产生巨大的经济和社会效益。

最后,国家和各级政府要制定针对农村残疾人特点的就业政策措施。各级政府,尤其是农村地方政府应该对农村残疾人的劳动力状况有所了解,适时为有劳动能力的农村残疾人提供就业信息、就业岗位;大力扶持相关的福利企业,拓宽残疾人就业的行业渠道;对于自主创业的残疾人提供大尺度的政策优惠,如小额贷款、税费减免、销售优先照顾等;采取免费培训、补贴生活费、交通费等方式,对有劳动能力的残疾人进行职业和实用技术培训;对完成职业培训者,推荐到城镇就业,帮助其实现劳动力转移;对接受实用技术培训的,继续进行资金资助和技术支持,帮助其进行种植、养殖业生产,自身"造血";在通过土地流转新成立的农业企业中,落实按比例安排残疾人就业的规定;残联和劳动部门联合成立农村残疾人转移就业服务中介机构,大力提高农村残疾人转移就业率。

3. 构建服务于农村残疾人就业工作的社会支持网络。在目前农村残疾人社会支持体系中,血缘关系所提供的个体支持成为农村残疾人支持系统中的主要力量。而政府支持和群体支持力量较弱,效果不显著。许琳等通过对陕西省经济和自然条件不同的关中和陕南的渭南、咸阳、商洛三个地区的农村残疾人进行问卷调查得知,目前,农村残疾人在遇到困难时的首选求助对象都是亲戚,其次是邻里,再次是村委会和朋友,而选择求助政府的极少,选择求助残联的为零。知道或听说过残疾人联合会和慈善协会的分别占被调查对象的 52.6% 和 18.5%;得到过残联和慈善机构或者基金会帮扶的分别占调查对象的 18.6% 和 1.5%[①]。对农村残疾人来说,家庭成员及亲属所提供的非正式社会支持是他们一生中处于基础地位的重要保障机制。但应该看到,我国农村残疾人家庭及亲属的经济能力往往非常有限,抵御风险的能力较弱。尤其是在就业领域,农村残疾人及其亲属所能发挥的支持作用更为有限。在这种情况下,构建服务于农村残疾人就业工作的社会支持网络就显得尤为重要。

构建服务于农村残疾人就业工作的社会支持网络,首先,要建立健全基层残联组织。残联是沟通政府、社会与残疾人之间联系的桥梁和纽带,

---

① 许琳、王蓓、张晖:《关于农村残疾人的社会保障与社会支持现状研究》,《社会学研究》2006 年第 5 期。

在为残疾人群体提供支持、改善残疾人生活状况、帮助残疾人解决困难方面具有无可替代的作用。我国目前的状况是各省、市、区县的残联相对完善，人员素质高，资金较为充足，服务网络相对健全。但乡镇和农村是残联建设和工作的薄弱地带，很少有针对农村残疾人的活动和服务。绝大多数村残疾人对残联组织没有认知。因此，首先要建立健全基层残联组织。基层残联要成为农村残疾人的基本支持系统，要及时有效地与残疾人沟通，作为这一群体的利益代表者，帮助他们向上表达利益诉求；要开展面向广大农村残疾人的专项就业服务活动；要发挥自身力量，从理念、服务、教育、培训、信息支持等多个方面建立农村残疾人就业扶持体系。

其次，要积极运用非政府组织的资源、网络和技术理念为农村残疾人提供就业服务。通过宣传引导、交流沟通等办法，引起国内外非政府组织对农村残疾人就业问题的重视和关注，以获得这些组织的支持。由于经济水平和传统因素的影响，我国农村地区一直是社会力量发展的薄弱地区，绝大多数非政府组织对农村弱势群体的关注较少，即使有所支持也大都集中在特困生活救助领域，而对农村残疾人就业的帮助并不多。事实上，随着非政府组织的迅速发展，这些团体可以调动的资源越来越多，其技术理念、服务网络也日益成熟，能够在很大程度上弥补政府政策的不足，为农村残疾人就业提供有力的支持和帮助。有鉴于此，我们有必要引导非政府组织的力量，为农村残疾人提供就业服务。如加强宣传，帮助农村残疾人了解非政府组织的性质，愿意并主动接受这些机构的帮助；组织相关机构对农村残疾人就业问题进行调查研究，探讨有效地扶持措施；构建信息交流平台，为社会机构提供农村有需求残疾人的基本情况；搞好对接服务，促使资源利用效益最大化；争取专项扶持基金和项目等。

参考文献

1. 第二次全国残疾人抽样调查办公室：《第二次全国残疾人抽样调查主要数据手册》，华夏出版社2007年版。
2. 彭华民：《社会排斥与社会融合——一个欧盟社会政策的分析路径》，《南开学报》（哲学社会科学版）2005年第1期。
3. 许琳、王蓓、张晖：《关于农村残疾人的社会保障与社会支持现状研究》，《社会学研究》2006年第5期。
4. 沈培建：《加拿大的残疾人平等就业实践及其启示》，《中国残疾人》2007年第3期。

5. 许琳:《残疾人就业难与残疾人就业促进政策的完善》,《西北大学学报》(哲学社会科学版) 2010 年第 1 期。

6. 杜鹏、孙鹃娟、和红、尹尚菁:《中国农村残疾人状况及政策建议》,《人口与经济》2009 年第 2 期。

7. 黄世鑫、林志鸿、林昭吟:《新贫问题与社会福利政策》,《国家政策季刊》2003 年第 4 期。

8. 程凯:《我国农村残疾人社会保障的现状与对策》,《行政管理改革》2011 年第 7 期。

9. 李敬仁:《浅析残疾人的就业困境与对策》,《中国残疾人》2006 年第 11 期。

10. 潘光莉:《从社会排斥视角看残疾人的就业状况》,《贵州民族学院学报》2007 年第 2 期。

11. 卓彩琴、李颖奕:《农村残疾人就业排斥及对策探讨——以广州市农村残疾人为例》,《改革与战略》2009 年第 5 期。

基本公共服务均等化视角下的我国农村
残疾人社会保障制度建设研究

西北大学公共管理学院　许　琳

一　研究背景与文献回顾

残疾人是一个数量众多、特性突出、特别困难的社会群体，是社会保障和公共服务的重点人群。据 2006 年全国第二次残疾人抽样调查统计数据推算，我国有 8296 万残疾人，占总人口的 6.34%，其中农村残疾人 6225 万，占农村总人口的 6.95%，占残疾人口的 75.04%。[①] 我国残疾人大部分（约 3/4）生活在农村，农村残疾人数量大、比重高，成为我国残疾人人口学特征的突出特点之一。长期以来，在我国城乡社会经济二元结构、社会保障制度二元结构的背景下，在我国社会各阶层中，农村居民是一个庞大的社会弱势群体，而农村残疾人与城市残疾人相比、与健全人相比具有双重的弱势特征。与城市相比，农村残疾人事业发展和农村残疾人社会保障制度明显滞后，导致了农村残疾人的社会弱势地位加剧。农村残疾人贫困面大、贫困程度深，社会保障覆盖面有限，保障项目少，保障及服务的可及性、可获得性不高。我国农村残疾人家庭生活水平和生活质量明显落后于全国水平。农村残疾人成为我国社会弱势群体中最需要关注、最需要帮助的困难群体。2006 年中共十六届六中全会提出基本公共服务均等化，党的十七大提出加快推进覆盖城乡居民的社会保障体系建设的战略目标，2010 年又正式提出加快推进残疾人社会保障体系和服务体系建

---

① 第二次全国残疾人抽样调查办公室：《第二次全国残疾人抽样调查主要数据手册》，华夏出版社 2007 年版。

设，这些都为加快推进我国农村残疾人社会保障体系建设、提高农村残疾人的生活质量创造了良好的制度环境。农村是实现基本公共服务均等化目标的重点和难点。

在已有的对农村残疾人社会保障问题的研究中，程凯（2010）、杜鹏等（2009）、许琳等（2006）、焦克源等（2010）、朱宗福等（1993）分别从农村残疾人社会保障现状与对策、农村残疾人社会保障与社会支持的需求与现状、农村残疾人社会保障体制、农村残疾人职业康复等方面展开相关研究，还有孔祥智（2008）、杨洪斌（2010）、李锦顺等（2007）对某些地区的农村残疾人的劳动扶持与社会保障、农村残疾人救助与扶持模式、农村残疾人社会工作、农村残疾人贫困及社会救助等问题进行了研究。这些成果为今后的研究提供了研究基础、借鉴和支撑。相对于对整体残疾人社会保障的研究而言，专门针对农村残疾人社会保障的研究较少，研究视野也存在一定局限性。本文拟从基本公共服务均等化和加快推进覆盖城乡居民的社会保障体系建设的视角，利用理论分析、文献分析和相关统计数据，对我国农村残疾人社会保障体系建设的现状、存在的问题加以剖析，以期对加快和完善我国农村残疾人社会保障体系建设提供些许参考或启示。

二　理论剖析：基本公共服务均等化与基本社会保障均等化

基本公共服务均等化是关于我国当前特定现实背景下的重大经济和社会热点问题，也是一个关于社会成员追求公平、正义和共享的关键问题。其实质在于政府要为全体社会成员提供基本而有保障的公共产品和公共服务，让全体社会成员享受水平大致相当的基本公共服务，以促进社会公平正义，使全体人民"学有所教、劳有所得、病有所医、老有所养、住有所居"。基本公共服务制度是人类20世纪所建立的最重要的制度文明之一。[①] 我国现阶段基本公共服务的范围可以界定在医疗卫生（公共卫生和

---

① 丁元竹：《基本公共服务均等化：战略与对策》，《中共宁波市委党校学报》2008年第4期。

基本医疗)、基本教育(义务教育)、社会救济、就业服务、养老保险和保障性住房。我国现阶段全国性基本公共服务均等化可以理解为:中央政府通过制定相关基本公共服务国家标准,在财政上确保负责提供服务的地方政府具有均等支付这些基本公共服务的能力,确保社会、政府、服务机构在不存在偏见、歧视、特殊门槛的前提下使每个公民不分城乡、不分地区地能够有机会接近法定基本公共服务项目的过程。

基本社会保障均等化是继我国提出基本公共服务均等化之后又一个命题。基本社会保障作为基本公共服务的重要组成部分,是为帮助全体社会成员化解因年老、疾病、失业、贫困、灾害等造成的各种生活风险,确保其基本生活权利而构建的一项基础性制度安排。它包括社会保险、社会救助、社会福利等。基本社会保障均等化是指所有国民不分背景或所处环境,均可享受基本相同的社会保障权利。基本社会保障均等化的首要任务是扩大保障的覆盖面,使公民在遭遇各种生存风险时有平等的机会获得经济补助和相关服务,以渡过难关,并有能力寻求新的发展机会。其核心是确保包括社会弱势群体在内的各类社会群体有获得社会救助的机会和权利,有参加社会保险的机会和支付社会保险费的经济能力(必要时需要财政对特殊困难群体给予参保代缴补助),有获得相关社会福利(包括各项社会福利服务)的机会。其标准是保证全体社会成员的基本生活。在均等化过程中,社会救助发挥兜底作用。

基本社会保障均等化强调的是满足所有社会成员的基本生活保障,它不仅要覆盖就业于正规部门的人员,也要覆盖自由职业者和没有固定工作的劳动者,更要覆盖包括农村残疾人在内的各类社会弱势群体,确保他们在遭遇各类生活风险时的基本生活。可以说没有社会保障的全覆盖就没有基本社会保障的均等化。

三 我国现阶段农村残疾人社会保障现状

进入21世纪以来,以农村居民最低生活保障制度(2007年)、新型农村合作医疗制度(2003年)、新型农村养老保险制度(2009年开始试点)、农村居民医疗救助制度、五保供养制度(2006年)、自然灾害生活救助制度等为主要内容的农村居民社会保障体系初步形成。我国是一个农业大国，全国 8300 万残疾人中有 75% 生活在农村，总量大约为 6225 万人。近年来，特别是"十一五"期间，通过发展残疾人事业和农村残疾人扶贫开发，农村残疾人社会保障取得了瞩目成就。在应保尽保的基础上，考虑农村残疾人医疗康复等特殊性支出因素，不少地方通过"分类施保"，提高了残疾人低保补助标准，逐步将低保边缘户纳入最低生活保障；农村重度残疾人及贫困残疾人参加新型农村合作医疗普遍得到各级政府的补贴或代缴的优惠扶助，残疾人特殊医疗需求在一些地方被列入报销范围，农村残疾人参加新型农村合作医疗比例持续上升，成为新型农村合作医疗制度最大的受益者；农村重度残疾人参加新型农村社会养老保险试点政府代缴补助制度基本确立；农村残疾人危房改造项目逐年实施，取得了突出成效；农村残疾人救助不断得以强化，各地积极将符合条件的农村残疾人纳入"五保供养"，获得临时救济救助的贫困残疾人比例不断上升；农村康复服务受益面和农村残疾儿童接受义务教育的比例逐步提高。"十一五"以来，已有 900 多万人次的农村残疾人接受过各类技术培训，不少农村残疾人掌握了 1—2 项农业实用技术。[①] 通过普惠加特惠、一般制度与专项制度安排相结合的保障措施，部分农村贫困残疾人的基本生活得到保障。

然而，由于历史和现实的诸多原因，特别是由于我国城乡经济社会二元结构，农村经济社会发展长期落后于城市，农村社会保障制度建设起步晚，农村残疾人社会保障起步更晚，与城市相比农村残疾人社会保障发展滞后的现状仍然非常突出。

（一）农村残疾人贫困问题依然严重

农村贫困残疾人比重高，绝大多数集中在经济欠发达的中西部省份。据国家 2005 年对贫困人口的统计，残疾人占全国绝对贫困人口的 42%，占相对贫困人口的 1/3。残疾人脱贫难，脱贫后又容易返贫。据第二次全国残疾人抽样调查，12.95% 的农村残疾人家庭户年人均全部收入低于 683 元，7.96% 的农村残疾人家庭户年人均全部收入在 684—944 元之间。农村残疾人平均收入水平仅为农村居民平均收入水平的 49%，不及一半。农村贫困残疾人口占我国农村贫困人口的相当比例，按照国家年人均纯收入 1196 元的扶贫标准，目前全国农村贫困残疾人至少还有 1700 万，其

---

① 程凯：《我国农村残疾人社会保障的现状与对策》，《行政管理改革》2010 年第 7 期。

中，年人均收入低于1196元的农村残疾人有1063万，低收入残疾人661万。①根据全国残疾人状况监测报告统计，2009年度残疾人家庭人均可支配收入为5672元，占全国居民家庭人均可支配收入的57.9%，其中，农村残疾人家庭人均可支配收入为4066元，占全国农村居民家庭人均可支配收入的85.0%。2010年度残疾人家庭人均可支配收入为6344.6元，占全国居民家庭人均可支配收入的59.0%，其中，农村残疾人家庭人均可支配收入4739.2元，占全国农村居民家庭人均可支配收入的92.0%。农村残疾人家庭收入大都是转移性收入，很少财产性和工资性收入，他们的生活主要还是依靠临时性救助和家庭邻里接济。

统计资料表明，城乡残疾人之间的收入水平，以及残疾人与全社会平均收入水平之间差距较大。与此同时，残疾人家庭医疗保健支出及其占家庭消费支出比例均高于全国平均水平。2009年，农村残疾人家庭人均医疗保健支出为551.1元，是全国农村居民家庭人均医疗保健支出的2.24倍。2010年，农村残疾人家庭人均医疗保健支出为602.0元，是全国农村居民家庭人均医疗保健支出的2.09倍。农村残疾人家庭人均医疗保健支出占全部消费支出的比重为14.9%，比全国农村居民平均水平高出7.7个百分点。②

2009年农村残疾人家庭恩格尔系数为47.0%，高出全国农村居民家庭恩格尔系数6个百分点；2010年农村残疾人家庭恩格尔系数为47.4%，高出全国农村居民家庭恩格尔系数6.3个百分点。农村残疾人家庭生活质量明显落后于全国水平。

农村贫困残疾人住房困难问题仍相当突出。残疾人及其家庭无法依靠自身努力解决住房困难，目前仍有近60万户农村残疾人住房问题亟需解决或改善。

尽管农村扶贫战略推行了多年，也取得了很大成就，但全国农村大扶贫主导实施的扶贫项目、扶贫资金难以使贫困残疾人直接参与和受益，而专项残疾人扶贫措施有限，资金投入和培训明显不足。目前，国家针对残疾人专项扶贫主要依靠康复扶贫贷款、危房改造项目和非常有限的培训经费，项目少、资金不足、服务缺失是目前农村残疾人扶贫工作面临的突出

---

① 程凯：《我国农村残疾人社会保障的现状与对策》，《行政管理改革》2010年第7期。
② 《2010年度中国残疾人状况及小康进程监测报告》，中残联网站（http://www.cdpf.org.cn/wxzx/content/2010-12/30/content_30304564.htm）。

困难①。农村残疾人贫困问题突出，相比一般农村居民而言，农村残疾人参加各项社会保险缴纳参保费时会遇到更大的困难。

（二）农村残疾人社会保障供需矛盾突出，城乡差距大

农村居民最低生活保障与新型农村合作医疗、新型农村社会养老保险一起构成了目前农村居民的三大社会保障支柱。按照一般制度与专项制度安排相结合的原则，农村残疾人社会保障项目不仅要包括针对普通农村居民的最低生活保障、新型农村合作医疗、新型农村社会养老保险、灾害救助、医疗救助、五保供养，还应该包括专门针对残疾人的专项保障制度，如残疾人特殊救助（康复救助、残疾人住房救助）和残疾人特殊服务保障（残疾人教育、残疾人就业服务、残疾人康复服务、生活照料与托养、残疾人社区服务）等。无论是在社会救助、社会保险，还是在残疾人专项保障方面，均表现出农村残疾人社会保障供需矛盾突出、城乡差距大的特征。

第二次全国残疾人抽样调查数据显示，在农村残疾人口中仅有5.12%享受到当地居民最低生活保障。2007—2010年度医疗救助和生活救助始终是城乡残疾人最迫切的需求。2010年，城镇54.3%、农村63.5%的残疾人有医疗救助需求，城镇48.7%、农村66.2%的残疾人有生活救助需求。在2007—2010年的四年间，农村残疾人领取最低社会保障金的比例分别为12.5%、19.6%、23.6%、28.6%，得到救济的比例分别为26.6%、28.6%、27.2%和27.7%②，但这些与农村残疾人的救助需求相比，仍存在较大差距。

医疗救助、生活救助、康复救助和教育救助成为城乡残疾人救助需求中排列前四位的救助需求，且农村残疾人对四类救助需求的比例都高于城镇。

第二次全国残疾人抽样调查数据显示，农村16岁及以上残疾人参加社会养老保险、农村合作医疗、工伤保险、失业保险的比例分别仅为1.95%、29.39%、0.10%和0.07%。③ 2007年至少参加了一项社会保险

---

① 程凯：《我国农村残疾人社会保障的现状与对策》，《行政管理改革》2010年第7期。

② 《2010年度中国残疾人状况及小康进程监测报告》，中残联网站（http://www.cdpf.org.cn/wxzx/content/2010-12/30/content_30304564.htm）。

③ 第二次全国残疾人抽样调查办公室：《第二次全国残疾人抽样调查主要数据手册》，华夏出版社2007年版。

的残疾人的比例农村比城镇低 31.3 个百分点；参加基本养老保险的残疾人比例农村比城镇低 31 个百分点；参加基本医疗保险的残疾人的比例农村比城镇低 26.5 个百分点。

新型农村社会养老保险自 2009 年 8 月开始在全国 10% 的地区试点，2009 年农村残疾人参加新型农村养老保险的比例仅为 4%，2010 年度农村残疾人参加新型农村养老保险的比例为 12.8%。按照截至 2010 年春节全国共有 36.4 万 60 岁以上农村残疾人领到基础养老金①来计算，这个数字大约仅占农村老年残疾人总量的不足 1.14%。

现阶段我国社区服务是政府公共服务与社会服务及其互助服务的聚合体，通过社区服务实现福祉资源的普惠化。社区是残疾人服务的主要提供者，社区服务覆盖率直接反映着残疾人社会服务水平和残疾人工作社会化水平。然而从统计数据来看，近四年来，农村残疾人接受社区服务的比例几乎都要比城市大约低 10 个百分点。

全国不少城市已陆续开展了社区居家养老服务，向符合条件的老年人（贫困、重度残疾人）发放养老（助残）券，以政府购买服务的方式，为老年人（残疾人）提供多种方式的养老（助残）服务，以满足老年人和残疾人在生活照料、家政服务、康复护理等方面的基本生活需求；建立养老（助残）餐桌；实施残疾人家庭无障碍设施改造；建立老年人日间照料中心；组织开展老年文化活动；专门为老年人提供上门服务，等等。然而，居家养老服务几乎很少在农村开展。据统计，我国农村生活完全不能自理、必须依靠他人照料的完全失能老年人占农村老年人的比例为 6.9%，在农村完全失能老人中，有照料需求的占 61.8%。与此同时，有超过四成以上的农村养老机构明确表示只接收生活自理老人。所以，农村老年残疾人所需的各项生活照料和服务还是只能依靠家人，家庭照料负担异常沉重。农村老年残疾人社会服务缺失情况严重。

此外，不同年龄层次的农村智力、精神和重度残疾人的生活照料仍主要依靠其家庭，其家庭的经济和精神压力已不堪重负，但又很难从制度上得到相应的支持和帮助。

康复对于残疾人的意义非常重要，它是残疾人提高生活自理能力，实现残疾人参与社会生活的基础。近年来残疾人康复需求服务的覆盖率比以

---

① 程凯：《我国农村残疾人社会保障的现状与对策》，《行政管理改革》2010 年第 7 期。

往有所提高，但仍比较低，2007年、2008年和2009年农村残疾人中当年接受过康复服务的比例只分别占当年全部农村残疾人口的15.7%、19.2%和19.3%。农村残疾人康复需求服务的覆盖率与城市存在较大差距，反映出农村残疾人康复服务可及性不高。

很多农村残疾人还得不到迫切需求的康复训练和基本的辅助器具，家庭无障碍的需求得不到满足，一些残疾人的残疾程度甚至还在加重，这些都极大地限制了农村残疾人的社会参与。

农村残疾人的教育服务也不容乐观。截至2010年年底，全国未入学适龄残疾儿童少年总数14.5万人[①]。6—14岁残疾儿童接受义务教育的比例农村为70.5%[②]，比城市低5.2个百分点，仍有近30%的农村学龄残疾儿童没有机会和条件接受义务教育，与非残疾儿童接受义务教育的比例（99%以上）相比相差甚远。

农村残疾人教育培训保障严重不足。18岁及以上农村残疾人中从未上过学和只上过小学的比例2007年度高达85.1%；2008年为84.4%；2009年为83.2%；2010年该比例为82.8%。2007—2010年，该比例农村比城镇分别高出30.0个、29.9个、18.1个、18.8个百分点。2010年，农村18岁及以上残疾人从未上过学的比例为45.3%[③]，比城市高出12.4个百分点，与全国成年人8.72%的文盲率相比高出数倍；小学程度的比例为37.5%，比城市高出6.4个百分点。由于缺少教育和培训，农村残疾人总体文化水平低，技能缺乏，难以适应现代农业和农村就业市场带来的机遇和挑战，难以改变长期生活在农村社会底层的现状。

2010年劳动年龄段生活能够自理的农村残疾人就业的比例为49.2%，找工作的主要途径是熟人介绍，其比例为60.9%，这反映出农村残疾人职业培训体系和就业网络体系不健全、就业机会缺乏，农村残疾人就业服务还需进一步加强。

（三）农村残疾人社会保障水平低，城乡差距大

农村残疾人社会保障水平低也是一个突出问题。农村养老保险目前不

---

① 中国残联：《2010年中国残疾人事业发展统计报告》，中国残联网（http://www.gov.cn/fwxx/cjr/content_ 1839338.htm）。

② 《2010年度中国残疾人状况及小康进程监测报告》，中残联网（http://www.cdpf.org.cn/wxzx/content/2010-12/30/content_ 30304564.htm）。

③ 同上。

仅覆盖率低，而且即使制度覆盖到的农村老年人每月能领取的基础养老金也仅仅几十元（大约60元）而已，对生活的保障水平极为有限。尽管2010年度农村残疾人参加新型农村合作医疗比例已达96.0%，但保障水平仍有限，与城镇职工基本医疗保险费用报销比例达70%—80%、城镇居民报销比例50%—60%相比，农村合作医疗报销比例直到2009年才从以往的25%左右上升到40%左右。看病贵仍然成为农村居民的沉重负担，加之农村残疾人的医疗康复需求更为突出，其医疗康复支出比重更大，为普通农村居民的两倍以上，看病负担较普通农村居民更为沉重。农村低保按现行低保标准，其低保待遇仅能满足当地最低水平的衣食问题，而残疾人医疗康复支出高等特殊困难仅靠低保无法解决。此外，城乡享受最低生活保障待遇的居民所获得的平均低保待遇标准相差较大。

四 对我国农村残疾人社会保障制度建设的反思

目前，我国农村残疾人社会保障目前仍存在供需矛盾突出、保障覆盖面窄、城乡差距大、保障水平低、一些特殊需求还没有得到有效保障、特殊保障制度存在很多空白等突出问题。制度上的缺漏造成了我国农村残疾人家庭生活水平和生活质量明显落后于全国水平。这些问题的存在，不仅反映了农村经济社会发展和社会保障制度发展的滞后，同时也反映出了城乡居民享受基本公共服务特别是基本社会保障的不均等这一事实。在经济增长的同时，由于忽视共享社会发展成果的理念，中国农民阶层在社会地位上始终处于不利的位置，同样是由于忽略了"平等、参与、共享"的理念，农村残疾人更是处于最不利的社会地位上。城乡居民享受基本公共服务的不均等，享受基本社会保障的不均等，社会保障上存在的巨大城乡差距，直接损害了社会公平，阻碍了社会主义和谐社会的建设。

如前所述，基本社会保障是基本公共服务的重要组成部分，基本社会保障均等化的核心是确保包括社会弱势群体在内的各类社会群体有获得社会救助的机会和权利，有参加社会保险的机会和支付社会保险费的经济能力，有获得相关社会福利的机会。在很多国家，公民的基本权利和基本公共服务在某种程度上是重合的。在公平成为人类最基本的价值取向的今天，全社会要充分认识到残疾人的价值、尊严和权利。要实现包括基本社会保障在内的基本公共服务均等化，构建覆盖城乡居民的社会保障体系，必须要增强公共服务供给能力，特别需要加大财政投入来实现。

目前，国家正在加快推进覆盖城乡居民的社会保障体系建设和基本公共服务均等化，而推进残疾人社会保障和服务体系建设是其重要内容之一，它是帮助残疾人改善基本生活条件、促进残疾人全面发展、实现残疾人共享改革发展成果的根本举措。农村残疾人社会保障制度是我国社会保障体系的有机组成部分，完善农村残疾人社会保障制度建设，对缩小城乡差距、实现基本公共服务均等化、推进覆盖城乡居民的社会保障体系建设意义重大。

为实现这一目标，必须在制度建设、财政投入、服务体系几个方面下大力气，使农村残疾人这一长期在社会底层生存的社会群体能够享受到均等化的基本公共服务和基本社会保障，缩小农村残疾人与城市和社会平均水平的差距。

第一，强化农村残疾人社会保障的制度建设。必须坚持重点保障与特殊扶助相结合，一般性制度安排与专项制度安排相结合的原则，将农村残疾人纳入覆盖城乡居民的社会保障体系并予以重点保障和特殊扶助，将残疾人"两个体系"纳入国家总体社会保障和公共服务体系，并予以优先发展。在推进农村社会保障制度发展的过程中，优先考虑和安排农村残疾人这一特殊困难群体的特殊需求，不断推动建立以社会救助为底线、以社会保险为基础、以特殊福利为补充的残疾人社会保障体系，提高社会保障在农村残疾人中的覆盖率和基本保障水平。为农村残疾人改善弱势地位、实现"平等、参与、共享"的目标提供强有力的制度保证。

第二，增加对农村残疾人社会保障的财政投入。面对农村残疾人贫困面大、社会保障发展滞后、社会保障欠账过多的局面，政府财政投入应保证更多地向农村倾斜，增强农村基层提供公共服务的能力；完善政府为农村贫困、重度残疾人参加新型农村社会养老保险、新型农村合作医疗的补贴或代缴的优惠扶助政策，使其制度化，并保障稳定的资金来源，明确各级财政的分担比例和责任；增加财政对贫困地区农村残疾人社会保障的专项转移支付；增加财政对残疾人扶贫的投入，设立残疾人专项扶贫资金，并使各种扶贫资金向农村贫困残疾人倾斜。

第三，加强农村残疾人服务体系的建设。在发挥政府主导作用的同时，充分调动社会力量，共同为农村残疾人提供康复、教育、就业培训、托养、社区照料等特殊服务，以满足残疾人的特殊需求。优先解决智力残疾、精神残疾和重度肢体残疾人的托养服务需求，减轻农村残疾人家庭过于沉重的负担，提高农村残疾人的生活质量，使其能够享受到均等化的基本公共服务，生活得更加有尊严。

参考文献

1. 《中共中央国务院关于促进残疾人事业发展的意见》，新华社北京 2008 年 4 月 23 日电，新华网（http://news.xinhuanet.com/newscenter/2008 - 04/23/)。

2. 《国务院办公厅转发中国残联等部门和单位关于加快推进残疾人社会保障体系和服务体系建设指导意见的通知》（国发办〔2010〕19 号），中央政府门户网站（http://www.gov.cn/zwgk/2010 - 03/12/content_ 1554425. htm)。

3. 郑功成：《残疾人社会保障：现状及发展思路》，《中国人民大学学报》2008 年第 8 期。

4. 程凯：《我国农村残疾人社会保障的现状与对策》，《行政管理改革》2010 年第 7 期。

5. 丁元竹：《基本公共服务均等化：战略与对策》，《中共宁波市委党校学报》2008 年第 4 期。

6. 许琳、张艳妮：《我国残疾人社会保障的现状与问题研究》，《西北大学学报》2007 年第 6 期。

7. 杜鹏、孙鹃娟、和红、尹尚菁：《中国农村残疾人状况及政策建议》，《人口与经济》2009 年第 2 期。

为农村残疾人提供规范化就业服务的思考

中国肢协副主席、黑龙江省肢协主席　杜　仲

一　问题的提出

就业是民生之本,在以民生为导向的经济社会发展的今天,党的十六届五中全会、六中全会和党的十七大都把帮扶残疾人实现就业放在重要位置。近年来,中央政府各部门、地方各级政府都把促进残疾人充分就业列为本部门、本地区工作的重要内容,学术界也以学以致用为宗旨,开展相关研究。于是,出现了残疾人优先就业,残疾人具有特殊劳动力优势等一系列服务于农村残疾人就业的实践和思想。

近年来,优先发展残疾人就业成为政府工作的重要内容和社会关注的热点问题。尤其是为应对国际金融危机冲击,残疾人两个体系建设提速,建立一个人人能够享有劳动权和生存尊严的就业服务体系便提上了议事议程。中国残疾人事业"十二五"发展纲要16项主要任务明确提出"规范残疾人就业服务体系,有就业需求的各类残疾人普遍获得就业服务和职业技能培训"、"完善残疾人就业促进和保护政策措施,稳定和扩大残疾人就业,提高残疾人就业质量,鼓励残疾人创业"等,我们正是在这样一个背景下开展为农村残疾人提供规范化就业服务研究的。

本研究将从帮助农村残疾人实现就业的意义出发,在分析农村残疾人就业面临的机遇和压力的基础上,提出了从制度化、专业化和社会化三个方面加强农村残疾人就业服务体系规划和制度建设,期望能对推动农村残疾人就业服务体系的发展和完善有理论和实践意义上的帮助。

二 为农村残疾人提供规范化就业服务的意义

(一) 为农村残疾人提供规范化就业服务首先要帮助其实现人权

《世界人权宣言》第 22 条阐明:"每个人,作为社会的一员,有权享受社会保障,并有权享受他的个人尊严和人格的自由发展所必需的经济、社会和文化方面各种权利的实现,这种实现是通过国家努力和国际合作并依照各国的组织和资源情况。"这个论述表明了实现社会权利的基本原则:人人应当享有,国家积极介入,与国家经济社会发展水平相适应。《世界人权宣言》第 23 条之后的有关条款对劳动权(工作权)作了阐述,包括人人应有机会享有凭其自由选择和接受的工作来谋生的权利,国家和社会有义务采取适当步骤来保障这一权利。确保公民的基本权利是国家的基本责任。这样,农村残疾人就业问题就和公共服务联系在一起了。在很多国家或地区,基本社会服务是为社会的弱势群体提供的,是很重要的制度安排。我国的农村残疾人作为特殊群体中最弱势的一部分,为实现和保障其合法的劳动权益,享受特殊的就业服务也是他们的基本权利。

(二) 为农村残疾人提供规范化就业服务也要帮助其实现社会权

社会权是伴随着人权的国际化、人权内容不断地被扩展而出现的,人权不仅仅局限在政治领域,还发展出经济、社会和文化权利即社会性权利,也即社会权。社会权是基于福利国家,为使任何人都可以获得合乎人性尊严的生存,而予以保障的所有权利的总称。这种社会权利表现为两个方面:第一,人有义务去满足他人的基本生存权;第二,强调正义、公平、履行义务、寻求公正的社会经济权。给予穷人实际的社会权,托马斯·潘恩进一步肯定地强调:"不是施舍而是权利,不是慷慨而是正义。"而劳动权就是最大的社会权。因此,国家应当以积极作为的形态介入这一社会性权利的实现领域,使社会经济弱者获得实际上的工作权利。劳动和工作是阳光底下最美好的事。

三 农村残疾人就业面临的机遇和压力

2011 年是"加强残疾人职业培训促进就业年",中国残联在去年推出就业援助月的基础上,加大了对就业工作的全面指导,特别把残疾人就业工作作为重点突破口来抓,积极促进残疾人按比例就业、集中就业、个体就业、公益岗位就业、社区就业、居家就业、辅助性就业等多元化就业,实施残疾人就业优先战略,认真开展就业状况调查,实施残疾人就业实名制统计,完善福利企业优惠政策以促进残疾人集中就业,积极开发公益性岗位保障残疾人就业,同时大力开展残疾人职业培训促进残疾人就业,先后在"加强残疾人职业培训促进就业年"活动的基础上,印发《残疾人就业服务机构建设规范(试行)》的通知,实施城镇百万残疾人就业工程、职业培训促就业工程,在成功举办 2010 年残疾人居家就业项目培训试点的基础上,继续向全国推广,并全面部署残疾人网络创业及就业培训工作、开展基层残疾人就业指导员远程培训等一系列残疾人就业工作的重头戏,为农村残疾人就业乘势而上、纳入大局提供了良好的战略机遇期。

但是,我们必须看到生活在农村的残疾人由于受传统物质文化、教育水平、社会资源的局限,要享受就业服务均等化还有很长的路要走。中国是一个发展中的人口大国,城乡二元结构特征突出,又处于体制转轨和产业结构升级的历史阶段,这一时期就业面临青年就业、农村劳动力转移就业、下岗失业人员再就业同时出现的三碰头局面,就业的总量矛盾和结构性矛盾都十分突出。此外,适逢国际金融危机的大背景下,经济增速减缓,受影响最深的是农民工,他们中的相当一部分人成为新形势下的就业困难群体,而农村残疾人作为最困难的群体其就业面临更大的挑战。

就业是民生之本,创业是致富之源。就业关乎残疾人个人生存和尊严,是实现其人生价值和权利的关键。古人云:无恒业者无恒产,无恒产者无恒志。农村残疾人的就业水平直接决定着他们生活质量的水准,决定着他们摆脱贫困的进程。根据"第二次全国残疾人抽样调查主要数据公报"显示,我国现有各类残疾人 8296 万,其中农村残疾人 6225 万人,占残疾人总数的 75.04%。据统计,在我国 8296 万残疾人中,2266 万人已经实现就业,其中城镇 463 万人、农村 1803 万人。我国目前还有 858 万有劳动能力、达到就业年龄的残疾人没有实现就业，而且每年还将新增残疾人劳动力 30 万人左右。根据以上数据推算，我国目前约有 600 多万农村残疾人劳动力处于无业和失业状态，也就是说，他们时刻面临着贫困的威胁。

贫困是全球性社会现象，是经济、社会、政治、文化发展不平衡和地理自然生态条件差异以及人类个体差异综合作用的结果。解决农村贫困问题不仅是经济问题，更重要的是政治问题。中国把"三农"问题视为是国民经济发展的重要问题，而"三农"问题的重点在贫困村，难点在残疾人贫困户。其实就业是农村残疾人脱贫之基，为农村残疾人提供规范化就业服务具有重大的民生意义。在国家日益倡导以市场导向就业机制的经济环境下，在加快转变经济发展方式这场深刻的变革中，我国农村残疾人稳定就业形势犹为严峻。就业服务是基本公共服务的重要组成部分，为解决农村残疾人就业难题，构建有利于残疾人就业科学发展的体制机制、加强农村残疾人就业服务体系规划和制度建设不失为实现农村残疾人稳定就业的重要途径。机遇和压力并存，为农村残疾人提供规范化的就业服务就显得尤为重要。

四　为农村残疾人提供规范化就业服务的思考

农村残疾人就业服务应重视制度性安排和规范化措施。制度是保障，服务是执行，以制度化、专业化、社会化服务为导向，整体推进农村残疾人共享基本公共服务，整合社会资源，提高为残疾人服务的水平与能力，推动就业服务体系建设专业化、标准化、规范化，以解决就业服务有效性的问题。

（一）制度化，就是要有政策，对就业服务机构、人员、经费都要有保障

1. 加强农村残疾人就业促进和保护政策措施。改革开放以来，我国在解决残疾人就业问题上采取了一系列重大措施：颁布实施《残疾人保障法》和《残疾人就业条例》，地方政府也相继出台了实施办法和就业规定等地方性法规。但相对来说，农村残疾人就业面临着比城镇残疾人就业更大的制度保障留白。最近两年政府推出的个性化就业援助服务对农村残

疾人劳动力来说，接受的层面还有很大的局限性。地方政府应加强对农村残疾人困难群体实施特殊就业援助政策，鼓励地方出台不同角度的农村残疾人就业援助政策，为残疾人实现就业和融入社会提供有效保障，在就业条例中新增就业援助法，按照集中庇护就业和适当保护就业的原则，根据残疾人的程度，采取不同的就业支持手段。一、二级重度残疾人有机会在专门的庇护工厂集中就业，庇护工厂由政府出资，为公益性质，政府通过成本支持和岗位补贴的形式促进其发展；三、四级残疾人可以通过政府和公共机构福利岗位和灵活就业、福利企业等实现就业。

哈尔滨市平房区制定出台了《平房区扶持残疾人自主创业办法》，对首次创业成功的残疾人给予最高6000元的一次性资金补贴，累计为残疾人创业者发放小额贷款15万元。先后开展农村残疾人实用技术培训120余人次，组织24名残疾人参加远程教育大专班学习。发放残疾人创业扶持金16.1万元。全区2213名有劳动能力的残疾人中，有2102人实现就业，就业率达到95%。全区共兴办福利企业44家，集中安置残疾人就业1047人，其中最为典型的哈尔滨天手食品有限公司集中安置120多名农村残疾人就业，残疾职工的工资和福利待遇逐步提高，月均工资近2000元，并可享受"四险"和福利住房等。

2. 提高就业政策法规的执行力。所谓的执行力就是贯彻执行党的就业理论和就业路线方针政策的能力，就是实施相关决策、规划、计划、制度的能力，就是抓落实的能力。正确理解就业服务政策的执行力，就是从理论与实践的关系看，任何观念性的东西只有付诸实践、见于行动，才能发挥作用、得到检验；再好的决策如果不去执行，也没有意义。像残疾人按比例安排就业、残疾人大学生就业、企业安排残疾人就业应该和健全人一样享有平等的薪金待遇等，都需要就业服务部门广泛开展执法检查、就业监督等政策的执行力，才能真正还惠于民。就业服务部门应着重从三个方面提高就业服务政策的执行力：一是提高工作人员的综合素质，包括个人修养和业务素养。二是搞好结合，执行作为一种具体行为，尤其需要把国家有关政策这些上情和地方具体下情、可能与现实、有利条件和不利因素、存在问题与解决办法结合起来，才能取得良好的执行效果。三是着力培养执行的胆魄。胆魄内含于能力之中，有时候直接体现甚至决定能力。应当看到，我们有好的政策而因为执行力不强，导致竹篮打水，执行力不强不是由于我们工作人员的知识水平不够，而是胆识魄力不足，不敢来真的、碰硬的。培养胆识关键在于增强在其位谋其政、勇于担当的责任意识。如中组部〔2002〕38号文件是一部很好的发现选拔培养优秀残疾人干部的文件，可惜的是这部文件被称为是近二十年来基层残联落实最不力的文件，这就是执行力不够的结果。

3. 就业保障金的使用应适当向农村残疾人的就业倾斜。重视就业保障金征收的初衷是安排残疾人就业，不能本末倒置，认为用工单位给了钱了，就不用管了。国家最初制定就业保障金征收办法的初衷是促进残疾人就业和执法监督，不是为了钱。可以考虑学习法国的经验，根据残疾人就业保护条例，从残疾人就业保障金中抽取部分额度设立残疾人职业安置基金管理机构，专门负责与残疾人雇主加强联系，协助雇主开展残疾人招聘，并在残疾人受雇期间出现诸如障碍严重化问题时，为雇主提供合理化建议和解决方案，同时提供资金和技术支持，以便保留和提升残疾职工的工作，稳定残疾人就业队伍；也可以学习英国的经验，从残疾人就业保障金中抽取部分额度建立就业支持津贴，推动农村残疾人职业教育和培训发展，帮补农村残疾人提升技能以促进其就业，如开展庭院经济、鼓励自主创业等。

优质稻米之乡五常市先后出台了《残疾人优惠政策规定》、《残疾人就业实施意见》，兴建了农村残疾人产业扶贫基地，引进了山东寿光先进的蔬菜种植技术、管理经验和销售网络。为残疾人新建温室蔬菜大棚150栋，省、市残联利用保障金每栋扶持2.5万元，国家开发银行贷款3万元，当地残联从保障金中每栋扶助1万元，基础设施建设由市政府负责，残疾人只需出劳务，每栋年纯收入5万元以上，首批集中解决了161名农村残疾人就业，使他们的家庭当年脱贫。在经营上，实行"三带一保"，即带资金、带技术、带销售、保收入。种苗、肥料、农药均统一由寿光裕民农业发展中心负责。绿色产品由合作社统一包销到哈尔滨市定点商场，同时，与残疾人户签订协议，保证农户每栋大棚年收入不低于5万元，确保农村残疾人脱贫后不再返贫。此举正在五常市农村残疾人中铺开。

(二) 专业化

即服务的专业化，就是就业服务机构的人员要有残疾人就业的相关知识，包括维权、服务意识。

1. 尽快规范残疾人就业服务机构建设，全面提升解决农村残疾人就业的服务能力。残疾人就业服务机构作为残联组织服务职能的集中体现，主要负责对残疾人就业工作进行指导和管理，是帮助残疾人就业实现专业化服务的重要阵地，重在加强服务能力建设，以服务体现管理，以管理促进服务。

许多县区级就业服务机构没有实现人员经费由同级财政全面拨款，或者一部分自筹自支性质的就业服务机构根本没有落实人员开展服务，残疾人就业服务机构的服务场地、人员编制等硬件存在落实不到位的问题，对于广大农村来说，农村残疾人就业服务工作因为基层组织建设的不到位，几乎形成一个空白。因此，应当继续加强基层组织建设，将残疾人就业服务阵地延伸到农村残疾人身边，尽快规范残疾人就业服务机构的人员编制、经费来源、服务场地、健全岗位设置，完善选拔培训考核持证上岗制度和动态管理机制，委托劳动部门开展职业培训，建设农村就业服务工作者队伍的专业化水平，提高对农村残疾人就业的服务能力。

残疾人就业服务机构应健全服务标准、规范服务行为、提升服务质量。高效的残疾人就业服务体系作为促进法律和政策执行落实的支撑平台。最大限度的发挥社会服务资源的作用。可以学习借鉴国外构建服务体系的过程，作为政府职能部门仅保留一部分为残疾人直接服务的任务和工作，更多地扮演负责残疾人职业融入、培训跟踪、制度监督、就业指导、目标考核评估的角色，将政府为残疾人提供的绝大多数任务进行外包，通过购买服务引导和发展大量的非营利机构和部分盈利机构参与其中，按照市场化的运作模式，高效开展残疾人就业服务工作。

2. 加强农村残疾人就业电子档案数据库建设，重视就业服务的有效性。首先，建立农村残疾人就业电子档案数据库，可以对农村残疾人就业做到四个了解：一是了解残疾人的能力素质；二是了解残疾人的培训需求；三是了解残疾人的兴趣特长；四是了解残疾人的就业发展可能。

其次，按照公共就业服务理论，完善的就业服务流程既包括对劳动者职业的介绍服务，还包括对用工单位的相关服务。目前，各地在开展残疾人就业服务过程中，比较重视为残疾人提供职业介绍及失业登记等服务环节，为用工单位提供服务、就业监督的环节缺失，就业服务有效性严重不足。可以结合残疾人法律援助工作站的工作，注重就业维权监督，以保护残疾劳动力的合法权益。就业服务机构应以自己卓有成效的工作，架起劳动者与社会岗位供需的桥梁，给每一个家庭送去温暖，切实提高农村残疾人生活的幸福指数、增进民生福祉。

随着经济社会的快速发展，农村残疾人的思想状况发生了深刻变化，集中反映在对生存能力、脱贫致富的强烈需求上。他们迫切希望就业，摆脱贫困，但又缺少外界救助和启动资金、信息以及技术，没有就业的机会。哈尔滨市残联把残疾人的第一需求作为第一工作内容，从产业化扶持入手，进行残疾人与樱桃谷鸭龙头企业的利益联结，以龙头企业带动残疾人就业。市残联对农村残疾人实行"创业成才、产业化扶贫"的试点，在通河县开展了残疾人樱桃谷鸭产业扶持项目并取得了可喜的成果。他们通过注重产业扶持和利益联接机制并举，既使龙头企业受了益，又提高了残疾人自食其力的能力，收到了较好的经济效益和社会效益，受到了当地政府和农村残疾人的欢迎，激发了广大残疾人创业成才、回报社会的积极性。

（三）社会化，就是社会的示范、引导和氛围

1. 以个性化服务为原则，整合社会资源，加快推进农村残疾人就业服务体系建设。如果说以前的残疾人就业服务还是以福利企业集中安置就业、分散按比例安置就业、自主就业为重点的话，十二五期间要解决的农村残疾人就业问题是所有劳动力人群全覆盖的基本公共服务的问题。为实现这一目标，针对当前残疾人专职工作者人数少与残疾人人数众多、为残疾人提供的专业服务少和残疾人基本需求多等一系列现实矛盾，在发挥政府主导和残联引导作用的同时，通过社会化努力实现农村残疾人就业广覆盖，解决多与少、供与求等现实矛盾，通过服务的规范化和标准化建设，引导和扶持社会残疾人就业服务机构规范发展、服务专业。

残疾人就业服务机制应该走向社会，走向市场，而购买社会组织服务的方法是一个重要途径。委托社会组织为残疾人提供就业服务，探索服务资源最大化，可以使残疾人的就业服务由粗放型走向精细化，由非专业走向专业化，并将成为一种新型的服务机制。此外，还应积极借鉴公共服务机构的先进经验。目前劳动保障部门建立的公共就业服务机构已拥有比较科学的管理服务机制，各地残疾人就业服务机构应积极加强沟通与联系，将公共就业服务的好经验和好做法与农村残疾人就业服务的实际相结合，探索出适合农村残疾人就业的发展之路。

农村残疾人就业服务无论是政策制度的设定，还是具体工作的实施，应充分体现个性化的特征，普遍以残疾人需求为核心，避免使残疾人处于

被动服务地位。在推进农村残疾人就业服务体系的建设中，坚持政府主导搭建残疾人就业服务平台，坚持以人为本完善服务机制的同时，考虑到农村残疾人服务的特殊性，涉及不同类别和不同程度残疾人的劳动生存需求，应充分整合社会资源力量，逐步建立农村残疾人就业服务政府购买机制，引导社会公益型组织和盈利、非盈利性机构参与到残疾人就业服务领域，丰富和细化服务内容，建立系统科学的服务管理和评价考核体系，逐步形成以残疾人就业服务机构为主干，以社会化服务组织为基础，以个性化量身定做式服务为主要内容，涵盖农村残疾人参与社会生活多个方面的立体式全覆盖型农村残疾人就业服务体系。

2. 提升政府各部门责任意识，加强和创新残疾人就业服务的社会管理。加强和创新社会管理是党中央站在中国特色社会主义事业全局提出的一项重大战略任务。要深刻领会精神实质，准确把握对农村残疾人就业工作提出的新任务新要求。做好农村残疾人就业服务工作、为残疾人谋福利，是社会管理的实现途径和根本遵循。面对当前我国发展的重要战略机遇和社会矛盾凸显期、经济社会的快速发展和急剧转型、劳动关系矛盾的复杂多变、残疾人利益诉求和权益实现面临的新情况新问题，迫切需要残疾人就业服务立足农村残疾人的实际诉求，发挥服务优势，在服务引导福利企业、残疾职工参与社会管理、维护社会稳定、推动科学发展、促进社会和谐等方面发挥作用，积极作为。

为农村残疾人就业服务创造条件，政府责任首当其冲。由于农村残疾人就业尤为困难，需要政府加强干预，主要采取特殊就业扶助政策、鼓励社会各部门承担社会责任。虽然我国县级以上政府设立了残疾人工作委员会，有助于形成政府合力，促进残疾人就业，协调解决残疾人就业工作中的重大问题，但残疾人工作委员会还不是一个有效发挥监督服务作用的实体机构，存在职能虚化的问题。可以借鉴美国等国家残疾人权利委员会的经验，将其设为一个实体机构，充分发挥对残疾人就业服务工作督导协调的功能。完善残疾人事务联合推进机制，提高残疾人就业政策法规的执行效力，为农村残疾人通过生产劳动回归社会共享发展成果创造积极有利的政策条件和社会环境。进一步强化残疾人就业政策措施的执行手段，发挥政策执行的倍增效应，在确保政策执行力度的基础上，为农村残疾人参与社会生活创造良好的环境和氛围。

五　结　言

伴随着经济、社会、文化与卫生发展的进程，我国人口构成向老龄化过渡，在国家日益倡导以市场导向就业机制的经济环境下，在加快转变经济发展方式这场深刻的变革中，我国农村残疾人稳定就业问题正面临着前所未有的变化。因此，基于制度化、专业化、社会化三方面加强农村残疾人就业服务体系规范化建设需要根据社会管理和谐、完善化的需要，紧跟国家关注民生、加快推进基本公共服务的工作大局，考虑具体国情地情、国家就业政策等因素逐步推进。并且，这个规范性建设也必然是阶段性的、可量化实现的，且在实际执行落实中需要适时调整、不断细化实化，作更深入的研究。

参考文献

1. 程凯：《在全国残疾人"两个体系"建设工作交流会上的讲话》，《残疾人工作通讯》2010年第15期。

2. 王碧玉：《中国农村反贫困问题研究》，中国农业出版社2006年版。

3. 《中国残疾人事业"十二五"发展纲要（摘要）》，《中国残疾人》2010年第7期。

4. 刘俊海：《论社会权的保护及〈经社文公约〉在中国的未来实施》，载刘海年主编《〈经济、社会和文化权利国际公约〉研究》，中国法制出版社2000年版。

5. 赵启峰：《残疾人就业中的政府责任》，《中国残疾人》2011年第1期。

6. 李长健、李伟：《和谐语境下农民社会保障权的法律保护》，《北方论丛》2006年第5期。

7. 国家统计局：《中国统计摘要》，中国统计出版社2009年版。

8. 《如何以人为本促进残疾人事业与市场经济同步发展》，中国论文下载中心（http：//www.studa.net/xinjingji/081201/09240559－2.html）。

9. 《残疾人就业服务机构建设的思考》，《残疾人工作通讯》2009年第19期。

10. 刘丹华：《中国的公共就业服务和促进残疾人就业》，"残疾人社会保障与服务国际论坛"。

11. 王碧玉：《有益的尝试——关于通河县农村残疾人产业化扶贫经验的调查报告》，《黑龙江日报》2011年9月。

12. 《法国、英国残疾人社会保障和服务的做法和启示》，《残疾人工作通讯》2010年第13期。

农村残疾人社会保障与服务体系的实践探索研究

——以辽宁省抚顺县为例

胡亚菊

抚顺县隶属抚顺市，位于辽宁省东部，南接本溪市，北连铁岭市，东部与抚顺市的新宾县、清原县毗邻，西部与沈阳市接壤。2010年10月，抚顺市行政区划调整前，抚顺县共有各类残疾人10265人，占人口总数的5.4%，其中，智力残疾1093人、肢体残疾4476人、听力残疾830人、言语残疾215人、多重残疾1257人、视力残疾1696人、精神残疾698人；区划调整后全县还有各类残疾人6480人。

近年来，抚顺县残疾人社会保障工作在国家和省、市残联的指导帮助下，在县委、县政府的高度重视下，坚持以科学发展观为统领，认真贯彻落实中央7号和国办19号、辽政办43号《关于加快推进残疾人社会保障和服务体系建设的实施意见》精神，以康复服务和就业培训为重点，以残疾人脱贫致富奔小康为目标，以促进残疾人"社会保障和服务体系"建设为主线，广泛动员全社会力量，大力开展扶残助残活动，在全县上下营造了普遍重视、关心、支持残疾人事业的良好社会氛围，有力推动了全县残疾人"两个体系"建设又好又快发展。

抚顺县先后被授予"全国残疾人工作先进县"、"全国残疾人工作先进单位"、"全国残疾人社区康复示范区（县）"、"全国'两刊'宣传工作先进单位"、"全国白内障无障碍县"等荣誉称号；县残联先后被授予"中国残联专项彩票公益金康复项目先进集体"、"辽宁省优秀残疾人之家"、"省信访工作先进单位"、"省白内障无障碍光明行动先进单位"、"省残疾人就业工作先进单位"、"省三级档案管理先进单位"、"抚顺市文明单位"、"抚顺市五一劳动奖章先进集体"、"抚顺市残疾人就业工作先进单位"等一系列荣誉称号。省、市残联分别在抚顺县召开了"全省残疾人社区康复工作现场经验交流会"、"全市农村残疾人托养服务工作经验交流会"、"全市农村残疾人就业基地现场观摩会"等，县残联在"全省基层残疾人工作会议"、"全省残联维权信访工作会议"、"全市残疾人工作会议"、"全市维权信访工作培训班"等省、市残联召开的会议上进行经验介绍，《辽宁日报》、抚顺市委和抚顺县委在《工作信息》上也先后报道了抚顺县的工作经验。

一 农村残疾人社会保障与服务体系建设中的经验

（一）领导重视、建立健全了三级组织管理网络，为"两个体系"建设提供了组织保证

"十一五"期间，抚顺县委、县政府高度重视残疾人基层组织建设工作，先后出台了《抚顺县委 抚顺县政府关于促进残疾人事业发展的实施意见》、《关于印发抚顺县扶持残疾人若干政策的通知》、《关于进一步加强残疾人康复服务工作意见的通知》、《关于全县残疾人专职委员工作经费等问题的通知》、《关于加强全县基层残疾人组织规范建设的通知》、《关于县残疾人联合会增加编制的通知》等一系列促进全县残疾人社会保障和服务体系发展的文件政策，并将残疾人"两个体系"建设做到了"六个纳入"，即：一是纳入全县经济和社会发展规划；二是纳入民生工程当中；三是纳入县委、县政府的年度工作报告之中；四是纳入抚顺县目标管理岗位责任制考核当中；五是纳入县政府工作的议事日程当中；六是纳入文明村镇创建活动中。每年"两会"期间，县"四家班子"在年度工作报告中对全县残疾人工作都给予高度评价并对第二年工作提出明确要求。在制定全县"十二五"规划中单独对全县残疾人事业进行大段落的论述。"十一五"期间，县委、县政府在人员编制十分紧张的情况下，为县残联增加行政编1个，事业编2个，并采取公开招聘方式，先后选拔了14名优秀残疾人，充实到各乡镇和县残联机关任专职委员，并将优秀干部选拔到县残联工作，各乡镇都选配了专兼职残联理事长。2010年5月，又选聘了146名村、社区残协委员。县残联采取多种方式举办残疾人工作业务培训班，全面提高全县残疾人工作者的综合素质，打造了一支乐于奉献、工作认真的残疾人工作服务者队伍，使残联基层组织建设得到加强。目前，县、乡、村残疾人工作组织机构健全、责任明确、管理规范、服务到位，为"两个体系"建设提供了坚实的组织保障。

（二）部门配合、建立健全了三级康复服务网络，促进了残疾人服务体系建设

近年来，为做好残疾人康复服务工作，县政府先后下发了《关于做好"全国残疾人社区康复示范县"创建工作的通知》、《关于印发抚顺县争创全国残疾人社区康复示范县实施方案》。在争创"全国残疾人社区康复示范县"活动中，县残联与县卫生局、县民政局等部门密切配合，紧紧围绕早日实现残疾人"人人享有康复服务"的目标，积极开展残疾人社区康复工作，县残联印发各种社区康复工作用表近10万张、社区康复服务联系卡3.5万张、宣传册1万册、自编印发社区康复指导手册8种1万余册，制作各种牌匾300个，举办社区康复工作培训班26期，培训学员1830人次。县残联和各乡（镇）残联干部经常深入到各村康复站和各户康复点检查指导社区康复工作，与各乡（镇）康复指导员、村康复员共同研究探讨，为康复对象提供热情周到的康复服务。根据康复对象的实际情况，各乡（镇）、村康复指导员和康复员自己动手制作或指导残疾人和家属制作适合康复对象进行训练的70余种近千件简易康复器械，发放给520名康复训练对象供他们在家中使用，收到了很好的效果，由胡亚菊理事长撰写的《如何自制农村残疾人康复训练器械》项目报告，2007年被中残联、香港复康会授予第一批"雷曼兄弟奖励基金"，辽宁省残联系统获此殊荣仅此一次。近年来，县残联筹集资金50余万元，为各类残疾人配发用品用具、安装假肢、配戴助听器、助视器955件；为100名贫困精神病患者进行了免费用药；为45名贫困精神病患者进行了救助治疗；为15名肢体残疾儿童免费进行了矫治手术；为1050名白内障患者实施了复明手术，使他们重见光明。复明手术期间，"四家班子"主要领导亲自到医院看望慰问贫困白内障患者和医务人员，使贫困白内障患者和市、县医院的医务工作者深受感动和鼓舞。

为了使抚顺县残疾人社区康复服务工作能够持之以恒，县残联建立了稳定的经费保障机制。2008年10月，县残联根据省、市残联的要求，向县政府请款6万元康复经费，在县长办公会上，特批10万元康复工作经

费并纳入财政预算，此举不仅开创了县财政主动增拨经费的先河，而且也极大地鼓舞了全县残疾人工作者的士气，在全市乃至全省残联系统引起了强烈的反响。为巩固康复服务成果，抚顺县制定出台了《关于进一步加强残疾人康复工作的意见》，进一步明确了康复服务的目标和各部门的职责、任务，建立了康复服务的长效机制。

通过全县上下的共同努力，残疾人的康复服务工作取得了显著的成绩，目前，抚顺县的县、乡（镇）、村三级残疾人康复服务、管理、技术指导网络已十分健全，残疾人"人人享有康复服务"的理念深入人心，有康复需求的4893名残疾人不出村不出户就能得到康复服务。2007年11月，抚顺县被国家民政部、卫生部、中国残联联合授予"全国残疾人社区康复工作示范县"称号；县残联被全国残疾人康复工作办公室授予"中国残联专项彩票公益金康复项目先进集体"。

（三）多措并举、建立三级就业培训服务网络，切实保障残疾人平等就业

近年来，抚顺县将培训服务工作作为促进残疾人就业、改善残疾人生活的一个重要环节来抓，不断促进残疾人就业、创业。一是集中开展残疾人技能培训服务，扶助残疾人个体从业。确定了"以培训为手段，以就业为目的"的工作原则，举办各类实用技术培训班48期，培训人员3460人次，投入资金155万元，扶助128名个体致富带头人，开办了盲人按摩诊所、修鞋店、复印打字社、便民超市、养猪场等，又购置了玉米播种器、旋耕机等设备、器械，帮助1543名有劳动能力的贫困残疾人个体从业。二是积极筹建残疾人就业基地，促进残疾人集中就业。2007年以来，采取"以点带面"的形式，通过"抓好一个乡、推动一个县、富裕一方人"的就业基地建设工程，探索出了我县农村残疾人集中就业的新路子，取得了良好的效果，在兰山、哈达、汤图满族乡、峡河乡等乡（镇）建立了4个省级残疾人就业培训示范基地，集中安置165名残疾人就业，并为他们缴纳新农保和新农合个人参合费，实现就业、培训、保险一条龙服务。三是为促进残疾人就业搭建平台，分散安置残疾人就业。2008年以来，先后4次组织55家企业、396名残疾人参加抚顺市残疾人就业用工洽谈会，有45名残疾人当日就被企业录用。县残联还引进抚顺市良友手工艺品有限公司出口手工艺品加工项目，为汤图满族乡、章党镇、峡河乡的残疾人及家属开创了一条残疾人就业的新模式，有45名残疾人及家属

制作的 7500 件手工艺品全部合格被该公司如数回收。县残联还与县民政局联合对全县 25 家福利企业安置残疾人上岗、工资、待遇等情况进行了经常性检查，维护了残疾人的合法权益。

（四）因地制宜、建立三级扶贫解困服务网络，全面推进残疾人社会保障体系建设

一是县政府把残疾人扶贫解困工作纳入政府扶贫总体规划当中，统一安排，同步实施。县委、县政府开展的"党员干部走进千家万户活动"，将走访慰问残疾人作为重点，近年来，全县上下共走访慰问残困户 5800 余户，累计为他们送去 200 余万元的慰问金和实物，使全县残困户的生产生活状况得到了一定程度的改善。

二是在新农合和新农保工作中，努力解决和保障残疾人参合、参保。县政府明确规定："全县低保户、五保户中的残疾人参合费用由县民政局负责，其他持有二代证的残疾人参合费用由县政府每年每人补助 20 元"；重度残疾人参保个人交费由县政府承担。县民政局将符合低保救助条件的残困户全部纳入最低保障的同时，还在普惠的基础上给予特殊贫困的残疾人特惠和优惠救助，从而使残疾人在医疗、养老、生活等方面有了保障。

三是积极筹措扶贫帮困项目资金。几年来，争取上级资金 690 万元，自筹资金 230 万元，争取中央康复扶贫贴息贷款 913 万元、贴息 49.65 万元，采取能人带动、基地扶持和到户贷款等方式，扶助 20 家贷款户带动 1154 名残疾人就业，帮助全县 767 户残困户改善了住房条件。

四是积极筹建乡（镇）残疾人"托养服务中心"。县委、县政府高度重视全县智力、精神和重度残疾人的生活和保障问题，多次召开党政联席会议研究制定集中、分类供养办法和措施，县残联全力以赴与乡（镇）共同筹建乡（镇）残疾人托养服务中心，为智力、精神和重度残疾人提供生活保障。抚顺县石文镇残疾人托养中心目前安置了 21 名智力、精神和重度残疾人，成为全省首家农村乡（镇）残疾人托养服务中心，得到了省、市残联的认可。分散扶助了居家托养的智力、精神和重度肢体残疾人 199 户，无障碍进家庭 50 户。建立了中小学残疾学生和残疾人子女就学信息数据库和救助长效机制，连续为贫困残疾和残疾人子女高中生、大学生就学争取资助金 13 万元，扶助了 155 名残疾学生和残疾人子女就学。

五是扎实推进残疾人换证工作。2009 年以来，在开展换发残疾人第二代残疾证工作中，县残联在各乡镇残联的积极参与下，组成残疾人等级

鉴定小组，冒着酷暑严寒，克服各种困难，到乡（镇）、村入户为残疾人登记、照相、鉴定、核发"一条龙"服务。在办证工作中，残联的工作人员面对个别残疾人和亲友的刁难、辱骂和恐吓，做到了打不还手骂不还口，耐心细致地解答办证人员提出的各种问题，经常是为了照顾残疾人办证到午后一两点钟才能吃上午饭。截至目前，全县已有3820名残疾人换发了新证，为残疾人办证节省资金70余万元，受到了广大残疾人及其亲属的一致好评。

（五）依法维权、健全三级维权信访信息服务网络，切实保障残疾人的合法权益

为依法维护残疾人合法权益，积极开展《残疾人保障法》和《抚顺市残疾人保障条例》宣传活动。一是在建立县、乡（镇）、村三级残疾人维权服务网络，在"普法"宣传中多次组织律师到各乡（镇）、企事业单位举办法律法规讲座，耐心解答残疾人及其家属提出的法律咨询。同时，在县残联设立了法律援助站，在县司法局成立了法律援助中心，为方便残疾人咨询和申请法律援助，对重度残疾人实行上门服务、电话预约，使一些需要法律帮助的残疾人得到及时、无偿、有效的法律援助。二是制定实施"残疾人来信来访来电登记"、"信访月报表"制度。建立起县、乡（镇）、村三级信访信息网络，做到了信访信息畅通无阻。三是牢固树立"残疾人信访无小事"理念，积极维护残疾人的合法权益，制作残疾人投诉联系卡，发放给残疾人信访负责人和残疾人及其家属代表。对"老、大、难"信访户，县残联由理事长负责组成信访排解小组，经常下乡进村入户及时解决他们提出的困难和问题，努力将信访化解在基层。"十一五"期间，全县共为残疾人办理各类法律援助案件140多件，解答法律咨询200余人次，为办案人员支付法律援助办案补贴3万余元，县残联接待残疾人及其家属来电、来信、来访2100余件，结案率为100%，已连续十年无一例残疾人到市赴省进京越级信访案件发生，为社会稳定和构建和谐社会作出了积极的贡献。

（六）营造氛围、健全三级宣传文体服务网络，切实保障残疾人平等参与社会生活的权利

近年来，抚顺县积极组织开展多种形式的残疾人文化、体育活动，围绕全县工作大局和残疾人中心工作，在"全国助残日"、"辽宁省残疾人就业促进日"等大型活动中，采取多种形式宣传报道本县残疾人工作，

广泛宣传全县残疾人事业发展的状况。为宣传全县残疾人自强模范和扶残助残事迹，2009—2010年县残联两次与抚顺市文联联合编辑印发《抚顺文艺》抚顺县残联专刊，共发行2000册。为了拓宽残疾人的视野，扩大残疾人知识面，县残联积极组织乡（镇）征订《中国残疾人》、《三月风》等杂志，为残疾人提供免费借阅。县残联扶助青年书法家、肢残人张玉武参加国际、国内的书法大赛；支持帮助青年轮椅歌手肇恒君在北京举办了新歌发布会，并在抚顺举办了3场个人演唱会；组织全县118名残疾儿童、少年参加省、市残联的运动员和演员选拔，现在已有18名残疾人运动员通过了严格检查和体能测试，入选省残联奥体中心训练，有的运动员已经在全国残运会上取得了较好的成绩。县残联还积极组织残疾人运动员参加我县的全民运动会和抚顺市残疾人运动会，为残疾人平等参与社会生活提供了展示的机会。

二 农村残疾人社会保障与服务体系建设中存在的问题

由于各种原因，在残疾人"两个体系"建设中还存在着一些不容忽视的问题，主要表现在以下几个方面：

一是农村残疾人平等参与社会生活还存在着许多观念和环境上的障碍。因为农村残疾人自身文化知识贫乏，大多靠种地为生，种地也只是种玉米、大豆、白菜等，收入很低，勉强维持温饱，有些扶持、照顾残疾人的优惠政策还没有落实到位；农村低保边缘户的残疾人享受不到低保户的待遇，又存在许多困难无法改变现状，残疾人子女上高中念职业院校读大学家庭负担很重，困难重重。

二是社会上歧视和侵害残疾人合法权益的问题还时有发生，特别是农村精神、智力和重度肢体残疾人托养还存在着许多困难和障碍。在抚顺县现有的精神残疾者中，只有98人办理了残疾人证。因为农村精神残疾人的生活、居住环境很差，其家庭生活也都处于不安定、困难的状态，家人被折磨得身心疲惫，因无钱送他们住院治疗，又怕他们自残或伤害他人，有的家人不得不把精神残疾人锁在家里；个别的无人看管，打人骂人、毁坏他人财物的事时有发生，有时甚至会发生刑事案件，给自身、家人和他人带来许多不安全因素，从而也造成了社会不稳定；也有家人想送去治疗，精神病患者又不配合。在给精神病患者免费用药过程中，我们发现，农村精神残疾人一半以上没有到过正规医院住院治疗，开展免费用药、办理残疾人证等工作非常困难，就是住过院可以进行免费用药的患者，因农村残疾人居住分散，专业医务人员少，取药、用药都有困难。

三是推行按比例安置残疾人就业工作难度仍然很大，个别单位对收缴残保金拖欠推诿，甚至拒不缴纳，目前还没有强有力的制约手段。有的机关、事业、企业的负责人对如何正确缴纳残疾人保障金和安置残疾人就业认识上有偏差，愿意缴纳残疾人保障金的多，愿意安置残疾人就业的少。福利企业安置残疾人的情况参差不齐，个别企业为了减免税费每月只给残疾人一二百元的工资，交个保险，并没有让残疾人上岗，或者为了应付检查临时雇用残疾人，检查过后就把残疾人辞退，因此残疾人应得的就业岗位和酬劳及合法权益并没有得到保障。

四是对农村残疾人各项工作的投入和对残疾人的法规政策宣传力度还满足不了当前农村残疾人"两个体系"健康发展的需要。

三 农村残疾人社会保障与服务体系建设的政策构想

为了进一步采取有效措施促进残疾人"两个体系"建设，推进残疾人事业健康持续发展，可以从以下几个方面入手：

第一，对农村贫困残疾人在生产生活、劳动就业等方面涉及的困难，建议土地、建房、税务、交通、农电等有关部门在费用上给予减免优惠；根据残疾程度、实际收入，应考虑实行分类救助残疾人，扩大贫困残疾人大病救助的范围和病种，加大对残疾人就医、就学和各项保险的投入力度；对残疾人和残疾人子女上高中读大学期间，应考虑给予连续救助，使其能顺利完成学业；在解决残疾人危房问题上，相关部门应对贫困残疾人危房优先给予改造。

第二，对农村精神残疾人各级政府应加大对精神病防治工作的经费投入，加大对精神病患者的维权和监护力度，扶助贫困精神病患者住院和免费用药。应采取更切合实际的方式，加大治疗监管力度。精神残疾人一旦发病，应立即送到精神病院进行治疗，政府的补贴资金拨付给医院，也可补贴给精神病康复服务人员，待病情稳定后，政府应依托精神病院建立精神残疾人托养服务中心，对其进行长期康复托养，集中安排他们居住和生活。

第三，就业是民生之本，农村残疾人就业困难很多，应采取"以创业带动就业，以培训促进就业，采取集中安置和个体扶助相结合"等方式促进残疾人实现就业，集中安置残疾人就业就是依托乡（镇）、村农民自发组成的各种合作社和能人大户，各级各类爱心企业、民政福利企业等建立残疾人就业基地，安置残疾人就业。对企业安置残疾人情况，建议由各级税务、劳动、民政、残联等部门组成督查小组，定期对企业是否与残疾人签订劳动合同、残疾人是否纳入档案管理、残疾人与健全人是否同工同酬按时发放工资等情况进行督查，切实保障残疾人在企业中享有合法的权益。各级残联还应依托农业、科技、就业等部门，结合本地实际积极开展残疾人种植、养殖业和修理、盲人按摩等实用技术的培训工作，采取"以创业带动就业，以培训促进就业，采取集中安置和个体扶助相结合"的方式扶助残疾人就业，县残联要进一步采取多种方式、多渠道争取项目和资金扶助残疾人个体从业，增加残疾人的收入。

第四，各级政府和残联要加大对残疾人宣传普及的工作力度，加大对残疾人"两个体系"建设的投入力度，认真贯彻落实国家和省、市、县制定出台的《关于促进残疾人事业发展的实施意见》及国办19号和辽政办43号《关于加快推进残疾人社会保障和服务体系建设的实施意见》精神，制定出台一系列关于促进残疾人事业发展的实施细则。

健全和完善农村残疾人社会保障和公共服务体系的途径

辽宁省残联两建工作办公室　张臻　唐晓雪　林海燕

农村残疾人是典型的弱势群体。目前,农村残疾人在社会保障和公共服务方面所享有的优、特惠政策及其效果非常有限,其社会保障的供求缺口仍较大,享有的基本公共服务面也较窄,农村残疾人生活质量处于低水平。鉴于此,结合辽宁实际,本文就提高农村残疾人社会保障水平和改善公共服务的途径谈点建议。

一　农村残疾人社会保障和公共服务的现状与分析

(一) 农村残疾人社会保障和公共服务的基本现状

辽宁省有各类残疾人224.2万,其中农村残疾人口143.85万,占全省各类残疾人总数的64.16%。近年来,随着省委省政府不断加大民生建设的力度,尤其省委、省政府贯彻中央7号和国办19号文件,出台了辽宁《关于促进残疾人事业发展的实施意见》和《关于加快推进残疾人社会保障体系和服务体系建设的实施意见》,对残疾人社会保障和公共服务逐步加大了倾斜和投入,使我省农村残疾人社会保障水平有了较大提高,各方面服务有了明显改善,尤其在养老、医疗和托养照料等特殊服务方面有了很大突破,农村残疾人整体生活水平和质量上了一个新台阶。但从总体看,由于城乡地域差别和残疾人的特殊性,农村残疾人的社会保障和服务与当地农民和城市残疾人相比,仍然有很大差距,主要表现在:

农村残疾人社会保障水平低。一是农村残疾人收入水平低。辽宁省第二次全国残疾人抽样调查数据显示，2005年农村残疾人家庭人均年收入2336元，而2005年全省农村居民家庭人均年收入为3690元，农村残疾人家庭人均年收入与全省农村居民家庭人均收入的差距是1354元。2010年辽宁省残疾人状况监测显示，农村残疾人家庭人均年收入4501元，虽然与2005年相比提高了92.7%，但2010年全省农村居民家庭人均年收入为6908元。农村残疾人家庭人均年收入与全省农村居民家庭人均收入差距为2407元，差距在拉大。二是农村残疾人医疗救助没有形成制度性安排。农村残疾人由于身体原因，医疗支出高于健全人很多，经济负担很重，生活困难突出，而对于农村残疾人的医疗救助始终没有形成制度性安排，农村残疾人医疗救助得不到制度性保障，一些农村残疾人看病难的问题仍没得到很好解决。三是农村残疾人养老保险优惠政策不足。现有新型农村养老保险政策中，只有针对重度残疾人的参保缴费补贴，对中轻度残疾人没有优惠，使一些农村残疾人有心参保而无力缴费。四是农村残疾人进入最低生活保障标准高。农村残疾人由于身体残疾和疾病等原因，劳动能力差，其生活维系主要依靠家庭成员供养，2010年全省残疾人状况监测数据显示，残疾人家庭收入的18.8%来源于转移性收入。与此同时，残疾人在医疗康复和辅助器具配置上要额外支出很多，生活更加困难，但针对残疾人和健全人进入低保的标准和条件没有差别。五是农村残疾人及其子女就学经济负担重。目前普遍对贫困残疾人大学生及残疾人子女就学给予一次性救助，继续完成全部学业的经济负担依然很重，没有从根本上解决残疾人大学生及残疾人子女大学生就学负担重的问题。

农村残疾人服务面窄。一是康复服务还不能满足残疾人的实际需求。辽宁省第二次全国残疾人抽样调查数据显示，接受过有效康复训练与服务的残疾人还不到有康复训练与服务需求总数的60%，现有康复服务与残疾人实际需求之间还有较大差距。二是农村残疾人托养服务需求难以满足。农村残疾人家庭生活水平较低，对于智力、精神和重度残疾人的家庭监护能力有限，送到托养机构照料需求迫切，但由于农村残疾人服务资源匮乏，托养机构有限，无法满足残疾人需求。三是农村残疾人就业面狭窄。农村残疾人普遍受教育水平低，身体残疾多病，培训跟不上，劳动能力差，多数残疾人就业岗位主要是一些缺乏技能的简单劳动工作，就业渠道和就业面狭窄，造成收入水平低。四是农村无障碍建设相对落后。家庭无障碍建设在农村还十分不完善，农村残疾人生活还要受到很大限制，生活质量受到严重影响。五是农村残疾人文化服务落后。农村经济发展水平落后，精神文明建设在农村长期不受重视，残疾人的文化服务在农村一直没有得到较好开展。

（二）农村残疾人的社会保障和服务存在问题的原因分析

农村残疾人的社会保障和服务存在诸多问题，主要原因有几个方面：一是对农村的整体认识存在偏见。长期以来，农民以土地为生，社会对农村残疾人的关注还停留在满足温饱阶段，由于农村经济文化长期落后和不发达的现实，造成对农村残疾人的重视程度不够，尤其在农村残疾人享受社会服务方面意识淡薄，这是农村诸多问题产生的思想根源。二是针对农村残疾人的政策倾斜不够。由于城乡差异，农村残疾人生活存在突出困难，各级政府在政策制定上，针对这一特殊人群的政策倾斜还明显不够，农村残疾人的实际困难目前难以从政策上寻求解决，基本生活还不能得到制度性保障。三是对农村残疾人社会保障和服务的资金投入明显不足。农村残疾人在新农合、新农保缴费过程中还存在较大困难，政府投入作为社会保障资金来源的主要渠道，对于农村残疾人的投入还十分不够。在残疾人服务方面，农村残疾人服务载体明显不足，服务平台建设的资金投入有限，难以满足和改善对残疾人的服务。四是广大农村自然地理环境较差。农村地处偏僻，资源有限，自身建设力量不足，又无有效利用社会公共资源的便利条件，造成了农村长期落后的局面，农村残疾人的生活质量始终较低。五是农村残疾人自我参与社会意识差。受教育水平低，使农村残疾人的各方面素质普遍较低，社会参与意识淡薄，造成了生活保障和各方面服务都处于边缘化。

二 农村残疾人社会保障和服务发展的对策与建议

（一）加强农村残疾人社会保障和公共服务理论研究

农村残疾人是一个庞大而困难的社会群体，他们在生活、医疗、社会保障、社会参与等方面面临很多困难和问题。随着社会的发展，农村残疾人数量结构、个性需求等也将不断地发展变化，社会保障和公共服务将会面临许多新的问题，而解决这些新的问题，必须有新的理论做指导。农村残疾人社会保障和公共服务建设一方面要认真实践，另一方面要加强长效机制、运作模式、业务框架等方面的理论研究，用理论研究成果去指导工作实践，在工作实践中逐步解决农村残疾人社会保障和公共服务面临的各种困难，加快推进农村残疾人社会保障体系和服务体系建设。

（二）必须强化县乡两级政府主导作用

发展农村残疾人社会保障和服务，县乡两级政府的作为至关重要，只有基层政府实实在在发挥主导作用，广大农村残疾人的社会保障和公共服务才能从根本上落到实处。首先，农村残疾人社会保障与服务建设必须纳入县乡两级政府的重要议事日程，针对农村残疾人社会保障和服务所遇到的问题和面临的实际困难，要重点研究，统筹发展，优先安排，逐项解决。其次，县乡政府在执行上级政策时要结合当地实际创新突破，针对农村残疾人实际情况，要在医疗、养老和基本生活保障等重点民生问题上制定优惠政策和办法，真正解决农村残疾人看病和养老后顾之忧。再次，要对农村残疾人社会保障和公共服务列出项目计划，纳入县乡年度财政预算，有针对性地给予投入，并通过各种渠道整合各方资金予以保障。最后，县乡党委、人大和政府要建立督查机制，专门对农村残疾人生活保障和服务进行全面检查，实行目标管理，进行跟踪问效，确保落实各相关部门责任。

（三）各级政府在制定有关民生政策时要突出对农村残疾人的优惠和特惠

长期以来，农村经济社会发展相对滞后，导致农村残疾人生活困难更为突出，针对这种现实情况，各级政府在制定有关民生政策时，一定要充分考虑农村残疾人的特殊困难和需求，在一般性制度安排外，突出对农村残疾人的优惠和特惠，突出特殊扶助和专项制度安排的设置，实现城乡之间政策的统一和制度的公平，用政策优惠弥补城乡之间在社会保障、医疗、教育、就业、住房等方面的差距，以使农村残疾人基本生活得到制度性保障，基本公共服务得到基本满足。

近几年，国家已将农民看病、养老问题提上了日程，相继开展了新型农村合作医疗和新型农村养老保险工作，并出台了相关文件，对重度残疾人也给予了一定的制度优惠，但中轻度残疾人在农村同样是弱势群体，面临的困难同样多同样大。因此，随着社会经济的发展，应逐步将针对农村重度残疾人的缴费补贴延伸到非重度残疾人身上。在农村残疾人最低生活保障上，放宽对农村残疾人进入低保的条件和标准，使农村残疾人低保边缘户都能纳入最低生活保障范围，同时，对靠父母或兄弟姐妹供养的成年重度残疾人取消单独立户规定，直接将其纳入低保范围，以使农村残疾人基本生活得到制度性保障。

（四）加快发展农村残疾人教育，努力提高农村残疾人文化水平和自身素质

农村残疾人自身素质不高，社会参与意识薄弱，主要因素之一是他们受到的文化教育少，文化水平低。农村残疾人生活水平低，接受服务差，这里有农村本身经济、社会发展落后的原因，也有农村残疾人自身素质不高的原因。据第二次全国残疾人抽样调查显示，全省残疾人接受高等教育人口比例仅为0.25%，不识字和未上过学的农村残疾人人口比例却高达33.98%，教育的缺失是残疾人素质不高的重要原因之一。广大农村的教育现状是，教育资源相对缺乏且分布不均，师资力量不够且素质不高，办学经费严重不足，办学条件急需改善，同时，农村残疾人生活贫困，也成为制约农村残疾人接受教育的一个重要因素。扭转这种教育水平落后的现实，提高农村残疾人自身素质，就要加大对农村残疾人教育的经费投入，改善办学条件，要通过教育、培训、帮扶等多种方式促进农村残疾人接受教育，通过持续教育、常年培养、潜移默化，提高农村残疾人素质，激发农村残疾人自身的潜在能量，调动其参与社会的积极性，使其在残疾人社会保障和服务中发挥出主观能动性。

（五）强化农村基层残疾人组织建设

农村基层残疾人组织直接面对广大农村残疾人，是直接接触和了解残疾人生活的最基本的工作组织，残疾人工作者队伍的能力水平如何，组织建设如何，直接关系到各项残疾人民生政策的落实和完善，关系到农村残疾人社会保障和服务的建设，因此，必须加强农村基层残疾人组织建设，提升为残疾人服务的能力和水平。一是要加强农村基层残联班子建设。基层残联的工作活力关键在班子、在领导。作为农村基层残联领导，必须经常深入实际，和残疾人打成一片，清楚农村残疾人现状，了解残疾人疾苦，掌握残疾人需求，积极主动与县乡政府反映残疾人真实情况，提出建议，争取协调解决农村残疾人社会保障和服务方面的现实困难和问题，为广大农村残疾人谋得实实在在的福利。二是加强农村残疾人综合服务设施建设。农村经济发展水平低，农村基层残联服务设施、工作条件、办公环境一直相对落后，辽宁省44个县市有15个县市的综合服务设施不足500平方米，阻碍了农村基层残疾人工作的开展，影响了服务质量。三是加强农村基层残疾人工作者队伍建设。由于农村特殊的自然地理环境，农村残疾人居住分散，不利于组织管理，因此，要进一步健全完善农村残疾人工作者队伍建设，要配齐农村残疾人专职委员，发展农村助残志愿者队伍，加强对残疾人工作者，特别是乡村专职委员的学习培训，提高农村基层残疾人工作者素质，使其更好地投入到农村残疾人社会保障和服务建设中去，为广大农村残疾人做好服务。

解析农村残疾人社会保障存在的问题
——以黑龙江省海伦市东林乡复兴村和兴海村残疾人为例

姜 丽

一 黑龙江省海伦市和东林乡残疾人的基本概况

海伦市是隶属于黑龙江省绥化市的县级市，位于黑龙江省中部，绥化市北部，距省会哈尔滨225公里，是由小兴安岭山地向松嫩平原的过渡地带。海伦市共有人口84万，其中城市人口13万，占总人口的15.5%，农村人口为71万，占总人口的84.5%。满、回、朝鲜、蒙古等少数民族人口2.5万，占总人口2.98%。其中残疾人总数为46446人，占总人口的5.53%。肢体残疾17214人，智力残疾3990人，精神残疾2506人，多重残疾7749人，言语残疾1995人，听力残疾5986人，视力残疾7006人。截至目前，全市已办理残疾人证11889个，各类重度残疾人为3590名。东林乡属于海伦市所辖23个乡镇之一，东林乡土地面积是224.871亩，全乡总人口为32602人，各类残疾人为1725户，共2103人，其中男性残疾人1365名，女性残疾人738名，已办理残疾证的有519人。全乡低保户为893户，共2256人。其中，残疾人享受低保的人数为195户280人，享受五保的人数为66人，享受低保和五保的残疾人占全乡低保人数的16%。东林乡复兴村人口为643户2280人，残疾人数105人；东林乡兴海村人口为540户1816人，各类残疾者85人。

二 东林乡复兴村和兴海村残疾人存在的问题

东林乡复兴村和兴海村的残疾人生活状况普遍比较贫困，土地种植收入是其最主要的生活来源,医疗支出占其全部支出的大部分,社会保障体系缺位,存在人为因素和偶然性因素,没有完全形成制度性保障。社会服务体系不到位,村残联组织体系未完全铺开,残联工作人员全是村干部兼任,存在较多问题。

(一) 普遍收入偏低

东林乡残疾人生活多数比较贫困,基本没有煤气、暖气、室内厕所、热水器、洗衣机、电风扇、空调、电冰箱、电脑等耐用日常消费品,做饭和取暖仍然依靠传统的大锅烧炕。根据调查问卷和深度访谈的资料,残疾人多数生活在核心家庭结构中,其中未婚的残疾人中,93.2%与父母单方或与父母双方生活在一起,已婚的残疾人中有87.6%与配偶及其未婚子女生活在一起。其中未婚与父母生活在一起的,父母大多数年龄在65岁以上,大多丧失劳动能力,但仍然勉强参加劳动,多数主要依靠种地为生,偶尔依靠收破烂及为别人看屋子维持生活,基本没有外出打工或创业者,其已婚的兄弟姐妹能够提供物质帮助。已婚的残疾人则多数与配偶及未婚子女生活在一起。其已婚子女虽独立成家单过,但多数能够为其残疾父母提供物质帮助及生活照顾。说明东林乡残疾人主要依靠家庭保障,如深度访谈对象01号男性精神残疾者,就是与父母同住在弟弟家的西屋中,02号与03号虽属空巢家庭,但其养女经常回家照顾父母。

(二) 东林乡残疾人办证率低

东林乡共有残疾人2103名,办证残疾人519名,办证率为24.7%,受调查残疾人中享受低保人数为280人,五保人数为66人,共346人,残疾人中只有16.5%享受低保和五保,且享受低保和五保与是否持有残疾证没有直接关系,导致残疾人中很多人不愿意办理残疾证。在调查中发现,农村中只有低保与五保制度,其中低保分4个等级,多数人享受每人1000元/年的低保补贴,每人1800元/年的五保补贴。由于没有残疾人的专项救助,村里将残疾人与正常人混在一起来考察享受低保和五保的资格,且考察标准多由村长或村民政助理个人把握,个人因素较强,随意性较大。因此残疾人办理残疾证的积极性很低。如访谈中05号受访残疾人的监护人反映,办残疾证件工本费为40元,需要到海伦市残联统一办理,而且05号受访者是全身瘫痪,出行办证十分困难,需要3人陪同,加上往返的交通费用,办证一共费用120元,全部由个人支付,困难很大。04号受访者表示办证也没用,不能享受低保,所以根本未办理。

（三）生活多数入不敷出，不足部分多数找亲戚朋友帮忙

复兴村 105 名残疾调查对象，每人年均收入在 2298 元，平均每人月收入为 191.6 元。每人年均支出为 3250 元，平均每人月支出为 270.8 元，入不敷出，靠举债维持生活。其中，年均支出的 77% 用于支付医药费，20.1% 用于支付个人的饮食及衣着等生活用品，剩余 2.9% 用于人际交往等。例如深度访谈中 07 号男性精神残疾受访者，两年前一直在外打工，突然患精神疾病，多方求医没有治愈，去年一年的就医费用高达 10000 元，儿子外出打工，供父亲治病，且向亲戚朋友借债。在深度访谈中，当问到经济上遇到困难时，通过哪些途径解决问题，有 62% 的受调查对象回答"找亲戚朋友帮忙"，有 32% 的调查对象选择"谁也不找自己解决"，只有 6% 的调查对象选择找村委会或找有关部门协助。

（四）医疗需求多数是低层次的治病要求，高层次的如康复需求很少涉及

在调查中发现很多残疾人，如肢体残疾和精神残疾等，本应十分需要康复治疗，但实际是受访者连基本的治病需求都未得到满足，更高层次的康复需求无从谈起。此外，新农合保障水平低，且规定定点医院，如东林乡残疾人住院只能到海伦市医院，并且只有住院才报销，很难解决东林乡残疾人的医疗需求。如在调研的问卷中涉及残疾人经济支出主要用于哪些方面时，有 88.7% 的受访者选择医药费支出，有 92.6% 的受访者选择饮食支出，有 32% 的受访者选择衣着的支出，有 8% 的受访者选择烟酒支出，有 1% 的受访者选择康复支出，有 4% 的受访者选择其他支出（主要是人情关系往来的支出），有 72% 的受访者同时选择了饮食支出和医药费支出，说明受调查残疾人的医疗需求强烈。很多人在过去的一年里，曾因不能承担医疗费用而放弃某种治疗。在问卷中，过去一年曾住院的只占 16.2%，且住院报销方式是部分报销。多数人选择到村里的诊所打针，或自己买药维持。调查发现，东林乡残疾人几乎无人参加大病医疗保险和商业性的保险。在调查中当调查员问及残疾人家庭最需要哪些救助时，78% 的受访者选择了经济资助，65% 选择了医疗救助，6% 选择了教育救助，1% 选择康复救助，没有人选择法律救助，同时选择经济资助和医疗救助的占 47%，东林乡残疾人几乎无人参加大病医疗保险和商业性的保险。

（五）社会服务体系不健全，服务不到位，保障水平低

在社会服务体系中，东林乡多数残疾人选择在家供养，只有少数重度

残疾人和精神病人监护人及家属有集中供养的要求。东林乡残疾人社会服务体系不健全，服务不到位，保障水平低。在深度访谈中的 05 号调查对象，为全身瘫痪的智力障碍者，调查员问其母是否愿意将其集中供养时，其母说："愿意集中供养，那敢情好，我就可以不用看她干活了，但她离开我恐怕活不了多长时间，还有哪里愿意收这样的人呀。"可见，老年残疾人有儿女的多数不愿意到养老院生活。还有很多人表示只有没儿没女的才去养老院，或认为到养老院是没人关心的，到养老院没有自由等。在调查中，问及过去的一年中是否享受过上门医疗服务、专业家政服务、送餐服务、法律援助服务等，肯定者寥寥无几，对于具体的便民服务，如买东西送货上门、村里诊所电话免费直通、在残疾人家安装呼叫设施、存取钱方便等，受访者更是知之甚少。

（六）就业需求很低

在就业状况与需求方面，东林乡残疾人除种植业之外的就业需求很低。东林乡残疾人多数由于身体状况难以承受，少数有就业需求的在就业时曾遭受歧视，少数轻度残疾人有创业意愿。残疾人子女自卑，在求学和就业时承受很大压力。如 08 号受访者一只眼睛残疾，大专毕业找不到工作，在学校忍受不了歧视而一度陷入精神分裂。

（七）普遍感觉融入社会有一定困难

在社会地位与观念方面，东林乡残疾人普遍感觉融入社会有一定困难。调查中东林乡残疾人普遍感觉融入社会有一定困难，有很多残疾人很少出门参加活动。残疾人和家庭常感到内心孤单。如 01 号受访者在采访中多次提到生活很累。

（八）在恋爱、婚姻与家庭方面

在调查中，东林乡残疾人由于先天因素所导致的残疾者多数与父母兄弟生活在一起，从未结婚，而后天疾病等因素所导致的残疾者的子女上学及就业，部分受到影响。

三 关于农村残疾人社会保障改革的新构想

（一）设立残疾凭证专项救助

设立残疾凭证专项救助是解决残疾人问题的突破口，残疾救助应与低保和五保制度分开管理。大力提高残疾人办证率，将全乡残疾人根据残疾类型、残疾级别，结合家庭收入、支出等情况设立残疾专项救助，与低保和五保制度分开管理，是解决目前残疾人问题的突破口。既能降低村里干部确认低保与五保的压力，又能真正惠及残疾人群体，使农村残疾人这个社会中处于最弱势地位的群体能分享改革与社会发展的成果，善待残疾人成为社会文明进步的标志。在更广泛的意义上体现国家关注民生、注重社会公平的理念。

（二）设立残疾人专职工作员

设立残疾人专职工作员，与村长及民政助理之间协调关系。农村到村一级的残疾人组织建设目前处于缺失状态，一般由村长或村民政助理兼任，而村长事务繁忙，关系基层的各个方面，很难集中精力为残疾人做事，因此设立残疾人专职工作员就很有必要，他对本村、本乡的残疾人十分了解，能真正为残疾人谋利益，可以推举某些有条件的轻度残疾人成为村残疾人的代表，并以此促进其就业。但残疾专员必须处理好与村长及民政助理的关系，对其职权和义务进行规范。

（三）将残疾人分类进行管理

将残疾人分类进行管理，轻度残疾人鼓励就业和创业，中度残疾人开发其自理能力，重度残疾人和某些精神残疾者集中供养。根据残疾证的残疾类型和残疾级别进行分类对待，轻度残疾人具备一些劳动能力，应开发其潜能，使其自食其力，能够就业和创业，如深度访谈中08号视力残疾的男子，就有学习盲人按摩的要求，且年龄、身体状况都允许。中度残疾人基本丧失劳动能力者，应着重开发其自理能力，解放其监护人或家人能够工作，维持基本生活，否则"一个残疾人，拖垮一家人"。重度残疾人和某些重症精神病残疾人拖累整个家庭，自身和家庭都难以维系，应实行集中托养，设立残疾人福利院，东林乡有2103名残疾人，重度残疾人约有200人，根据不同位置设立1—2个残疾人福利院，福利院场地和硬件设施可以由东林乡提供，或接受社会捐赠，服务人员中可以选择轻度残疾人身体和各方面条件允许的，其工资从残疾人就业保证金中支取。

参考文献

［1］关信平：《社会政策概论》，高等教育出版社2004年版。

［2］钱宁：《现代社会福利思想》，高等教育出版社2006年版。

[3] 丁建定:《社会福利思想》，华中科技大学出版社2009年版。

[4] 史伯年:《社会保障概论》，高等教育出版社2004年版。

附录：10个深度访谈对象的基本情况

笔者与调研团队承担了海伦市东林乡复兴村和兴海村的调研任务，分别与东林乡残联工作人员、复兴村和兴海村村长及村负责残疾人工作的工作人员进行了座谈，复兴村和兴海村共有残疾人190人，发放调查问卷190份，涉及个人基本情况、收入与生活水平、社会地位与观念、健康与医疗、社会保障、恋爱、婚姻与家庭、社会服务八个方面共119个问题。回收问卷190份，其中有效问卷185份，问卷有效率为97.37%。同时，笔者在复兴村和兴海村190名残疾人中随机选取了10位残疾人进行深度访谈，做了入户调研，进行面对面的交流和探讨，力图在调查问卷的基础之上，更深入直观地了解农村残疾人的生活状况，了解残疾人的真正需求，倾听这个社会中最弱势群体——农村残疾人的呼声，以及残疾人对两个体系建设的意见和要求，以下是10位深度访谈对象的基本情况。

01号，男，47岁，未婚，精神疾病，后天因病致残。不犯病时基本能自理，犯病时言语混乱，含糊不清，曾多次走失。与78岁老父、77岁老母3人居住在一起，主要依靠15亩土地为生，没有低保，老父时常收破烂补贴家用。住在砖瓦房里，但房子已经20多年，非常陈旧。一家人勉强维持生活。

02号（与03号是夫妻关系），男，65岁，已婚，肢体残疾3级，后天因非传染性疾病致残，基本能自理，不能干活，与03号53岁的妻子2人共同生活，有一个领养的女儿38岁，已经结婚单过。依靠10亩地为生，低保四级。房子系泥草房，非常残破，随时有倒塌的危险，屋内几乎没有家具，生活非常贫困。

03号（与02号是夫妻关系），女，53岁，已婚，肢体残疾3级，属先天性遗传致残，基本能自理，不能干活，低保四级。

04号，女，47岁，已婚，精神疾病，先天性遗传致残。能自理，做简单家务活，但言语逻辑性较差，时常含糊不清，有2个孩子，其中1个已经结婚单过，与未结婚男孩（外出打工）及丈夫3人共同生活，依靠22亩地维持生活，没有低保。砖瓦房，房子较好，能维持基本生活。

05号，女，39岁，未婚，智力、肢体残疾，先天性遗传致残，瘫痪在床，完全没有劳动能力，且生活不能自理，大小便偶尔失禁，与父母共同生活。全家依靠 9 亩地维持生活，享受五保待遇，每年补贴 1800 元。泥草房，房子年久失修，屋内生活设施简陋，生活十分贫困。

06 号，女，33 岁，未婚，智力残疾，先天性遗传致残，基本能自理，但非常腼腆，调查员调研时藏于母亲身后，不敢说话。一家 3 口人住着泥草房，靠 15 亩土地为生，没有低保，勉强维持生活。

07 号，男，48 岁，已婚，2 年前打工时突然患精神残疾，犯病时到处走，并有暴力倾向，目前靠药物维持，与妻子、儿子（24 岁，外出打工，给父亲治病，面临结婚受影响）一起生活，主要依靠 22 亩地生活。砖瓦房，原来生活较好，但目前医疗费用高昂，生活难以维持。

08 号，男，28 岁，未婚，视力残疾，先天性遗传致残，享受低保每年 1000 元的标准。与父母共同生活，基本能维持生活。

09 号，男，83 岁，已婚，肢体残疾三级，有 3 个子女，与 79 岁老伴 2 人共同生活。是老红军烈属，享受伤残军人补贴和低保，房子比较陈旧，但生活乐观，感觉生活比较幸福。

10 号，男，42 岁，未婚，肢体残疾三级，与父母生活在一起，大学生。与以往同学比较，感觉很自卑，享受低保 600 元和五保 1800 元，因上学时打架致残，获 2 万元赔偿，生活比较困难。

表 1　　　　　　　　受调查者残疾情况

编号	性别	年龄	残疾类型	级别	致残原因
01	男	47	精神残疾	一级	非传染性疾病
02	男（与 03 是夫妻）	65	肢体残疾	三级	非传染性疾病
03	女（与 02 是夫妻）	53	肢体残疾	三级	先天性疾病
04	女	47	精神残疾	未办证	先天性疾病
05	女	39 全身瘫痪	智力、肢体	二级	先天性疾病
06	女	33	智力障碍	未办证	先天性疾病
07	男	48	精神残疾	未办证	非传染性疾病
08	男	28	视力残疾	未办证	先天性疾病
09	男	83	肢体残疾	二级	军烈属
10	男	42	肢体残疾	三级	打架致残

表2　　　　　　　　　　　受调查者家庭情况

编号	低保标准	婚姻状况	生活状况
01	无	未婚	与父母3人生活
02	低保4等	已婚	与03号2人生活
03	低保4等	已婚	与02号2人生活
04	无	已婚	与丈夫、儿子3人生活
05	五保1800/年	未婚	与父母3人生活
06	无	未婚	与父母3人生活
07	无	已婚	与妻子、儿子3人生活
08	低保1000	未婚	与父母3人生活
09	低保1200	已婚	与妻子2人生活
10	低保600，五保1800	未婚	与母亲2人生活

表3　　　　　　　　　　　受调查者收入情况

编号	低保标准（元）	收入来源	全家一年收入总数（元）	住房类型	产权类型
01	无	15亩地及老父收破烂为生	6000	砖瓦房	没有
02	低保四等	10亩地和低保	4000	泥草房	有
03	低保四等	10亩地和低保	4000	泥草房	有
04	无	22亩地	6600	砖瓦房	有
05	五保1800元/年	9亩地和五保	4500	泥草房	有
06	无	15亩地	4500	泥草房	有
07	无	22亩地和儿子打工	12000	砖瓦房	有
08	低保1000元	15亩地和低保	5500	泥草房	有
09	低保1200 军抚2000	10亩地和低保、军抚	6200	泥草房	有
10	低保600 五保1800	11亩地和低保、五保	5700	泥草房	有

表4　　　　　　　　　　　受调查者支出情况

编号	个人支出情况（元）	不足部分来源	支出用途
01	2000	找亲戚帮忙	饮食、医药
02	6000	找亲戚帮忙	饮食、医药
03	2000	找亲戚帮忙	饮食衣着、医药
04	1000	谁也不找，自己解决	饮食、医药
05	1000	找亲戚帮忙	饮食、医药
06	1500	找亲戚帮忙	饮食、医药
07	10000	找亲戚及自己解决	医药
08	1000	找亲戚及自己解决	饮食、医药
09	3000	谁也不找，自己解决	饮食、医药
10	2000	找亲戚帮忙	饮食、医药

平衡型就业政策下的东北农村
残疾人就业问题研究

李艳艳

我国的残疾人有75%生活在农村。研究农村残疾人就业问题，具有极强的现实意义。对于东北地区而言，在老工业基地国企改革所带来就业环境及模式转变的背景下，农村残疾人的就业问题显得格外突出与特殊。残疾人的就业政策，就是帮助有劳动能力的残疾人在获得经济收入的同时融入社会。残疾人的社会融入问题不仅会对其家庭造成影响，甚至对社会造成一定的影响。一般来说，家庭是残疾人群体的主要活动场所，如果残疾人的社会融入度过低，其家人的照顾成本就会提高，挤占家庭其他成员的劳动和闲暇时间，进而降低社会和家庭产出。

一 平衡型就业政策模式对于残疾人就业问题的解析

残疾人的社会融入问题很大程度上取决于该群体的就业率，如果有劳动能力的残疾人能够参与到劳动力市场中来，不仅能够提高残疾人自身的生活经济保障，同时还可以提高整个社会的人力资源利用率。但提高有劳动能力的残疾人就业也面临着一定的矛盾，其主要体现在残疾人融入社会，参与到劳动力市场中来会使其面临的风险加大。另外，现有的残疾人收入保障政策又会成为残疾人就业的障碍。因此，政策在设计之时必须考虑两个方面：第一，如何保障残疾人的基本生活；第二，如何提供完善的就业政策，激励和扶持残疾人就业。

平衡型就业政策是促进残疾人就业的重要政策模式，一方面是指在残疾人就业的宏观层面平衡其与其他政策之间的关系，进而实现有效资源的效能最大化。即充分考察残疾人的就业意愿与是否享受救助、自身的经济情况、社会保障的享受情况之间存在哪些联系，同时考察这些因素是否对残疾人的就业意愿造成深层次的影响。另一方面是指在残疾人就业的微观层面寻求劳动力市场中的供求平衡，即主要以残疾人的劳动供给和资方的劳动力需求为政策起点，增加残疾人的就业竞争力，进而满足劳动力需求方的要求，达到平衡。就其实质而言，平衡型政策是专为劳动力市场的残疾人增加竞争力而设计的。这种政策假定残疾人进入劳动力市场时是缺乏生产力的，因而他们需要更多的培训和工作启动成本。平衡型政策的措施主要指政府的就业扶植与优惠等。由此可见，这种政策使劳动力的需求方（雇主）减少了雇用残疾人的额外成本，同时在供给方面又增加了残疾人的生产力，因而可以视作一种促进劳动力供需平衡的政策。

二 平衡就业政策下的东北残疾人就业现状与问题分析

在2011年3月开展的"东北地区残疾人社会保障与服务体系研究调查"活动中，通过对东北三省10个县、20个乡、43个自然村的抽样调查，共回收有效问卷4360份，其中对于残疾人的就业情况进行了较为系统的调查。本文选择在明确东北农村残疾人就业现状的基础上，从平衡就业政策的视角对就业中存在的问题分析。

（一）东北农村残疾人的就业现状

1. 农村中传统的种植业仍旧为吸纳有劳动能力残疾人的主要渠道，残疾人就业意愿不强。本次调研数据显示，东北农村地区已实现就业的残疾人为333人[①]，占本次调查总数的7.6%。农村中从事种植业的残疾人为1639人，占本次调查总数的37.6%；养殖业为51人，占总数的1.2%；个体服务业为107人，占总数的2.5%；进城打工为104人，占总数的2.4%；在农村被雇佣的为71人，占总数的1.6%；无业的人数为1895人，占总数的43.5%；选择"其他"的人数为145人，占总数的

---

① 本文中所提到的"就业"，主要指农村中经营养殖业、个体服务业、进城打工、在农村被雇佣的群体。这里未将农村固有的种植业对于劳动力的吸纳列入考虑范围。

3.3%（见图1）。其中，从事种植业与无业的群体共有3534人，有37.5%的残疾人表示在身体允许的情况下具有就业的意愿；在自主创业方面，有48.5%的残疾人表示在身体允许的条件下有自主创业的需求。

```
（人）
2000                                          1895
     1639
1500

1000

 500
                          107   104
              51                      71         145
   种植业  养殖业  个体服务业  进城打工  在农村被雇佣  无业  其他
```

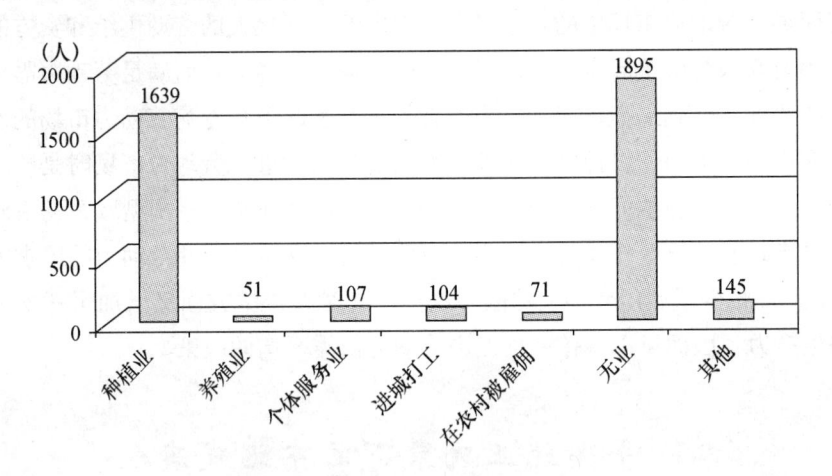

图1　残疾人从事的职业类型分布

2. 农村残疾人就业因性别、年龄、文化程度、户口性质、居住地、婚姻情况、残疾类别、残疾等级的不同而呈现出一定的差别。本次调研数据显示，东北地区已就业残疾人占残疾人总数的7.6%。将残疾人就业情况按照不同情况划分：从性别来看，男性就业率为12.6%，女性就业率为5%，男性就业率高于女性；从年龄来看，41—50岁就业率最高，为16.1%，其次是31—40岁，就业率为11.8%，30岁以下就业率为11.5%，51—60岁就业率为8.9%，61—70岁就业率为5%，71岁以上完全不就业；从文化程度来看，高中和中专学历的残疾人就业率最高为19.5%，大学学历的残疾人就业率为16.4%，初中为7.6%，小学为5.6%，研究生和文盲的就业率均为0；从户口性质来看，农业户就业率为10.4%，非农业户就业率为10%，两者几乎相同；从居住地来看，小城镇与近郊就业率较高，分别是16%和15.8%，偏远山区、偏远平原地区就业率均为9.8%；从婚姻状况来看，有配偶的残疾人就业率稍高，为11.1%，无配偶的残疾人就业率为9.5%；从残疾类型来看，听力残疾者就业率最高为13.1%，肢体残疾者就业率为11.2%，言语残疾者就业率为9.3%，视力残疾者就业率为8.8%，智力残疾者为5%，精神残疾者最低为3.3%；从残疾等级来看，四级、三级轻度残疾的就业率最高，分别为 14.6%，13.1%，二级和一级的就业率分别为 7.6% 和 8.9%。

（二）平衡就业政策视角下的东北农村残疾人就业问题分析

1. 新农合、农村最低生活保障、农村社会救济等政策会在一定程度上弱化残疾人加入劳动力市场的意愿。从宏观政策间关系角度入手，经济服务保障的存在，主要指家庭经济收入、新农合、农村最低生活保障、农村社会救济等政策对残疾人的就业会产生不同的影响，即新农合、农村最低生活保障、农村社会救济等政策会在一定程度上弱化残疾人加入劳动力市场的意愿。在本次调查中，我们分别考察了残疾人家庭经济收入、是否加入新型农村合作医疗保险、残疾人及其家庭是否领取最低生活保障金、残疾人及其家庭是否领取过救济金五个方面去考察其是否会对残疾人的就业意愿及就业情况造成影响（见表1）。通过数据分析可以发现，残疾人的家庭经济收入与残疾人的就业意愿之间存在关系，从卡方值可知，两变量统计上相互不独立（$\chi^2 = 36.991 > \chi^2_{0.05;5} = 11.070$），显示家庭经济收入不同的残疾人就业意愿也存在着差异。利用 Tau c (0.071) 系数及 Gamma 系数 (0.232) 来测量两变量之间的相关度，表明对于残疾人而言家庭收入较高的残疾人就业意愿也较低，家庭收入低的残疾人就业意愿较高；残疾人是否加入新型农村合作医疗体系也对就业意愿产生影响，利用 Phi 系数 (0.123) 及 Cramer's V 系数 (0.123) 测量两变量之间的相关度，表明加入新型农村合作医疗体系的残疾人就业意愿相对于未加入的残疾人要弱；残疾人是否领取最低生活保障对就业意愿产生影响，领取最低生活保障的残疾人就业意愿低于未领取者；领取救济金的残疾人就业意愿低于未领取者。

表1　　　　　宏观政策对于残疾人就业意愿的影响

	卡方值	Phi 系数	Cramer's V 系数	Tau c 系数	Gamma 系数
家庭收入 by 就业意愿	$\chi^2 = 36.991 > \chi^2_{0.05;5} = 11.070$			0.071	0.232
是否加入新农合 by 就业意愿	$\chi^2 = 60.632 > \chi^2_{0.05;2} = 5.991$	0.123	0.123		
是否领取最低生活保障 by 就业意愿	$\chi^2 = 27.235 > \chi^2_{0.05;2} = 5.991$	0.081	0.152		
是否领取救济金 by 就业意愿	$\chi^2 = 8.892 > \chi^2_{0.05;1} = 3.841$			0.041	0.107

由家庭收入对残疾人的就业意愿影响去看，目前我国针对残疾人的很多社会政策都具有较强的经济补偿性，对于残疾人而言这种经济补偿性同家庭收入一样，具有额外收入的作用，因此，都会造成对残疾人就业意愿的挤占，进而减弱其进入劳动力市场就业的意愿。残疾人在组成家庭之后，其劳动力的供给已经突破个人层次，上升为家庭联合劳动力的供给。家庭其他成员的收入对于残疾人自身而言是一种额外收入，因此，会对残疾人的就业造成挤占效应，即家庭收入越高，残疾人自身的就业意愿越低。同时，考虑到目前劳动力市场的就业竞争，很多残疾人在家庭收入稳定的情况下就业意愿也会受到影响。

2. 从微观的劳动力市场平衡角度去看，对于具有劳动能力的残疾人在劳动力供给方面存在着信息不对称、自身能力欠缺等问题。由于残疾带来的身体欠缺，是影响残疾人劳动力供给的直接因素。在未实现就业的归因中，排在第一位的是"身体难以承受"、第二位的是"用人单位不接受"、第三位的是"自己没有就业门路"、第四位的是"工作不理想"。在本次调查中，已经实现就业的残疾人中，肢体残疾者就业率最高，其次是听力残疾者。在就业渠道方面，54.8%的被访者是自己找到现有工作的，24.2%的被访者通过亲戚朋友找到现有的工作，21%的被访者通过其他方式，如招聘信息等找到现有工作。同时，调研中也发现，残疾人平时主要参加的活动集中于"听广播"、"看电视"、"读书看报"。这种日常活动决定其就业信息的获得往往来源于媒体，因此，需要与资方反复进行交涉，往往以降低雇用标准为代价。

3. 从微观的劳动力市场平衡角度去看，对于劳动力的需求方来说，还不同程度存在着歧视、违规用人等问题。在本次调查中，对于已经实现就业的被访者，有43.8%的残疾人在求职的过程中因身体原因遭遇过歧视，56.2%的人表示没有遭遇过歧视。这种情况表明，在劳动力市场中人口红利即将消失的背景下，雇主对于歧视的危害有了更加清晰的认识，歧视的存在会提升企业的用人成本，带来效益的损失，这一点已经越来越被用人单位所认识。同时也说明，我国劳动力市场中的反歧视政策发挥了一定的作用。但是，我们在调查中仍旧发现，在已经实现就业的残疾人中只有24.9%的被访者与用人单位签订了正式的劳动合同，而有75.1%的被访者未与用人单位签订正式的劳动合同。劳动合同是劳动者与用人单位之间确立劳动关系，明确双方的权利与义务的协议。但是，缺少了劳动合同的保护，对于残疾人而言，意味着其权利无法得到有效保障，进而享受较低的工资待遇。

4. 从微观的劳动力市场平衡角度去看，相关的政策作为连接残疾人劳动力市场供需的重要平台，并未发挥出完全作用。在本次调查中，我们用残疾人是否接受过职业技能培训，是否知道残疾人就业条例的相关内容，是否接受过残疾人就业服务，是否知道残疾人就业保障金的存在去对政策进行绩效方面的评价，进而去衡量残疾人就业过程中政策平台发挥作用的空间大小。通过分析可见，在本次对于东北农村残疾人的调查中，有5%的被访者有接受过职业技能培训，95%的被访者没有接受过职业技能培训；10%的被访者知道残疾人就业条例的相关内容，90%的残疾人不知道残疾人就业条例的相关内容；7%的被访者接受过残疾人就业服务，93%的被访者未接受过任何残疾人就业服务；7%的被访者知晓残疾人就业保障金的存在，而93%的被访者对此并不知晓（见图2）。利用服务的享受及相关政策的知晓程度是衡量社会政策绩效的一个重要指标。在本次调查中，相关政策的知晓度与政策享受度并为达到政策制定的预期效果，其发挥

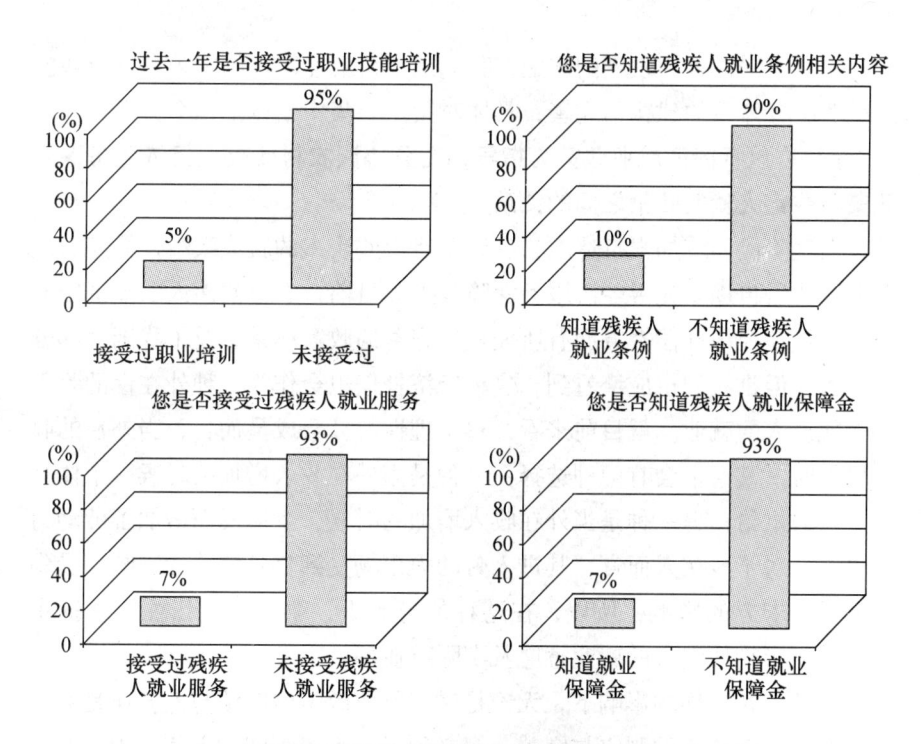

图2　相关就业政策的知晓度与享受度

作用的空间还有待于进一步的提升。对于残疾人就业这一特殊领域而言，其就业本身受到劳动力供给、劳动力需求的限制，要想有效的提升该群体的就业率，政策是不可缺少的工具，而政策的绩效有赖于政策的知晓度及提供相关服务的享受度。知晓度和享受度较低说明政策资源存在着浪费的情况，必须有效地进行管理与整合，进而提高政策的绩效与资源的利用率。

5. 残疾人的主观认知也会影响其就业意愿。在已经实现就业的残疾人中，有17.3%的被访者认为"残疾人融入社会没有困难"，64.9%的被访者认为"残疾人融入社会有一定困难"，只有7.7%的被访者认为"残疾人融入社会有很大的困难"。在未实现就业的有劳动能力的残疾人中，有60.6%的被访者认为"残疾人融入社会有很大的困难"。这种主观认识直接影响有劳动能力的残疾人的就业意愿及实际就业情况。

三 以平衡型就业政策为指导的东北农村残疾人就业对策建构

针对本次调查中发现的问题，我们从平衡就业政策的视角去进行残疾人就业服务体系的建构与完善，具体对策主要集中于以下四个方面：

（一）以平衡型就业政策为指导，充分协调农村残疾人经济服务保障政策与残疾人就业政策之间的关系

在现阶段，应加强打造农村有劳动能力残疾人的就业政策，待其实现充分就业后再逐步完善经济服务保障政策。目前，农村残疾人的经济服务保障政策在经济补偿性方面有所偏重，完善的政策体系惠及了我国大部分残疾人，但是我们也应该看到，这种经济补偿也会作为一种外在性的收入影响残疾人的就业。就目前来看，对于理性的社会成员而言，当外在的收入增加时，其通常会有两种选择：一种是当外在收入增加的时候，个体减少劳动力供给；另一种是当外在收入增加的时候，个体反而增加了劳动力的供给。对于残疾人而言，其进入劳动力市场受到自身缺陷的影响，受到劳动力需求方的影响，所以，在这种的背景下，第一种选择往往占据主导，进而影响残疾人的就业意愿及实际就业率。

因此，在这样的影响下，无论是对于就业政策的制定与完善还是对于经济服务保障政策的制定与完善，都必须考虑到政策间的平衡。为了充分

挖掘农村残疾人群体所蕴涵的人力资源，我们认为，应优先进行农村残疾人就业服务政策的完善，待该群体实现充分就业后再进行经济服务保障政策的完善，这样可以充分利用农村残疾人所蕴涵的人力资本，同时也能避免政策资源的浪费，进而做到将有限资源分配给最为需要的群体，要充分注意残疾人经济服务保障政策的存在不能阻碍残疾人的就业积极性。

（二）以平衡型就业政策为指导，将残疾人的发展作为增强其劳动力市场竞争能力的重要目标

以平衡型就业政策为指导，增强其劳动力市场竞争能力。一方面要改变残疾人的自我认知。残疾人自身的悲观心理、认为难以融入社会的心理预期，不仅影响了残疾人的就业，而且也影响了残疾人生活的方方面面。因此，改变这种错误的认知是极为必要的。另一方面加强残疾人与外界的沟通与联系，突破残疾人只在家与报纸、电视、广播接触的现状。有效地与外界沟通和接触可以改变残疾人的自我认知，同时也可以增加残疾人的社会资本存量，在信息资源分享方面使其渠道更为畅通。因此，在实际生活中，要依靠村委会的力量，在掌握残疾人实际情况的基础之上，通过集体活动、宣传教育等方式消除这种消极的心理，打造残疾人沟通交流的平台，进而有效地提高残疾人自身的市场竞争能力。

（三）以平衡型就业政策为指导，进一步规范劳动力需求方的行为，为残疾人的就业扩展更大空间

在现阶段，残疾人就业主要有分散的按比例就业和集中在福利企业就业两种形式。目前看，分散的按比例就业，吸纳能力有限，而福利企业在吸纳残疾人就业方面具有较大的发展空间。可以说福利企业既能解决残疾人的就业问题，又可以改变对于残疾人经济保障政策的形式，起到一定的激励作用，变被动补偿为主动的服务。因此，对于福利企业的发展需要国家进行大力的扶植。一方面国家应对福利企业给予更多的优惠，从税收优惠向多方位政策扶植转变；另一方面，允许企业根据实际情况进行自主经营。福利企业在很大程度上就有国家计划的性质，因此，其所承载的福利性会对其市场性造成一定的影响。基于这种认识，我们应在实践中放宽对于福利企业的管制，允许其进行市场经济体制下的创新。

（四）以平衡型就业政策为指导，进一步打造完善的残疾人就业服务体系，为残疾人就业提供更为完备的平台

首先，应不断加强残疾人就业法律政策对于残疾人群体的直接保护，避免过于模糊的法律政策所产生的责任推诿问题,使残疾人充分分享社会经济进步的成果。

其次,提高残疾人就业服务普及程度,通过目前我国公共管理组织的构架模式,层级落实,步步深入,提高残疾人就业服务的利用率。

最后,应不断强化残疾人就业保障金制度,对于不能完全按比例安置残疾人就业的企业征收相应的保障金,并加强对于该项资金的管理,使其真正推动残疾人就业。

四 结 语

农村残疾人就业,对于社会发展具有重要的意义。从政策视角而言,它是实现农村社会管理不断优化的必要手段;对残疾人自身而言,它是实现其社会融合,体现其自身权利和价值的必要手段;对于国家和社会而言,它是一项不容忽视的社会责任,也是实现和谐社会的必要手段。

参考文献

[1]《我国残疾人数量升至8296万人75%在农村》,http://news.sina.com.cn/c/2010-08-26/173018025607s.shtml。

[2] 廖娟、赖德胜:《残疾人就业服务体系的构建:从分割到融合》,《人口与发展》2010年第6期。

[3] 张琪、吴江等:《中国残疾人就业与保障问题研究》,中国劳动社会保障出版社2004年版。

[4] 童泽:《人道主义与残疾人发展》,中国社会出版社2008年版。

[5] 中国残疾人事业发展研究会:《残疾人社会保障与服务研究》,华夏出版社2010年版。

东北农村残疾人社会服务
供需的实证分析

刘 畅

相较于城镇残疾人群体，农村残疾人群体被"镶嵌"或"嵌入"在社会资本先天匮乏的社会关系网络中（杨洪斌，2006），在社会支持网络、社会资本拥有等方面均处于劣势，并且伴随着社会结构转型、农村人口老龄化加剧、传统生产高科技化等社会现实，农村残疾人不断被边缘化，社会排斥现象严重。相应的，社会服务体系对满足残疾人群体的特殊生理需要，提高残疾人群体的自我认同都具有重要的作用。另外，相较残疾人社会保障体系，社会服务体系作为残疾人两个体系建构的重要组成部分，在理论研究上同社会保障体之间存在很大差距。从现实角度出发，根据第六次人口普查的数据，东北地区总人口1.09亿，其中农村人口约有4927万，根据2006年第二次全国残疾人抽样数据推论，东北地区共有残疾人口634万，占总人口比重的5.81%，共有农村残疾人口427万，占农村总人口比重的8.68%，且东北地区农村经济相对落后，农村残疾人群体生活状态更加堪忧。这些都使针对东北农村残疾人服务体系建设的研究更具有理论和现实上的意义。

一 我国东北农村残疾人社会服务供给状况

在残疾人社会福利供给上，情况并不乐观。在问卷中提到的几种社会服务项目中，有20.2%的被调查者接受过上门医疗服务，有2.3%的被调查者接受过专业家政服务，有1.4%的被调查者接受过送餐服务，有1.9%的被调查者接受过法律援助服务，另外有58.6%的被调查者表示没有接受过任何服务。但是，经过具体了解，上述几种社会服务并不是针对残疾人群体展开的，其服务对象可能是全体村民，或村内的老年人群体，从而可能惠及残疾人群体。专项针对残疾人群体开展的社会服务几乎为零，有部分农村新修建的村委会等场所为肢体残疾人提供无障碍通道等服务设施，但绝大多数的被调查者表示从未接触使用过任何无障碍服务设施。

另外，在深入访谈中，很多残疾人表示希望社会能给予更多的关注，但是，他们自身并不知道自己需要具体什么项目的服务，也并不知道在乡镇村政府，为他们提供了哪些帮助和服务；相应的，乡镇政府由于自身财力物力的限制，对残疾人的帮扶只停留在社会保险覆盖、残疾人扶贫等方面，对社会服务的提供关注较少。总而言之，残疾人群体在社会服务的享受上水平较低，未能体现社会对残疾人这一弱势群体的关怀。

二 残疾人群体对社会服务需求的特点和趋势

（一）医疗护理的需要是残疾人群体的主要需要

在回收的4360份问卷中，除去未填写相关问题的问卷，样本中视力残疾的占11.8%，听力残疾的占9.0%，言语残疾的占7.6%，智力残疾的占10.0%，肢体残疾的占62.4%，精神残疾的占6.6%，其中有7.4%的被调查者为多重残疾；有53.5%的被调查者表示需要医疗护理，有35.9%的被调查者表示需要生活照料，有10.6%的被调查者表示需要精神慰藉，另外有10.6%的被访者表示有文化娱乐的需要，通过初步统计数据，可以看出医疗护理的需要为残疾人群体的主要需要。

针对残疾人群体医疗护理方面的需要，在调研中将这个变量具体化，得出的结果如图1所示。

在选择其他选项的被调查者中，有被调查者表示希望能够得到托养服务，但是选择最多的都同就医治疗相关，可见残疾人群体在医疗服务方面，希望得到更方便的服务和保障。

（二）残疾人群体更倾向于由政府提供各项社会福利服务

福利文化背景是一个综合的变量，福利文化观念直接影响残疾人群体的社会福利需要，以及这些需要得到满足并能为残疾人群体所接受的途径。从养老角度进行分析得知，虽然社区以及机构养老模式建设较缓慢，

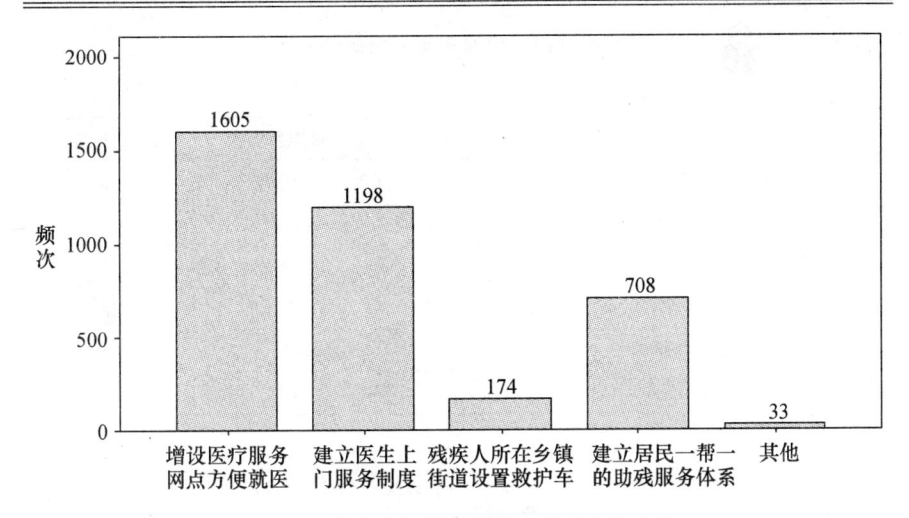

图1 对残疾人提供医疗服务的要求和建议

但也已经打破原有的家庭养老模式,改变着人们的养老观念。在因老致残的171个个案中,除去未填写相关问题的被调查者,有29.7%的被调查者选择愿意到敬老院、福利院集中居住生活,远高于其他老年人调查中的10%左右的比例。在具体访谈中,很多老年人是因为不想给子女增加负担而选择机构养老。在这171个个案的小样本中,认为自己是家庭负担的被调查者比例高达80.2%;如果子女不赡养,不希望同子女打官司的比例为85%,这部分老年人普遍认为,进入敬老院、福利院等养老机构集中生活,能够减轻儿女以及其他家庭成员的生活压力,所以他们即便不愿意脱离熟悉的家庭环境,也会改变自己的观念,倾向选择机构养老。残疾人对家庭索取越少,则对其他家庭成员表现出的负罪感越小,这都在潜移默化的减弱"家文化"对这部分群体的影响。同"家文化"一样,农村社会的"熟人社会"也是其福利文化构成的重要因素。但是残疾人群体同邻里之间交流较少,并极少参加村乡的组织建设活动,表现的相对独立和封闭,所以通过"熟人社会"建立社会服务关系网的可行性较小,农村残疾人群体更倾向于由政府或家庭成员为其提供各项服务和帮助。

(三) 不同的残疾等级和残疾类别的残疾人群体的社会服务需要有所差异

残疾人群体自身存在一定的复杂性,异质性较强。从残疾类别到残疾种类,不同的残疾人个体之间可能存在不同的福利需要,残疾类别同社会服务需要之间的关系如表1所示。

表1　　　　　　　残疾类别同社会服务需要之间的关系

单位：人

	医疗护理需要	生活照料需要	精神慰藉需要	文化娱乐需要
视力残疾	279	179	92	47
听力残疾	188	123	76	41
言语残疾	161	97	66	40
智力残疾	220	160	77	28
肢体残疾	1146	916	444	320
精神残疾	156	96	63	12

假设不同残疾类别同社会服务需要之间不存在显著性关系。运用SPSS软件进行分析，得出结果如表2、表3所示。由卡方（χ^2）检验可知，残疾类别同社会服务需要之间存在相关性，拒绝原假设，但是相关系数v值为0.057，c值为0.098，相关性较小，但相比较而言，肢体残疾群体对医疗护理的需要高于其他类别的残疾群体。同样的，将残疾等级同社会服务需要进行分析可知，残疾等级越高，身体状况越差的残疾人群体，越希望得到医疗护理方面的服务，两者之间呈正相关关系。

表2　　　不同残疾类别同社会服务需要之间不存在显著性关系

	卡方检验		
	卡方值	自由度	P值（双尾）
皮尔逊卡方值	48.417[a]	15	0.000
似然比	53.250	15	0.000
线性相关	3.119	1	0.077
有效记录	5027		

表3　　　不同残疾类别同社会服务需要之间不存在显著性关系

		Value	Asymp. Std. Error[a]	Approx. T[b]	Approx. Sig.
Nominal by Nominal	Phi	0.098			0.000
	Cramer's V	0.057			0.000
	Contingency Coefficient	0.098			0.000

（四）残疾人群体的内在因素并不影响其福利需要的种类

残疾人群体自身的很多变量，例如年龄、性别、婚姻状况等都可能同其社会福利需要之间具有相关性关系，从而影响残疾人群体具体的福利需要。

假设婚姻状况同社会福利需要之间不存在显著性关系。除去未填写相关问题的样本，在列联表的 χ^2 检验中，SIG 值为 0.67，大于 0.05，接受原假设，即残疾人群体的婚姻状况同其社会福利需要之间不存在显著性关系。

假设年龄同社会福利需要之间不存在显著性关系。为方便统计计算，将年龄变量进行重新划分，分为 0—10 岁、11—20 岁、21—30 岁、31—40 岁、41—50 岁、51—60 岁、61 岁以上七组，在列联表的 χ^2 检验中，SIG 值为 0.01，小于 0.05，拒绝原假设，即残疾人群体的年龄同社会福利需要之间具有显著性关系。在计算相关系数时可见，相关系数 v 值为 0.046，c 值为 0.056，均属于弱相关。但相比较而言，年龄越大的残疾人，越希望得到医疗护理方面的服务。

（五）残疾人的发展需要呈现出多样化、具体化的趋势

帮助残疾人群体的自身发展也是残疾人两个体系建设的重要目标，残疾人群体的自身发展包括康复治疗、婚姻家庭、就业创业、教育帮助等各个方面。在康复服务上，有 80.4% 的被调查者表示没接受过各种康复治疗。得到康复服务是残疾人群体重新融入社会的重要途径，也是提升其社会地位的有效手段，但在这部分样本中，有康复需要的占 39.6%（注：此处将对自己康复有信心的被调查者归类为有康复需要），可能由于其自身残疾状况、致残原因等影响其康复需要。

假设残疾人群体的残疾等级同康复服务的需求之间不存在显著性关系。除去未填写相关问题的样本，得到的结果如表 4、表 5 所示。

表 4　残疾人群体的残疾等级同康复服务的需求之间是否存在显著性关系

	χ^2 值	自由度	p 值（双尾）
皮尔逊卡方值	1.379E2[a]	16	0.000
似然值	134.366	16	0.000
线性相关	16.077	1	0.000
有效样本	3386		

a. 0 cells (0.0%) have expected count less than 5. The minimum expected count is 25.45

表5　残疾人群体的残疾等级同康复服务的需求之间是否存在显著性关系

		Value	Asymp. Std. Error^a	Approx. T^b	Approx. Sig.
Nominal by Nominal	Phi	0.202			0.000
	Cramer's V	0.101			0.000
	Contingency Coefficient	0.198			0.000

在列联表的 χ^2 检验中，SIG 值为 0.000，小于 0.05，拒绝原假设，残疾人群体的残疾等级同康复服务的需求之间存在显著性关系。相关系数 v 值为 0.101，相关系数 c 值为 0.198，即两者之间具有较强的正向相关，残疾等级低的残疾人，康复服务需要越强烈。

除此之外，婚姻家庭关系是影响残疾人群体生活幸福感、社会地位、社会关系网络建设的重要因素，在有效填答的问卷中，有 66.4% 的被调查者认为残疾人群体找结婚对象很不容易，对这方面的需要表现强烈，有 35.1% 的被调查者认为，可以通过建立残疾人婚姻介绍所，为残疾人群体提供帮助，从而解决残疾人的婚姻问题。有一定劳动能力的残疾人对就业创业需要较高，具体表现为需要政府提供小额贷款、技术指导、税收政策支持、经营场所、人力支持等。另外，适龄残疾儿童的教育需要也不容忽视。

三　结论与建议

(一) 结论

通过上述的分析可以发现，我国东北地区农村残疾人社会服务提供还存在很多问题。首先，服务提供量较少，缺少针对性，不能满足残疾人群体的具体需求。医疗护理需要以及生活照料需要为残疾人群体的主要福利需要，但是从调查问卷数据和深入访谈资料来看，处于偏远地区的农村残疾人不断被边缘化，游离在社会福利体系之外，各级政府为残疾人群体提供的社会服务项目远不能满足其需要。在服务提供上，存在"一刀切"的现象，对不同年龄、残疾类型、残疾等级的残疾人群体未能区别考虑和对待，也降低了资源使用的效率。其次，在现有服务的提供上，存在信息不对称现象。在具体的走访中，很多残联工作人员介绍，当地各个乡镇可能设有康复服务室、残疾人技能培训等针对残疾人自身发展的服务项目，但是使用率极低，其中很重要的因素是信息的不对称，许多残疾人较少与社会接触，对社会新闻关注不够，致使其不能及时了解政府提供的各项服务和福利。

总之，通过对东北三省部分农村残疾人的个案访谈以及对4360份问卷的相关分析，可知，在社会服务的提供上农村残疾人群体相较于城镇残疾人群体，接受的社会服务较少，农村地区残疾人社会服务体系发展缓慢，体系建构过程中针对性不强，覆盖率低，资源的使用率低，同时存在信息不对称的情况。在社会福利需要上，医疗护理需要是全部残疾人群体的主要需要，在其他福利需要上，农村残疾人群体呈现出多样化、具体化的趋势，并且越来越多的残疾人倾向于选择政府提供的托养机构或服务，对家庭成员的索取逐渐降低。

（二）建议

根据结论，笔者提出以下建议：

首先，以行政村或乡镇为单位，加大为重度残疾人群体提供托养服务的力度和投入，一方面减轻家庭负担，另一方面也可以使这部分残疾群体得到更好的治疗和康复。

其次，在服务提供上，改变传统救助的视角和人道主义的社会支持理念，强调优势视角，去除残疾人群体的社会标签，促使其进行有效的社会融合，并有助于提高残疾人群体的自我认同。

最后，在资源允许的情况下，为残疾群体的家庭成员提供各项福利，一方面有助于继续发挥家庭对残疾人群体福利需要满足的功能，另一方面对残疾人的自身发展给予更多的关注，满足他们婚姻家庭、康复治疗、就业创业、教育发展等方面的需要，保证其参加社会活动的过程公平，以体现残疾人两个体系建设中公平正义的理论内涵。

参考文献

[1] 彭华民：《社会福利与需要满足》，社会科学文献出版社2008年版。

[2] 毕天云：《社会福利场域的习惯——福利文化民族性的实证研究》，中国社

会科学出版社 2004 年版。

［3］姚远：《养老：一种特定的传统文化》，《人口研究》1996 年第 6 期。

［4］康子：《21 世纪社会福利学的展望》，《华中师范大学学报》（哲学社会科学版）1996 年第 5 期。

［5］林义：《西方国家养老保险的制度文化根源初探》，《财经科学》2000 年第 4 期。

［6］姜向群：《农村残疾人的社会保障状况及社会保障需求》，《人口学刊》2011 年第 3 期。

［7］周文林：《中国残疾人状况分析》，《社会学研究》1993 年第 5 期。

［8］高圆圆：《中国残疾人社会保障综述》，《湖北社会科学》2009 年第 8 期。

［9］杨洪斌：《农村残疾人社会资本的缺失与重建》，《北京科技大学学报》（社会科学版）2006 年第 4 期。

［10］毛小平：《内地与香港：残疾人社会支持比较》，《中南大学学报》（社会科学版）2010 年第 4 期。

［11］周林刚：《残疾人社会保障体系与公共服务体系建设研究》，《中国人口科学》2011 年第 2 期。

［12］程凯：《我国农村残疾人社会保障的现状与对策》，《行政管理改革》2010 年第 7 期。

我国东北地区农村残疾人医疗保障现状与问题研究

马 宁

残疾人是社会的弱势群体，尤其是农村地区残疾人更是弱势群体中最需要保障和服务的对象。根据中国残疾人联合会2009年数据统计，我国残疾人总数已经达到8300万，与1987年调查结果比较，总量增加了3132万人，而农村残疾人则占全国残疾人总数的73%。如此庞大的农村残疾人群体，他们的生活和健康状况是国家和社会不可忽视的问题，社会保障尤其是医疗保障制度能否真正解决残疾人的根本需求，是体现一个国家和社会发展程度的重要因素之一。农村残疾人由于身体和精神的残疾，大多数人劳动能力差，因而没有经济收入，无法承担庞大的医疗费用，看病难、看病贵的情况尤为严重。加之，自身条件和社会环境的限制，残疾人承担疾病风险的能力极低，更容易陷入因病致贫、因贫治病的恶性循环中。

一 我国农村残疾人医疗保障现状分析

(一) 调查描述

本项调查以东北地区农村残疾人参与和享受社会保障与相关服务体系的情况为研究背景，选择东北三省各具代表性的县乡下辖的农村残疾人作为调查的总体；主要采取入户访谈和座谈会的调研方法，通过问卷形式了解农村残疾人的保障情况。调研对象包括10个县（黑龙江省3个、黑龙江省农垦总局2个县级管理局、吉林省3个、辽宁省2个），共20个乡，43个村，入户访谈近3000户。为了调研能得以顺利进行并取得真实的资料，本研究选择的村镇都是具有当地特点以及代表性的。问卷共发放近

5000份，有效回收4360份，问卷覆盖范围囊括了东北三省的乡镇及农村地区，问卷内容也涉及与残疾人相关医疗保障体系的现状，因而能较为全面和真实的反应我国农村残疾人享受医疗保障的情况，并通过数据分析可以发现当前农村残疾人医保体系存在的缺陷及问题。

（二）农村残疾人享受医疗保障的情况

1. 样本构成

问卷中相关的基本信息主要包括性别、残疾类型、残疾人家庭年收入、年支出、经济状况以及主要经济支出方向等变量。具体情况如表1所示。

表1　　　　　　　　样本的性别、残疾类型、经济状况

		频次（人）	百分比（%）	有效百分比（%）
性别	男	2834	65.0	65.0
	女	1525	35.0	35.0
	合计	4359	100.0	100.0
残疾类型	视力残疾	509	11.0	12.2
	听力残疾	391	8.4	9.3
	言语残疾	330	7.1	7.9
	智力残疾	432	9.3	10.3
	肢体残疾	2697	58.1	64.4
	精神残疾	285	6.1	6.8
经济状况	够用有余	51	1.2	1.2
	大致够用	968	22.2	23.2
	有些困难	2143	49.2	51.3
	十分困难	1015	23.3	24.3
	合计	4178	95.8	100.0

根据统计结果可以看出：第一，男性残疾人占65%，女性残疾人占35%，男女比例为13:7。第二，残疾类型方面，排在前三位的分别是肢体残疾64.4%，视力残疾12.2%，智力残疾10.3%；以肢体残疾为主。第三，经济状况方面，仅有1.2%的残疾人认为其经济状况够用有余，少部分认为大致够用，而认为困难和十分困难的分别为51.3%和24.3%。

从上面三个基本信息可以发现以务农生产方式为主的农村地区，承担

主要劳动力的男性的残疾比例要远高于女性；并且大部分残疾人属于肢体残疾，部分或永久丧失劳动能力等原因都致使残疾人家庭经济困难。经济状况处于低层次的残疾人家庭却要长期支付数目不小的医疗和药品费用，这都是对农村医疗保障体系的巨大考验。

表 2　　　　　　　　　残疾人收入及支出

		家庭年收入	个人年收入	个人年支出
份数	有效问卷	4235	4186	4218
	缺失问卷	125	174	142
均值（元）		7097	2226	3259
极小值（元）		0	0	0
极大值（元）		60000	30000	100000
合计（元）		30055052	9316060	13747550

统计结果显示，残疾人家庭年平均收入为 7097 元，个人年平均收入为 2226 元，个人年平均支出为 3259 元。而国家统计局数据表明，2010 年我国农村居民人均收入为 5919 元，可见农村残疾人可支配的个人年收入 2226 元还与之相差甚远。

表 3　　　　　　　经济支出主要用于哪些方面

		响应		个案百分比
		N（人）	百分比（%）	（%）
经济支出用于哪些方面[a]	衣着	651	9.2	16.2
	烟酒	147	2.1	3.7
	饮食	2920	41.4	72.9
	医药费	3175	45.0	79.2
	康复	162	2.3	4.0

统计结果显示，残疾人经济支出居前两位的分别是，医药费居最高 45.0%，饮食方面其次 41.4%。医疗费用的支出花费了残疾人家庭大部分的经济收入。通过表 15 和表 16 的分析结果可以发现，需要长期治疗和康复的贫困农村残疾人及其家庭而言，医疗费用的巨额支出占据了他们经

济收入的很大部分,加重了其贫困程度,农村残疾人极易陷入因病致贫、因贫致病的恶性循环之中。

2. 残疾人医疗保障现状

农村地区医疗保障制度主要是以农村居民为对象,由政府、集体和个人共同筹集医疗保障基金并采取一定比例补偿形式的医疗保障制度。包括以大病统筹为主的农村合作医疗制度、农村医疗救助和卫生服务体系三大部分。具体情况如下(见表4):新型农村合作医疗方面,83.3%的残疾人参保了新农合,14.4%的残疾人没有参保,2.2%的残疾人不知道新农合制度。通过数据可以看出绝大部分的残疾人都加入到新农合制度中来,但仍有一小部分残疾人不了解新农合制度或者不愿参与。通过实地调研和入户走访,发现新农合参保情况与当地政府宣传力度和残疾人自身观念与经济水平有关。大病医疗保险方面,仅有15.9%的残疾人参加了大病医疗保险,而84.0%的残疾人没有参加。由此我们可以发现农村残疾人致残后,基本以小病或慢性疾病为主,相反急性、需住院治疗的重大疾病的发病率却较低,农村残疾人的大病医疗保险参保率并不高。医疗救助方面,25.9%的残疾人曾享受过医疗救助,而近3/4的残疾人并没有接受过任何医疗救助。经济收入低,承担风险能力差,处于社会弱势地位的农村残疾人是最需要医疗方面的免费帮助的,但是大部分人却从未接触过医疗救助,可见我国农村地区医疗保障制度是缺失的,救助覆盖范围窄。对于残疾人而言仅有合作医疗是不够的,他们同样需要医疗上的救助来缓解治疗与药费带来的经济压力,这也是一个完善的医疗保障体系应该涵盖的重要部分。

表4　　　　　　　　新农合、大病医疗、医疗救助的参保情况

		频次(人)	百分比(%)	有效百分比(%)
新农合	参加	3503	80.3	83.3
	没有参加	607	14.0	14.4
	不知道	94	2.2	2.2
大病医疗保险	参加	673	15.4	15.9
	没有参加	3549	81.4	84.0
医疗救助	参加	1096	25.1	25.9
	没有参加	3130	71.6	73.9

二 农村残疾人医疗保障制度存在的问题

(一) 医疗费用负担能力低

随着体制市场化改革，医疗费用不断增长，其增长速度远大于农民收入的增加；医药费过高，大大超过了农村残疾人的承受能力，很多残疾人不得已选择"小病养、大病扛"的做法。根据数据统计结果，有40.1%的残疾人因为无法承担医疗费用而放弃治疗，医疗和药品费用是困扰农村残疾人治疗康复的主要问题。残疾人无力负担医疗费用或干脆选择放弃治疗的原因是多方面的：

1. 经济收入偏低

样本数据分析显示，残疾人年平均住院费用为1643元，而残疾人年平均收入为2226元，住院费用占收入的比重为73.8%，高额的住院费用几乎占据了残疾人的大部分收入。农村残疾人主要依靠以务农为主、帮扶就业为辅的收入模式，由于自身劳动能力的制约，能得到的纯收益是很低的，在面对高额医疗费用时，他们往往选择放弃治疗。

2. 新型合作医疗报销比例不高，程序烦琐

以吉林省为例，新农合报销费用分段、累加、按比例报销。200元以下的，100%报销；200—1000元的，50%报销；1000元以上，30%报销，与其他发达省份相比吉林省报销比例并不高，但能代表东北地区一般水平。若按此计算，以上述平均住院费用1643元为例，参加新农合的残疾人能报销的费用约为492.98元，大部分医疗费用还是需要残疾人自己支付，这无疑是一笔不小的支出。另外，现行新农合制度的报销程序烦琐，登记及赔付手续对于文化程度较低的残疾人来说，理解上存在困难。调查过程中也发现有的村庄距离报账中心和信用社很远，残疾人由此花费的路费、旅费都很高，增加了他们的报销成本，个别甚至报销成本费用超过了医药花费，这都使得残疾人中途放弃报销或继续治疗。因此，起付线高、报销比例低的新农合制度以及烦琐程序致使残疾人看病无法及时得到补偿，他们无力负担住院费用中的自付金额，仍旧看不起病。

3. 以大病保险为主的新农合制度存在局限性

当前新农合把目光更多放在大病医疗保险上，认为大病才会致贫，从

而没有重视预防保健、小病、小伤的发生，所以缴费残疾人的实际受益面只能等于大病发生的概率。但是农村残疾人对于新农合的认识有限，参与动机很实际，即获得及时的好处。如果在一年中没有大病就不能报销或者得不到好处，第二年的缴费就很成问题。所以，以大病为主，忽视了常见的慢性疾病、轻度意外伤害或日常小病的费用问题。往往由于这类疾病是不能报销的，治疗周期长，每次花费虽然不多，但总体计算下来的数额也是不容小视的。这种局限的存在也影响着残疾人的参保积极性。

（二）医疗资源供需矛盾突出

样本数据统计显示，有83.3%的残疾人参加了合作医疗，但通过入户访谈与残疾人深入交流发现，当前医疗保障主要以新农合为主，其他保障如医疗救助与服务、康复训练、辅助器具等严重缺失的医疗保障形式却是当前残疾人急需的。以康复服务为例，在总体样本4360人中仅有836人接受过有关康复服务，其他80.8%的残疾人没有接触过任何康复服务。由此可见残疾人医疗需求种类、保障水平与当前的供给情况相比供需严重失衡，只注重新农合制度的做法已经远远不能满足残疾人的医疗需求。医疗保障资金投入少、保障水平低、覆盖面狭窄，造成了医疗资源供需矛盾突出。其原因主要有以下几点：

1. 医疗资源短缺

与城镇相比，农村地区医疗资源明显短缺。由于整体经济收入偏低，卫生机构环境较差，因而很难吸引高素质的医生；并且农村医护人员专业素质偏低、医疗条件差、医疗设备简陋、药品不齐全等问题也普遍存在。从根本上说，经济问题是农村医疗资源短缺的致命原因；加之，医护人员不能得到长期的培训，专业人员流失现象频发。然而农村残疾人却十分需要医疗救治和康复服务，资源短缺使得医疗供需比例严重失衡。

2. 医疗信息不流通

通过实地走访和研究发现，许多地方政府对于残疾人医疗保障尤其是新农合制度的宣传多集中在介绍其表面好处上，却没有注重培养起残疾人的风险意识。对于不参保的没有进行深入调查，医保制度的信息宣传大多停留在形式上。在与残疾人交谈过程中，发现许多人并不真正了解新农合、康复训练、医疗救助等内容的意义，甚至有的根本从未听过。残疾人仅从自身短期利益考虑，认为已经没什么康复希望，或者逆来顺受的接受现在的生活，觉得没有花冤枉钱的必要。并且政策流通过程中，也没有把具体的赔付标准告知残疾人，很少有人能说出相关内容。但是，残疾人自身对于医疗信息的渴求是强烈的，他们希望能了解更多的健康知识、康复训练方法和医保政策等。信息流通性差、信息不对等、宣传深度不够等现状都使得残疾人对医疗信息的需求得不到满足。

3. 康复治疗费用没有纳入报销范围，康复服务覆盖面狭窄

康复是帮助残疾人恢复日常基本活动、增强其生活自理和社会适应能力的项目，对于残疾人而言是十分重要的。但是根据样本数据统计，仅有不到20%的残疾人接触过康复治疗和训练，而其中康复治疗支出能报销的只占5.3%，94.7%的康复费用是无法报销的。许多残疾人急需的康复治疗项目，如水疗、辅助器具装配、感觉综合训练、多重残疾和孤独症心里疏导等项目都没有纳入报销范围。调研过程中，发现残疾人的康复需求是强烈的，但是农村地区康复资源匮乏、康复室形同虚设、专业服务能力薄弱等原因导致了80.3%的残疾人没有享受甚至根本不了解康复治疗。康复费用高、康复服务缺失，都迫使残疾人放弃康复治疗的机会，康复需求与供给之间产生矛盾。

4. 医疗救助几乎不存在，发展水平低

农村医疗救助制度目前还未纳入法制化轨道，对于医疗救助的理解还只是停留在浅层次的认识上，把其看做是个人或社会团体的慈善捐款行为。没有相关法律法规的约束，使得医疗救助经常流于形式，残疾人医疗救助处于无序状态。实地调研了解到，只有小部分地区的政府部门举办过医疗救助的活动，如白内障复明手术、肢体残疾矫治手术、残疾人医疗器械捐赠等，但是，救助水平和被救助者数量是有限的。样本量中74.1%的残疾人表示从未享受过医疗救助，下级乡村政府财力、物力有限，其医疗救助力量是很薄弱的。而许多非政府组织设立的救助金和项目也只是针对某一种疾病，因此具有局限性和偶然性。农村残疾人经济收入低，能接触到的医疗信息少，面对高额医疗费用时他们更希望政府能提供长期、有序的医疗救助活动，而不是为了政绩使其流于形式。因此，没有法律为依托的农村医疗救助体系无法从根本上解决农村残疾的医疗保障问题。

（三）医疗保障中公平性缺失问题

当前农村残疾人医疗保障制度整体处于滞后状态，保障水平落后；与城镇相比，农村残疾人占有和享受到的医疗资源十分有限，优质的医疗资源和服务过分向城镇集中的现象愈演愈烈。农村残疾人医疗保障制度发展

过程中存在诸多不公平现象，这严重影响和制约了残疾人的治疗与康复，对于他们重新步入正常生活轨道产生消极作用。

1. 农村残疾人占有医疗资源与接受医疗服务的权利不平等

在一个国家的医疗保障体系中，农民应该与城镇居民一样平等地享受公共卫生资源和得到医疗服务的权利，尤其对处于社会弱势群体的农村残疾人来说更是人权的一种体现。但是，长期以来随着城乡二元经济结构和体制改革，不仅农村与城镇经济文化发展水平不同，而且农民与城镇居民享受到的医疗公共资源也严重不平等。虽然近年来，政府每年都在加大投入，但是要完全满足农村基本医疗保障需求，尚存在较大差距。由于经济体制改革和市场化主导的发展，公共医疗资源逐渐向城镇倾斜。据不完全统计，全国医疗资源的80%都集中在城镇的发达城市、大型医院。在市场化运行过程中，城乡之间医疗资源配置失衡进一步加剧，农民尤其是残疾人能享受到的卫生资源和服务就更加短缺。残疾人的享受医疗保障是一项基本的人权，国家有尊重、保护和实现的义务，但是当前由于人口基数大、经济发展水平、政策价值取向与二元化城乡对立等原因的影响，残疾人的健康权很少能得到维护。

2. 政府在农村医疗保障制度中的定位与责任问题

政府的定位与责任是建立和完善农村残疾人医疗保障制度的关键，医疗卫生服务不同于一般的商品，它具有明显的外部性和公共产品的非排他性。改革开放以前，我国农村地区的基本医疗保障是十分成功的，不仅残疾人受益良多，普通农民的健康也得到了维护。这是由于当时政府在价值取向上将广大农村、农民的医疗保障放到了重要的位置上，城市的建设还处于初期发展当中，而占据人口绝大部分的农民的健康医疗保障是民生工作的重点。伴随改革开放，计划经济向市场经济转轨过程中，传统农村合作医疗制度失去了依托，农村医疗保障也走上市场化道路。许多地方把村卫生室让个体户承包，或者卖掉乡镇卫生院，希望通过引入竞争机制来提高效率，减轻政府负担和农民医药支出。结果政府从农村医疗事业"脱身而出"，财政预算下降，但农民尤其是残疾人的医疗费用支出比重却在逐步攀升。靠"看不见的手"推动农村医疗保障制度的发展是不稳定的、不合理的，市场失灵的现象严重限制残疾人享受医疗服务和救助。因此，医疗卫生服务必须以政府为主导，不能因为经济模式改变就将公共资源与服务完全交托给市场管理运行，保障农村残疾人公平享有健康卫生服务是现代政府的基本职责。任何政府在任何时期内，都对公民的医疗卫生发展有不可推卸的责任。尤其对于经济水平滞后、生活环境较差的农村残疾人，政府更是应该承担主要职责，强化其筹资、管理和分配的功能，干预医疗保障体系的建设和政策的确定，给残疾人提供廉价、高质、人性化的医疗保障服务。

三 完善农村残疾人医疗保障的建议与对策

现行农村残疾人医疗保障制度还存在诸多问题，完善和解决矛盾的重要性是不言而喻的。农村残疾人大多数已经处于比较贫困的状态，或者比健全人更容易致贫，在面对疾病和意外伤害时，他们几乎没有承担风险的能力。一个较为完备、合理并且适应农村残疾人现状的医疗保障与服务制度，无疑是提高残疾人抗风险能力，改善他们健康状况，使其逐步进入正常生活的保证。

（一）提高农村残疾人医疗保障水平，为其出台优惠政策

政府应该加大对农村残疾人的援助和投入，向农村地区提供政策、资金、设施等方面的支持，拓宽筹资渠道，根据不同地区的不同差别制定相应的政策，逐步提高农村残疾人医疗保障水平。

第一，提高报销比例。现行新农合制度由于总体筹资水平不高，各地划定报销比例时都比较保守，这与日益上升的医疗费用和药品支出是不相符的。因此，应根据物价及治疗费用的变动灵活调整新农合的报销比例，适当降低报销起付线，减轻残疾人的负担。

第二，简化报销程序。烦琐的报销手续和报销地点的固定都给残疾人带来很多不便。针对于此，新农合报销制度要为残疾人提供简洁易懂的报销说明，尽量简化报销手续。可以在每个村设立一个指定报销地点，与村卫生部门挂钩，降低残疾人报销路费成本。

第三，扩大报销范围。为慢性疾病和需要长期治疗病症的药费设置一定的报销额度，给予日常小额医疗补贴；另外，要根据疾病更新及时修改药品目录，确保残疾人能买到药物。根据实地调查，发现残疾人需要住院的疾病并不多，而门诊费用却是无法报销的。因此，应将门诊费用也纳入报销范围中。

（二）建立以村为单位的社区康复网络

当前残疾人的康复需求是日益增加的，但是农村地区康复治疗资源匮乏，康复方法几乎没有普及，因此建议以村为单位成立社区康复网络。村政府的经济水平不足的，可以把地理位置临近的村庄联合起来，在指定地点建立一个社区康复站。康复站要配备常见残疾疾病所需的康复设备和器械，定期下派专业人员进行康复训练的指导和康复信息咨询工作。康复网络的建立要以每个村的卫生站为依托，为残疾人提供就近、有效的康复服务。另外，可以通过县级政府购买的方式，组成有专业医疗背景的康复小组。在充分了解能进行康复的残疾人情况的基础上，有针对性地建立康复档案，定期为残疾人提供康复治疗与训练。采取以政府补贴为主，残疾人个人缴费为辅的医疗康复机制，减轻康复费用。

（三）规范医疗救助制度，解决农村残疾人后顾之忧

医疗救助应是以政府为主导，社会力量参与，医疗机构来提供服务。逐步将医疗救助法制化，避免个别地区为了政绩而使救助流于形式的情况发生。

第一，救助对象选取上，对残疾人人群进行分析，了解其家庭经济状况，以及医疗需求的情况；确定救助范围、救助对象、救助程度和内容。要特别关注农村低保家庭和特困家庭的残疾人。

第二，资金方面。对于比较发达的地区，可由省市财政按一定比例分担；对于不发达地区，中央财政要参与进来，同时政府要鼓励社会慈善和非政府组织不同形式的捐助活动。从资金上为农村残疾人解决后顾之忧，使他们有信心面对生活。

第三，救助方式上，规定残疾人去指定医院看病时，可以享受一定比例的折扣；对于经济收入过低者，给予医疗救助资金。政府为农村残疾人举办医疗救助活动要定期、保质的进行，不能使其流于形式。对于没有接受过救助的残疾人，实行优先治疗。

（四）改善信息流通不畅情况，转变残疾人传统观念提高其参保积极性

残疾人参加新农合制度的积极性，是农村残疾人医疗保障成败的关键因素之一，而其是否参保短期内表现在他们对一项制度的预期收益与成本之间的关系。当残疾人会觉得自己的缴费真正得到回报，自然参保积极性也会提高。政府对于医疗保障内容的宣传不应该只停留在表面上，而是要把参保和不参保的利害关系讲解给残疾人听，提高他们的风险意识。要让

残疾人明确自己在医疗保障缴费义务之外，同时具有参与管理的权利，增强他们的健康意识、权利意识。通过有深度的宣传逐步改变农村残疾人传统的家庭保障观念，使其了解正确的健康观，积极主动地参与到医疗保障制度中来。

（五）农村残疾人代表参与相关决策和监督机制，减少不透明现象发生

让残疾人代表参与到医疗保障制度决策和监督中，先以此为试点，如果运行良好可以推行。残疾人在监督和参与中心理会得到满足，也可以减少不透明带来的不信任感。当政府、卫生机构、残疾人之间出现利益失衡时，就会导致制度操作中偏离预定目标，长期发展残疾人医疗保障制度很难按预想良性运行。因此，可以让残疾人选举一些文化素质相对较高、有责任心、行动较为方便的残疾人代表参与到医疗保障制度执行情况的监督中；同时还能向政府反映大部分残疾人的实际需求和现状。

综上所述，通过对东北地区农村残疾人社会保障和服务体系调查中，明显发现农村残疾人在各方面保障情况都与健全人有很大差别，特别是医疗保障制度不健全存在缺失情况。农村残疾人是社会最需帮助的弱势群体，他们抵御风险和疾病的能力很差，而目前的医疗保障制度还不全面，缺乏有针对性的保障措施，很多都停留在表面层次上。因此，面对"人人享受医保"这一目标时，政府要承担起自身的职责，进一步完善农村残疾人医疗保障制度，建立基本卫生保健服务，为农村残疾人提供安全、有效、方便、廉价的公共卫生和医疗保障服务。

参考文献

[1] 姚志贤：《新型农村合作医疗制度中残疾人医疗康复收益情况调查报告》，《中国康复理论与实践》2009年第10期。

[2] 黄晓慧：《我国农村医疗保障体系改革研究综述》，《中国卫生事业管理》2007年第6期。

[3] 李丽：《转型期中国农村医疗保障制度性缺失分析》，博士学位论文，西南财经大学，2004年。

[4] 周桂凤：《我国农村医疗保障体系中的公平问题研究》，《湖南财经学院学报》2007年第10期。

[5] 陈银娥：《社会福利》，中国人民大学出版社2009年版。

农村残疾人社会保障参保情况及其影响因素研究

王璐航

社会保障制度最大的意义之一便是对社会弱势群体的保障与帮扶。做好残疾人社会保障，尤其是做好农村残疾人社会保障，对构建和谐社会、保障农村社会稳定和农村农牧业经济平稳运行、保证国民经济可持续健康发展均具有不可估量的重大作用。此次调研获得了大量宝贵的基层相关情况和数据，比较全面地了解了东北三省农村残疾人社会保障的真实状况、基层政府单位开展残疾人保障工作的成就和困难，以及政策实施过程中遇到的突出矛盾。

一 东北地区农村残疾人参保的现状

农村残疾人目前所享受的保障内容主要分为两部分。一部分是残疾人需要参保才能享受的保障内容，包括新农村合作医疗（以下简称"新农合"）、大病医疗保险、养老保险、救济金等；另一部分是不需要残疾人参保，而是由国家直接拨款予以资助的保障内容，主要包括生活最低保障金（以下简称"低保金"）、医疗救助等。

（一）东北地区农村残疾人社会保障参保比率概况

根据性别、年龄、婚姻状况、文化程度、残疾类型、残疾级别、残疾人家庭人均年收入等情况的不同，将受访残疾人按照上述因素进行划分，并分别统计、计算参保比率。其中，将考察群体的年龄划分为四个年龄段：老年（60岁以上）、中年（40—59岁）、青壮年（18—39岁）、儿童及少年（17岁以下）。将考察群体的家庭人均年收入划分为四个层次：贫困、低收入、中等收入、小康及富裕，所对应的家庭人均年收入分别为低于3000元、3000—6000元、6000—12000元、高于12000元。参保比率的统计结果详见表1。

表1　按不同要素考察东北地区农村残疾人社会保障参保比率

单位:%

变量	指标	新农合	大病医疗保险	商业人寿养老保险	救济金
性别	男	89.84	16.02	2.43	26.89
	女	91.45	14.36	2.23	27.28
年龄	60岁以上	92.58	13.91	1.72	27.37
	40—59岁	89.70	16.92	2.90	27.37
	18—39岁	89.05	14.54	1.90	26.51
	17岁以下	90.14	4.82	1.12	18.07
婚姻状况	有配偶	91.30	16.45	3.00	24.56
	无配偶	89.66	13.40	0.91	33.36
文化程度	文盲	90.18	10.24	0.79	30.48
	小学	90.53	15.32	2.74	27.80
	初中	91.62	16.75	3.19	24.26
	高中/中专	95.50	30.52	1.41	24.41
	大学/研究生	80.00	22.22	0.00	22.22
残疾类型	视力残疾	91.45	17.29	3.14	25.93
	听力残疾	89.68	17.39	3.84	30.18
	言语残疾	88.74	15.76	2.73	28.79
	智力残疾	90.63	14.35	1.16	34.95
	肢体残疾	91.77	15.65	2.22	26.03
	精神残疾	89.76	14.04	1.75	28.77
残疾级别	1级	92.52	9.96	1.99	39.04
	2级	91.26	14.36	2.25	32.69
	3级	89.47	18.58	2.87	24.58
	4级	93.24	11.20	3.81	22.77
	不知道/未鉴定	87.51	19.32	0.90	21.91
家庭人均年收入	3000元以下	91.30	14.17	2.33	24.54
	3000—6000元	93.53	15.49	2.40	32.17
	6000—12000元	91.84	23.79	4.09	42.38
	12000元以上	90.00	25.00	3.57	32.14

从表1的数据可以看出，性别对农村残疾人社会保障参保比率的影响不大。年龄段为17岁以下的少年、儿童参加大病医疗保险的比率显著低于其他年龄段的残疾人。无配偶的残疾人领取救济金的比率高于有配偶的残疾人。文化程度对农村残疾人社会保障参保比率影响较大。残疾类型为智力残疾的农村残疾人享受救济金的比率高于其他类型的残疾人。残疾级别较高的残疾人享受救济金的比率较高。收入水平对残疾人参保率影响较大，收入最低的残疾人往往其参保比率也相对较低。通过对4360个有效样本的统计分析，总体参保情况可归纳如下：受访残疾人中，新农合的参合率达94.47%；约有15.44%参加了大病医疗保险。

（二）东北地区农村残疾人获得救助的基本情况

通过对调研数据的统计整理，我们还可以发现在受访的农村残疾人中约有43.28%（1887人）在过去的一年中领取过最低生活保障金（见图1），约有25.14%（1096人）在过去的一年中接受过医疗救助（见图2）。

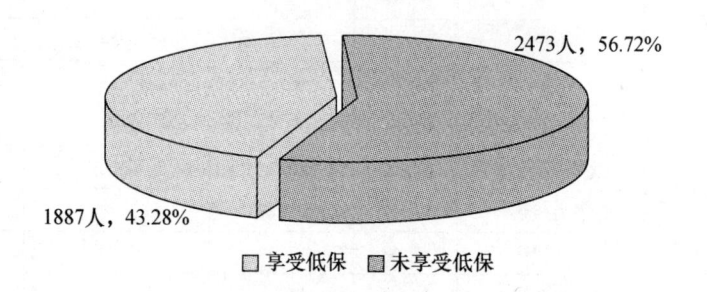

图1 受访残疾人享受最低生活保障金的情况

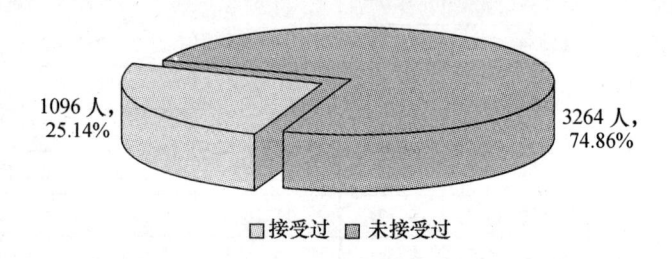

图2 受访残疾人接受医疗救助的情况

当被问到最迫切需要何种帮扶和救助时，受访者中约有83.85%表示需要经济资助，约有47.84%需要医疗救助（见图3）。

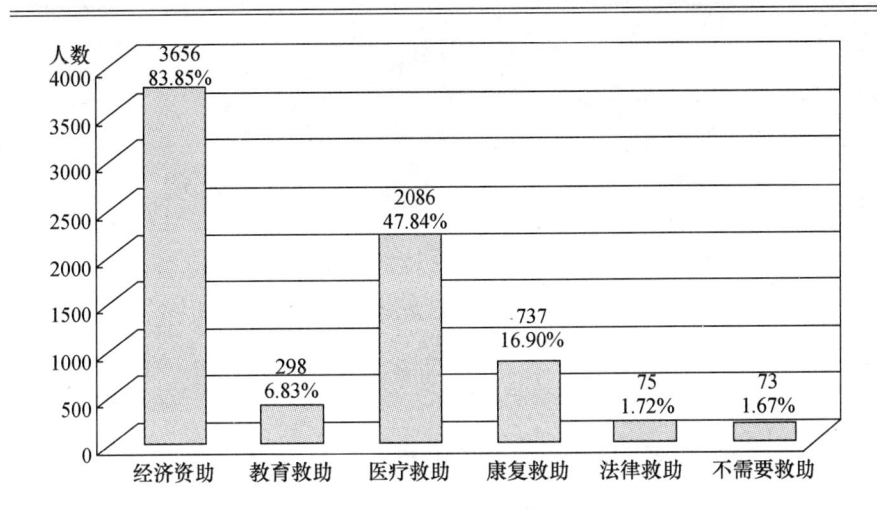

图3 受访残疾人及其家庭最迫切需要的救助

当被问及如果经济上遇到困难如何解决时,受访者残疾人中约有56.81%表示会寻求亲戚朋友的帮助,约有32.27%表示会找村委会解决(见图4)。

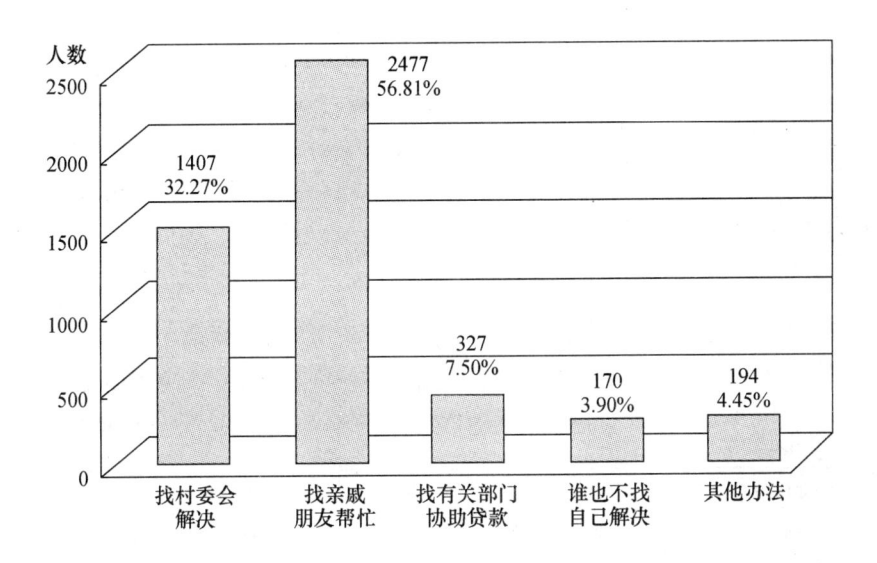

图4 当残疾人在经济上遇到困难时寻求帮助的主要途径

另外,仅有约13.58%（592人）的受访残疾人表示知道《残疾人权益保障法》的基本内容（见图5）。

592人
13.58%

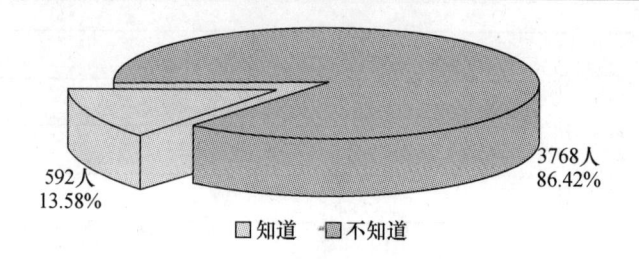

3768人
86.42%

□ 知道 □ 不知道

图5 是否知道《残疾人权益保障法》的基本内容

二 东北地区农村残疾人保障参保影响因素的相关性分析

为了深入研究上述各种因素对东北地区农村残疾人参保率的影响,本文使用 SPSS 统计分析软件对调研数据样本进行了分析,结果如表2所示(当 Sig. 值小于 0.05 时给出相关系数)。

表2　　　　　　各因素对参保率的影响之相关分析

自变量	因变量：保障项目（1-参保，0-未参保）			
	新农合	大病医疗	商业养老	救济金
性别 1-男，0-女	0.870 —	0.146 —	0.668 —	0.791 —
年龄 由低到高	0.000 0.090	0.125 —	0.104 —	0.273 —
婚姻 1-有配偶 0-无配偶	0.515 —	0.006 0.042	0.000 0.063	0.000 -0.082
文化程度 由低到高	0.000 -0.139	0.000 0.088	0.004 0.038	0.022 -0.048
收入 由低到高	0.000 -0.104	0.000 0.043	0.257 —	0.000 0.103
残疾级别 由高到低	0.026 -0.040	0.000 0.010	0.143 —	0.000 -0.115

续表

自变量		因变量：保障项目（1-参保，0-未参保）			
		新农合	大病医疗	商业养老	救济金
残疾类型 1-患有 0-没有	视力残疾	0.0153 —	0.218 —	0.217 —	0.557 —
	听力残疾	0.985 —	0.262 —	0.044 0.030	0.140 —
	言语残疾	0.901 —	0.866 —	0.650 —	0.451 —
	智力残疾	0.378 —	0.511 —	0.082 —	0.000 0.059
	肢体残疾	0.868 —	0.623 —	0.446 —	0.061 —
	精神残疾	0.535 —	0.498 —	0.485 —	0.490 —

结果显示，性别因素对东北地区农村残疾人社会保障参保比率基本无影响。年龄因素仅对新农合参合率具有显著性影响，其相关系数表明年龄较大的人群其新农合参合率相对较高。婚姻状况对残疾人参加大病医疗保险、商业养老保险和享受救济金的比率均具有显著影响，其相关系数表明拥有配偶对残疾人参加大病医疗保险和商业养老保险具有积极影响。文化程度对农村残疾人社会保障参保率具有普遍性的显著影响，文化程度较高的残疾人参加大病医疗保险和商业养老保险的比率较高。残疾人家庭人均收入对新农合、大病医疗保险的参合率、参保率均具有显著影响，与残疾人享受救济金呈正相关关系。残疾人的残疾级别对新农合参合率、大病医疗保险参保率、残疾人救济金享受比率均具有显著影响。残疾类型因素总体上对残疾人参保比率影响不显著，从分析结果上看，听力残疾者参加商业养老保险的比例显著高于其他类型的残疾人，而智力残疾者享受救济金的比率要显著高于其他类型的残疾人。

尽管表2中给出的相关系数大多相对较小，但我们不能忽视这些因素对残疾人参保所具有显著性影响，更不能忽视其背后所隐藏的影响因素。例如残疾人的收入状况对参保率影响显著，一方面是残疾人自身收入所带来的主观影响，另一方面是保障政策的针对性及合理性所带来的客观影响。又如残疾人的残疾级别对参保率影响显著，这不仅仅是因为残疾人残疾严重程度的差异使得他们获取政策信息的能力不同，更和国家政策宣传的深入程度有关。

此外，在其他不需要残疾人参保的保障内容上也存在着诸多问题。结合表2的相关性分析结果以及图1的数据，可以看出农村残疾人群体享受低保金、救济金的情况不容乐观。而图2和图3集中体现了农村残疾人普遍对经济救助和医疗救助的需要较为迫切，这说明我们的医疗保障体系建设亟待加强。图4显示农村残疾人目前寻求帮助的主要对象是亲戚和朋友，这种不稳定的求助方向显然需要我们加大政府和社会对残疾人的帮扶力度。而图5则从一个侧面反映出国家的残疾人法规、政策的宣传还不够深入。

三 农村残疾人参保方面存在的问题

在当前社会中，农村残疾人群体的处境最为弱势，而我国8296万残疾人当中有6225万人生活在农村，农村残疾人社会保障建设的成功与否不仅仅关系着广大残疾人群体的生存和发展，更关系着整个社会的繁荣与稳定。通过对前文的分析我们可以清楚地认识到，尽管我国残疾人社会保障事业已经取得了一定的成就，但从整体上看还存在许多问题和不足。

（一）低保金、救济金领取比率偏低

我国社会保障制度历经多年建设，迄今依旧面临的一个重大问题就是如何解决城乡二元结构所带来的困难。同样，我们在残疾人社会保障制度建设的过程中同样面临这个问题。根据调研数据，在过去的一年中，户口类型为农业户的农村残疾人领取最低生活保障金的比率为42.5%，领取救济金的比率仅为24.97%，这两个比率较户口类型为非农业户（农垦总局中的农场工人）的农村残疾人分别低了5%和15%左右。另外，对于户口类型为农业户的农村残疾人，调查数据显示其人均年支出为2963.43元，但有72.2%的农业户口农村残疾人其家庭人均年收入低于3000元。这意味着生活贫困的农村残疾人享受低保金的比率偏低，许多残疾人都生存在入不敷出的状况下却无法享受低保金，即低保金、救济金的领取比率

无法满足农村残疾人群体的实际需要。

　　造成这种问题的原因是多方面的，但主要是由于在残疾人保障制度建设中，未能针对城乡二元结构的特点来增加足够的制度倾斜。由于政策的制定是从上至下，政策的宣传和资金的流动是从中央到地方、从城镇到乡村，这就使得处于最末端的农村残疾人群体不论是在对政策的了解上，还是在对资金的使用上，均处于弱势地位。政策宣传和资金逐级流动的方式，必然使得城镇近水楼台，许多资金就会被首先用于城镇残疾人群体的保障工作，然后才会分配到乡村。由于农村残疾人群体占我国残疾人总数约75%，扶持残疾人的资金不能及时到位，使得农村残疾人群体的需求得不到优先满足。另外，有学者的研究结果称，随着残疾人收入的增加，其享受低保和救济金的比率呈下降趋势。实际的调研结果证明，在东北农村残疾人群体中反映出的情况恰恰相反。表1表明，家庭人均年收入较高的残疾人享受救济金的比率大幅高于家庭人均年收入较低的残疾人；而低保金的领取比率并未因家庭人均年收入的不同而出现很大起伏。

（二）残疾人保障制度政策未得到有效宣传

　　众所周知，农村是我国现今社会基层中的基层，是各类社会政策和经济政策传递过程的末尾。尽管我们的决策层制定了诸多非常好的政策和制度方案，但现实问题在于这些政策能否及时、广泛的宣传及贯彻到农村残疾人群体中。在调研过程中，有86.42%（3768人）的残疾人表示不知道《残疾人权益保障法》（见图5），这从一个侧面反映了我们的政策宣传工作仍有待加强。导致宣传工作不到位的原因有以下两个方面：

　　一方面，农村由于经济条件、自然条件、地理条件等诸多因素，在信息的获取上具有相当程度的难度和滞后性。在城镇中随着广播、电视、手机、网络的普及，人们获取政策信息的效率较高。而在农村，人们获取信息的难度很大，对于生活在农村的残疾人来说更是难上加难。在调研过程中，一些生活非常贫困的残疾人往往由于行动不便常年不出家门，对于他们来说获取外界的信息十分困难。虽然有78.53%的受访者家中有电视机，但只有65.3%的残疾人表示平常看电视，这意味着几乎有将近一半的残疾人不能通过这一途径来获取信息。

　　另一方面，我国当前在乡、村级政府中没有残联理事的岗位设置，目前是由乡村行政单位中的民政助理兼职。在调研期间举行的一些座谈会上，许多乡村民政助理表示从残联划拨下来的资金远远不够帮扶农村残疾人群体，往往他们还要想办法从民政资金中拨出一些来进行补偿。而且从座谈的内容上可以了解到，这些兼职的民政助理由于拿一份工资干两个人的工作，普遍存在残疾人工作积极性不高的情况，或面临资金使用两面为难的局面，这些都非常不利于残疾人保障基层工作的展开和进行。

总之，农村残疾人自身行动不便或缺乏信息接收设备，加之基层工作人员由于身兼数职分身乏术而使得政策宣传覆盖面不足，导致许多残疾人无法确切地了解自己依法应享有的保障和帮扶，造成残疾人的迫切需求得不到满足。

（三）医疗保障严重缺失

根据调查结果显示，虽然一方面受访残疾人参加新型农村合作医疗（即新农合）的比率达90.37%；但另一方面，有23.81%的受访残疾人表示经常在生病的时候硬挺，有42.91%的受访残疾人表示偶尔在会出现生病的时候硬挺的情况。这意味着尽管农村残疾人的新农合参合率已超过九成，但是仍有近七成的残疾人在生病的时候放弃就医或无法就医。这说明新农合并未从根本上解决农村残疾人治病难、就医难的问题。在具体访谈中，许多残疾人表示由于身患残疾导致出行不便、路费问题、陪护等诸多原因而放弃去医院看病，此外还有38.78%的残疾人在过去的一年中有过由于不能承担医疗费用而放弃治疗的情况。另外，在医疗救助方面，仅有25.14%的受访者接受过医疗救助，约有47.84%的残疾人表示需要医疗救助（见图2和图3）。在大病医疗保险方面，受访残疾人的参保比率仅为15.44%。这集中体现了医疗保障资源的严重匮乏，导致许多农村残疾人处于因残致贫、因贫致病、因病致残的恶性循环之中，使得残疾人生活水平急剧下滑，甚至导致残疾人整个家庭的生活水平大幅下降。这些问题不仅仅出现在资金方面，相关的医疗服务、交通等诸多因素都成为农村残疾人就医看病的阻碍。总体上看，农村残疾人医疗保障体系建设还有很多需要完善的地方。

（四）残疾人养老保障缺失

在新农保处于试点阶段的情况下，绝大部分农村残疾人依旧将传统的家庭养老作为基本养老形式。造成这一现象有两方面的原因：一方面由于新农保制度的推广与覆盖均需要时间；另一方面，在"养子防老"传统文化的影响下，一些受访者认为"子不孝父之过"，如果孩子不养老，自己就会"在村里抬不起头"，甚至出现明明子女不孝、对老人不好，老人也要住在子女家里的情况。这种依附于传统文化的家庭养老形式存在极大风险，一旦子女不孝，老人将面临老无所依的痛苦局面。

在调研过程中，约有一半农村残疾人表示不愿因子女不赡养自己而与子女打官司，其数量占受访残疾人总数的48.33%。而本次调研中年龄在60岁以上的老人占受访者总数的25.39%，年龄在50岁以上的残疾人占受访者总数的51.42%。显而易见，如不能快速有效地建设农村残疾人养老保障体系，意味着将有超过半数的农村残疾人不得不依赖风险很高的家庭养老模式，其晚年生活的幸福感、生活质量都将受到极大的影响。总的来说，农村残疾人养老所面临的形势非常严峻，对符合时代要求的新养老保障体系的需求极为迫切。残疾人养老保障体系建设的速度与质量直接关系着他们的晚年幸福、生活质量和寿命。

（五）农村残疾人救助工作亟待进一步加强，发展权保障缺失

在受访残疾人中，有83.85%需要经济资助，有47.84%需要医疗救助（见图3）。这表明农村残疾人的总体经济状况依然很差，社会实际提供的资源与农村残疾人对资金和医疗资源的需求之间依旧存在较大缺口。

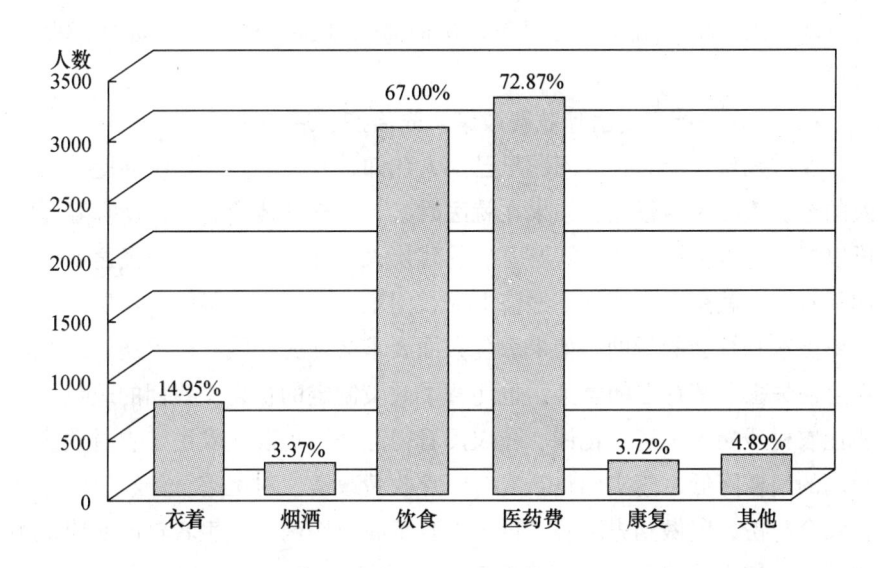

图6 受访农村残疾人个人经济的主要支出内容

受访残疾人中有16.9%需要康复救助，约有6.83%需要教育救助，仅有1.72%需要法律救助，表示不需要救助的只有1.67%，与残疾人对于经济资助、医疗救助的需求相差悬殊，这意味着农村残疾人的基本生存需要并未得到较好的满足，从而制约了残疾人对自身发展的需求。图6列出了本次受访残疾人的个人主要经济支出项目，分别有67%和72.87%的受访者表示其个人支出主要用于饮食和医疗，从中可以看出吃饭、看病几乎成了他们生活的全部内容。由此可见，对于大多数农村残疾人来说，教育、康复、法律等个人发展方面的需求似乎成了遥不可及的存在，集中反映了农村残疾人生存权保障亟待加强，发展权的保障更值得关注。

四 对策及建议

要解决好农村残疾人社会保障工作中面临的诸多问题，必须在完善现有保障体系的基础上，有针对性地为残疾人提供更多的保障措施。残疾人保障建设应在制度上体现出区别于一般社会保障的特点，让残疾人感受到社会对残疾人群体的特殊关照。在规划具体保障措施的时候，要设身处地的从残疾人的角度出发进行思考，从而有效地推动残疾人社会保障制度建设。

（一）调整新农合医疗收费政策：先治病、后交钱

农村残疾人治病难的问题早已为人熟知，其核心在于经济问题。残疾人的经济状况大多很差，如果在就医时必须先交钱才给看病，就算看完病可以报销，也会把大部分需要看病的残疾人挡在医院门外。农民之所以参加新农合，就是因为他们在经济上存在困难，拿不出全额的医药费，从而需要国家和社会的帮助。如果医院方面要求必须先交钱才能治病，那么新农合便失去了其存在的意义，也违背了政策制定的初衷。我们的政策不仅要让农村残疾人看病少花钱、让农民看得起病，更要让农民、农村残疾人看病的门槛降低，落实调整新农合医疗收费政策。对医院，一经核实患者新农合身份，应做到先治病、再依据政策收取医药费中患者自己所应负担的部分。切不可"不交钱不给看病"，贻误治疗时机，让残疾人的健康状况雪上加霜。各级政府医疗主管部门应与医院方建立资金补助关系，解决医院因先治病后收钱所出现的资金缺口问题。对治好病后未能及时缴清个人负担费用的病人，需查明具体缘由，对恶意逃费者予以登记"黑名单"，取消其享受优惠政策的权利。

同时，应当加强基层医疗服务体系建设。调查中发现农村残疾人就医难的原因不仅仅在于经济问题，更有许多残疾人由于路途遥远、行动不便、无人陪护等原因无法外出就医，使得疾病无法得到及时治疗，造成病上加病，残上加残。应加强基层医疗建设，对残疾程度比较严重、行动不便的农村残疾人应建立"家庭—医院"的有效通信联系，并且为基层乡级卫生院配备救护车（或根据具体地方情况按需配备），让农村残疾人有病可以得到及时救治。

（二）加快新农保体系建设，引导民营资本参与农村养老体系建设

农村目前的养老模式存在很大风险，超过半数的残疾人正在或即将面临养老问题。并且随着我国老龄化现象加剧以及市场经济建设的不断深入和发展，传统形式的家庭养老模式的弊端越来越突出，对新农保建设的需求日益迫切。应加快新农保制度建设，并优先解决农村残疾人群体的养老问题。

另外，政府应适当引导民营资本参与农村养老体系的建设工作，让整个社会动员起来参与其中，共同承担社会责任。考虑到农村养老行业具有微利性，政府应出资予以补贴。由此建立多元化的农村养老保障立体体系，将农村残疾人群体优先纳入保障范围，切实做到让农村残疾人老有所依、老有所养、老有所乐。

（三）调整农村残疾人享受低保的参保标准

目前残疾人享受低保所依据的评判标准和健全人一样，社会保障制度公平原则没有体现。残疾人由于自身存在身体缺陷，在社会生活中自然而然地处于劣势地位，残疾人群体比健全人群体更加容易成为贫困者。本着公平原则，社会政策的制定要针对残疾人群体的特殊情况给予充分的考量，对残疾人尤其是农村残疾人享受最低生活保障金的判定标准要低于健全人群。对于残疾人来说，他们的社会起点低于健全人，而残疾人享受低保的评判标准如果和健全人一样，就造成了以相同标准衡量两个起点不同的群体，这本身就是一种违背公平原则的行为。因此，针对残疾人群体，尤其是处于最弱势地位的农村残疾人群体，其享受低保的评判标准应适度下调，使得真正需要享受低保的残疾人能够满足生活基本需要。

（四）完善残疾人社会保障的资金环境

尽管我国社会保障建设已经取得诸多阶段性成果，目前农村残疾人所享受到的社会保障可谓少之又少，应加大力度加强对农村残疾人群体的福

利投入，让农村残疾人能共享社会经济发展成果。因此，应当加强福利投入。不仅在经济和医疗上给予保障，更要在信息、教育、法律、就业等方面为他们提供资源，让残疾人也能共享社会文明进步的成果，做好对其生存权保障的同时兼顾其发展权的保障。其主要措施可包括普及电视、广播并补贴电费，提供上门服务的心理指导、法律普及、就业帮扶，等等。

同时，还要改变残疾人专项资金配给方式。用于残疾人事业的专项资金往往是自上而下逐级下拨的，即从中央到地方、从城镇到乡村。城镇比乡村在信息获取上更加方便；从地理条件上看，城镇残疾人在政策资源的获取上比乡村残疾人更有优势。这就为城镇先于乡村获得和使用资源创造了条件，残疾人专项资金的使用顺序与我国残疾人群体的分布状况不符。根据全国第二次残疾人抽样调查，我国残疾人有75%居住在广大农村基层，农村残疾人保障工作应是我国残疾人社会保障体系建设的重中之重。因此，应该尽快改变现有的资金配给方式，由中央直接拨款到乡镇基层。

（五）增设基层残疾人事务专职人员

目前在乡、村级别政府单位往往没有专人负责残疾人工作，而是多由当地民政助理兼职。这些兼职人员只拿一份工资，却要负责两份工作，这不仅会给基层公务员的工作带来巨大压力，也会使得基层残疾人工作出现纰漏。政府应在乡、村级政府设残疾人事务专职人员，使基层残疾人事业做到专人专管，避免由于兼职、兼任而出现的工作不到位。保证残疾人专项资金的合理使用，避免当前基层民政助理兼任基层残联理事遇到的资金使用的尴尬；更可以让国家的残疾人相关政策更为深入、广泛的宣传到农村残疾人群体中去。

总之，我国东北地区农村残疾人社会保障参保总体情况不容乐观，目前存在许多亟待解决的问题需要我们去认真研究、分析和探讨。农村残疾人社会保障制度建设必将是一个长期而艰巨的任务。政策实施后所造成的影响是深远且广泛的，因此在政策的制定上切不可盲目冒进，一定要做好详细调查，再制定或调整相应政策。政策的制定和实施不可忽视基层实际情况，盲目制定和推行政策必然导致实际操作中出现诸多问题。要力求做到合理有节，有的放矢，尽可能防止反复陷入对进行政策修改的"打补丁"现象。在调查的基础上作好分析，并充分预想某项具体政策可能带来的新问题，使政策制定具有针对性、有效性和前瞻性。

参考文献

[1] 第二次全国残疾人抽样调查办公室:《第二次全国残疾人抽样调查主要数据手册》,华夏出版社 2007 年版。

[2] 郑功成:《残疾人社会保障:现状及发展思路》,《中国人民大学学报》2008 年第 1 期。

[3] 程凯:《第二次全国残疾人抽样调查主要结果及其对策》,《首届中国残疾人事业发展论坛论文集》,中国人民大学,2007 年。

[4] 郑功成:《社会保障学》,中国劳动社会保障出版社 2005 年版。

[5] 贾玉娇、宋宝安:《农村重度残疾人社会保障问题分析——基于吉林省十县(市、区)的调查》,《华南农业大学学报》2011 年第 2 期。

东北农村残疾人社会保障问题

吉林大学哲学社会学院社会保障系　王　一

残疾人是有特殊困难的社会弱势群体。由于其身体残缺及功能障碍的影响，他们在社会生产与日常生活中往往较健康人处于不利的地位，需要特殊的制度安排才能实现"平等、参与、共享"。因此，残疾人较健康人更加需要康复、救助等方面的保障制度，为残疾人提供全面的社会保障也成为体现社会公平正义，衡量文明进步的重要标志。改革开放以来，中国政府采取了一系列额外规制和制度保护的方式对残疾人社会权利进行倾斜性配置，《中华人民共和国残疾人保障法》、《中共中央国务院关于促进残疾人事业发展的意见》、《关于加快推进残疾人社会保障体系和服务体系建设指导意见的通知》等政策法规的不断出台不仅从立法层面对残疾人社会权利进行了倾斜性配置，而且就残疾人社会权利的实现路径加以规范，中国残疾人社会保障体系与公共服务体系的建设取得了显著成就。但仍有一些深层次的问题值得进一步深思，如残疾人生存状态不佳、贫困问题严重、健康状况堪忧，等等，因此需要更加深入系统地研究农村残疾人的社会保障与社会服务问题。本文在黑龙江、吉林、辽宁三省4360份有效问卷及部分个案访谈的基础上，对东北农村地区残疾人社会保障的基本状况进行了初步的分析。

一　东北农村地区残疾人社会保障基本概况

调查结果显示，80.34%的受访者参加新型农村合作医疗，25.14%的受访者接受过医疗救助，15.44%的受访者参加了大病医疗保险；2.36%的受访者参加商业性的人寿养老保险；43.28%的受访者在过去的12个月里领取过最低生活保障金，27.02%的受访者在过去的12个月里领取过救济金。将残疾人参保状况按照性别、户口性质、常住地、年龄、婚姻状况、文化程度、残疾类型、残疾等级等个人基本情况进行划分，得出的数据如表1所示。

表1　　　　东北农村地区残疾人社会保障参保率分类比较

单位:%

变量	指标	新农合	医疗救助	大病医疗保险	商业性人寿养老保险	最低生活保障金	救济金
性别	男	80.41	25.40	16.02	2.43	44.42	26.89
	女	80.26	24.52	14.36	2.23	41.11	27.21
户口性质	农业户	90.63	25.51	11.62	1.51	42.59	25.02
	非农业户	—	23.69	37.54	6.46	47.54	38.62
常住地	小城镇	55.12	31.23	24.15	5.18	53.10	33.88
	近郊	85.89	28.08	16.99	1.92	43.97	28.08
	偏远山区	79.27	28.23	13.88	3.35	45.45	23.60
	偏远平原	90.91	21.07	7.26	1.13	40.31	25.44
婚姻状况	有配偶	80.08	25.13	16.45	3.00	38.84	24.56
	无配偶	82.14	25.65	13.44	0.92	54.12	33.44
文化程度	文盲	85.83	19.46	10.24	0.79	49.72	30.48
	小学	84.57	26.96	15.32	2.74	42.71	27.80
	初中	75.16	27.53	16.75	3.19	40.60	24.26
	高中、中专	57.75	20.66	30.52	1.41	42.72	24.41
	大学及以上	66.67	22.22	22.22	0	44.44	22.22
残疾类型	视力残疾	82.71	29.27	17.29	3.14	45.19	25.93
	听力残疾	80.31	23.27	17.39	3.84	42.20	30.18
	言语残疾	80.61	23.03	15.76	2.73	46.97	28.79
	智力残疾	81.94	25.00	14.35	1.16	53.70	34.95
	肢体残疾	80.42	26.14	15.64	2.22	43.12	26.03
	精神残疾	81.75	26.67	14.04	1.75	49.82	28.77
残疾等级	1级	80.88	27.09	9.96	1.99	51.79	39.04
	2级	82.40	23.93	14.38	2.25	49.03	32.73
	3级	77.69	27.23	18.49	2.88	46.09	24.63
	4级	77.59	19.55	11.20	3.81	34.92	22.77
	不知道	70.88	28.77	16.49	1.05	36.14	28.77

通过表1中的数据可以看出,在性别方面,男性在新农合、大病医疗保险、商业性人寿养老保险和最低生活保障四个类别的参保率均高于女性,在医疗救助和救济金方面低于女性,说明男性社会保险的参保率普遍高于女性,而享受社会救助的比例低于女性;在户口性质方面,非农业户在大病医疗保险、商业性人寿养老保险、最低生活保障、救济金四个方面的参保率均高于农业户,残疾人社会保障存在着显著的户籍差异;在常住地方面,小城镇残疾人在医疗救助、大病医疗保险、商业性人寿养老保险、最低生活保障、救济金五个方面的参保率均高于近郊、偏远山区和偏远平原,说明小城镇的社会保障水平要高于农村地区;在婚姻状况方面,有配偶的残疾人在大病医疗保险和商业性人寿养老保险两个方面的参保率高于无配偶的残疾人,在新农合、医疗救助、最低生活保障和救济金四个方面的参保率低于无配偶的残疾人;在文化程度方面,文盲残疾人享受最低生活保障和救济金的比例要高于其他学历层次;残疾类型与社会保障参保率没有显著的规律性特征;在残疾等级方面,残疾等级越高享受最低生活保障和救济金的比例越高。

经济援助和医疗救助是残疾人最需要得到的救助类型。当被问及您或您的家庭最需要哪些救助时,83.85%的被调查者表示最需要经济资助,47.82%的被调查者表示最需要医疗救助,16.90%的被调查者表示最需要康复救助,6.83%的被调查者表示最需要教育救助,1.72%的被调查者表示需要法律救助,另外还有1.67%的被调查者不需要救助,详见图1。调查结果表明经济援助和医疗救助是当前农村残疾人最需要得到的救助,这也说明生活困难和"看病贵、看病难"是困扰农村残疾人的首要问题。

农村残疾人经济困难主要依靠亲缘关系解决。当被问及经济上遇到困难时的解决途径,56.58%的被访者表示会找亲戚朋友解决,32.27%的被访者表示会找村委会解决,7.48%的被访者表示会找有关部门协助贷款,3.89%的被访者表示谁也不找自己解决,2.91%的被访者表示会找街道解决,2.87%的被访者表示会找居委会解决,4.45%的被访者表示会采取其他办法解决,详见图2。调查结果表明,当残疾人遇到经济困难时,找亲戚朋友这种传统的以亲缘关系为基础的方式仍然被多数人接受,村委会为残疾人排忧解困也发挥了很大作用,但协助贷款等制度化手段被运用的较少。

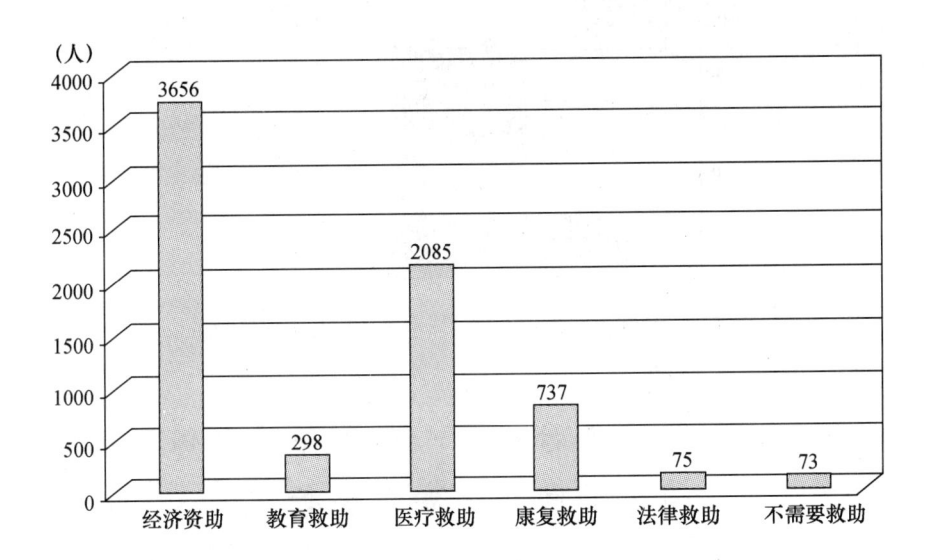

图1 您或您的家庭最需要哪些救助

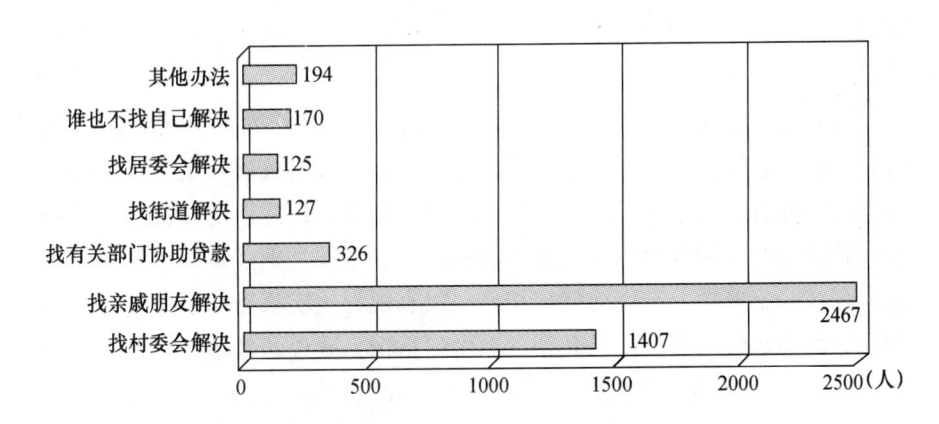

图2 当您经济上遇到困难时，您通过哪些途径解决问题

农村残疾人对《残疾人权益保障法》的认知程度不高。调查结果显示，仅有13.58%的被调查者知道《残疾人权益保障法》的基本内容，超过八成的被调查者不知道（见图3）。《残疾人权益保障法》是关于维护残疾人的合法权益、发展残疾人事业、保障残疾人平等地充分参与社会生活、共享社会物质文化成果的法律，是残疾人权益保护的根本原则，残疾人对其认知度不高必然会影响自身的权益保护。

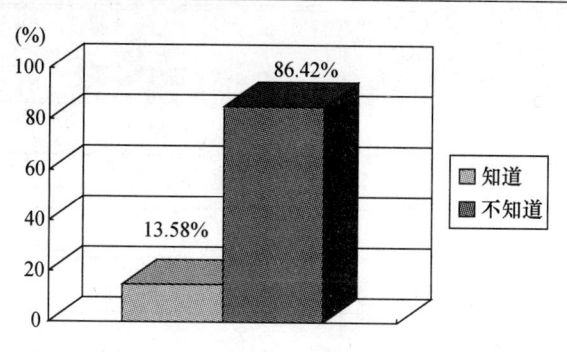

图3 您知道《残疾人权益保障法》的基本内容吗

二 影响农村残疾人社会保障参保情况的回归—相关分析

为了解各种因素对残疾人社会保障的影响，采取 Logistic 回归分析，我们关心的自变量包括性别、年龄、婚姻状况、文化程度、残疾类型和残疾级别。结果见表2。

回归分析结果显示，性别和年龄对新农合、医疗救助、大病医疗保险、低保和救济金的影响均不显著。婚姻状况对农村残疾人参与社会保险的影响不显著，对享受社会救助的影响比较显著，有配偶的残疾人享受低保和救济金的比例显著低于无配偶的残疾人。不同类别残疾人的社会保障状况存在一定差异，与肢体残疾相比，仅有视力残疾享受的医疗救助和大病医疗保险比肢体残疾高，其余各项中包括视力残疾的低保和救济金，听力残疾的医疗救助、大病医疗保险、低保和救济金，言语残疾的医疗救助、大病医疗保险、低保和救济金，智力残疾的新农合、医疗救助和大病医疗保险均低于肢体残疾的享受比例。残疾级别对大病医疗保险、低保和救济金有显著影响，重度残疾人比轻度残疾人的低保和救济金待遇更高，但参与大病医疗保险的比例更低。

Logistic 回归分析得出的结论表明，残疾人的自然情况对其社会保障参保情况之间的相关关系并不十分紧密，本文接下来选择"家庭人均年收入"和"家庭经济状况的主观感受"两个变量，从主客观两个层面考察收入对残疾人享受低保的影响。根据问卷设计情况，有关变量的具体说明，详见表3。

表2 各因素对残疾人社会保障影响作用的 Logistic 分析结果（OR）

自变量	因变量（0-不享受，1-享受）				
	新农合	医疗救助	大病医疗保险	低保	救济金
性别（0女，1男）	1.010	1.121	1.037	1.219	0.998
年龄	1.003	0.972	0.971	0.992	0.990
户口性质 （0非农业户，1农业户）	—	0.903 *	0.732 **	0.8918	0.862 **
常住地 （0非小城镇，1小城镇）	—	1.018	1.208 **	1.133 *	1.327 **
婚姻状况 （0无配偶，1有配偶）	1.067	0.991	1.111	0.763 **	0.651 **
残疾类型 （以肢体残疾为参照）					
视力残疾	0.910	1.223 **	1.173 **	0.718 **	0.859 **
听力残疾	0.931	0.850 *	0.741 *	0.620 **	0.527 **
言语残疾	0.898	0.461 **	0.513 **	0.728 **	0.810 **
智力残疾	0.800 *	0.621 **	0.791 **	1.102	1.201
精神残疾	0.902	0.903	0.821	1.210	1.301
残疾等级	0.998	0.903	1.209 *	0.851 **	0.827 **
Nagelkerke R^2	0.113 **	0.251 **	0.178 **	0.251 **	0.254 **
N	3788	3788	3788	3788	3788

说明：* $p<0.05$；** $p<0.01$。

表3 收入对残疾人享受低保的影响

	变量	性质	说明
因变量	最低生活保障参与率	定类变量	项目为："在过去的12个月里您或您的家庭是否领取了最低生活保障金？"
自变量	家庭人均年收入	定距变量	项目为："过去1年中，您全家的经济收入是多少？"/您的家庭人口数
	家庭经济状况的主观感受	定序变量	项目为："您觉得自己家目前的经济状况怎么样？""够用有余"为1，"大致够用"为2，"有些困难"为3，"十分贫困"为4

通过 SPSS 软件分析，得出结论如下：

（1）$R^2 = 0.473$（拟合优度检验）说明在影响残疾人享受低保的因素中，有47.3%可以通过收入进行说明。

（2）客观的收入水平对享受低保的影响。$\beta = -0.539$，在不考虑其他因素的影响下，收入水平每提高1%，享受低保的比例将下降0.539%；T 检验（系数检验，收入水平对享受低保的影响是否显著）：经验证，$T = 0.00 < 0.05$，满足系数要求，因此 β 在 0.05 的显著性水平下显著，即收入水平对享受低保的影响是显著的；F 检验（检验模型中收入水平与享受低保之间是否满足线性要求）：经验证，$F = 0.00 < 0.05$，满足线性要求，因此，在 0.05 的显著性水平下，收入水平与享受低保之间满足线性要求，具有推论意义。

（3）家庭经济状况的主观感受对享受低保的影响。$\beta = -0.280$，在不考虑其他因素的影响下，家庭经济状况的主观感受每提高1%，享受低保的比例将下降0.280%；T 检验（系数检验，家庭经济状况的主观感受对享受低保的影响是否显著）：经验证，$T = 0.00 < 0.05$，满足系数要求，因此 β 在 0.05 的显著性水平下显著，即家庭经济状况的主观感受对享受低保的影响是显著的；F 检验（检验模型中家庭经济状况的主观感受与享受低保之间是否满足线性要求）：经验证，$F = 0.00 < 0.05$，满足线性要求，因此，在 0.05 的显著性水平下，家庭经济状况的主观感受与享受低保之间满足线性要求，具有推论意义。

结合多元线性回归分析，可以得出这样的结论：

收入对低保参保情况的影响是显著的，客观收入水平的影响强于家庭经济收入的主观感受（$|\beta| = 0.539 > 0.280$）。这说明农村最低生活保障制度是地方政府为家庭人均纯收入低于当地最低生活保障标准的农村贫困群众，按最低生活保障标准，提供维持其基本生活的物质帮助。其衡量标准是收入，而不是是否残疾、残疾类别或残疾等级，残疾人的实际需求无法得到满足。

三 问题与讨论

通过前文的数据分析可以看出，在社会保障的诸多项目中，除新农合的参保率较高外，在医疗救助、大病医疗保险、商业性人寿养老保险和最低生活保障等项目的参与率均较低，且更多的与收入情况相关而与残疾人自身情况关联度不大。综合分析上述基本情况，残疾人社会保障的问题突出地表现在以下几个方面：

（一）多层次医疗保障进展缓慢

目前，农村居民医疗保障体系包括新型农村合作医疗、医疗救助和大病医疗保险三个层次。其中新型农村合作医疗是面向全体农村居民的；医疗救助主要是对患大病的农村五保户和贫困农民家庭实行医疗救助的制度；农村大病医疗保险是针对农村五保家庭以及无业、家庭成员确有患大病的特殊情况等进行大病救助的一种措施。调查结果显示，有80.34%的被调查者参加了新农合，13.92%的被调查者没有参加新农合，2.16%的被调查者不知道新农合。在未参加新农合的被调查者中，有33.99%的被调查者认为缴费过高个人承担不起，24.14%的被调查者认为给付待遇低没有必要参加，8.87%的被调查者不知道参加怎么办手续，7.39%的被调查者表示由于"觉得没有"、"错过缴费"、"没条件治病"、"外省回不来"、"不看病"等其他原因没有参保。这说明，尽管新农合的参保率较高，但在待遇水平以及政策的具体落实等方面仍有待改进。在医疗救助方面，有25.14%的被调查者接受过医疗救助，农村残疾人接受医疗救助的比例偏低。在大病医疗保险方面，仅有15.44%的被调查者参加了大病医疗保险，可见这项保险制度还有待进一步推广。

总体上看，农村残疾人参加新农合的比例较高，而参加医疗救助和大病医疗保险的比例较低。新农合是针对群体农村居民的，医疗救助和大病医疗保险是针对包括残疾人在内的特殊困难群体的，这就在一定程度上反映出当前社会保障制度中更重视普惠性政策的推广，而相对忽视特惠性政策的落实，不利于残疾人获得公平共享的待遇。虽然我国医疗保障体系的框架粗具雏形，但各个层次的运行没有纳入正轨，没有得到有效的落实。首先是医疗康复救助资金不足，政府财政拨款有限，而社会捐赠渠道不畅通。其次是缺乏相应的法律法规对医疗康复救助的约束，医疗康复救助规定不完善不具体，往往只流于形式，没有走向法制化。最后，对医疗康复救助政策的宣传不够，当国家有些优惠的康复救助政策时，边远山区的残疾人不能及时得到消息。医疗康复不仅可以帮助残疾人减轻生理痛苦，还可以通过手术和训练让残疾人能够恢复正常，像正常人一样生活。每个残疾人都渴望恢复健康，我们应该把帮助残疾人恢复健康作为发展残疾人事业的重点，而医疗康复救助制度的不完善势必影响残疾人事业的发展。同时，值得关注的是，当前我国并没有专门针对残疾人的医疗救助计划，医疗救助制度的救助对象主要是患病的农村五保户、农村贫困户家庭成员及地方政府规定的其他符合条件的农村贫困残疾人，智能对符合条件的农村残疾人实行康复训练的专项帮助行为，而并非面向所有残疾人群体。残疾人作为有身体残缺或功能障碍的群体，需要通过有效的医疗和康复手段保证其正常的生产生活，因此需要重视现有的特惠性医疗保障政策，更需要建立以残疾人为对象的医疗保障制度。

（二）新型农村养老保险制度正在推广当中，商业养老保险参保率很低

在养老保险方面，由于东北三省正在逐步推进新型农村养老保险试点工作，调查中抽取的农村有的已经进行试点，有的尚未进行试点，所以不便做整体的数据分析。根据实地考察了解，已经进行试点的地区，新农保的参保率普遍较高，一般可达到80%以上。在商业养老保险方面，被调查者中仅有103人参加了商业性的人寿养老保险，所占比例很低。

在新农保尚未全面铺开且保障水平较低，商业养老保险的参保率也很低的情况下，我们可以看出，农村残疾人的养老问题基本还是依靠家庭养老的传统模式，随着空巢化和家庭核心化的趋势，残疾人的养老问题面临着很大的风险。在中国的传统家庭中，配偶仍然是许多家庭成员选择照料与看护的主要依赖者，残疾人作为社会的弱势群体，其婚姻状况对家庭生活、经济供养和生活照料等方面有着更为重要的作用。但他们由于客观存在身体或功能障碍，在选择配偶上存在更大困难。残疾人的婚姻一般基于爱情结合、亲友撮合、互为补和、随机耦合、独身观念五种理念。爱情结合的婚姻观为大多数轻度残疾者或后天成人后致残者所持，他们无论在素质上、事业上均可与健全人匹配；亲友撮合是一种依赖型的婚姻观，持这类婚姻观的残疾人一般家境较为优越，父母、亲友因其残疾，而对其各方面都特别厚爱；互为补和则是一种功利型的婚姻观，持这种婚姻观的残疾人希望配偶在生活上具有功能互补型；随机耦合与独身观念都属自卑型的婚姻观，由于自身带残而自觉处于婚姻的被动地位。调查结果显示，残疾人的婚姻普遍存在结婚年龄晚、在婚率低、婚龄差较大、子女素质不高、残疾人与健康人联姻的离婚率较高等问题。残疾人的婚姻问题直接影响了

其家庭角色和社会角色的延续与扩充，也限制了家庭养老功能的发挥。同时，在人口老龄化和家庭结构变迁的背景下，家庭养老功能的弱化不可避免，当残疾人失去监护人时，其养老问题令人担忧。

（三）领取最低生活保障和救济金的比例不高，且与残疾人实际困难之间存在差距

43.28%的被调查者表示在过去的12个月里领取过最低生活保障金，27.02%的被调查者表示在过去的12个月里领取过救济金。值得关注的是，72.43%被调查者认为自己家目前的经济状况为"有些困难"或"十分贫困"，获得低保和救济金的残疾人比例与之相比仍有相当大的差距。特别是在认为自己家十分贫困的1015个被调查者中，仅有438人享受低保待遇，占51.82%；244人领取过救济金，占27.19%。低保和救济金都是以贫困程度作为衡量标准的制度，不是专门针对残疾人的制度，与残疾人的切身感受之间存在较大差距，没能完全有效地解决残疾人的生活困难。

最低生活保障制度作为社会救助的基础，为贫困的残疾人提供普遍意义上的生活救助并成为残疾人社会救助的最基本措施。2007年，我国农村最低生活保障制度在全国实行。我国要求将收入难以维持最基本生活的农村贫困残疾人以及残疾人中的"三无"对象全部纳入农村最低生活保障制度，也就是说，凡符合条件的残疾人和其他健全人一样都可以获得最低生活保障待遇。但农村最低生活保障制度是地方政府为家庭人均纯收入低于当地最低生活保障标准的农村贫困群众，按最低生活保障标准，提供维持其基本生活的物质帮助。其衡量标准是收入，而不是是否残疾、残疾类别或残疾等级，这就造成了调查中有793名残疾人认为自己家十分贫困，而其中仅有438人享受低保待遇，残疾人的实际需求无法得到满足。扶贫是通过提高残疾人劳动能力和生产效率来促进残疾人生活达到温饱标准的措施，属于生活救助的配套政策。在扶贫方面，调查结果显示残疾人获取救济金的比例（27.02%）比享受最低生活保障的比例（43.28%）还要低。目前，国家仅规定针对残疾军人（1至二级）发放救济金，对于普通残疾人还没有明确说法。这说明扶贫政策的标准也是"贫困程度"，与是否残疾没有必然联系，残疾人在扶贫工作中并没有享受特惠待遇。我国未建立起诸如残疾人年金制度等专门的制度。对残疾人的救济虽然已经在最低生活保障制度的框架下开展，但是该制度以收入为衡量标准，对残

疾人的收入保障和各种补贴并未加以制度化使其固定下来，以达到补偿残疾人由于身体功能障碍导致的收入上损失的目的，因此，在保障残疾人的收入的时候，制度呈现出保障水平低、保障分类单一、覆盖面窄的特点。残疾人相对健全人来说具有特殊的需求，比如残疾人用品、康复器械的购买等，使得残疾人的经济生活比一般人窘迫，他们在医疗、照顾等方面的经济支出也高于健全人。另外，残疾种类及等级的不同也决定了残疾人具有不同的需求，因此对残疾人的经济安全保障措施需要采取多元化的策略，如津贴应该细分为"疾病津贴"、"康复津贴"、"职业津贴"等，但是目前我国并没有针对残疾人的制度性补助。农村残疾人在社会资源的获取、社会活动的参与，以及促进自身发展方面都比健全人更加困难，生活问题尤为突出，应当得到更多的社会救助。可是，当前农村社会救助制度中并没有将残疾人加以区别对待，给予优先照顾，而是将残疾人与健全人一样对待，按照统一的贫困标准给予救助，这在一定程度上忽视了残疾人本身的特殊情况，造成了残疾人经济上的选择性救助，难以满足其实际需求。

四 解决东北农村地区残疾人社会保障问题的对策建议

通过前文的分析，解决东北农村残疾人社会保障问题应在坚持继续完善以社会救助、社会保险、社会福利为主要内容的一般性社会保障体系的基础上，大力拓展残疾人津贴、康复、教育、就业、无障碍等特殊性服务方式，并充分发挥一般性制度和特殊性制度有机融合的叠加功效，共同推进"两个体系"建设。使残疾人既能得到一般人群的普遍保障，又能在此基础上享受专属于残疾人的特殊保障。

（一）完善一般性制度建设

残疾人与健康人一样都需要有养老保险、医疗保障、社会救助等制度安排，这些社会保障项目无疑应当保持与其他群体的相通性，也应当通过一般性社会保障制度的途径来获得满足。首先要完善以残疾人社会保障制度为核心的一般性保障制度建设，不断拓展和增加社会救助、社会保险和会福利的内容，优化社会救助、社会保险和社会福利的层次，并根据经济社会的发展水平提高保障水平，从制度层面保证残疾人群与健全人群同样依法享有基本社会保障。

在社会救助方面,从最低生活保障、医疗救助和教育救助三个层次展开。针对残疾人的特殊情况采取"分类施保"的方法,对最低生活保障制度进行突破:一是针对特殊残疾群体直接将其最低生活保障标准提高一定的比例;二是针对不同残疾群体设置不同系数,最低生活保障标准按系数进行折算;三是在对特殊残疾群体进行家计调查时,核减一定数额或一定项目的收入,从而提高其补差标准;四是突破以家庭为单位的收入计算方法,给残疾人以单独保障。医疗救助对残疾人来说,具有更加特殊的意义。一方面,残疾人的健康状况普遍较差,两周患病率、慢性病患病率等指标明显高于一般人群,医疗费用支出普遍高于普通人群;另一方面,残疾家庭无论是贫困发生率还是贫困深度普遍高于正常家庭。开展残疾人医疗救助,有利于缓解残疾人及其家庭的贫困程度,维护社会稳定。为农村残疾人提高医疗救助的方式主要有:一是参保资助,即对困难残疾人参加城镇居民医疗保险和农村居民合作医疗保险,个人应缴费用实行减免;二是住院补助,即残疾人住院发生费用后,政府给予适当补助;三是精神病免费服药和治疗,即对贫困精神病患者免费服药、免费治疗。对于义务教育阶段家庭困难的残疾学生,采取"两免一补"政策,或通过设立助学金、建立助学基金等形式给予资助;对于高中教育阶段家庭困难的残疾学生,学校采取"缓、减、免"交学费的方式,条件允许的地方政府还应拨专款设立助学金资助残疾学生。高等教育阶段社会救助体系由国家助学金、国家励志奖学金、国家奖学金、国家助学贷款、师范生免费教育、勤工助学、特殊困难补助、学费减免和"绿色通道"等组成。

在社会保险方面,就残疾人而言,特别是将无业重度残疾人纳入养老保险范围,是残疾人养老保险的重中之重。考虑到残疾人生理上的特殊情况,残疾人的生命周期短于健全人,因此在缴费年限与享受年龄上应给予充分照顾,在领取养老金的年龄上应探索并推行将男性残疾人提前到45岁、女性残疾人提前到40岁。医疗保险的受保对象为参保人,参保人的主体是正常人群,所以医疗保险待遇也以正常人群的医疗消费为基础进行测算,无论是报销比例还是报销范围,都有严格的限制。但是,残疾人因身体或心理原因,医疗消费模式与正常人群有很大区别,消费水平也远高于正常人群。应残疾人的特殊情况制定优惠政策。

在社会福利方面,全民福利是指社会成员在社会福利资源分配的过程之中，不论贫富，皆有资格享受的物质和福利服务。通常由社会津贴、福利性服务和职业福利等内容组成。残疾人理应享受全民福利，有条件的地区还应根据经济社会发挥情况积极探索提高残疾人享受标准的实施办法。特殊福利主要指针对抚恤对象的保障项目、针对残疾人的社会优待、针对老年残疾人的老年福利和针对妇女儿童的妇儿福利。其中尤以残疾人社会优待最为广泛。除此之外，各级政府还应出台优惠措施，加大残疾人在交通、邮递、就医、游园、创业等领域的优待力度。

（二）拓展特殊性制度建设内容

首先是残疾人津贴。在福利国家英国，残疾人可以享受以照顾津贴和行走津贴为主要内容的残疾人生活津贴、以看护津贴和照护津贴为主要内容的残疾人护理津贴、以促进残疾人自强自立为主要目的的残疾人就业和支持津贴和失能受益津贴。文盲应根据实际情况，借鉴英国的做法，逐步建立残疾人社会津贴制度。

其次是康复保障。康复是残疾人回归社会的有力武器。近年来，政府和民间双管齐下，为残疾人康复做了大量工作，使众多残疾人得到了程度不同的康复。辅助器具、治疗药品等物品的无偿提供，复明手术、"微笑列车"等项目的实施，都取得了良好效果。今后要进一步开发和落实政府康复救助项目、民间康复慈善项目，实现人人享有康复服务，使残疾人得到最大限度的康复。

再次是特殊教育保障。建立和健全残疾人教育保障制度，保障残疾人尤其是残疾儿童的教育权，不仅可以为残疾人掌握科学技术，为社会工作奠定基础，而且可以提高残疾人自身的素质，使他们从知识中得到充实、提高，使他们从知识中了解社会、人生，从而增强生活的信心和勇气。文盲应不断加强各类特教设施和机构建设，加大特教投入，为切实保障残疾人的特教权利搭建了良好的平台。

最后是就业保障。残疾人就业是解决残疾人问题最为有效的举措，其"安置一人，稳定一家，影响一片"的社会意义不言而喻。进一步制定、完善有关法规和扶持政策，广泛开展职业培训和就业服务，全面实施按比例安排残疾人就业，大力扶持个体就业和自愿组织起来就业，稳定、搞活集中就业，使残疾人劳动就业工作提高到一个新水平。

残疾人家庭扶助与社会保障的功能比较

吉林大学哲学社会学院社会保障系 王 一

残疾人是有特殊困难的社会弱势群体,由于身体残缺或功能障碍的影响,在家庭扶助和社会保障等各种扶助措施的帮助下才能平等地参与社会生活。为家庭成员提供生活保障是中国传统家庭的重要功能,形成了包括养老、医疗、生育、救济、福利在内的范围宽泛、功能强大的全方位保障机制。社会保障制度通过再分配的方式将个人所承担的社会风险从家庭中分离出来,成为正式的保障制度,在功能上形成了对家庭扶助的替代作用。目前,传统中国家庭所承担的许多职能都已经为社会保障所替代,但对儿童的哺育、对老年人的赡养以及大部分生活服务的提供还是主要来源于家庭,家庭扶助仍然发挥着重要的保障作用。在社会保障制度日益健全和完善、传统家庭结构变迁的背景下,当前残疾人所获得的生活保障中家庭扶助和社会保障究竟扮演着怎样的角色,社会保障在遵循怎样的逻辑不断替代家庭扶助的功能,在未来的发展中社会保障和家庭扶助应该如何发挥保障残疾人生活的功能,都是值得深入思考和探讨的问题。

一 残疾人家庭扶助与社会保障的功能比较

针对家庭和社会保障的关系,研究者形成了不同的观点。高灵芝和杨洪斌[1]认为,从比较宽泛的现代社会保障意义上理解,家庭保障是社会保障链条上的一个节点。从对社会成员保障方式历史演变轨迹的视角理解,家庭保障和社会保障是两个主体不同的、区别鲜明的保障方式,前者是以

---

[1] 高灵芝、杨洪斌:《农村社会保障的格局与体系》,《山东社会科学》2007年第12期。

非正式的社会网络为主的非制度化的保障，后者则是以国家为主的制度化的保障。陆学艺[①]认为，从制度角度上来看，两者有着本质区别。家庭制度是人类社会形成最早的制度形式，除了与社会保障重合的功能部分外，还有生育甚至生产等极重要的功能。社会保障的基本特点是国家参与的再分配，这与家庭制度的特点是不相容的，不能将二者混为一谈，所谓家庭保障的提法根据不足。王文素[②]认为，社会保障应该包括国家保障。社会保障应该是和以血缘关系为纽带的"家庭保障"相对称的概念；"国家保障"应该是和"民间保障"（包括各种宗教、慈善事业及小范围的集团内部保障）相对称的概念。因此，说到"社会保障"这个概念，能够排除在外的"保障"只有"家庭保障"。综上所述，可以说，家庭与社会保障从制度角度看有着本质区别，但从功能意义上看有着许多共同之处，这就是为老年、儿童、妇女、残疾人、病人等需要帮助的人们提供生活保障。对两者关系的讨论正是基于功能上的共同点展开的。

（一）残疾人家庭扶助的内涵与功能

家庭扶助是指由家庭内部为家庭成员提供的包括经济保障、服务保障和精神慰藉等在内的生活保障。家庭成员生老病死的风险由家庭承担，费用的积累增值、代际转移等过程全部发生在家庭内部，形成了家庭成员之间的长期互惠的内生机制。

家庭扶助有着明确的法律依据，1954年《中华人民共和国宪法》第四十九条明确规定了子女有赡养老年父母的义务，1981年的《婚姻法》第十五条进一步对此加以强调。1996年10月1日开始实施的《中华人民共和国老年人权益保护法》对老年人被赡养的权利做出了明确的规定，子女对老年人的赡养具有不可推卸的责任。

改革开放以来，随着市场经济的发展和新的人口政策的出台，中国城乡家庭出现了核心化趋势，表现出核心家庭和主干家庭并行的格局。值得关注的是，中国家庭的核心化在形成特点上与西方有所不同。西方的核心家庭是已婚子女与父母家庭脱钩的结果，中国的核心家庭一般是已婚的兄弟姐妹分别立户的产物。父母或者在已婚子女中选择一个与之同居，或者老夫妻单独居住。无论采取哪种形式，子女家庭通常都与父母家庭保持着

---

① 陆学艺：《家庭与社会保障制度的功能互补》，社会科学文献出版社2000年版。
② 王文素：《社会保障体系源头考证》，《财政研究》2005年第9期。

密切联系，继续发挥着家庭"养老抚幼"的功能。残疾人作为有特殊困难的群体，家庭保障发挥着更为重要的扶助作用。

(二) 残疾人社会保障的内涵与功能

社会保障是各种具有经济福利性的、社会化的国民生活保障体系的统称。① 工业革命将个人风险转化为社会风险，养老、失业等社会问题日益突出，催生了现代社会保障制度的广泛建立。个人的生存风险可借由政府建立的社会保障制度在更多的社会成员范围内得以分散，在这样的意义上，社会保障显然具有比家庭保障更为强大的保障能力。同时，社会保障无论从其产生的历史和现实的运作来看，其本质上是一种市场之外的政府强制再分配行为。残疾人作为典型的弱势群体，需要国家通过特别扶助以保障他们的基本生活权益。《中华人民共和国残疾人保障法》第四条明确规定，国家采取辅助方法和扶持措施，对残疾人给予特别扶助，减轻或者消除残疾影响和外界障碍，保障残疾人权利的实现。我国目前建立的社会救济、社会保险等制度能够为残疾人提供收入和康复医疗等方面的保障，在提供收入保障、减轻绝对贫困、解决健康问题等方面的作用被广泛认同，社会已经或正在承担由家庭转化出来的功能。与此同时也应该注意到，残疾人社会保障不仅缺乏专门性，对残疾人的特殊扶助力度不够，难以满足残疾人的实际需求，还要接受统筹层次低、人口老龄化、城市化等多重考验。

从功能分析中可以看出，残疾人社会保障已经承担了一部分从家庭中转移出来的生活保障功能，但家庭仍然承担着重要的扶助功能，两者通过家庭赡养或社会再分配的方式共同成为提供生活保障的来源，而两者所承担的具体角色需要通过实证分析进一步探讨。

二 实证分析

本文在黑龙江、吉林、辽宁三省农村地区4360份有效问卷及部分个案访谈的基础上，对东北地区残疾人社会保障的基本状况进行初步分析。通过对养老、医疗、个人护理等方面的调查全面反映社会保障和家庭扶助

---

① 郑功成:《社会保障学》，商务印书馆2000年版。

在农村残疾人生活中扮演的角色，本文将从资金支持和服务护理两个层面具体分析。

（一）资金支持来源情况分析

当被问及过去一年中，个人收入来源主要是务农收入的占37.91%，工资收入占3.53%，家庭供给占19.95%，政府补助占26.47%，社会救助占6.81%，邻里帮助占0.50%，亲戚赠与占4.24%，其他占4.66%。其中与社会保障制度相关的比例超过30%。在医疗保障方面，有80.34%的被调查者参加了新农合，有25.14%的被调查者接受过医疗救助，有15.44%的被调查者参加了大病医疗保险，农村残疾人参加新农合的比例较高，而参加医疗救助和大病医疗保险的比例较低。新农合是针对群体农村居民的，医疗救助和大病医疗保险是针对包括残疾人在内的特殊困难群体的，这就在一定程度上反映出当前社会保障制度中更重视普惠性政策的推广，而相对忽视特惠性政策的落实，不利于残疾人获得公平共享的待遇。在养老保障方面，由于东北三省正在逐步推进新型农村养老保险试点工作，调查中抽取的农村有的已经进行试点，有的尚未进行试点，所以不便做整体的数据分析。根据实地考察了解，已经进行试点的地区，新农保的参保率普遍较高，一般可达到80%以上。在商业养老保险方面，被调查者中仅有103人参加了商业性的人寿养老保险，所占比例很低。在新农保尚未全面铺开且保障水平较低，商业养老保险的参保率也很低的情况下，我们可以看出，农村残疾人的养老问题基本还是依靠家庭养老的传统模式，随着空巢化和家庭核心化的趋势，残疾人的养老问题面临着很大的风险。在社会救助方面，有43.28%的被调查者表示在过去的12个月里领取过最低生活保障金，27.02%的被调查者表示在过去的12个月里领取过救济金。值得关注的是，72.43%被调查者认为自己家目前的经济状况为"有些困难"或"十分贫困"，获得低保和救济金的残疾人比例与之相比仍有相当大的差距。特别是在认为自己家十分贫困的1015个被调查者中，仅有438人享受低保待遇，占51.82%；244人领取过救济金，占27.19%。低保和救济金都是以贫困程度作为衡量标准的制度，不是专门针对残疾人的制度，与残疾人的切身感受之间存在较大差距，没能完全有效地解决残疾人的生活困难。

从调查结果中可以看出，社会保障特别是医疗保障的覆盖面已经显著提高，成为重要的资金支持来源。但社会救助覆盖面仍较低，个人收入来源中仍以务农收入和家庭供给为主，这说明家庭在资金支持方面仍然承担着重要角色。

（二）服务护理来源情况分析

在4360名受访者中，28.12%表示吃饭有点困难或做不了；32.98%表示穿衣有点困难或做不了；40.76%表示上厕所有点困难或做不了；63.62%表示做饭有点困难或做不了；52.09%表示管理个人财物有点困难或做不了；55.56%表示洗澡有点困难或做不了；59.70%表示室外活动有点困难或做不了；67.84%表示去医院看病有点困难或做不了。残疾人基本生活的方方面面都需要他人的服务护理帮助。

在过去一年里中，接受过在家护理服务的有1712人，所占比例不足40%。其中接受上门医疗服务的有835人，占总数的19.15%；接受专业家政服务的有97人，占总数的2.22%；接受送餐服务的有58人，占总数的1.33%。仅有395人接受过康复服务，所占比例为17.92%。接受治疗与康复训练的有304人，占总数的6.97%；接受辅助器具配置的有91人，占总数的2.09%；接受心理疏导的有105人，占接受康复服务总数的2.41%；接受康复知识普及的有139人，占接受康复服务总数的3.19%；接受日间照料的有31人，占接受康复服务总数的0.71%；接受托养的仅有7人；接受跟踪回访服务的仅有11人；还有194名受访者接受其他类型的康复服务。

调查结果显示，在残疾人基本生活需要他人照料的前提下，获得正式制度的帮助十分有限，家庭在护理服务中占据绝对主导地位。

三 问题与分析

通过以上分析可以看出，在资金支持方面，残疾人社会保障对家庭扶助形成了一定的替代效应，但并不完全；在服务护理方面，家庭扶助仍发挥主导作用。家庭扶助功能的强大缓解了社会保障制度建构的压力，但由于残疾人客观存在身体或功能障碍，在选择配偶组建家庭上存在很大困难，家庭扶助功能的发挥存在局限性，同时人口的快速老龄化、社会的急剧转型以及家庭结构的变迁，使家庭对残疾人的扶助功能遭遇了前所未有的挑战而呈现出加速弱化的趋向。

（一）婚姻障碍弱化残疾人家庭扶助的保障功能

在中国的传统家庭中，配偶仍然是许多家庭成员选择照料与看护的主要依赖者，残疾人作为社会的弱势群体，其婚姻状况对家庭生活、经济供养和生活照料等方面有着更为重要的作用。但他们由于客观存在身体或功能障碍，在选择配偶上存在更大困难。残疾人的婚姻一般基于爱情结合、亲友撮合、互为补和、随机耦合和独身观念五种理念。爱情结合的婚姻观为大多数轻度残疾者或后天成人后致残者所持，他们无论在素质上、事业上均可与健全人匹配；亲友撮合是一种依赖型的婚姻观，持这类婚姻观的残疾人一般家境较为优越，父母、亲友因其残疾，而对其各方面都特别厚爱；互为补和则是一种功利型的婚姻观，持这种婚姻观的残疾人希望配偶在生活上具有功能互补型；随机耦合与独身观念都属自卑型的婚姻观，由于自身带残而自觉处于婚姻的被动地位。调查结果显示，残疾人的婚姻普遍存在结婚年龄晚、在婚率低、婚龄差较大、子女素质不高、残疾人与健康人联姻的离婚率较高等问题。残疾人的婚姻问题直接影响了其家庭角色和社会角色的延续与扩充，也限制了家庭扶助功能的发挥。同时，在人口老龄化和家庭结构变迁的背景下，家庭扶助功能的弱化不可避免，当残疾人失去监护人时，其生存状态令人担忧。

（二）残疾人自然整合逻辑对社会保障的反作用

我国残疾人社会保障的"普惠制度下有限特惠"的现实逻辑与我国长期以来以自然整合为主的传统方式密切相关。社会整合是指社会通过各种方式将社会结构的不同因素、部分结合成一个有机整体，从而提高社会一体化程度的过程。几千年来，我国残疾人始终不能成功地被一体化，究其原因，主要是针对残疾人的社会整合中，自然整合一直占主导地位，而强制整合则十分缺乏，尤其是在目前自然整合力量还面临着被削弱的状况下。

自然整合是建立在地缘和血缘关系基础上的，在我国城乡分治的过程中，城市里社会福利制度相对完善，残疾人能获得国家的制度支持和社会补偿，并努力达到与健全人的一体化，而在农村，残疾人主要靠家庭和宗族提供支持，对他们的整合尤其体现出自然整合的特点。目前我国对残疾人的整合主要还是依靠自然整合，笔者在调查中发现，大部分残疾人在自己生活的社区内很少遇到明显的歧视，然而出了生活的圈子以及社区范围，就遇到了歧视。地缘和血缘关系使得人们比较了解自己身边的残疾人，因此他们多数不会歧视身边的残疾亲人、朋友或者同社区的成员，甚至还要给予残疾人以帮助。脱离了作为生活共同体的社区，残疾人群体的分化才表现得比较明显。强制整合是由占优势地位的一方，通过建立规则控制其他的参与者而形成新的交换模式的过程。要减弱残疾人的分化程度，使得残疾人更好地被整合，首先需要扩大地域范围，整合的范围不应仅仅限定于以血缘和地缘关系为基础的生活社区；其次是改变整合的方式，如采用功能性整合的方式，强调在职业的分工与合作中实现良好的整合。然而靠什么力量才能强有力地将包括更多生活社区的空间一起纳入整合的范围之内呢？笔者认为，在我国只有政府这个拥有强大资源和强大发动力、占绝对优势的一方通过强制整合的方式才能有效地进行整合。以政府为主导来整合，是由我国在文化和社会结构上的特点决定的。通过动用政府的权威力量来进行整合，残疾人群体与社会其他社会成员之间的交换模式将会改变，比如如果政府通过了保护残疾人的《反歧视法》，社会成员则必须强制性地遵守新的行为规则，重新审视对残疾人所采取行为规范，新的关于接纳残疾人平等参与社会、尊重残疾人的态度一旦形成，社会分化的程度将降低，社会整合的程度将上升。

　　残疾人社会保障制度的建立实际就是社会整合的一种手段，在我国漫长的残疾人历史中，残疾人社会福利制度的建立只是近代的事，只有在残疾人社会福利制度建立以后，整合的方式才变为自然整合和强制整合相结合的方式，国家运用强制性的手段重新分配国民收入，以制度的形式将为残疾人提供福利服务固定下来，给予残疾人社会补偿，降低残疾人群体的社会分化程度，极大地提高了残疾人社会整合的水平。强制整合比自然整合的力度更大，涉及范围更广，它的目的性更强。虽然目前我国已经初步建立起了残疾人社会福利制度，但是随着经济的发展和社会的变迁，社会分化问题日益严峻，自然整合的力量正在逐渐削弱，强制整合却又没有跟上。比如在农村，大量青壮年劳动力流向城市，农村面临凋敝的危险，许多在计划经济时代确定的"五保"户目前并未被"应保尽保"，农村由血缘和地缘关系而生发的天然的集体意识出现断裂，残疾人由于贫病交加流向了社会底层。虽然国家为扶助残疾人陆续制定了一些法律法规以保障残疾人的生活，但对残疾人的强制整合力度仍然是不够的，主要体现在作为规则的制度不完善、制定得不够明确上。若对残疾人的自然整合力量被削弱而强制整合力量无法被增强，残疾人群体将成为社会底层的"代名词",社会分化将十分明显。以自然整合为主导的整合,整合过程中体现的主要是社会成员的自发性,在由经济发展带来社会变迁的新形势下,由于强制整合的缺乏,使得社会整合程度降低,社会成员间的有机团结不足,国家强制介入整合以及对介入行为进行制度化的程度也比较低;介入程度低、制度化程度比较低乃至制度缺乏,又影响着政策颁布的规范性和稳定性。

四 结 论

家庭扶助的功能在面临多种挑战的情况下已经呈现出加速弱化的趋向,如果社会保障的健全过程不能够与家庭功能的削弱过程有效衔接,将导致残疾人群体处于缺少保障的状态,对经济社会的长治久安构成潜在威胁。因此,需要在重视家庭保障功能的同时加快社会保障体系的建设,使其更好地发挥在资金支持和服务护理方面的作用。

(一)重视残疾人家庭扶助的作用

家庭赡养的实质是生命周期权利与义务的实现,家庭纽带的作用还得到了道德力量的强化,这种道德观念不仅是一种自上而下的倡导,而且是人们在日常生活中长时间形成的。中国有处理家庭关系的传统道德,特别是形成了以孝为基础的敬老伦理。而且中国的伦理观念比较强调家庭整体的利益与价值,强调家庭成员之间的互助,这对于家庭的稳定性以及家庭在完成赡养功能方面的作用是巨大的。

近代以来,中国传统家庭的超稳定结构在经受现代工业文明的冲击后,虽然结构和功能发生了一些变化,也还会继续发生变化,但从前文的统计分析中可以看出,这些变化并没有动摇中国传统家庭结构的根基,中国多数家庭依然维持了残疾人生活保障的主要功能。家庭是我国社会最有价值的资产之一,重建和巩固家庭扶助的作用,在我国有着得天独厚的条件。在我国社会保障体系中,家庭保障应该处于基础层次,并在此基础上来制定和实施社会保障政策。我国政府应该在加快建立健全基本社会保障的基础上,充分发挥家庭扶助的作用,同时可以探索开展适度水平的残疾人家庭社会保障,通过发放各项津贴和提供社会服务的形式对残疾人家庭进行物质或经济帮助,以解决诸如生育、贫困、残疾、青少年教育等残疾人问题，使政府的家庭政策得以顺利实施，最终达到家庭安居乐业、社会稳定发展的目标。

（二）加快提高残疾人社会保障服务护理的能力

在家庭扶助功能面临弱化风险的背景下，就需要尽快提高残疾人社会保障医疗服务护理的功能。将残疾人特别是老年残疾人纳入大病医疗保险中，定期对需要帮助的老年残疾人发放大病救助金，并继续发展农村新型合作医疗制度，对无法支付参保费用的农村老年残疾人，国家给予补贴，缓解他们治疗普通疾病和大病的医疗负担。德国的《残疾人社会法》提供的待遇主要有残疾年金、康复、护理保险和损害补偿四种。残疾年金以不同的致残原因为依据分为法定事故保险年金、劳动能力降低年金、残疾人养老年金、社会赔偿年金四种，我国也应该对其有所借鉴，比如定期核查残疾人的康复状况，对已经康复的轻度残疾人可以停发残疾人津贴。在医疗上，除了医疗保险，政府还需要整合各方面资源为残疾人提供医疗服务，很多致残的病症在其轻度时给予治疗是可以避免残疾出现的。如老年残疾人中以单纯听力语言残疾的人数最多，以后依次为视力残疾、综合残疾、肢体残疾、精神病残疾和智力残疾，这些作为残疾根源的病症都是可以在初期治疗后避免残疾出现的。同时，对残疾的预防也非常重要，如果具备良好的医疗条件和看护条件，很多残疾现象是可以避免或者延后的。预防的思想是一种比救助更为积极的思想，它强调对自己负责，发展自己的能力，积极提高自己抵御风险的意识。比如荷兰"1995—1998年老年人口统一行动纲领"就是根据"人的能力"制定的，其主要目的是鼓励老人参与社会生活，促进社会稳定。荷兰政府积极促进科技成果尽快转化成为残疾人服务的项目，比如为消除残疾人乘坐各种交通工具时的障碍，中央政府为各交通运输公司提供可为他们利用的资源或提供经费改装公共汽车、电车，使这些交通工具方便残疾人上下，通过促进科技进步帮助残疾人独立生活自给自足，或者在考虑对住房及居住环境的改善基础上，开展对残疾人的家庭服务。我国一方面应该借鉴荷兰的做法，由国家设立专项基金推动去除残疾人生活障碍的科技发展；另一方面也应积极宣传预防致残慢性病的知识，培养自我防范的意识。应在全国范围内普及康复指导站，聘请正规医院的医师到站内进行指导，并定期组织医疗咨询和义务诊断活动，推广常见致残疾病的预防知识。对医疗知识的宣传，还可以动用非政府、非营利组织的力量。另外，有的地区政府及残联联合大型医院将残疾人组织起来，免费或者低费用地对他们实施矫正手术，帮助他们恢复功能，这个措施是值得推广的。在康复上，建议推广城市中的社区康复指导站至农村，添置基本的康复器械。根据笔者调查的结果，大部分由于脑血管疾病导致轻度残疾的残疾人在疾病被控制住的一年以内，是可以通过持续的康复训练来获得部分乃至全部功能的恢复的。由于康复站内的器械比较简单，只适合于轻度残疾人，因此对于残疾程度重、残疾时间较长的残疾人还是应该通过医疗服务来获得康复。

总之，要重视家庭扶助的作用，提高社会保障在资金支持和服务护理方面的能力，实现社会保障健全过程与家庭功能削弱过程的有效衔接和平稳过渡，维护残疾人生存和发展的权益。

参考文献

[1] 高灵芝、杨洪斌：《农村社会保障的格局与体系》，《山东社会科学》2007年第12期。

[2] 陆学艺：《家庭与社会保障制度的功能互补》，社会科学文献出版社2000年版。

[3] 王文素：《社会保障体系源头考证》，《财政研究》2005年第9期。

[4] 郑功成：《社会保障学》，商务印书馆2000年版。

[5] 刘翠霄：《各国残疾人权益保障比较研究》，中国社会科学出版社1994年版。

[6] 卢连才：《残疾人社会保障研究》，华夏出版社1997年版。

以残疾人为专门对象的社会保障体系构想

——从普惠制度下的有限特惠向专门保障的转向

吉林大学哲学社会学院社会保障系　王　一

残疾人是有特殊困难的社会弱势群体。由于其身体残缺及功能障碍的影响，他们在社会生产与日常生活中往往较健康人处于不利的地位，需要特殊的制度安排才能实现"平等、参与、共享"。因此，残疾人较健康人更加需要康复、救助等方面的保障制度，为残疾人提供全面的社会保障也成为体现社会公平正义，衡量文明进步的重要标志。东北地区是我国重要的商品粮基地、林业生产基地和畜牧业生产基地，自然资源丰富，但农业产业化的发展比较缓慢，乡镇企业发展较为薄弱，近年来随着城市化的迅速扩张，东北农村的青壮年人口大都流动到城市，农村的常住人口以老弱病残者居多，在此背景下研究东北农村残疾人的社会保障与社会服务问题，显然更具典型意义。本文在黑龙江、吉林、辽宁三省2203份有效问卷及部分个案访谈的基础上，对东北地区残疾人社会保障的基本状况进行了初步的分析。

一　问卷分析

此次调查中的社会保障部分主要从社会保障参保现状和社会保障现实需求两个层面上展开，描述了东北农村残疾人在医疗、养老、社会救助等社会保障的总体状况。

（一）新农合参保率较高，多层次医疗保障进展缓慢

调查结果显示，去除未填写该问题的问卷，有90.83%的被调查者参

加了新农合，5.48%的被调查者没有参加新农合，3.69%的被调查者不知道新农合。

未参加新农合的被调查者中，有48.81%的被调查者认为缴费过高个人承担不起，23.81%的被调查者认为给付待遇低没有必要参加，8.33%的被调查者不知道参加怎么办手续，19.05%的被调查者表示由于"觉得没用"、"错过缴费"、"没条件治病"、"外省回不来"、"不看病"等其他原因没有参保（见图1）。这说明，尽管新农合的参保率较高，但在待遇水平以及政策的具体落实等方面仍有待改进。

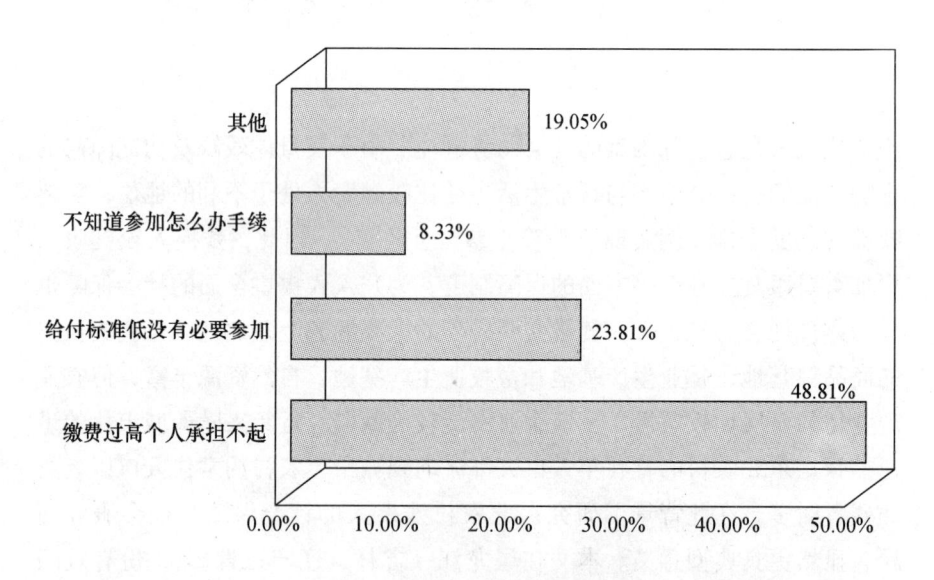

图1 没有参加新农合的原因

在医疗救助方面，去除未填写和填写不合格问卷，有26.42%的被调查者接受过医疗救助，73.58%的被调查者没有接受过医疗救助，农村残疾人接受医疗救助的比例偏低。

在大病医疗保险方面，去除未填写该问题的问卷，有18.75%的被调查者参加了大病医疗保险，81.25%的被调查者没有参加大病医疗保险，这项保险制度还有待进一步推广。

总体上看，农村残疾人参加新农合的比例较高，而参加医疗救助和大病医疗保险的比例较低。新农合是针对群体农村居民的，医疗救助和大病医疗保险是针对包括残疾人在内的特殊困难群体的，这就在一定程度上反映出当前社会保障制度中更重视普惠性政策的推广而相对忽视特惠性政策的落实，不利于残疾人获得公平共享的待遇。

（二）新型农村养老保险制度正在推广当中，商业养老保险参保率很低

在养老保险方面，由于东北三省正在逐步推进新型农村养老保险试点工作，调查中抽取的农村有的已经进行试点，有的尚未进行试点，所以不便做整体的数据分析。根据实地考察了解，已经进行试点的地区，新农保的参保率普遍较高，一般可达到80%以上。

在商业养老保险方面，被调查者中仅有45人参加了商业性的人寿养老保险，所占比例很低。

在新农保尚未全面铺开且保障水平较低，商业养老保险的参保率也很低的情况下，我们可以看出，农村残疾人的养老问题基本还是依靠家庭养老的传统模式，随着空巢化和家庭核心化的趋势，残疾人的养老问题面临着很大的风险。

（三）领取最低生活保障和救济金的比例不高，且与残疾人实际困难之间存在差距

在最低生活保障方面，去除未填写该问题的问卷，有48.80%的被调查者表示在过去的12个月里领取过最低生活保障金，有43.20%的被调查者表示没有领取过，8.00%的被调查者不知道。

在救济金方面，去除未填写该问题的问卷，31.34%的被调查者表示在过去的12个月里领取过救济金，68.66%的被调查者表示在过去的12个月里没有领取过。

值得关注的是，85.91%被调查者认为自己家目前的经济状况为"有些困难"或"十分贫困"，获得低保和救济金的残疾人比例与之相比仍有相当大的差距。特别是在认为自己家十分贫困的519个被调查者中，仅有261人享受低保待遇，占50.29%；152人领取过救济金，占29.29%。低保和救济金都是以贫困程度作为衡量标准的制度，不是专门针对残疾人的制度，与残疾人的切身感受之间存在较大差距，没能完全有效地解决残疾人的生活困难。

（四）经济援助和医疗救助是残疾人最需要得到的救助类型

当被问及您或您的家庭最需要哪些救助时，80.36%的被调查者表示最需要经济资助，46.98%的被调查者表示最需要医疗救助，12.74%的被调查者表示最需要康复救助，7.56%的被调查者表示最需要教育救助，

1.62%的被调查者表示需要法律救助，另外还有1.62%的被调查者不需要救助。

调查结果表明，经济援助和医疗救助是当前农村残疾人最需要得到的救助，这也说明生活困难和"看病贵、看病难"是困扰农村残疾人的首要问题。

二 中国农村残疾人社会保障的现实逻辑：普惠制度下的有限特惠

通过前文的问卷分析，我们可以看出目前中国仅仅是在全民社会保障制度规定中给予残疾人一定的优惠政策，不是真正意义上的残疾人社会保障制度，也难以满足残疾人的切身需要。残疾人要生存必须具有基本的收入以及健康的身体，对于困难的残疾人群体来说，国家提供的社会救济与基本保障必不可少，这能使他们的生活保持在温饱水平，而提供必要的医疗和康复服务也是他们能够得以生存的前提。残疾人生存中的障碍主要分为残疾人在获得收入保障、获得医疗与康复中的障碍。我国残疾人在维持生存时，社会环境中仍然存在很多的障碍，然而，目前我国救助模式下的残疾人社会福利制度不能很好地保障残疾人的生存权、消除残疾人生存的障碍。

（一）经济上的选择性救助

农村残疾人在经济上可获得的社会保障权益包括：参加新型农村社会养老保险获取养老金；享受最低生活保障待遇；享受救济金等扶贫待遇。新农保正在试点当中，其政策效果有待进一步检验，本文暂不对其进行评析。最低生活保障制度和扶贫计划都属于以"是否贫困"作为衡量标准的制度安排，属于普惠性制度而非针对残疾人的特惠性制度。

最低生活保障制度作为社会救助的基础，为贫困的残疾人提供普遍意义上的生活救助并成为残疾人社会救助的最基本措施。2007年，我国农村最低生活保障制度在全国实行。我国要求将收入难以维持最基本生活的农村贫困残疾人以及残疾人中的"三无"对象全部纳入农村最低生活保障制度，也就是说凡符合条件的残疾人和其他健全人一样都可以获得最低生活保障待遇。但农村最低生活保障制度是地方政府为家庭人均纯收入低于当地最低生活保障标准的农村贫困群众，按最低生活保障标准，提供维持其基本生活的物质帮助。其衡量标准是收入，而不是是否残疾、残疾类别或残疾等级，这就造成了调查中有519名残疾人认为自己家十分贫困，而其中仅有261人享受低保待遇，残疾人的实际需求无法得到满足。扶贫是通过提高残疾人劳动能力和生产效率来促进残疾人生活达到温饱标准的措施，属于生活救助的配套政策。在扶贫方面，调查结果显示残疾人获取救济金的比例（31.34%）比享受最低生活保障的比例（48.80%）还要低。目前，国家仅规定针对残疾军人（1—2级）发放救济金，对于普通残疾人还没有明确说法。这说明扶贫政策的标准也是"贫困程度"，与是否残疾没有必然联系，残疾人在扶贫工作中并没有享受特惠待遇。

我国未建立起诸如残疾人年金制度等专门的制度。对残疾人的救济虽然已经在最低生活保障制度的框架下开展，但是该制度以收入为衡量标准，对残疾人的收入保障和各种补贴并未加以制度化使其固定下来，以达到补偿残疾人由于身体功能障碍导致的收入上损失的目的，因此在保障残疾人的收入的时候，制度呈现出保障水平低、保障分类单一、覆盖面窄的特点。残疾人相对健全人来说具有特殊的需求，比如残疾人用品、康复器械的购买等，使得残疾人的经济生活比一般人窘迫，他们在医疗、照顾等方面的经济支出也高于健全人。另外，残疾种类及等级的不同也决定了残疾人具有不同的需求，因此对残疾人的经济安全保障措施需要采取多元化的策略，如津贴应该细分为"疾病津贴"、"康复津贴"、"职业津贴"等，但是，目前我国并没有针对残疾人的制度性补助。农村残疾人在社会资源的获取，社会活动的参与，以及促进自身发展方面都比健全人更加困难，生活问题尤为突出，应当得到更多的社会救助。可是，当前农村社会救助制度中并没有将残疾人加以区别对待，给予优先照顾，而是将残疾人与健全人一样对待，按照统一的贫困标准给予救助，这在一定程度上忽视了残疾人本身的特殊情况，造成了残疾人经济上的选择性救助，难以满足其实际需求。

（二）医疗保障重保险轻救助

目前，农村居民医疗保障体系包括新型农村合作医疗、医疗救助和大病医疗保险三个层次。其中新型农村合作医疗是面向全体农村居民的；医疗救助主要是对患大病的农村五保户和贫困农民家庭实行医疗救助的制度；农村大病医疗保险是针对农村五保家庭以及无业、家庭成员确有患大病的特殊情况等进行大病救助的一种措施。调查结果显示，农村残疾人参加新农合的比例较高，而参加医疗救助和大病医疗保险的比例较低，这就在一定程度上反映出当前社会保障制度中更重视普惠性政策的推广，而相对忽视特惠性政策的落实，不利于残疾人获得公平共享的待遇。

虽然我国医疗保障体系的框架已具雏形，但各个层次的运行没有纳入正轨，没有得到有效的落实。首先是医疗康复救助资金不足，政府财政拨款有限，而社会捐赠渠道不畅通；其次是缺乏相应的法律法规对医疗康复救助的约束，医疗康复救助规定不完善不具体，往往只流于形式，没有走向法制化；再次是对医疗康复救助政策的宣传不够，当国家有些优惠的康复救助政策时，边远山区的残疾人不能及时得到消息。医疗康复不仅可以帮助残疾人减轻生理痛苦，还可以通过手术和训练让残疾人能够恢复正常，像正常人一样生活。每个残疾人都渴望恢复健康，我们应该把帮助残疾人恢复健康作为发展残疾人事业的重点，而医疗康复救助制度的不完善势必影响残疾人事业的发展。同时，值得关注的是，当前我国并没有专门针对残疾人的医疗救助计划，医疗救助制度的救助对象主要是患病的农村五保户、农村贫困户家庭成员及地方政府规定的其他符合条件的农村贫困残疾人，智能对符合条件的农村残疾人实行康复训练的专项帮助行为，而并非面向所有残疾人群体。残疾人作为有身体残缺或功能障碍的群体，需要通过有效的医疗和康复手段保证其正常的生产生活，因此需要重视现有的特惠性医疗保障政策，更需要建立以残疾人为对象的医疗保障制度。

（三）我国残疾人社会保障制度现实逻辑的社会整合根源

我国残疾人社会保障的"普惠制度下有限特惠"的现实逻辑与我国长期以来以自然整合为主的传统方式密切相关。社会整合是指社会通过各种方式将社会结构的不同因素部分结合成一个有机整体，从而提高社会一体化程度的过程。几千年来，我国残疾人始终不能成功地被一体化，究其原因，主要是针对残疾人的社会整合中，自然整合一直占主导地位，而强制整合则十分缺乏，尤其是在目前自然整合力量还面临着被削弱的状况下。

自然整合是建立在地缘和血缘关系基础上的，在我国城乡分治的过程中，城市里社会福利制度相对完善，残疾人能获得国家的制度支持和社会补偿，并努力达到与健全人的一体化，而在农村，残疾人主要靠家庭和宗族提供支持，对他们的整合尤其体现出自然整合的特点。目前我国对残疾人的整合主要还是依靠自然整合，笔者在调查中发现，大部分残疾人在自已生活的社区内很少遇到明显的歧视，然而出了生活的圈子以及社区范围，就遇到了歧视。地缘和血缘关系使得人们比较了解自己身边的残疾人，因此他们多数不会歧视身边的残疾亲人、朋友或者同社区的成员，甚至还要给予残疾人以帮助。脱离了作为生活共同体的社区，残疾人群体的分化才表现得比较明显。强制整合是由占优势地位的一方，通过建立规则控制其他参与者而形成新的交换模式的过程。要减弱残疾人的分化程度，使得残疾人更好地被整合，首先需要扩大地域范围，整合的范围不应仅仅只限定于以血缘和地缘关系为基础的生活社区；其次是改变整合的方式，如采用功能性整合的方式，强调在职业的分工与合作中实现良好地整合。然而靠什么力量才能强有力地将包括更多生活社区的空间一起纳入整合的范围之内呢？笔者认为，在我国只有政府这个拥有强大资源和强大发动力、占绝对优势的一方通过强制整合的方式才能有效地进行整合。以政府为主导来整合，是由我国在文化和社会结构上的特点决定的。通过动用政府的权威力量来进行整合，残疾人群体与社会其他成员之间的交换模式将会改变，比如如果政府通过了保护残疾人的《反歧视法》，社会成员则必须强制性地遵守新的行为规则，重新审视对残疾人所采取的行为规范，新的关于接纳残疾人平等参与社会、尊重残疾人的态度一旦形成，社会分化的程度将降低，社会整合的程度将上升。

　　残疾人社会福利制度的建立实际就是社会整合的一种手段，在我国漫长的残疾人历史中，残疾人社会福利制度的建立只是近代的事，只有在残疾人社会福利制度建立以后，整合的方式才变为自然整合和强制整合相结合的方式，国家运用强制性的手段重新分配国民收入，以制度的形式将为残疾人提供福利服务固定下来，给予残疾人社会补偿，降低残疾人群体的社会分化程度，极大地提高了残疾人社会整合的水平。强制整合比自然整合的力度更大，涉及范围更广，它的目的性更强。虽然目前我国已经初步建立起了残疾人社会福利制度，但是随着经济的发展和社会的变迁，社会分化问题日益严峻，自然整合的力量正在逐渐削弱，强制整合却又没有跟上。比如在农村，大量青壮年劳动力流向城市，农村面临凋敝的危险，许多在计划经济时代确定的"五保户"目前并未被"应保尽保"，农村由血缘和地缘关系而生发的天然的集体意识出现断裂，残疾人由于贫病交加流向了社会底层。虽然国家为扶助残疾人陆续制定了一些法律法规以保障残疾人的生活，但对残疾人的强制整合力度仍然是不够的，主要体现在作为规则的制度不完善、制定得不够明确上。若对残疾人的自然整合力量被削弱而强制整合力量无法被增强，残疾人群体将成为社会底层的"代名词"，社会分化将十分明显。以自然整合为主导的整合，整合过程中体现的主要是社会成员的自发性，在由经济发展带来社会变迁的新形势下，由于强制整合的缺乏，使得社会整合程度降低，社会成员间的有机团结不足，国家强制介入整合以及对介入行为进行制度化的程度也比较低；介入程度低、制度化程度比较低乃至制度化缺乏，又影响着政策颁布的规范性和稳定性，因此我国的残疾人社会福利制度体现出一种"选择性"。

三 残疾人社会保障制度的国际比较与经验借鉴

西方发达国家的残疾人社会保障制度较之国内更为成熟，形成了以残疾人为专门保障对象，能够满足残疾人特殊需求的更合理、更科学、更全面的制度体系，对提升和完善我国的残疾人社会保障制度具有重要的借鉴意义。理念和制度的交织并行呈现了残疾人社会保障制度发展的一般特点，而在特定的场域和习惯结构下，各国呈现出异质性的制度实践逻辑。以社会保险的范围、福利水平、福利支出和提供主体为标准，发达国家残疾人社会保障的制度结构可分为统一模式、独立模式和统分模式三类。

（一）英国的统一模式

此模式以英国为典型代表，欧洲高福利国家多与之相似。作为工业革命的先锋，英国在福利国家的进程中建立了一套完整而细致的残疾人保障体制，以高福利支出和高福利水平为特征。英国的国民保险不论行业及地方差异均服从于一个统一的制度，因此被界定为高度统一的模式。1911年《国民保险法令》首次通过了有关残疾人的保障立法。此后，《贝弗里奇报告》在七个福利项目的社会保险中将残疾单列，[1] 意味着残疾人被逐步纳入现代社会保障框架。英国的残疾人社会保障主要由收入性福利和实物性福利两大内容构成。前者主要由社会保险与津贴制度提供；后者则包括医疗服务、住房福利、教育等社会福利服务。在社会保险与津贴制度方

---

[1] ［英］贝弗里奇：《贝弗里奇报告》，中国劳动社会保障出版社2004年版。

面，国民保险为受保的残疾人提供了第一层次的保障待遇，残疾年金采取定额待遇办法。此外，无论是受保还是未受保的残疾人，都可以享受由政府提供的各种津贴。对于已享受了国民保险年金的残疾人而言，津贴就构成第二层次待遇。津贴根据残疾人的需要分设四大项目：保姆津贴、生活照顾津贴、活动津贴和重残津贴。国民保险对因工伤或职业病造成的残疾者提供略优于因病致残者的年金和津贴待遇；对于重新工作的受保人，因伤残而导致收入减少的发给"收入损失津贴"①。享受这项待遇的残疾人必须证明是残疾所致而不能回到原来的工作岗位，并因残疾导致劳动能力下降而使收入不能达到原来的水平。在国民保健服务系统方面，国民保健服务是面向全体公民的免费医疗保障制度，包括疾病预防和康复训练。主要提供免费或低价医疗服务的社会保障系统，60%用于儿童、老年人和失去生活自理能力的人及精神失常的人。国民保健服务系统为残疾人提供了各种康复设施，不仅帮助残疾者恢复生理机能、生活能力，同时还关注残疾者的精神生活。在个人社会福利系统方面，这是专门为那些有特殊需要的人提供个别服务的保障系统。残疾人作为社会弱势群体中的一部分，被该系统工作人员所关注。这些服务主要由政府有关部门和社会自愿者组织提供，为那些具有特殊困难的居民提供各种福利设施和服务。

归纳来看，英国建立了一套完备的残疾人社会保障制度，残疾人社会保障被逻辑地建构于统一的福利体系中：以全民社会保险为基础，辅之以高福利水平的社会化福利系统。这一模式下的残疾人保障制度建立于"第三条道路"的社会理念上，以高福利支出为基础，为社会成员提供相对完善的福利。

（二）美国的独立模式

作为以市场取向、低福利支出为特点的福利国家，美国建立了以社会保险为主、补充保障收入为辅的残疾人社会保障制度。作为全民社会保障制度的有机组成部分，自成体系。美国政府于1956年通过了残疾人保险制度（Social Security Disability Insurance，SSDI）。目前，它已成为美国最庞大、最显著的收入转移政策之一。② 1972年，政府将三项联邦政府和州政府共同举办的福利项目——老年补助、盲人补助和永久性完全残疾人补

---

① 孙炳耀：《当代英国瑞典社会保障制度》，法律出版社2000年版。
② ［美］A. H. 罗伯逊：《美国的社会保障》，中国人民大学出版社1995年版。

助合并为一项完全由联邦政府管理的"补充保障收入"(Supplemental Security Income, SSI):主要面向至少 65 岁的老年人、失明人、残疾人和低收入人群。二者构成了美国残疾人社会保障的独立体系。作为 SSDI 的补充项目,SSI 大大降低了残疾人的生活风险系数。与前者不同,SSI 的获得与之前工作的积累无关。目前,该项目的资金来源于联邦政府、州政府和地方政府,但行政管理主要由州政府和地方政府负责,并由其决定接受援助的资格标准和收益水平。同时,国会还制定了最低收益标准和工作激励方案,旨在使伤残者有更多获取收入的方式和机会。该项目的限制条件非常苛刻,符合领取条件的多数是盲人和残疾人,因此在历次的福利改革中所受冲击较小,运行一直比较稳定。除 SSDI 和 SSI 之外,满足相应条件的残疾者还可以享受医疗救助、医疗照顾、特殊教育及对特需家庭的临时救助。[1]

综上所述,美国的残疾人社会保障制度是一种自保公助型保障模式。其对残疾人的福利供给主要以社会保险为主、补充保障收入为辅。此外,国家对残疾者提供有限的福利服务。美国的独立模式是高度市场化的典型代表,并依从各州的实际情况而有所变化。一方面它依赖高度的市场化,另一方面又依赖政府对这一群体的高度专注和持续稳定的政策支持。

(三)日本的统分模式

作为东亚发达国家,日本的社会保障制度与西方国家显著不同,但和东亚国家具有较一致的特点:福利支出都较低,本质上是"补缺型"的体制。尽管起步较晚,但到目前其发展已不亚于欧美发达国家。早在 1949 年日本就制定了《身体残疾人福利法》,1970 年又制定了《身心残疾者对策基本法》(1993 年改为《残疾人基本法》)。此后,一系列保障残疾人权益的法律相继出台,为残疾人社会保障制度的建设搭建了完善的立法平台。从第二次世界大战后到 20 世纪 70 年代的短短三十年间,日本已系统地建立了涉及残疾人就业、教育、康复、福利、残疾恤金等方面的保障制度,主要由残疾年金制度和残疾福利两方面构成。年金制度即为通俗意义上的社会保险,不同的社会成员在享受残疾保险时有一定的区分。从雇佣角度进行区分,包括雇员年金保险制度和国民年金保险制度。日本残疾年金的享受条件是:适用雇员年金保险制度的,全额残疾恤金为完全

---

[1] [美] A. H. 罗伯逊:《美国的社会保障》,中国人民大学出版社 1995 年版。

丧失谋生能力、并曾缴纳6个月保险费者;部分残疾恤金领取者为丧失能力70%者;丧失能力30%—60%者,发给一次性恤金。适用国民年金制度的,为丧失劳动能力75%者且最近一年曾缴纳保险费。这一制度覆盖广大的残疾人群体,为他们设立第一道保障防线。

同时,对因工伤致残者还设立了特殊的保险制度。1922年工伤保险首次建立"劳动者灾害补偿保险制度",其间多部法规出台,但对工伤致残者的保险效力仅为一次性补偿待遇。直到1960年,原有的一次性补偿待遇被取消,真正建立工伤致残者的年金制度。但享受残疾补偿年金的人员,在达到养老条件并领取养老金后,要相应减少残疾补偿年金。另外,工伤致残者接受内外科治疗、住院、护理、牙科诊治,领取药品或辅助器具,往返医院的交通费等由政府提供医疗补助。[①]作为一个后起的发达国家,日本在残疾人社会保障制度建设中取得了显著成果。残疾群体的福利被逐步纳入由国家、市场、社会和家庭共同担当的福利网,其中有许多卓有成效的经验非常值得具有类似文化范式下的中国学习。作为东亚福利模式的典范,它深刻结合本国固有文化,以低福利支出为特点构建有效的统分模式。在与社会经济发展水平相宜的基础上,它合理而有效地利用有限的社会资源,为特殊的社会成员建立了有力的支持网络。

通过比较国外残疾人社会福利制度,发现我国的残疾人社会福利制度涵盖内容的广度虽然并不比发达国家逊色,但在政策设计及实施上却落后了几十年甚至上百年,在各个领域内有待解决的问题还很多,虽然制度涉及面比较广,但提供的福利水平比较低,政府在很多方面还没有承担起应有的责任,处于低度介入的状态,制度的规范与实践还有相当大的缺漏与提升空间。

四 以残疾人为专门对象的社会保障体系构想

通过前文的分析可以看出,仅仅在全民社会保障制度规定中给予残疾人一定的优惠政策,并不是真正意义上的残疾人社会保障制度,也难以满足残疾人的切身需要。我国亟待建立以残疾人群体的残疾等级、类别为依

---

① 刘翠霄:《各国残疾人权益保障比较研究》,中国社会科学出版社1994年版。

据的包括收入保障、医疗和康复保障等方面在内的残疾人社会保障制度。

(一) 收入保障

从经济救助来看，残疾人的经济保障体系主要由社会保险、社会救助和特别扶助三个部分组成，即包括养老保险主导的基本养老金制度、包括最低社会保障制度在内的社会救助以及包括福利津贴制度在内的特别扶助政策。当前，亟待建立以残疾人为专门保障对象的社会救助制度和福利津贴制度。根据残疾类型、残疾级别，结合家庭收入、支出等情况设立残疾专项救助，与低保和五保制度分开管理，真正惠及残疾人群体，使农村残疾人这个社会中处于最弱势地位的群体能分享改革与社会发展的成果。在此基础上建立残疾人福利津贴制度，按照残疾的程度来制定标准。依据目前我国的情况，对重度一、二级的各类残疾人及生活困难的残疾人应该统一发放残疾人津贴。国家要保证对残疾人的各项福利投入资金，其中残疾人社会保障基金是主要的资金来源，它直接用于支付残疾人的各种福利津贴，因此，必须要对其进行有效地利用。目前我国的残疾人社会保障基金主要由七部分构成，即财政拨款、社会自筹、发行福利彩票、残疾人就业保障金、福利企业自身的积累、个人自筹、基金增值收益。在对社保基金的管理上，政府应颁布法律规范其使用行为，限定其使用主体，避免各级政府及任何机构对残疾人社会保障基金的影响和干预。应该设置残疾人社会保障基金监管中心，中心由残联负责，成员由政府、基金捐赠代表、残疾人代表等社会各界人士组成，建立的目的是保证基金使用过程的规范性，增强使用的透明度。中心负责基金的统一管理，制定财务、会计、审计和统计制度，以及监督、检查基金的征收、管理、经营和使用情况等，还负责对基金的保值增值等进行规划，比如交由投资机构进行投资。同时政府应定期和不定期地对财务进行审计。只有这样，才能保证残疾人社会保障基金有效地运营，也才能保证上述保险及经济救助措施的顺利实施。

(二) 医疗和康复

医疗保险方面的建议主要是将残疾人特别是老年残疾人纳入大病医疗保险中，定期对需要帮助的老年残疾人发放大病救助金，并继续发展农村新型合作医疗制度，对无法支付参保费用的农村老年残疾人，国家给予补贴，缓解他们治疗普通疾病和大病的医疗负担。德国的残疾人社会法提供的待遇主要有残疾年金、康复、护理保险和损害补偿四种。残疾年金以不同的致残原因为依据分为法定事故保险年金、劳动能力降低年金、残疾人养老年金和社会赔偿年金四种，我国也应该对其有所借鉴，比如定期核查残疾人的康复状况，对已经康复的轻度残疾人可以停发残疾人津贴。

在医疗上，除了医疗保险，政府还需要整合各方面资源为残疾人提供医疗服务，很多致残的病症在其轻度时给予治疗是可以避免残疾出现的。如老年残疾人中以单纯听力语言残疾的人数最多，以后依次为视力残疾、综合残疾、肢体残疾、精神病残疾和智力残疾，这些作为残疾根源的病症都是可以在初期治疗后避免残疾出现的。同时，对残疾的预防也非常重要，如果具备良好的医疗条件和看护条件，很多残疾现象是可以避免或者延后的。预防的思想是一种比救助更为积极的思想，它强调对自己负责，发展自己的能力，积极提高自己抵御风险的意识。比如荷兰1995—1998年老年人口统一行动纲领就是根据"人的能力"制定的，其主要目的是鼓励老人参与社会生活，促进社会稳定。荷兰政府积极促进科技成果尽快转化成为残疾人服务的项目，比如为消除残疾人乘坐各种交通工具时的障碍，中央政府为各交通运输公司提供可为他们利用的资源或提供经费改装公共汽车、电车，使这些交通工具方便残疾人上下，通过促进科技进步帮助残疾人独立生活自给自足，或者在考虑对住房及居住环境的改善基础上，开展对残疾人的家庭服务。我国一方面应该借鉴荷兰的做法，由国家设立专项基金推动去除残疾人生活障碍的科技发展；另一方面也应积极宣传预防致残慢性病的知识，培养自我防范的意识。应在全国范围内普及康复指导站，聘请正规医院的医师到站内进行指导，并定期组织医疗咨询和义务诊断活动，推广常见致残疾病的预防知识。对医疗知识的宣传，还可以动用非政府、非营利组织的力量。另外，有的地区政府及残联联合大型医院将残疾人组织起来，免费或者低费用地对他们实施矫正手术，帮助他们恢复功能，这个措施是值得推广的。

在康复上，建议推广城市中的社区康复指导站至农村，添置基本的康复器械。根据笔者调查的结果，大部分由于脑血管疾病导致轻度残疾的残疾人在疾病被控制住的一年以内，是可以通过持续的康复训练来获得部分乃至全部功能的恢复的。由于康复站内的器械比较简单，只适合于轻度残疾人，因此对于残疾程度重、残疾时间较长的残疾人还是应该通过医疗服务来获得康复。

综上所述，社会保障制度的完整性不仅体现在对一般群体的普惠性保障，更体现在对特殊群体特惠性的照顾和关怀。通过优先原则在制度层面给予社会中处境不利的人们最大利益是罗尔斯关于"作为社会公平的公正"的一个重要观点,它把缩小社会差距和实现社会机会的平等落实到经济利益调节和利益补偿这样一个更具体的可操作的层面,也是残疾人社会保障制度设计的理论基础。通过以残疾人为对象的专门社会保障制度,使残疾人群体享受更多的社会保障待遇,才能真正实现"平等、参与、共享"。

参考文献

[1] [英] 贝弗里奇:《贝弗里奇报告》,中国劳动社会保障出版社 2004 年版。

[2] 孙炳耀:《当代英国瑞典社会保障制度》,法律出版社 2000 年版。

[3] 刘翠霄:《各国残疾人权益保障比较研究》,中国社会科学出版社 1994 年版。

[4] [美] A. H. 罗伯逊:《美国的社会保障》,中国人民大学出版社 1995 年版。

[5] 熊凤水:《传统与现代:建国后我国社会救助理念的嬗变》,《理论观察》2007 年第 2 期。

[6] 臧秀玲:《从消极福利到积极福利:西方国家对福利制度改革的新探索》,《社会科学》2004 年第 8 期。

[7] 卢连才:《残疾人社会保障研究》,华夏出版社 1997 年版。

[8] 彭宅文:《残疾、社会排斥与社会保障政策的干预》,《中国人民大学学报》2008 年第 1 期。

东北农村残疾人健康、医疗问题研究

吉林大学哲学社会学院社会保障系　刘婧娇

残疾人因其自身身体条件的缺陷，对于医疗的需求往往要高于健全人，而农村的残疾人普遍经济水平低下，因此造成实际获得与真实需要间的明显落差。为了减轻包括残疾人在内的农村人口的医疗负担，缩小供求差距，国家实施了新型农村合作医疗保险与医疗救助制度，那么制度的预期效用是否得到充分发挥则决定了该项制度的成熟与否。因此，考察当前农村残疾人的实际医疗需求是否得到满足、分析当前医疗保障存在的突出矛盾、探寻未来残疾人医疗保障发展的路径，具有重要的现实意义。

一　农村残疾人医疗保障取得的成就

新农合、医疗救助制度对农村残疾人来说可以算是"福音"，一定程度上保障了农村残疾人"病有所医"的权利。为了了解新农合与医疗救助在该方面的作用发挥情况，本文对于是否参合、是否享受医疗救助各两类群体的放弃医疗及生病硬挺情况做以描述分析，具体结果如表1所示。表1显示，参合残疾人放弃就医比例为38.3%，没有参合的残疾人这一比例达到40.8%，参合残疾人生病自己忍受的比例为74.8%，而没有参合的残疾人这一比例达到83.1%。所以，相比参合残疾人来说，未参合残疾人的医疗行为更容易减少。享受医疗救助的残疾人放弃就医的比例为37.4%，未享受医疗救助的残疾人这一比例为40.6%，享受医疗救助的残疾人生病自己忍受的比例为71.7%，而未享受医疗救助的残疾人这一比例为75.8%，所以，相比享受医疗救助的残疾人来说，未享受者的医疗行为更容易减少。可见，医疗保障制度确实起到了影响医疗行为的作用，即减少了因治疗费用无法承受而放弃治疗和生病自己忍受的情况。

表1 参合与否、医疗救助享受与否的各类人群的医疗行为比较

单位:%

医疗行为		参合与否		享受医疗救助与否	
		是	否	是	否
是否放弃就医	是	38.3	40.8	37.4	40.6
	否	61.7	51.2	62.6	59.4
合计		100	100	100	100
自己忍受	是	74.8	83.1	71.7	75.8
	否	25.2	16.9	28.3	24.2
合计		100	100	100	100

二 当前农村残疾人医疗保障面临的突出矛盾与问题

"看病难、看病贵"一直是困扰农村残疾人看病就医的难题,新型农村合作医疗保险、医疗救助正是为了缓解农村人民群众的就医压力、保障农村人民就医需要而制定的制度。经过多年的实践,医疗保障制度的作用发挥虽然有所效果,但是程度甚浅,不足以满足广大农村残疾人的医疗需求。

(一)医疗保障制度的效用发挥空间有待提高

根本上说,医疗保障制度的作用在于保障人民"病有所医"并且减轻人民的医疗负担。任何国家医疗制度的建立与改革,实际上都旨在减轻国民的医疗负担,虽然各国采用的方法千种万种,但宗旨则是相同的。那么判断一项医疗保障制度的成熟与否,主要就是对其效用的发挥进行评测,能够达到预期目的的则是成熟的医疗保障制度,反之则是需要加以改善的。本次调查的数据显示,我国医疗保障制度的效用发挥空间仍然有待提高,主要表现为以下两个方面:

1. 农村残疾人放弃治疗的比例居高

"有病求医"本是人的正常需要和本能需求,但是往往当医疗费用与自身经济状况发生矛盾时,人们不得已选择抑制自己的医疗需求以满足更低层次的必要需求。根据前文分析,新农合、医疗救助一定程度上减少了

放弃治疗或者生病自己忍受的情况，但是应该引起注意的是，虽然医疗保障制度在影响就医行为方面发生了一定的作用，但是放弃就医或生病自己忍受的比例之高仍然值得关注和重视。本次调查数据显示，74.8%的残疾人有生病而硬挺的时候，其中经常性的占25.6%。近一年内，因为不能承担医疗费用而放弃治疗的人数占40.1%。"病有所医"是人民生存权的一种体现，而很大一部分农村残疾人，生病时先忍受，实在无法忍受才会投医，一旦家庭经济条件不允许便倾向于做出放弃治疗的选择。

2. 农村残疾人个人医疗负担仍然沉重

医疗负担在本文用个人经济支出主要方面是否为医药费为表征，若是则认为医疗负担重；反之，则视为其医疗负担轻。本次调查中，76%的参合残疾人医疗负担重，68%的未参合残疾人医疗负担重，比例小于参合残疾人。这一方面再次证明了前文的观点——新农合一定程度上促进了残疾人的就医行为，另一方面，也说明新农合目前还没有起到减轻农村残疾人医疗负担的作用。为了进一步确定新农合的效用发挥情况，本文用SPSS数据统计分析软件对于新农合参合与否以及医疗负担的轻重做相关分析，其中医疗负担在本文用个人经济支出主要方面是否为医药费为表征，若是则认为医疗负担重；反之，则视为其医疗负担轻。数据分析结果显示，两个变量的 Sig 为 0.000，小于 0.05，证明两个变量相关。相关系数为 0.07，在统计学中，这表明两个变量的相关极其不显著。由此，认为新农合在减轻农村残疾人医疗负担方面的效用非常微弱。

获得过医疗救助的人中，78%的人群医疗负担重，而没有获得医疗救助的人中，这一比例为73%，同样，未得到医疗救助的人，医疗负担小于得到医疗救助的人。这可以解释为，一方面，能得到医疗救助的残疾人往往是家庭非常贫困者，且特别需要医疗消费的人群。调查数据显示，得到医疗救助的残疾人家庭收入在3000元及以下的（本文中，将此收入级别定为特别贫困）占29.1%，家庭收入在3000—6000元的（本文中，将此收入级别定为低收入）占29.5%。低收入与特别贫困的家庭本身经济水平非常低，在没有医疗救助的情况下，医疗负担也是非常沉重的。另一方面，有医疗救助的人医疗负担反而重，很有可能是医疗救助的实施刺激了其对于医疗的消费，或者说舍得花一部分钱用于维护自身的健康。同时，应该注意的是，未得到医疗救助的人医疗负担轻不代表这些残疾人没有医疗需要；相反，很有可能是没有医疗救助的帮扶，一定程度上抑制了其应有的医疗消费，这非常容易陷入"因残致贫—因贫致病—因病致残"的恶性循环，因此医疗消费少而又有医疗需求的残疾人尤其应该受到重视。

为了进一步分析，医疗救助在减轻农村残疾人医疗负担方面的作用，本文继续用 SPSS 数据统计分析软件对两个变量进行相关分析，分析结果为两个变量的 Sig 值为 0.002，小于 0.05，证明两变量相关，相关系数为 0.047，同样，在统计学中，这表明两个变量的相关关系极其不显著，由此认为，医疗救助在减轻残疾人医疗负担方面的效用也非常微弱。

（二）农村残疾人康复事业亟须重视

1. 农村残疾人康复信心整体偏消极

本次调查数据显示（见图1），农村残疾人对于自身的康复很有信心的只占15.5%，基本不抱希望的占的比例最大，为33.2%，其次是觉得一般，占25.1%，彻底不抱希望的占16.1%，整体上看，康复信心消极的占到49.3%，积极的占15.5%，介于消极与积极中间的占25.1%。所以农村残疾人普遍对于自身的康复信心不足，倾向于消极。

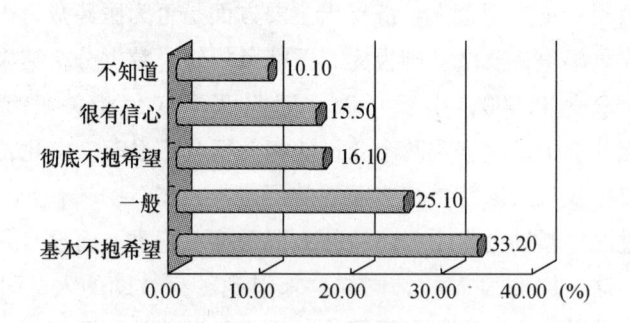

图1　农村残疾人康复的信心

为了研究是何种因素影响了残疾人的康复信心，本文对残疾人的康复信心情况与残疾等级、收入等级、是否参合、享受医疗救助与否进行相关分析，数据分析结果详见表2。残疾级别与康复信心有一定相关性，但是相关系数为 -0.116，在统计学中，认为两个变量弱相关，即随着残疾级别由轻到重，残疾人的康复信心由积极到消极；收入等级与康复信心有相关性，但是相关系数为 -0.055，在统计学中认为两个变量微弱相关，即随着收入的由高到低，残疾人的康复信心由积极到消极。是否参加新农合与康复信心不相关，即参合与否并未影响到残疾人对于康复的信心，这体现出当前新农合制度在残疾人康复方面并未发挥出作用；享受医疗救助与否与康复信心有相关性，相关系数为 -0.115，统计学中表明两个变量弱相关，即随着享受医疗救助的从有到无，残疾人康复信心随之由积极变为消极。从各个相关系数的比较来看，医疗救助的享受与否和残疾级别对于残疾人的康复信心有较大影响，体现出残疾人康复信心受到自身身体条件和外界经济扶助的影响。

表2 康复信心与残疾级别、收入等级、是否参合、享受医疗救助与否的相关关系

康复信心	残疾级别 Sig	相关系数	收入等级 Sig	相关关系	是否参合 Sig	相关系数	享受医疗救助与否 Sig	相关系数
	0.000	-0.116	0.001	-0.055	0.800	—	0.000	-0.115
相关关系	弱相关		微弱相关		不相关		弱相关	

2. 农村残疾人康复服务缺失、康复资源匮乏

本次调查数据显示，75.1%的残疾人没有接受过康复服务，只有24.9%的残疾人接受过不同的康复服务，接受过的康复服务项目以治疗与康复训练、康复知识普及、心理疏导、辅助器具配置为主。从康复检查的频率来看，39.9%的残疾人除非身体不舒服否则不会检查，30.3%的残疾人不定期检查，23.2%的残疾人从来没有检查或体检，只有6.6%的残疾人半年或一年检查一次。只有16.5%的残疾人康复治疗支出可以报销。接受康复服务的地点，以村卫生所、乡镇卫生服务机构和家里居多，专业康复机构仅占7%。对于接受到的康复机构的满意程度较好，86.9%的接受过康复服务的残疾人对于康复机构的服务基本满意或者满意。残疾人进一步的康复服务最需要解决的项目，排在前三位的分别是治疗与康复训练、辅助器具配置与生活自理能力训练。

综上可知，当前农村残疾人康复信心普遍偏低，所接受的康复服务也严重不足，康复检查缺乏定期性甚至根本没有，康复费用也大多为自我承担。可以说，在农村，残疾人的康复服务与康复资源远远落后于城市，这极其不利于农村残疾人的康复，因此农村残疾人康复事业亟须受到各方面的重视，并加以改善。

三　结论与对策

（一）结论

多年来的实践发展，农村残疾人的医疗保障制度取得一些成就，即对农村残疾人的消极医疗行为起到了抑制作用，表现为一定程度上减少了因治疗费用过高而放弃治疗或生病时自己忍受的类似消极医疗行为的发生，尤其医疗救助在这方面的作用更是突出。同时，当前的医疗保障制度也存在着突出矛盾与问题；第一，医疗保障制度的效用发挥空间仍需提高，一方面，在农村，残疾人生病不就医或因费用无法承担而放弃治疗的现象仍然严重；另一方面，医疗保障制度在减轻农村残疾人医疗负担方面也并未起到显著的作用。第二，农村残疾人的康复事业亟须重视。一方面，当前农村残疾人的康复信心普遍消极，这主要受自身身体条件的好坏与外界经济扶助与否的影响；另一方面，农村残疾人的康复服务缺失，康复资源匮乏。

（二）对策

1. 提高对残疾预防工作的重视度

健康之路始于预防而非治疗，预防—治疗—康复是维护健康的正常顺序，预防作为第一道关口，有着非常重要的地位。在老龄人口数量不断增加，非传染性疾病致残数量增多的情况下，西方很多国家已经认识到，残疾预防的重要作用。对于疾病的早期监测与干预，能有效减少慢性非传染性疾病的发生，也会减少因病致残的比例。提高对残疾预防工作的重视度，是从源头上减少残疾人的有效手段，具体来说，为了做好残疾预防工作，可以从以下几方面入手：

第一，全民兴起健康的生活方式与理念，这其中要有广大媒体的参与，在电视、广播等节目中，专门针对老年保健、养生康体、心理疏导、妇幼保健、职业病防治等方面进行宣传教育，鼓励人民改变旧有的、不健康的生活方式。

第二，农村的乡镇卫生院、村卫生院，为每个人建立健康档案，定期为全民体检，以做好疾病早期筛查与干预工作。

第三，全民兴起健身、养生潮流。这一点英国的经验值得我们学习。

英国从2001年开始实行为期8年的旨在使所有残疾人加入健身潮流中来的"全民健身"项目，到2007年已经吸引37万残疾人加入其中，已有180多个健身场加盟。此外，有必要"编制特殊疾病目录（如高血压、冠心病、结核病等），适时降低这些特殊疾病的定期预防检查费用，并给予医疗机构或就医者一定数额的补贴"①。

2. 努力完善当前的报销方式与种类

新农合与医疗救助是农村残疾人可以享受得到的医疗保障项目，根据前文分析，新农合虽然一定程度上缓解了"看病难、看病贵"的难题，但是其在报销方面的弊端，抑制了其在减轻人民医疗负担方面的效用发挥。因此报销方式与种类有必要重新考量并加以改善。具体来说，首先要改变当前的报销方式。即变农民先垫付后报销的制度为直接报销。这样有助于减少因为垫付费用昂贵而放弃治疗的现象发生。其次，增加报销种类。改变当前只有住院才能报销的规定，而将门诊费用也纳入报销范围内，实际上农村残疾人门诊消费也是有很大需求的，门诊费用无法报销就造成了残疾人放弃就医或者生病不就医而是自己忍受的状况存在。再次，康复医疗项目应该纳入报销范围。残疾人急需的水疗、辅助器具配置、感觉综合训练、认知训练等残疾人需要的康复项目，应纳入报销范围，以提高农村残疾人康复信心，完善农村残疾人的康复服务。

3. 提高乡镇卫生院医疗实力

农村残疾人的就医渠道主要是乡镇卫生院，一方面距离自家近，省去了路途、住宿等附带费用；另一方面，乡镇卫生院的医疗费用要低于县市省级医院。残疾人由于自身的行动不便且经济状况普遍低下，所以多数人会选择到当地卫生院就医。因此，提高乡镇卫生院的医疗实力，有助于解决农村残疾人"看病难、看病贵"的难题。具体来说，首先要加大对乡镇卫生院的资金支持力度，对必要的、先进的医疗仪器的购买进行补贴。其次，提高基层医务人员的医疗水平。定期组织基层医务人员到省、市级大医院进行培训、学习，将每个基层医院与高级别医院关联，以方便基层医务人员在基层遇到医疗难题能够及时与更高水平、更有经验的医生专家取得联系，方便残疾人在自己最方便的医院获得同高级医院同样高质量的治疗。

---

① 齐心、厉才茂：《北京市残疾人医疗保障研究》，《医保天地》2007年第2期。

4. 全面实施康复工程计划

为了填补当前农村残疾人康复事业的空白区,建议以基层卫生院为依托,以各级财政的资金支持为支撑,在农村配备各种康复器具,在卫生院设立专门的康复医师,为当地的残疾人做康复计划,指导其进行康复训练。

东北农村残疾人劳动就业问题研究

吉林大学哲学社会学院社会保障系　刘婧娇

邓朴方同志多次指出，残疾人就业是整个残疾人事业的核心部分，残疾人事业中其他各项组成部分都可以说是为围绕残疾人就业问题而展开，残疾人就业问题能够得到妥善解决，其他问题的解决相对就容易得多。农村残疾人占全国残疾人总数的70%，因此解决农村残疾人的就业问题，有利于整体社会人力资源的有效配置和社会的发展与进步。

一　东北农村残疾人就业概况

（一）就业率概况

本次调研数据显示，东北地区16岁以上年龄的残疾人就业率为6.8%[①]。实际上，在农村，人们多数靠土地为生，所以60岁以上仍然有很多人继续从事种植业，仍然算是处于就业状态。16岁及以上年龄的残疾人就业率按照不同情况划分结果如下（见表1）：从性别来看，男性就业率为8.3%，女性就业率为4.1%，男性就业率高于女性；从居住地来看，近郊与小城镇就业率较高，分别是11.0%和10.2%，偏远山区8.6%，偏远平原地区为3.1%，其他地区为5.3%；从年龄来看，41—50岁就业率最高，为10.4%，其次是31—40岁，就业率为8.0%，51—60岁就业率为7.1%，30岁以下就业率为7.0%，61—70岁就业率为2.8%，71岁以上就业率为0.6%；从婚姻状况来看，有配偶的残疾人就业率稍高，

---

① 这里的就业，主要是指农村中经营养殖业、个体服务业、进城打工或者在农村被雇佣，而农村固有的种植业对于劳动力的吸纳并未列入考虑范围。

为7.5%，无配偶的残疾人就业率为5.5%；从文化程度来看，大学及以上学历的残疾人就业率最高为22%，高中和中专学历的残疾人就业率为15.6%，初中为10.8%，小学为4.9%，文盲为3.2%；从残疾类型来看，肢体残疾者就业率最高为8.5%，听力残疾者就业率为7.3%，言语残疾就业率为6.1%，视力残疾就业率为5.2%，智力残疾为3.4%，多重残疾5.3%，精神残疾最低为2.0%；从残疾等级来看，4级、3级轻度残疾的就业率最高，分别为10.1%、8.8%，2级和1级的就业率分别为5.4%和4.6%。

表1　　　　　农村16周岁及以上的残疾人就业率分类比较

		就业人数（人）	未就业人数（人）	总数（人）	就业率（%）
性别	男	216	2381	2597	8.3
	女	56	1322	1378	4.1
常住地	小城镇	77	676	753	10.2
	近郊	74	598	672	11.0
	偏远山区	45	478	523	8.6
	偏远平原	42	1295	1337	3.1
	其他	26	468	494	5.3
年龄	16—30岁	21	277	298	7.0
	31—40岁	45	516	561	8.0
	41—50岁	110	948	1058	10.4
	51—60岁	75	983	1058	7.1
	61—70岁	19	655	674	2.8
	71岁以上	2	324	326	0.6
婚姻状况	有配偶	209	2592	2801	7.5
	无配偶	63	1087	1150	5.5
文化程度	文盲	26	776	802	3.2
	小学	85	1633	1718	4.9
	初中	124	1021	1145	10.8
	高中、中专	32	173	205	15.6
	大学及以上	2	7	9	22.0
残疾类别	视力残疾	20	364	384	5.2
	听力残疾	15	190	205	7.3

续表

		就业人数（人）	未就业人数（人）	总数（人）	就业率（%）
残疾类别	言语残疾	6	92	98	6.1
	智力残疾	10	280	290	3.4
	肢体残疾	199	2132	2331	8.5
	精神残疾	4	201	205	2.0
	多重残疾	17	305	322	5.3
残疾级别	一级	21	433	454	4.6
	二级	47	827	874	5.4
	三级	88	915	1003	8.8
	四级	79	702	781	10.1

（二）就业类别

接近一半人的就业类型以种植业为主，约占41.2%；个体服务业的占2.7%；进城打工的占2.6%；在农村被雇用的占1.8%；其他职业的占3.5%；养殖业最少占1.3%。费孝通曾在《乡土中国》里说，"在乡下，'土'是他们的命根"，"直接靠农业谋生的人是黏着土地上的"。

（三）已就业残疾人求职与就业过程遇到的难题

残疾人在求职与就业过程中，遇到各种难题（见表2）。首先，在求职途径上主要还是靠自己，占55.0%，通过亲戚朋友介绍的占24.3%；其次，在求职过程中，有7.4%的人遭遇了歧视；再次，有56.2%的残疾人并没有与用人单位签订正规的劳动合同，缺少稳定性。

表2　　　　　已就业残疾人求职情况

单位:%

求职途径	自己找的	55.0
	通过亲戚朋友	24.3
	其他	20.7
是否遭遇歧视	是	7.4
	否	92.6
是否签订正规劳动合同	是	3.4
	否	96.6

(四) 残疾人未就业的原因及未就业残疾人的求职意愿

没有就业的残疾人，主要原因在于自身身体情况无法承受，62.7%的人因此没有就业，20.1%的残疾人因为没有就业门路，15.1%的残疾人是因为用人单位不接受，2.1%因为工作不够理想。

二 东北农村残疾人就业面临的问题

(一) 残疾人就业意愿偏消极

残疾人的经济水平普遍低于社会平均经济水平，就业是残疾人获得收入的重要途径，单纯依靠政府补贴和慈善救无法彻底改善残疾人及家庭的境遇，也并不符合发展型社会政策的理念。就业意愿反映个人主体在寻求工作过程中是否愿意发挥其主观能动性，积极地改变自身的不良境遇或者寻求更高的生活质量，它不仅是关乎残疾人就业的重要因素，更是关乎残疾人参与社会、发展自身的重要指标，因而具有重要意义。但是调查显示，目前东北农村残疾人的就业意愿并不高，62.5%的残疾人没有就业意愿。

为了深入探求影响农村残疾人就业意愿的因素，本文运用SPSS数据统计分析软件对残疾人就业意愿与可能影响其就业意愿的因素进行相关回归分析。假设残疾人就业意愿的影响因素分为四大类——自身情况、经济情况、社会融合情况和社会保障情况，利用SPSS数据分析软件对四大类因素与就业意愿做相关分析，得出结果如表3所示。由回归结果可见，残疾人的就业意愿与性别、婚姻状况、年龄、残疾类别（多重残疾除外）、经济状况、社会融合状况及社会保障享受状况无相关关系，而主要与自身文化素质和身体条件有关。随着文化程度的提升，残疾人的就业意愿也更为强烈，轻度残疾人的就业意愿高于重度残疾人。

值得注意的是，曾有国外学者通过数据分析得出结论：过高的社会保障水平会影响残疾人的就业意愿。而本次调研结果显示，社会保障得到与否对残疾人的就业意愿并不产生影响，这是我国与西方国家所不同的地方，可以解释为，我国目前的低保和救济金水平低下，根本不足以影响到残疾人的就业选择。目前问题的重点不在于担心所给的待遇是否过高以至于造成"养懒汉"的负面结果，而在于如何提高当前的保障水平，以保证

表3　　　　　　　残疾人就业意愿的影响因素回归分析

	自变量	Sig 值	相关系数	相关关系
自身情况	性别	0.001	0.077	不相关
	婚姻状况	0.001	0	不相关
	年龄	0.000	0.03	不相关
	文化程度	0.000	0.240	弱相关
经济情况	家庭收入	0.001	0.143	弱相关
社会融合情况	社会地位	0.000	0.037	不相关
	融入社会困难与否	0.000	0.042	不相关
	社会参与	0.000	0.229	弱相关
社会保障情况	是否领取低保	0.000	0.099	不相关
	是否领取救济金	0.000	0.046	不相关

农村残疾人最基本的生活需要。

（二）农村残疾人就业过程中社会支持不足

首先，农村残疾人获得的就业服务严重缺失。本次调查数据显示（见表4）目前有92.6%的残疾人没有接受过就业服务，94.9%的残疾人近一年内没有接受过职业技能培训，职业技能培训严重缺失。而且，求职过程中，55.0%的残疾人找工作还是依靠自己，通过亲戚朋友的占24.3%，两者共占据79.3%，即绝大多数的残疾人求职依靠个人努力及个人关系，得到的来自社会其他方面的支持极其有限。

表4　　　　　　　农村残疾人获得的就业服务情况

单位：%

求职途径	自己找的	55.0
	通过亲戚朋友	24.3
	其他	20.7
是否接受过职业技能培训	是	5.1
	否	94.9
是否接受过残疾人就业服务	是	7.4
	否	92.6

其次，残疾人在求职过程受到歧视。库恩等人将社会支持区分为归属性支持、满足自尊的支持、物质性支持和赞成性支持四种①。对残疾人的歧视，实际上就是对于其自尊的伤害，本质上是社会支持中关于满足自尊支持的缺失。而本次调查数据显示，在农村残疾人求职过程中，有7.4%的残疾人受到了歧视。个案访谈中，他们反映，"还没等开口，人家（用人单位）一看是残疾，就不愿意用了"，甚至很多残疾人因为害怕受到歧视而根本不敢出门寻找机会求职，所以社会大环境、舆论的影响对于残疾人来说是非常重要的，对于其自尊方面的社会支持有必要加以提高。

为了探究社会支持对于残疾人就业状态的影响，本文运用SPSS数据统计分析软件，将残疾人接受就业培训情况同残疾人就业状况进行相关与回归分析。数据分析得出，Sig值为0.000，相关系数为0.16，即接受过职业技能培训的残疾人相比未接受过培训的残疾人更容易就业。这体现出社会支持对于促进残疾人就业的积极影响，应根据残疾人的实际需要，完善残疾人就业的社会支持，以促进更多的农村残疾人就业。

（三）求职过程呈现单向态势

完全竞争的劳动力市场，求职过程应该是供给方与需求方的双向选择过程，求职者根据用人单位的薪金、名气、未来发展等情况考虑是否适合自己，而用人单位也会根据自身对员工的各方面的需求来选择最能提高本单位效率的人进行录用，在双方的博弈过程中，最终应该会达到双方利益最大化的结果。但是目前残疾人就业过程中，已不是双向选择，而是变成了畸形的单向选择，即由用人单位选择残疾人员工，残疾人选择用人单位的机会少之又少。表3中对残疾人未就业的原因分析中，仅有2.1%的人是因为对用人单位不满意，在个案访谈中，有残疾人表示，自己是有就业意愿的，只是每次都是用人单位看到自己的残疾情况而将自己拒之门外的。这种单向选择一方面造成就业不均衡，另一方面造成残疾人就业困难，也有可能造成残疾人不得以接受较低的薪金，形成就业歧视。

（四）强烈的创业意愿遭遇现实困难的打击

相比就业，残疾人更倾向于自己创业，具体来说，只有37.9%的人有就业意愿，而有49.0%的人有创业要求。很多残疾人特别希望自己经营一项事业，大到办福利企业，造福更多残疾人，小到自己在家从事养殖

---

① 贺寨平：《国外社会支持网研究综述》，《国外社会科学》2001年第1期。

业。黑龙江省齐齐哈尔市富裕县二道湾镇林业村的村民——张先生，在残联的帮助下，贷款养殖奶牛，经营效果甚好，至2011年，拥有奶牛30多头，并准备建一个能容纳300头奶牛的养牛场。然而，实际从事养殖业的残疾人在残疾人就业类型中所占比例最小。强烈的创业意愿遭受到现实困难的打击，打击一方面是来自残疾人自身的身体条件，另一方面是没有资金作本钱。有创业要求的残疾人，最需要政府帮助解决的是小额贷款问题，占56.3%，在个案访谈中，残疾人也反映了对小额贷款的需求，很多残疾人希望政府能给予一些小额贷款或者无息贷款的优惠，用来养殖猪、牛、羊等家畜或者开办超市等经营项目。因此，残疾人的小额贷款也是未来制定残疾人特殊优惠政策中应重点考虑的问题。

三 促进残疾人就业的路径选择

发展残疾人事业的宗旨在于改善残疾人的生活质量，社会保障以及慈善救助能部分解决残疾人的经济问题，但是这种事后救济仍然是被动的和滞后的。要想让残疾人从心理到身体都积极地参与到社会中去，就业或者创业是唯一途径。根据上文的论断，笔者认为，应该从宏观、中观、微观三个层面促进残疾人就业。

（一）宏观层面：创造残疾人就业大环境

一方面，为残疾人就业提供良好的法制环境。目前我国针对残疾人就业有《残疾人就业条例》、《就业促进法》、《残疾人权益保障法》等相关条例及法律法规，在法律条文与条例的完善与落实上应加大力度，使法律切实起到保护残疾人权利的作用。具体来说，首先要完善法律法规。国外学者指出："《1990年美国残疾人法》以文化压力促使残疾人融入社会，使美国的残疾人政策更加具有就业导向。"[①] 因此，如何完善我国的残疾人相关法律，以法律的强制力促进残疾人就业，值得思考。其次，各级政府及法律部门对企业按比例吸纳残疾人就业情况进行细致检查，杜绝用人单位只为残疾人挂名而实际不用其工作进而避免缴纳残疾人保障金的行

---

① Richard V. Burkhauser and Mary C. Daly, "Policy Watch: U. S. Disability Policy in a Changing Environment," *The Journal of Economic Perspectives*, Vol. 16, No. 1 (Winter 2002), pp. 213 – 224. 转引自杨伟国、陈玉杰《美国残疾人就业政策的变迁》，《美国研究》2008年第2期。

为，这种行为不仅损害残疾人的权益，也有损国家的利益。对于违反残疾人相关法律的各种行为，予以不同程度的惩罚。另外，在普法宣传方面也应加大力度，残疾人本身应该对保护自身合法权益的法律知晓，这样才能在利益或权利受损时拿起法律的武器，保护自身合法权益。本次调研显示，85.5%的残疾人对于《残疾人权益保障法》的基本内容表示不知道，80.9%的残疾人不知道《残疾人就业条例》，自身对于法律权益的模糊对残疾人权益保障有非常大的负面影响，应该通过各种途径向残疾人宣传相关法律法规。

具体来说，在农村以乡、镇为单位，定期召集残疾人，举办普法知识讲座，介绍、解读当期残疾人相关法律条文，剖析相关案例，并讲解在自身权益受损时如何用法律来伸张正义，维护残疾人正当权利；每年对各乡镇残疾人专员进行法律知识考核，将考核成绩作为衡量该残疾人专员工作业绩的指标之一；矛盾是"导火索"还是"安全阀"，关键在于是否有畅通的诉诸渠道。各级残联应做好残疾人维权信访工作，倾听残疾人的疾苦，对于残疾人的合理要求予以考虑，排解其不满情绪，维护其正当利益，对于提出不切实际要求的残疾人予以讲解、教育、引导，以免错误的思维为自身和社会带来不利影响。

另一方面，为残疾人就业创造良好的社会环境。"诺拉·埃伦·格罗斯指出，残疾人生活经常受主流社会观念与文化的限制，这种限制要比残疾人因身体、精神、心理和智力损害所受到的限制更大。"[①] 因此，全社会应该给予残疾人更多的关怀和帮助而不仅仅是同情，使残疾人免受文化的限制。各界媒体要发挥主要作用，大力弘扬互帮互助的传统文化，并倡导关爱残疾人的理念，对于爱心人士和慈善行为予以表彰，使整个社会呈现较高的人文关怀和平等参与的良好氛围。另外，树立残疾人创业与就业典型，这不仅能鼓励广大的残疾人，带动更多的残疾人积极创业和就业，同时也表明了全社会对残疾人做为重要人力资源的认可，有助于提升残疾人的自信心和积极性。

另外，为残疾人就业创造良好的经济环境。农村的残疾人事业，需要政府给予更多的资助，明确各级财政在残疾人就业保障中的责任，适当加

---

① Nora Ellen Groce, "Disability in Cross–cultural Perspective: Rethinking Disability", PhD Section, p. 756, Vol. 354 No. 9180 ISSN: 0140–6736. 引自杨伟国、陈玉杰《美国残疾人就业政策的变迁》，《美国研究》2008 年第 2 期。

大资金扶持力度，这是农村残疾人事业急需的，也是农村残疾人事业得以发展的必要途径。建议建立残疾人事业发展专项资金，由中央政府每年划拨用于开展残疾人事业的专项资金，各级地方政府根据各地情况适当补助，将残疾人事业发展资金纳入各级政府预算之中，确保残疾人事业经费有稳定的来源渠道，改变目前残疾人事业筹资难、资金变动性强的局面。

（二）中观层面：完善残疾人就业服务

一方面，为残疾人提供就业培训。根据农村残疾人生活的环境特点和农村对各种劳动力的实际需求以及不同残疾类别的残疾人实际情况，开办专门的就业培训班，例如美甲、理发、养殖、种植、手工艺术品加工等。培训目的在于真正让残疾人学到一技之长，最终能靠所学的技术自主创业或者就业，而不是下级对上级所交任务的敷衍了事，因此，培训结束要对残疾人进行考核，合格者颁发就业资格认证书，有意自主创业者则可以考虑给予经济补贴、小额贷款或者税收优惠政策。对培训后也要跟踪式检查，例如掌握多少残疾人通过培训获得就业岗位，平均工资如何等后续资料，确保培训有效果。

另一方面，为残疾人就业提供平台。残疾人就业目前所获得的社会支持比较少，往往都是靠自己去寻求工作，为了帮助残疾人打开就业渠道，一是发动其他社会成员为残疾人与就业单位牵线搭桥。二是开办专门的残疾人就业服务机构，为残疾人就业提供咨询与介绍服务。该机构应建立本地区残疾人的信息数据库，包括残疾人的自然情况、优势与劣势，自身对未来职业的规划等具体情况，在残疾人与就业单位之间搭起有效平台。三是扶植福利企业或残疾人就业基地的建立，集中安排残疾人就业。辽宁省抚顺市抚顺县汤图满族乡的锦禾食用菌专业合作社①（简称锦禾菌业）是很好的典型，其经验值得全国推广。

（三）微观层面：提升残疾人自身素质

一方面，提高残疾人的文化素养。上文分析可知，文化程度影响着残疾人的就业意愿，高学历的人相对更积极地寻求就业机会，具有更大的主

---

① 锦禾菌业，是在县残联等部门帮助下成立的残疾人就业基地，基地以黑木耳这一特色农产品为主，招收残疾人以及残疾人家属就业，对于不能到就业基地工作的残疾人及其家庭，免费发放木耳菌段，使其在家里劳动便可以得到相应的收入。自2010年8月投入生产，两年内便发展得粗具规模。该基地的木耳销往国内各大城市。目前基地残疾人人均年收入可以增加8000元左右，大大改善了残疾人家庭的经济状况。

动性。另外，高等教育提高的不仅是文化水平，也培养着人们对待挫折的态度以及解决问题的主动意识。有些残疾人有着畸形的心理，认为残疾人就要政府无理由的供养，甚至无理取闹，自己抱着"等、靠、要"的心理，再多的援助也无法填补其逐渐扩张的欲望。具体来说，教育要从小抓起，适龄残疾儿童全部接受九年义务教育，且每年予以教育资助，对于学习成绩优异的学生，给予更多的奖励。关注孩子的心理动态，引导其正视自己的缺陷，鼓励其发挥自己的长处。对于初升高的残疾学生，降分录取，保证残疾学生都能接受到高中的教育。对于上大学的学生予以足额的资助，保证残疾学生不因经济问题而辍学。对于走入职业技术学院学习的学生，也通过奖学金和救助金的方式对其进行资助，减轻家庭的负担。

另一方面，帮助残疾人摆脱自卑心理，积极寻找就业机会，参与社会。调研发现，很多残疾人内心多少都有自卑心理和自闭倾向，缺乏自信心和积极进取意识，表现为不经常去邻居家、亲戚家串门，怕人歧视而不去寻找就业机会，对于生活只要求吃饱穿暖而缺乏自我发展的意识。为了帮助残疾人摆脱自卑心理，除了抓教育和社会风气以外，还应组织残疾人与健全人一起参加文化娱乐活动，丰富业余生活，打开心结，以最乐观的心态投入到生产生活中去。

根据发展性社会政策的理念，对于残疾人自身来说，就业不仅关乎其劳动生产问题，更是关乎其融入社会与自我实现。对于整个社会来说，残疾人就业不仅是一个群体的问题，更是整个国家的文明与进步，对和谐社会的建设以及可持续发展有着重大意义。

农村残疾人社会服务问题

吉林大学哲学社会学院社会保障系　詹　璐

残疾人是社会上的弱势群体，由于其身体、生理原因受到社会的歧视以及不公平待遇。为保障残疾人的基本生活以及基本权利，保障残疾人社会保障体系、社会服务体系则显得尤为重要。同时，重视对残疾人的服务体系建设，也是一个国家经济发展和社会文明的标志。本文在对东北三省4360份有效问卷及部分个案访谈的基础上，对东北农村地区残疾人社会服务的基本状况进行了初步的分析。

一　东北地区农村残疾人社会服务基本情况分析

本文将从残疾人接受社会服务情况、居住地附近拥有场所情况、日常生活中接触并使用过的无障碍服务设施情况三个层面分析东北地区农村残疾人社会服务的基本情况。

（一）残疾人接受社会服务情况

经数据统计，对于过去一年里残疾人接受的社会服务类型及频次统计整理如表1所示。统计结果显示，约占被调查者总数一半以上的残疾人没有接受过相应的社会服务，而在接受过社会服务的项目中，医疗服务占的比例相对较大，占被调查者总数的19.15%，其他则较低，均不足0.1%。

（二）居住地附近拥有场所情况

统计分析结果显示，残疾人居住地附近的小商店和小诊所覆盖率相对较高，分别占被调查对象总数的81.2%和60.7%。集市、储蓄所的覆盖率相对较低，分别占被调查对象总数的18.9%和12.4%。公共活动场所的覆盖率最低，仅占被调查对象总数的7.3%。

表1　　　　　　　　过去一年里残疾人接受社会服务情况

服务项目	数量统计	频次（总人数：4360）（人）	频率（%）
接受过社会服务	上门医疗服务	835	19.15
	专业家政服务	97	0.02
	送餐服务	58	0.01
	法律援助服务	78	0.02
没有接受以上服务		2424	55.60
其他		265	0.06

（三）日常生活中接触并使用过的无障碍服务设施情况

表2是根据调查数据结果统计出的残疾人在日常生活中接触并使用过的无障碍服务设施情况。

表2　　　残疾人日常生活中接触并使用过的无障碍服务设施情况

服务设施	数量统计	频次（总人数：2173）（人）	频率（%）
接触并使用过的无障碍设施	盲人道	257	5.9
	上厕所设施	258	5.9
	饮食设施	215	4.9
	购物设施	59	1.4
	起居设施	55	1.3
	出门设施	101	2.3
	医疗设施	443	10.2
	娱乐设施	35	0.8
没有接触使用		2457	56.4
其他设施		159	3.6

由统计数据可以看出，被调查者中的很大一部分（56.4%）都没有接触并使用过无障碍设施。在接触并使用过的调查者中，日常生活中提供给残疾人的无障碍服务设施种类较多，但是现实使用率并不高，在残疾人接触并使用过的无障碍设施中，医疗设施普及率较高，占被调查者总数的

10.2%，盲人道、上厕所设施、饮食设施其次，依次占5.9%、5.9%以及4.9%。其余设施所占比率均低于5%。

二 东北地区农村残疾人社会服务体系存在的问题

（一）现有社会服务硬件条件不足

对残疾人社会服务主要体现在对其基本生活的保障，而这种保障又是以各种便民设施和服务为实在载体的。不同类型、不同级别的残疾人需要的生活辅助设施不尽相同，而我们通过调查发现，现有提供给残疾人的硬件设施存在严重供给不足，同时不能满足残疾人的真实生活需要。

将不同残疾人需要的服务情况整理，调查数据显示（见图1）残疾人自身需要在医疗护理、饮食起居、精神慰藉三方面被提供的服务需求较多。近一半以上的残疾人需要医疗护理方面的服务。而由上文可知，过去一年里，残疾人接受的上门医疗服务人数比例占所有被调查对象的不足20%。供给和需求之间存在较大差距。

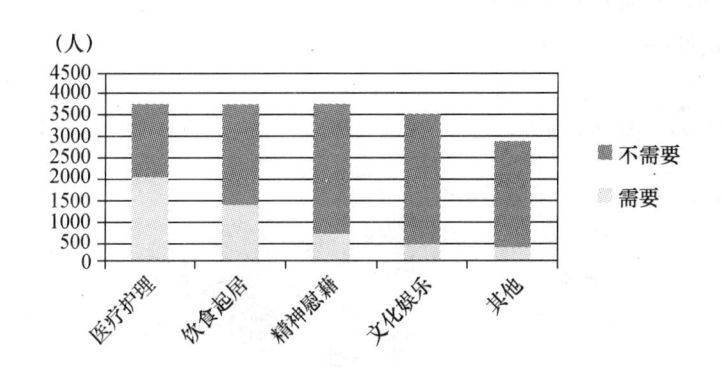

图1 残疾人需要被提供的服务情况

在具体便民服务方面，调查结果显示（见图2），残疾人普遍需要买东西送货上门服务、与外界沟通的电话装置以及家政服务、方便的存取款服务。然而，从现有残疾人服务体系提供情况上看（上文已列出），接受过送餐服务、家政服务的残疾人人数占被调查对象总数的比例仅仅占

0.02%左右，远远不能迎合残疾人真实需要。储蓄所的覆盖率较低，也不能满足残疾人存取钱方便的需求。

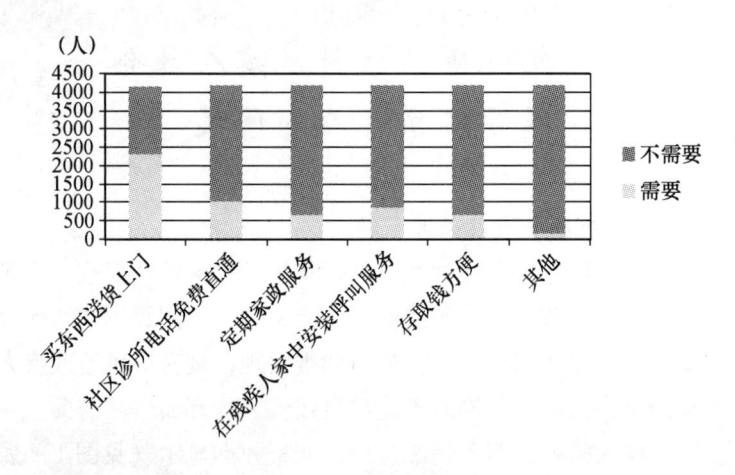

图2　残疾人具体需要的便民服务情况

（二）残疾人对现有社会服务提供情况满意度不高

残疾人社会服务，无论从制度还是设施上都旨在为残疾人提供生存和生活便利，其是否落到实处，由残疾人自己根据实际情况进行的评定是相对正确的指标。

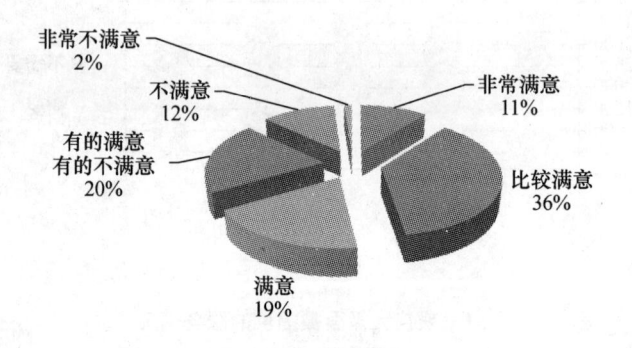

图3　残疾人对现行有关其服务的满意程度情况

经统计分析得知（见图3），残疾人对现行有关残疾人的服务满意程度中，非常满意的仅占11%，相对来说，非常不满意、不满意的比例占约14%。总体上看，残疾人对现有残疾人的社会服务表示满意的占五成以上比例。但其中导致不满意的因素也不容小觑。

同时，经 SPSS 统计分析（见表3），在有不满意情绪的被调查者中，23.8%的被调查对象认为现行残疾人服务体系的保障水平过低，很难维持生计，这是导致大部分残疾人对现有体制不满意的最主要因素。其次，分别有 500 名、353 名和 309 名被调查对象认为社会服务体系没有建立、服务不到位以及管理不到位是导致其对现有残疾人社会服务制度不满意的因素。最后，缺乏服务管理条例、服务不规范、服务人员态度恶劣等其他因素，也是造成残疾人对现有服务不满意的主要因素。综合看来，保障水平低、缺乏保障金是造成残疾人对现有社会服务体系不满意的主要因素。

表3　　　　　　　残疾人对现行服务不满意的原因

不满意原因	频次（总人数：4360）（人）	频率（%）
保障水平低	1036	23.8
服务不到位	353	8.1
缺乏服务管理条例、服务不规范	188	4.3
社会服务体系没有建立	500	11.5
管理不到位	309	7.1
服务人员服务态度恶劣	47	1.1
其他	27	0.6

（三）残疾人实际托养意愿与政府预想相背

1. 农村残疾人未来养老意愿

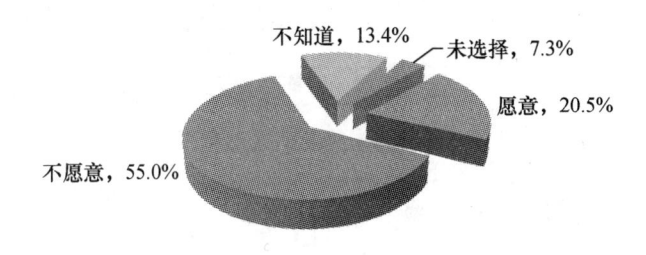

不知道，13.4%　　未选择，7.3%　　愿意，20.5%　　不愿意，55.0%

图4　到敬老院/福利院/老年公寓集中居住生活意愿

表4　　　　　　　各年龄组集中居住生活意愿分布情况

单位：人

是否愿意 年龄	愿意	不愿意	不知道	总计
70岁及以上	97	225	35	357
60—69岁	164	460	89	713
50—59岁	249	697	146	1092
40—49岁	241	703	153	1097
40岁及以下	143	632	160	935
总计	894	2717	583	4194

通过图4和表4中的数据统计可以得出，一半以上的被调查者不愿意到敬老院、福利院或者老年公寓集中居住生活，仅有20.5%的残疾人选择集中养老，在选择集中养老的人数中，仅有22.5%的人愿意长期居住（一年以上）。从年龄组别来看，年龄在60岁以下的残疾人大多数不愿意集中居住生活，70岁及以上年龄组中的残疾人愿意集体居住的比例相对来说较大，但是绝对值仍较小，占该年龄组人数总和的1/3以下，但从总体情况上看，残疾人并不倾向选择集体居住养老。

2. 农村残疾人养老资金供给

由图5可知，无论是一、二级重度残疾人，还是三级以下中轻度残疾人，对于未来托养方式的选择都倾向于由政府补贴生活费用在家生活。通过数据统计，我们还可以发现，虽然一定比例的农村残疾人选择政府出钱进行养老，但对比来说，很少人选择集中托养。可同时只选择在自己家里生活，不需要政府补贴的比重也并不大。

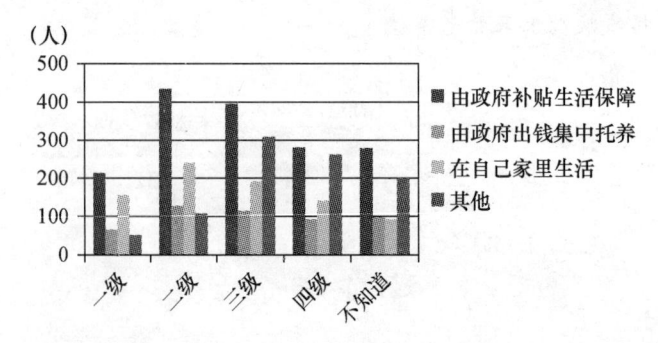

图5　残疾程度与托养资金给予方式选择情况的关系

3. 农村残疾人养老地点选择

由图 6 至图 8 的资料可知,无论从常住地、结婚情况还是残疾等级上看,在面对更优越的选择的时候,绝大多数农村残疾人仍旧普遍选择传统的居家养老方式,即不离开家。通过列联强度分析也可得出,常住地与未来托养方式选择在家距离城市或农村的距离方面有正相关关系。从婚姻状况分析,已婚的农村残疾人更偏重于居家养老。

总的来说,农村残疾人更倾向于居家养老,这与政府近几年提出的对农村残疾人进行集中养老的愿景相背。

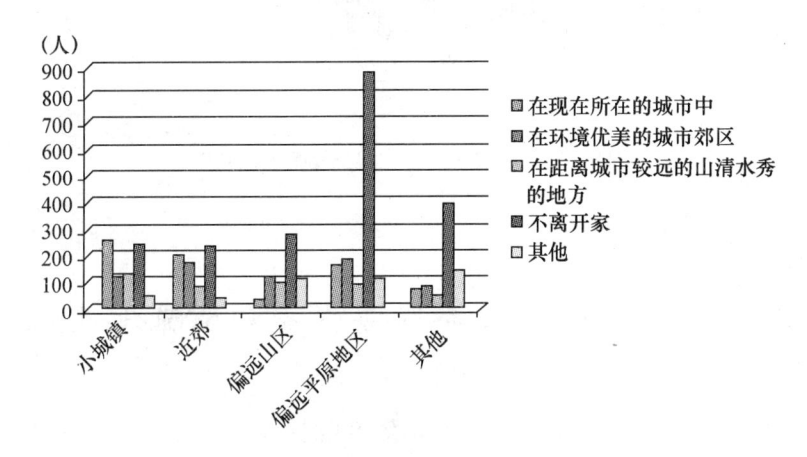

图 6 常住地与未来托养方式选择情况的关系

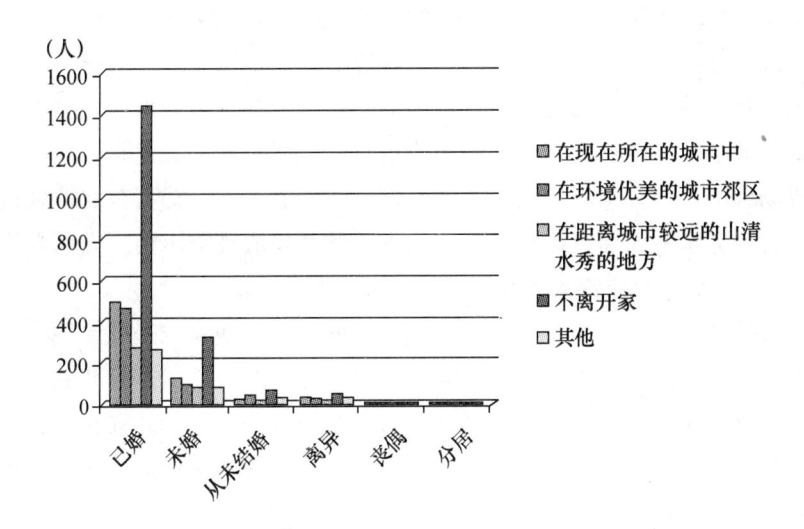

图 7 婚姻状况与托养方式选择情况的关系

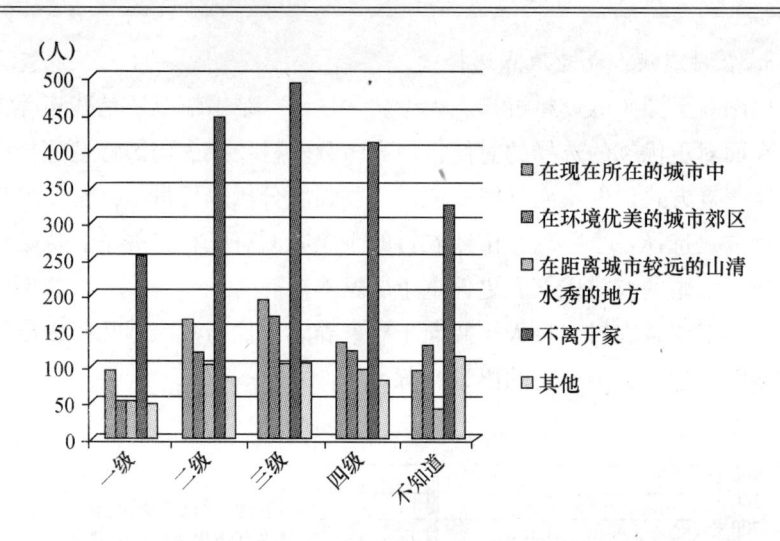

图8　残疾程度与托养方式选择情况的关系

三　提高残疾人社会服务水平的对策及建议

通过问卷设计、调查以及个案访谈，我们深入了解了残疾人的生活及其心理感受。残疾人服务体系本为方便残疾人生活所设，就更需要"用之于民，取之于民"，即听取残疾人群体意见，全方位整合，科学的提高残疾人社会服务水平。残疾人属社会弱势群体，由于其自身的身体或生理缺陷，在生活中会遇到比正常人更多的困难，有些正常人做起来看上去轻而易举的事情，残疾人做起来则困难重重。对残疾人的关爱不仅仅体现在重要场合中，更要网罗生活的方方面面。从问卷上看，提高东北地区残疾人社会服务水平大体可以从提高实物供给和满足心理需求两大方面着手。

（一）细化对残疾人医疗服务

理论上，无论是先天残疾或是后天致残、智力残疾或是肢体残疾，残疾人在生理、心理方面存在着病变，这必然导致对短期或是长期的医疗服务的需求。实际上，通过本次调查，由上文统计分析亦知，残疾人普遍需要医疗护理，而现有医疗服务存在严重不足。调查通过询问残疾人对提供医疗服务的建议，得出结论（见表5）。

表 5　　　　　　　　残疾人对医疗服务的建议

单位:%

		频数	百分比	有效百分比	累积百分比
有效数	0.00	433	9.9	10.4	10.4
	1.00	1605	36.8	38.7	49.1
	2.00	1198	27.5	28.9	78.0
	3.00	174	4.0	4.2	82.1
	4.00	708	16.2	17.1	99.2
	5.00	32	0.7	0.8	100.0
	6.00	1	0.0	0.0	100.0
总数		4151	95.2	100.0	
缺失值		209	4.8		
总数		4360	100.0		

说明：0－未选择，1－增设医疗服务网点方便就医，2－建立医生上门服务制度，3－残疾人所在乡镇街道设置救护车，4－建立居民一帮一的助残服务体系，5－其他，6－错误数据。

由统计数据可以看出，残疾人对增设医疗服务网点方便就医和建立医生上门服务制度的呼声较高，占对医疗服务需求总数的 2/3 以上。对于建立一帮一的助残服务体系的要求也有上升的潜力，且明显高于对救护车的需求以及其他需求，这也为我们提供了未来发展残疾人社会服务体系的新的方向：一方面，在农村增设医疗服务网点，并建立医生上门服务制度，这为行动不便的残疾人提供了更多的方便、更具体、更人性化；另一方面，由于农村残疾人所处地理位置的特殊化，邻里关系较紧密，故可以鼓励居民进行一帮一的助残服务，帮助残疾人的同时形成互帮互助的良好气氛。

（二）尊重并多样化居家养老方式

由调查数据得出（见表6），约占调查总数一半以上的残疾人希望，还是要以居家养护为主，社区提供必要的补充为辅。其次才选择把生活不能自理的残疾人全部收入社会福利院或安养院进行集中供养。但不得不注意到，其比例已经占被调查者的 1/3 以上。可见，对农村残疾人集中供养有发展的空间。而对于支持建立信息服务网络，由村委会（居委会）设专人服务或者其他方式为残疾人提供饮食起居服务方式的人数则较少。同时，通过上文的统计结果我们也可以得出结论，残疾人，尤其是农村地区的残疾人，传统的居家养老观念较强，又受其文化水平、婚姻状况、年龄状况的影响，总的来说，选择集中托养的养老方式在现阶段来说并不具有现实可行性。政府目前还应尊重残疾人的养老方式选择，与此同时，不断探索并开辟新的、多样化的农村残疾人托养方式，适应社会新形势的发展的同时，也能更好地为残疾人提供社会服务。

表6　　　　　　　　　残疾人对其饮食起居方面的建议情况

服务项目　　　　数量统计	频次（总人数：4360）（人）	频率（％）
把生活不能自理的残疾人全部收入社会福利院或安养院集中供养	1591	36.5
以居家养护为主、社区提供必要的补充	2217	50.8
建立信息服务网络，由村委会（居委会）设专人服务	663	15.2
其他	39	0.9

（三）加大对农村残疾人社会服务体系建设资金支持

无论是加强对基础设施的建设，还是更进一步关心残疾人心理状况的发展，每一步的落实都需要强有力的资金投入作为提供人力、物力服务的后盾。在调查的个案访谈中我们也可以发现，提到帮助，大多数残疾人都希望能提高社会服务的水平，也就是需要更多的资金来推动残疾人社会服务体系的建设。而资金的来源并不单纯是货币的运转，在这其中更多地包含着对完善残疾人社会服务系统、提高残疾人社会服务水平的深刻认识。一方面，只有政府真正意识到残疾人的生活状况、社会地位的窘迫，才能从根本上重视残疾人社会服务体系的建设，投入更多的资金支持该体系的建设；另一方面，由于残疾人身处社会弱势群体，也更加需要整个社会的关注，充分发挥非政府组织的力量、媒体的力量，动员整个社会，帮助残疾人群体的同时，又形成了良好的社会氛围。所以说，加大对农村残疾人社会服务体系建设的资金支持，既包括了现实货币和服务的增加，更多地蕴涵了人们对服务残疾人意识提高的理念。

浅议农村残疾人托养中心的建立

吉林大学哲学社会学院社会保障系 严 妮

一 农村残疾人托养中心建设现状

2007年7月14—15日全国智力和精神残疾人托养服务工作会议在广州召开,全面启动了智力和精神残疾人托养服务工作,为全国残疾人事业拓展出一个全新的工作领域。2009年11月22日,中国残疾人联合会和财政部在北京正式启动实施"阳光家园计划"智力、精神和重度残疾人托养服务项目。从2009—2011年,中央财政每年安排2亿元,共6亿元专项资金,用于补助各地开展就业年龄段智力、精神和重度残疾人托养服务工作,残疾人托养事业进一步发展。2011年1月13—14日,全国残疾人托养服务工作会议在北京召开,会上强调要扎实推进残疾人托养服务工作实现新突破。自2007年7月召开全国智力、精神残疾人托养服务工作会议以来,托养服务及机构建设取得阶段性成果,共已建、改建、新建托养服务机构1703个,为2.2万智力残疾人和0.8万精神残疾人及1.8万其他类别中、重度残疾人提供了托养服务。2009年残疾人托养服务机构达到3474个,比上年度增长1771个,托养残疾人规模达到11.0万人。2010年残疾人托养服务机构达到4029个,比上年度增长555个,托养残疾人规模达到14.5万人。[①]

托养中心的建设得到了国家的政策支持,但是农村残疾人托养问题仍然不能很好的解决。从托养中心性质上来看,并不是针对残疾人的,往往同敬老院的性质类似,里面既有残疾人又有无依无靠的老年人;从托养形式上看,农村残疾人中集中托养和分散托养的比例都很小,主要还是依赖于家庭成员的照料;从托养服务内容上看,农村残疾人托养服务以生活照

---

① 郑杭生:《社会学概论新编》,中国人民大学出版社1987年版,第102页。

料为主。农村残疾人托养中心相对滞后,由于农村残疾人数量多、分散广、涉及的家庭多、生活服务的需求量很大,而提供服务的总量与需求相比存在较大缺口,因此农村残疾人托养建设有重要的意义。

二 农村残疾人托养中心建立的必要性与意义

(一) 有助于满足残疾人的生存需要

生活方面,农村家庭成员多数时间用于田间劳动,尤其是在农忙时节,健全人要忙于农活,无劳动能力的残疾人无法得到很好的照顾。对于那些没有监护人的残疾人来说,生活更是困难重重。建立托养中心,将符合条件的残疾人纳入托养机构,可以使他们受到良好的照顾,从根本上改善其生存状况,他们的生活条件和生活质量都能得到改善。另外,在残疾人托养中心,残疾人之间也能更好地相互沟通交流,彼此解压。托养机构能为残疾人提供生活照料、康复训练、技能培训、文化娱乐、生产劳动等各种活动,不仅有利于残疾人生活质量的提高和康复的加快,更有利于他们更好地融入社会之中。

(二) 有助于缓解有残家庭的实际困难

对于农村残疾人家庭来说,建立残疾人托养中心最直接的意义是减轻了家庭负担。调查中发现,农村残疾人全家一年的平均经济收入为7096.82元,而残疾人个人平均一年的收入仅为2225.53元,残疾人个人一年平均支出约3259.26元。通过数据可以看出,残疾人个人平均收入在家庭总收入中的比重较小,而残疾人个人平均支出大于平均收入,这说明残疾人给家庭经济带来了很大的负担。如果残疾家庭成员被托养,托养机构的集体照顾成本相对较低,个人支出也能有所减少,同时,健全的家庭成员就能有更多的时间和精力安心地从事劳动生产,有助于提高家庭经济收入。另外,在残疾人家庭里会存在由于家庭负担重而引起的家庭成员关系的紧张,有的甚至会逃避负担置残疾人于不顾,家庭矛盾也会因此增加。将他们托养后能够减轻家庭负担,使家庭成员间的关系更融洽,促进家庭关系的和谐。

(三) 体现了社会主义新农村建设的基本要求

第一,建立农村托养中心是对解决"三农"问题的重要推进。托养中心对农村残疾人生理、心理、科学文化等综合素质都有提高，能减轻农村残疾人本人及其家人的经济负担。解决重度残疾人的托养问题也是对整个农村环境的改善，将重度残疾人尤其是精神残疾人进行托养能够减少他们对周围村民的潜在危害，有利于建立和谐的农村氛围，且农村残疾人中约有 78.9% 的残疾人认为善待残疾人是社会文明的标志。在农业方面，残疾人的托养安置使其家人能更好地投入到农业生产中去，而在托养中心的部分残疾人也能通过康复训练提高其劳动能力，使其能够参与到劳动中，创造财富。

第二，建立农村残疾人托养中心有利于残疾人"两个体系"建设。根据中残联〔2010〕42 号文件中指出，要推进残疾人社会保障体系和服务体系建设，加快改善农村残疾人民生。① 残疾人托养中心的建设是"两个体系"建设的重要组成部分，有利于完善对农村残疾人的社会服务和社会保障。

第三，建立农村残疾人托养中心有利于完善农村社会保障体系。目前农村残疾人社会保障项目主要是新农合、新农保、最低生活保障与社会救助、农村五保供养保障、农民工社会保障、优待抚恤保障、计划生育奖励扶助保障，而针对残疾人的专项保障还很欠缺，对重度残疾人的照顾几乎没有。因此，建立农村残疾人托养中心是对残疾人生活的重要保障。

第四，维护了社会公平正义。根据残疾人抽样调查，截至 2006 年 4 月 1 日，我国共有残疾人 8296 万人，占总人口的 6.34%，其中农村残疾人口为 6225 万人，占残疾人总数的 75.04%。目前仍有 1000 多万农村贫困残疾人未解决温饱，刚刚解决温饱、返贫现象也比较严重，全国贫困残疾人无房、危房户约 100 万。② 建立农村残疾人托养中心一定程度上化解了农村集体组织无钱办事的困境，使部分残疾人与健全人共同融入和谐社会建设之中，共享和谐社会建设和改革发展成果，形成文明的乡村风气与和睦的邻里、干群关系，对于化解农村的矛盾起到积极作用；同时，农村托养机构建立能缩小城乡残疾人待遇的差距，有利于社会公平正义的更好实现。

---

① 《中国残联关于认真学习贯彻国务院办公厅 19 号文件精神加快推进残疾人社会保障体系和服务体系建设的通知》，http://www.cdpf.org.cn/zcfg/content/2010 - 03/15/content_ 30332352.html。

② 刘振杰：《农村残疾人社会保障现状、问题及对策研究》，《中共郑州市委党校学报》2010 年第 4 期。

三 农村残疾人托养机构建设的困难与问题

(一) 托养机构可持续发展存在困难

目前农村残疾人托养中心还未建立完整的体系,托养机构的性质主要有民办、公办和民办公助。民办托养机构收取的托养费用比较高,部分民办机构利用闲置房改建,设施陈旧,消防安全得不到保障,服务水平低下;[①] 而新建托养院的费用高、成本增加,托养费用随之升高,大部分残疾人家庭愿意托养但负担不起托养费用。民办残疾人托养中心难以长期经营下去。

2009 年以来,中残联、财政部对于公办残疾人托养机构的建设投入较大,也取得了一定的成效,但是相较于庞大的残疾人托养需求,目前的托养工作覆盖面依然较小,存在场地紧张、资金短缺、专业公助人员不足的难题。公办托养机构使政府负担过重,财政支出大,不利于托养机构的可持续发展。

目前存在较多的是民办公助托养机构,由民间投资运营、政府资助的非营利性机构,以各级残联为主导,独立经营,成本收费。但是目前需要托养的农村残疾人大部分处于贫困状态,仅有低保的收入,在政府资助后,残疾人个人或家庭需要支付的费用仍然是很大数目,因此,现存的民办公助机构仍然不能很好地支撑下去。同时,民办公助对于"民"和"公"双方负担比例的确定也需要认真思忖。

(二) 托养资金不足

2009—2011 年,中央财政每年安排 2 亿元,共 6 亿元专项资金,用于补助各地开展就业年龄段智力、精神和重度残疾人托养服务工作,但这对庞大的残疾人口来说仍然很欠缺。一方面,国家投入的基金相对于庞大的残疾人数量来说仍然匮乏,已经建立的托养机构也会因为成本太高而不能持续发展;另一方面,国家审批建立托养机构时要求地方政府给予相应的资金匹配,这对地方政府来说是很大一笔投入,除少数富裕的县城外大

---

① 姜以文、刘丹林:《制约托养服务业发展的三个问题》,工作圆桌·圆桌论坛,2010 年 1 月,http://www.suyu.gov.cn/news/diaoyan/2011-04-19/2323.html。

部分很难负担；第三方面，符合条件的被托养者需要交纳一部分费用才能入住，这对贫困的农村残疾人家庭来说也是一个难题，常常存在托养床位空余的问题。

（三）人才队伍建设存在困难

建立托养机构需要有专业的工作人员，根据《2010—2012年江苏省残疾人托养机构建设实施方案》要求乡镇托养对象应不少于15人，并且按照不低于4:1的比例配备服务和工作人员，10名托养对象需要3名服务人员，且至少需要1名医疗方面的人员。[①] 然而，目前很多托养机构工作人员是一些无业的中年妇女，而不是通过专门的招聘和选拔获得，她们没有专业的知识，缺乏专业技能，不能很好地操纵康复设备或对被托养者进行心理疏导，不利于被托养者的康复。同时，托养机构工作人员的待遇低，不能很好地吸引专业人员投入托养机构，从基层到管理层都不具备专业人员素质。因此，托养机构专业人员的配备、专业人员的招聘和专业人员的工资待遇都是一个难题。

（四）托养机构的托养率不高

现有的托养机构本来屈指可数的床位仍然有大量的空床位现象，托养率不高。在调查中发现愿意到敬老院、福利院或老年公寓集中居住生活的人数仅占农村残疾人的20.5%，而不愿意去的占55%。[②] 一是因为传统上家的观念根深蒂固，农民对于家的感情非常深厚，而残疾人更是希望有亲人在身边给自己带来安慰和照顾。二是受到一些养老机构或福利机构的影响，部分农村残疾人认为托养机构基础设施缺乏，工作人员态度恶劣，集中托养的服务水平低下，对托养机构存在不信任感。三是托养费用高，家庭经济困难，无法支付托养费用，即使国家负担部分，而个人负担的部分对于几乎没有收入来源的残疾人来说仍然困难重重。四是目前的托养机构床位数量有限，大多数机构的经济状况和经营规模无法系统地为残障群体提供更多的空间和床位，大部分残疾人无法享受托养服务。

（五）对托养机构的管理监督制度不完善

残疾人联合会是残疾人管理工作的主要部门，但是在具体的残疾人服务项目上，残联会受到其他部门的制约，如残疾人教育受教育部门制约，

---

① 范丽丽：《残疾人托养机构的现状调查与思考》，《长沙民政职业技术学院学报》2011年第6期。

② 同上。

医疗康复受卫生部门影响，残疾人基础设施建设需要建设部门的审核，等等，在涉及政策实施和管理中还会和民政与社会保障部门形成交叉，这些都会影响对托养机构的管理，容易出现相互推诿和管理效率低下、管理成本高的状况。同时，对托养机构的监督机制还未形成，对机构的服务水平、服务质量没有量化的评估标准，不利于托养机构的发展。

四 农村残疾人托养机构建设的对策与建议

（一）建立可持续发展的托养机构

托养机构的建立应该发挥好政府、企业和个人的综合能力，以政府公办为主导，企业扶持和非公办机构为主体，残疾人家庭和个人起促进作用，形成民办公助的综合性托养机构。民政和残联应该积极鼓励建立切实为残疾人服务的托养机构，并合力出资保障机构的基本运行；鼓励效益较好的企业和经济状况良好的个人参与到扶持托养机构的工作中，并对该企业和个人给予奖励；在此基础上，残疾人个人和家庭应该配合好托养机构的工作，积极参与机构相关活动和遵守机构的相关规定。

（二）加大对托养事业的投入，合力利用现有资源

国家已经开始投入资金建立托养机构，但还需要加大投入的额度和加长投入的时间，设立专项托养资金，使托养机构走上顺利开展的轨道。[①]同时在建立托养机构时应合理利用现有的资源，一是县一级可以利用好已有的福利机构，如福利院、敬老院和老年公寓；二是镇和村两级可以利用好卫生院和诊所，在已有的设施基础上拓展基础设施，增加必要的资源，即可为残疾人提供托养。这样不仅能减少托养中心建设的成本，将更多的资金用于增加床位和提高服务水平方面，而且这些机构的部分工作人员有一定的托养经验，能为托养对象提供较好的服务，尤其是村镇上可以更方便农村残疾人实现托养。

（三）提高托养机构工作人员综合素质

托养机构的工作人员应该通过正常的招聘渠道获得的专业人员，他们能很好地操作康复设备，具备专业的心理学知识和一定的医疗知识，能够

---

① 何冬云：《转型期重度残疾人托养工作的探讨》，《理论探讨》2011年第4期。

应对智力、精神和重度残疾人的各种情况，能够运用特殊的沟通交流方式与聋、哑等有言语、听力残疾的人进行交流。同时，对工作人员需要定期进行专业的培训，使他们能够获得提升。在工作人员待遇水平方面应给予优待，吸引更多的专业人才从事残疾人托养工作。

（四）提高托养服务水平，加大对托养机构的宣传工作

托养机构的工作目的、工作方式、工作内容应形成规范，深入残疾人家庭给予宣传，改变他们对托养机构的观念，降低托养机构的门槛，获得农村残疾人的信任。提高服务水平，积极发挥已经受惠的残疾人的作用，将他们的亲身经历传达给其他人，让更多人来关注和扶持残疾人的托养工作。

（五）强化托养机构监督管理制度

托养机构的管理需要机构的领导者、机构的工作人员、被托养者和被托养者的家人共同努力，制定合理的管理制度，签订统一的协议，将残疾人托养服务纳入服务体制，使工作的开展有一定的依据。同时，应该把残疾人托养工作纳入相关部门的考核体系中去，评估工作的效率和效果，并及时改进和完善不足。被托养者可以根据自身的实际情况为托养机构制度的建立提供建议和意见，被托养者家人可以适时地参与到托养活动中，一方面减少他们的担心，另一方面可以起到监督作用。

经验研究篇

吉林省农村残疾人扶贫工作探索与实践

吉林省残疾人联合会

加强农村残疾人扶贫服务，促进残疾人脱贫，是残疾人服务体系建设的重要内容。近年来，在中国残联的指导和支持下，吉林省残联在农村残疾人扶贫工作领域作了一些探索与实践，并对面临的形势和困难进行了深入的分析和研究，在此基础上，对未来残疾人扶贫工作的发展方向和政策措施作了一些思考。

一 吉林省农村残疾人扶贫工作总体情况

据第二次全国残疾人抽样调查，吉林省有残疾人190.9万人，其中农村残疾人103.7万人，而11.96%的农村残疾人家庭处于贫困状态。一直以来，农村贫困残疾人由于受残疾影响和外界障碍，受教育程度普遍偏低、在市场竞争中处于劣势，在贫困人口中贫困程度最重，扶持难度最大。21世纪初，为贯彻落实中国残联等五部门《农村残疾人扶贫开发计划（2001—2010年）》，结合吉林省农村残疾人扶贫工作实际，我们确定了尽快解决40万贫困残疾人温饱问题，使初步解决温饱的残疾人稳定增加经济收入，缩小与社会平均收入水平差距的任务目标。十几年来，我们构建了政府主导、部门支持、残联组织、社会各界帮助、残疾人广泛参与的残疾人社会化扶贫工作体系，完善了重点保障和扶贫开发相结合、一般性制度安排和专项制度扶持相配套的残疾人扶贫开发政策体系，通过农村贫困残疾人危房改造、康复扶贫贴息贷款、扶贫基地建设、带传培训工程、农机合作社等多种扶持措施，使24万农村贫困残疾人稳定脱贫，使贫困线以上残疾人收入增加，生活稳定，生活状况与社会平均水平差异逐渐缩小。

（一）农村贫困残疾人危房改造

吉林省是农业大省，农村残疾人比例高，而且农村残疾人大多居住条件恶劣。为了从根本上改善农村贫困残疾人住房条件，从 2002 年开始，吉林省通化市在全国率先实施了由政府投入补贴资金，为农村贫困残疾人改造危房的"安居工程"。"安居工程"使许多残疾人圆了"安居"梦，尤其是一部分残疾人在"安居"后实现了"乐业"，生产生活状况明显改善，一些受益残疾人由衷地喊出了"社会主义好！"、"感谢党！感谢政府！"的口号。2004 年，中国残联副理事长王成金带领有关同志到我省调研，总结农村贫困残疾人改造危房"安居工程"经验，在全国全面推开，这就是后来的国家彩票公益金农村贫困残疾人危房改造工程。我省在贫困残疾人危房改造方面的探索和实践，为全国农村贫困残疾人改造危房提供了有益探索。

2008 年，吉林省委、省政府开始实施农村泥草房改造安居工程，省残联与省发改委协商，将国家彩票公益金贫困残疾人危房改造工程纳入泥草房安居工程同步实施。《吉林省人民政府办公厅关于全面推进农村泥草房改造安居工程扶持政策的指导意见》（吉政办发〔2008〕11 号）明确规定："将农村贫困残疾人危房户纳入全省农村泥草房改造安居工程当中，中央专项彩票公益金农村贫困残疾人危房改造项目与我省泥草房改造工程同步实施，资金补助按照困难户标准执行，社会帮扶向贫困残疾人倾斜。"这样，我省贫困残疾人每户可得到 6000 元的省级补贴资金。

《中共吉林省委吉林省人民政府关于促进全省残疾人事业发展的实施意见》（吉发〔2009〕22 号）和吉林省残联、人社厅、民政厅等八部门《关于印发〈吉林省残疾人社会保障工作三年推进计划（2010—2012 年）〉的通知》（吉残联发〔2009〕88 号）进一步规定："将残疾人无房户和危房户全部纳入农村泥草房改造安居工程，享受泥草房改造相关政策，并根据困难程度，按照困难户补助标准适当提高补助水平。"我省农村贫困残疾人危房改造范围逐步扩大，补贴标准不断提高，有效地改善了残疾人的居住条件，提高了生活水平。

（二）残疾人扶贫基地建设

为了进一步改善农村贫困残疾人生产生活状况，按照中国残联的总体部署，结合吉林省实际，我们从 2007 年开始创建农村残疾人扶贫基地。我们制定下发了《关于印发全省创建残疾人扶贫就业基地活动实施方案的通知》(吉残联发〔2007〕36号),首先选取长春、吉林、延边作为创建残疾人扶贫基地先行地区,在总结积累经验的基础上,在全省推开。在创建残疾人扶贫基地的过程中,各级残联加强对农村贫困残疾人的实用技术培训和产前、产中、产后的支持性、延伸性服务,积极组织和引导残疾人发展种植业、养殖业和农产品加工业,并投入残疾人就业保障金给予扶持,较好地推动了残疾人发展生产,被扶持残疾人家庭年增收均达1000元以上,并实现了滚动式发展,有效地实现了脱贫致富。

2010年年初,针对残疾人扶贫基地普遍存在的资金不足问题,我们积极争取省政府支持,同时多方协调省人社厅、省财政厅、人民银行长春中心支行等部门,研究设立专项担保基金开展小额担保贷款扶持残疾人扶贫基地。2010年5月,省政府办公厅印发了《吉林省人民政府办公厅转发省残联等部门关于设立省级残疾人就业专项担保基金开展小额担保贷款工作实施意见的通知》(吉政发〔2010〕10号),通知明确规定:"贷款扶持对象以省级残疾人扶贫就业基地等吸纳残疾人就业的劳动密集型小企业为主"。目前,已向残疾人扶贫基地发放小额担保贷款350万元,为扶贫基地建设注入了活力。

2011年年初,为了进一步规范扶贫基地建设,我们在总结过去几年残疾人扶贫基地建设成功经验的基础上,结合现阶段我省残疾人扶贫工作实际,制定并下发了《关于印发吉林省残疾人扶贫(就业)基地管理(暂行)办法的通知》(吉残联办发〔2011〕4号),指导基层残联更好地把握扶贫基地建设的方向、标准、申报和考核程序,使残疾人扶贫基地保持良好的发展态势。

截至2011年10月,全省共投入残疾人就业保障金1322万元,建立扶贫基地473个,其中省级残疾人扶贫基地22个,市(州)级残疾人扶贫基地52个,县级残疾人扶贫基地399个,安置和辐射带动2.2万名残疾人发展生产。

(三)"带传培训工程"和"千家万户巧手工程"

"十一五"期间,我省残疾人工作重心向农村转移、拓展和延伸,在这个背景下,我们开展了"带传培训工程"和"千家万户巧手工程"。2009年,我们在总结吉林市残联"一传十带百培训计划"经验的基础上,在全省残联系统开展了农村残疾人"带传培训工程"。我们在农村残疾人中选拔培养种植业、养殖业和加工业能手作为一级带头人,每名一级带头人培训十名二级带头人，每名二级带头人培训十名残疾人，通过面对面传授技能等灵活多样的方式，在农村残疾人中开展实用技术培训、农林牧业技术指导。三年来，共培训农村残疾人 140782 名，培训后每个残疾人年平均增收千元以上。通过"带传培训工程"，我省建立健全了农村残疾人就业服务和职业培训网络，各级带头人不仅带领广大农村残疾人学技术，帮助农村残疾人实现创业就业、增产增收，同时他们还活跃在残疾人当中，成为了农村残疾人工作的信息员、农村残疾人生产的服务员，农村残疾人政策的宣传员，农村残疾人思想工作的指导员，使农村残疾人工作真正活起来、动起来、亮起来。

2010 年，我们从扶持城乡残疾人就业实训基地入手，开展了"千家万户巧手工程"。全省各级残联依托本地资源，突出地域资源特色，开发适合农村残疾人创业就业的手工制作、工艺美术品等职业技能项目，如玉米叶编织、苏绣、剪纸、木雕、泥人、核桃壳工艺品等，帮助广大农村贫困残疾人实现转移就业，从而脱贫致富。两年来，全省共培育和建立残疾人就业实训基地 102 个，培训 4171 名，吸纳、辐射带动 5702 残疾人就业、创业。

通过实施"带传培训工程"和"千家万户巧手工程"，使我省康复扶贫贴息贷款的一家一户需求大幅增加，扶贫基地大量涌现，扶持和带动贫困残疾人发展生产的能力明显增强。由此可见，新时期残疾人扶贫工作，不能只是孤立的某一个项目的运作，而是需要采取多种措施，共同推进，才能使扶贫开发工作取得更佳成效。

（四）残疾人农机合作社

吉林省各级残联积极探索新形势下农村扶贫开发工作新途径。2009 年，长春市残联在二道区四家乡、双阳区奢岭镇开展了残疾人农机合作社（互助组）试点工作。市、区两级残联共同对试点乡镇投入残疾人就业保障金 315 万元，争取农机下乡补贴 40 万元，购买了 736 台（件）农机具，发放给农机合作社和互助组的农机领用户。合作社由村委会管理，在完成对残疾人的服务后，合作社作为残疾人就业创业基地进行市场化运营，所得收益作为合作社扩大再生产及残疾人事业发展基金。至 2010 年年底，两个区共组建农机合作社 2 个，互助组 180 个，覆盖 641 个残困户，687 名残疾人，受益总人数达 2300 多人，每垧地一年为残疾人节省生产费用 1000 元，大大提高了农村残疾贫困户的生产能力。

开展农村残疾人农机合作社（互助组）试点是针对农村残疾人扶贫工作提出的探索性、试验性课题。实践证明，这种扶助方式在帮助农村贫困残疾人发展生产、摆脱贫困的同时，更具积极意义的是它所带来的新思路、新理念。随着农村经济条件不断发生深刻变化，许多过去制定的针对农村贫困残疾人的扶助优惠政策相继淡出残疾人扶贫领域，与新形势、新条件相适应的政策资源极为有限。面对农机补贴等越来越多的反哺性农业新政，许多农村残疾人受自身经济条件的限制，无力享受其所带来的优惠扶助。尽管农机补贴比例有的已经达到50%，但多限于大型农机具，残疾人贫困户的购买力、操作能力都无法达到。残疾人及其家人或者继续付出繁重的体力，用原始的农具和传统的耕作方式从事生产劳动，或者为雇佣农机或劳力付出高额的生产成本。农村残疾人农机合作社（互助组）试点工作的开展，不但有效地减轻了残疾人劳动负担，而且为残疾人扶贫工作探索出了新模式，拓展了新领域，积累了新经验。

（五）康复服务体系建设试点

为农村贫困残疾人提供康复服务，是帮助农村贫困残疾人脱贫的重要手段。吉林省残联在这方面做了一些有效的探索。2010年1月，我们选取三个县开展农村残疾人康复服务体系建设试点。各试点县从组织保障入手，建立了由政府领导任组长，卫生、教育、民政等部门人员为成员的农康体系建设领导小组，各部门在残疾人农康体系建设中各司其职，发挥专业优势，利用专业知识和服务网络，在各自分管领域为残疾人提供专业化优质服务。通过残疾人工作委员会的例会制度和残疾人康复工作办公室的会议制度，对各成员单位涉及残疾人康复方面的工作作统筹安排和定期调度。试点县残联深入了解辖区内残疾人基本情况和康复需求，摸清为残疾人提供康复服务的机构和人员，协调相关部门和单位建立康复服务管理组织、技术组织、服务组织，以残联建立的康复中心为龙头，对乡镇医院康复员和村医进行定期和系统的康复知识培训，逐级进行康复技术指导，对县、乡现有的辅助器具进行统筹规划和使用。通过试点，完善了农村康复基础工作，提高了康复服务质量，健全了康复服务网络，充实了康复服务内容，扩大了康复服务受益面。

从农村残疾人康复服务体系试点中，我们看出，残联发挥自身优势，筹措资金，落实场地，确定康复服务人员，开展康复人员培训和康复知识宣传普及工作，促进优惠政策的落实，弥补了相关部门在残疾人康复工作方面的空缺和不足，对推动农村残疾人康复工作直接有效。在试点工作实践中，残联建立的组织，既有官方为残疾人提供服务的管理组织和技术组织，也有民间的自愿者服务组织和残疾人自助组织，这些组织功能的有效发挥，一定程度上满足了农村残疾人的康复服务需求。随着我省三级康复中心的建立和作用的发挥，医疗康复、教育康复等各类康复人才、技术手段在省、市、县三级康复中心的逐步规范和完善，农村残疾人康复工作必将在其引领下，逐步呈现出一个崭新的局面。

二 当前农村残疾人扶贫工作面临的困难

十年来，我们在残疾人扶贫方面做了一些工作，采取了一些措施，也取得了一定成效。但是，由于残疾影响、受教育程度偏低、缺乏技能、机会不均等、扶贫资金投入不足等原因，残疾人仍是贫困人口中贫困程度最重、扶持难度最大、返贫率最高、所占比例较大的群体，他们的生产生活状况与社会平均水平仍然有很大差距。当前，我省农村残疾人扶贫工作面临的困难主要体现在以下几个方面。

（一）农村残疾人与社会生活水平差距有逐渐拉大的趋势

尽管农村残疾人生产生活水平有了较大改善，但与全省平均水平相比，还有很大差距。特别是近年来，全省经济社会的不断发展，而农村残疾人由于技术水平低、生产能力差等原因，其收入远远低于平均水平，农村贫困残疾人状况与社会平均水平的差距不断扩大，残疾人扶贫形势依然严峻，任务十分艰巨。

农村残疾人家庭人均纯收入与社会平均水平比较

单位：元

年份	吉林省农村残疾人家庭人均纯收入	吉林省农村居民人均纯收入
2008	3263.3	4932.7
2009	3843.4	5266.0
2010	4453.2	6237.4

从上表可以看出，2008年，我省农村残疾人家庭人均纯收入3263.3

元,与吉林省农村居民人均纯收入4932.7元相比,差距为1669.4元。2009年,我省农村残疾人家庭人均纯收入3843.4,比上年增加580.1元,增长17.8%,与吉林省农村居民人均纯收入5266.0元相比,差距为1422.6元。2010年,我省农村残疾人家庭人均纯收入4453.2元,比上年增加609.8元,增长15.9%,与吉林省农村居民人均纯收入6237.4相比,差距为1784.2元。这些数字表明,我省残疾人家庭生活状况在不断改善,但与社会平均水平的差距却在逐步拉大。

（二）农村贫困残疾人扶贫稳定性差,返贫现象严重

2009年,扶贫标准提高到年人均纯收入1196元,我省贫困残疾人口数量增加到34.5万人,占农村残疾人总数的33.3%。同时,残疾人返贫现象依然严重。一是由于国家贫困标准不断提高,水涨船高,把原来贫困边缘户和刚刚脱贫的还处在贫困边缘的残疾人再次纳入其中。二是大部分刚脱贫的残疾人增收能力弱,抗突发事件能力差,因自然灾害、疾病、子女上学等情况返贫屡有发生。此外,受客观条件制约,农村残疾人文化程度普遍较低,经济条件普遍较差,既缺少生产项目的启动资金,又缺少先进技术接受能力,扶持难度较大。

（三）帮扶措施和力度同广大残疾人的实际需求还有较大差距

目前,针对农村残疾人的扶贫开发措施主要依靠康复扶贫贷款、危房改造、扶贫基地建设等项目,扶贫资金缺口很大,帮扶力度和范围均不能满足广大残疾人的实际需要。目前,全省有劳动能力的贫困残疾人17.1万名,但10年中得到有效扶持的贫困残疾人只有6.9万人,还有10万余名可扶持残疾人,因资金数量有限而得不到扶持。此外,康复扶贫贷款采取市场化运作模式,条件卡得太紧,银行多从自身的经济效益出发,放贷给经济条件好、有可靠担保的企业,残疾人本身经济条件差,申请贷款困难重重,难以得到有效扶持。

（四）扶贫政策的刚性力度需进一步加强

多年来,尽管在各级党委和政府的重视支持下,残疾人扶贫政策不断出台,残疾人扶贫开发工作深入推进,但同时也存在政策刚性不强、难以发挥应有实效的问题。许多政策停留在原则规定上,缺少量化的任务指标、明确的责任部门、具体的操作规程和严格的监管职责,使政策难以有效落实。

（五）针对重度残疾人缺少有效的帮扶手段

重度残疾人除了危房改造、"阳光家园"计划以外，只能停留在"三保一救"的扶持层面，无法实际参与到各项扶贫开发项目中。我省农村现有重度残疾人17.4万名，其生活来源完全靠低保、救助，成长空间没有弹性，既使脱贫了，也极易返贫，由此造成了这部分残疾人始终生活在贫困条件下。如果没有很好的帮扶举措，他们只能终生艰难度日，无法体现社会应有的公平性。

三 残疾人扶贫工作的思路与对策

今后十年，是我国经济社会全面发展的重要历史机遇期，也是全面构建和谐社会的关键时期。随着吉林省经济社会的快速发展，全省农村残疾人扶贫开发工作也迎来了难得的发展机遇。我们要以残疾人社会保障体系和服务体系建设为主线，以增加贫困残疾人家庭收入、提升贫困残疾人生活质量为目标，以提高农村残疾人基本素质和生存发展能力为重点，采取有效措施，加大生产扶助和生活救助力度，全面改善农村残疾人生产生活状况，促进其全面发展。

（一）健全残疾人扶贫工作机制

各级政府要切实承担起残疾人扶贫开发工作的责任，加强领导，将残疾人扶贫工作列入当地经济社会发展总体目标和政府扶贫规划，分解指标，量化考核。要加大对农村残疾人扶贫工作的政策和资金支持，优先配置人、财、物等资源。要加强部门协作，明确职责，强化落实。要建立协调机制，实行省负总责、县抓落实、工作到村、扶贫到户、受益到人的工作机制。

（二）完善残疾人扶贫政策体系

将农村残疾人的生存发展纳入城乡社会建设与管理范畴，统筹安排，同步实施；各项保障和改善民生、公共服务政策措施向农村残疾人倾斜，促进城乡残疾人保障与服务体系建设协调发展。落实国家各项农村社会保障制度、基本公共服务措施和扶贫开发政策。将农村贫困残疾人普遍纳入农村社会保障范围，并予以重点保障和特殊扶助。在"两项制度有效衔接"中，摸清残疾人低保对象和扶贫开发对象底数，优先落实各项社会保障政策，做到应保尽保；将有劳动生产能力的贫困残疾人作为扶贫开发重点人群，在扶持项目和扶持资金上给予倾斜，扶持到户到人。落实国家和省各项帮扶残疾人的法律法规、优惠政策和扶助规定，保障农村残疾人各项合法权益。

（三）加大残疾人扶贫资金投放总量

对于中央财政已经安排的康复扶贫贴息资金、实用技术培训资金等专项资金，要加强管理，强化服务，发挥最大扶贫效益。尤其是在康复扶贫贴息资金的落实和使用中，要协调金融部门针对贫困残疾人的实际情况，加大金融产品和服务方式创新力度，提高金融服务水平，充分发挥扶持作用，同时，在中央财政"继续增加扶贫资金投入"中，为残疾人扶贫资金争取更大的份额，也为省、市、县三级财政安排用于扶持农村残疾人发展生产的专项资金提供政策依据。各级残联会同财政部门在当年残疾人就业保障金中确定一定比例专项用于农村残疾人的就业创业、实用技术培训和农村残疾人扶贫基地建设，通过扶持项目、扶贫基地和集中安置残疾人就业单位，发挥辐射带动作用，提高资金使用效率，帮扶贫困残疾人家庭增加收入。此外，应积极落实《吉林省人民政府办公厅转发省残联等部门关于设立省级残疾人就业专项担保基金开展小额担保贷款工作实施意见的通知》（吉政发〔2010〕10号），鼓励金融部门简化贷款程序，提高金融服务水平，加强对残疾人扶贫基地的信贷支持。

（四）发挥项目带动在残疾人扶贫中的作用

要以地方特色优势产业为依托，发挥龙头企业和扶贫基地的辐射带动作用，促进农村残疾人就地就近实现就业。通过扶贫基地建设，创建一批管理规范、辐射带动力强、培训效果好、能够稳定增加农村贫困残疾人家庭收入的扶贫基地。通过"农机合作社"，发挥辐射带动作用，帮扶贫困残疾人家庭就地就近发展设施农业、庭院经济和其他生产经营项目，有效提高家庭收入。通过"阳光安居工程"，在保障性安居工程、新农村建设、小城镇建设、扶贫易地搬迁、生态移民、农民进城落户、农村危房改造过程中，对农村贫困残疾人家庭住房给予优先安排。

（五）加强农村贫困残疾人教育和培训工作

采取多种措施，保障农村适龄残疾儿童少年接受学前康复教育和义务教育。继续开展"带传培训工程"、"千家万户巧手工程"，以市场需求为导向，开展不同类别的残疾人专项实用技术培训，确保每个贫困残疾人家庭至少一名劳动力掌握1—2门实用增收技术，强化培训后就业和创业扶持服务。充分利用政府举办或补助的面向"三农"的培训机构和项目、"阳光工程"和"雨露计划"等，优先对残疾人开展多样化、多层次、灵活性培训，逐步提高残疾人科技文化素质和劳动技能。加强典型示范，激励农村贫困残疾人自尊、自信、自强、自立，增强脱贫致富的信心和决心。

（六）提升农村残疾人康复服务水平

扩大农村康复服务体系建设试点范围，以县级残疾人康复中心为主体，以乡镇、村基层公共卫生机构为补充，依托服务中心、学校、单位、残疾人活动室等场所，建立满足残疾人各种康复需求的残疾人康复服务网络，优先为贫困残疾人提供医疗康复、功能训练、辅具适配等个性化康复服务，提高其生活自理能力。要充分发挥残疾人组织及专门协会在农村残疾人康复工作中的作用，开展预防、医疗、保健、康复、健康教育、计划生育等服务。

（七）深入开展农村残疾人文化建设

要围绕建设社会主义核心价值体系，倡导"平等、参与、共享"的现代文明社会残疾人观，消除对残疾人的歧视和偏见，形成人人理解、尊重、关心、帮助残疾人的良好社会风尚。要不断完善农村残疾人文化服务体系建设，文化馆、图书馆、乡镇文化站和村文化室等公共文化设施要为残疾人提供必要的无障碍设施和高质量的个性化服务，切实提高农村残疾人的精神文化生活质量。广泛开展多种形式的农村残疾人喜闻乐见、寓教于乐的文化活动，积极引导残疾人参加文化娱乐活动，康复身心，丰富精神文化生活，提高适应能力和生产劳动能力。

（八）动员社会各界参与残疾人扶贫

动员党员干部、社会各界参与残疾人扶贫开发，继续发挥"帮、包、带、扶"等有效形式，落实扶贫和救助政策，不断拓展服务内容，创新服务手段，扶助贫困残疾人脱贫。农村基层党组织要抓好残疾人扶贫工作的落实，发挥政治优势，切实帮扶贫困残疾人改善基本生活，发展生产，增加收入。鼓励引导国有企业、非公有制企业、社会组织以及志愿者和其他社会各界人士，积极参与农村残疾人扶贫开发。有关部门要制定相应的政策措施鼓励和吸引社会力量支持、参与残疾人扶贫工作，推动建立社会帮扶残疾人扶贫工作的长效机制。

海伦市残疾人社会保障体系和公共服务体系的建设研究

黑龙江省海伦市残疾人联合会

海伦市位于小兴安岭南麓、绥化市与黑河市交接处，幅员面积4667平方公里，由于工业基础薄弱，是一个典型的农业大市、财政穷市，全市所辖人口82万，其中各类残疾人4.85万，占全市人口的5.81%，且分布广，约有80%分布在广大农村，在一定程度上制约着农村生产力的发展。海伦市委、市政府坚持将残疾人"两个体系"建设工作列为全市改善民生工作重中之重，并予以实施。按照《中共中央国务院关于促进残疾人事业发展的意见》（中发〔2008〕7号），海伦市政府出台了《海伦市残疾人社会保障和公共服务体系建设工作的若干实施意见》（〔2010〕13号），从完善制度和建立长效机制两方面进行了有益尝试，收到了明显的效果。

一 残疾人社会保障体系建设情况

海伦市残疾人社会保障工作的指导原则是：坚持残疾人优先纳入，重点保障，特殊扶助。建立健全我市残疾人有最低生活保障、住房保障、医疗保障的有效机制。

（一）加强残疾人社会救助

海伦市最低生活保障制度实施以来，符合城乡低保条件的残疾人基本上达到应保尽保的目标，目前，全市共有16800多残疾人享有最低生活保障，其中，大约60%是视力、肢体、智力、精神类的重度残疾人，特别对精神类残疾人实施了重点保障，即在全额享有最低保障基础上每人每月增加50元，住院治疗的重度精神残疾人每人每月增加100元，对享受最低生活保障待遇后生活仍有特别困难的残疾人家庭给予临时救助。

(二) 加强残疾人医疗救助

为了更好地提高残疾人基本医疗康复水平，根据《中共中央国务院关于深化医药卫生体制改革的意见》（中发〔2009〕6号）精神，海伦市出台了由卫生局、民政局、劳动局、财政局、残联等五部门联合下发的《海伦市关于落实残疾人医疗保障政策的具体实施办法》（卫农卫发〔2010〕1号），该办法就我市残疾人在医疗保障方面作了具体规定：一是城乡享有最低生活保障的残疾人基本医疗保险全部由民政部门从社会救助资金中给予全额代缴，而且还可以享有大病救助项目的救助。二是将农村重性精神疾病患者（精神分裂症，重性情感性精神障碍，儿童孤独症）经常服药费用纳入门诊统筹或门诊特殊病种费用支付范围。三是将国家基本医疗九类康复项目纳入新农合城镇居民医疗保险范畴之内，逐步扩大九类康复项目的救助范围。

(三) 加大对城乡贫困残疾人住房环境的改善力度

自2004年以来，国家实施棚户区改造和农村泥草房改造项目以来，我市积极筹措匹配资金420万，使210户农村贫困残疾人住进宽敞明亮的住房，同时，民政、建设、农委等相关部门在对农村实施的住房建设项目时，重点倾斜解决了2450户贫困残疾人住房问题，其中，212户住进集中产权的公有房屋（低保社区）；城镇无房户和极度危房户中有478户残疾人家庭住上城镇廉租房，占城内无房户极度危房户总数的63.8%，重度残疾人还得到了特殊照顾。"十一五"期间，农村残疾人危房改造工作取得了明显的成效。

(四) 全面实施残疾学生免费义务教育

我市在校中小残疾学生共有85名，在享受"两免一补"政策的基础上，通过申请国家福利彩票公益金助学项目，残疾学生每人每年能够获得500元以上的资助，缓解了贫困残疾家庭的生活压力。

二 残疾人公共服务体系建设情况

多年来，我市积极推进康复、教育、就业、扶贫、托养、无障碍、文化体育、维权等方面的专项服务工作，利用有限的社会资源，不断扩大残疾人服务覆盖面，努力提高残疾人服务的能力和水平。

（一）康复服务（"十一五"期间）

我们依托市医院、市中医院康复理疗科的医疗资源，分别在雷炎、向阳两个街道办事处成立了两处残疾人康复指导站，可为全市残疾人提供各方面的康复服务。推进"白内障无障碍市"创建工作，建立贫困白内障患者服务复明手术长效机制。重点康复工程方面，结合社会福利彩票公益金项目，全面实施0—6岁残疾儿童抢救性康复训练，精神病人免费给药的康复救助工程。残疾人机动轮椅车燃油补贴项目等也都取得了良好社会效果。

（二）就业、扶贫工作

残疾人就业工作，坚持集中与分散原则，鼓励残疾人自主择业，自主创业，通过宣传《残疾人按比例就业》政策法规，按比例安排残疾人就业的单位逐年增加，五年来，共有370人接受了职业技能培训，230名残疾人实现了个体就业，55人得到集中安置，32名残疾人在公益岗位上就业。就业与扶贫工作相辅相成，就业工作可以促进扶贫工作，因此，我们每年对有就业能力、有创业愿望的优秀残疾人进行资金、政策、技术、场地等方面的扶持。我市现有创业示范基地十个，以此带动了更多的残疾人脱贫致富。

（三）无障碍建设工作

现在我市主干道雷炎大街和向阳大街全部铺设了盲道，大中型商场和宾馆都有供轮椅进出的坡道。无障碍建设工作正在有序开展中。

（四）残联自身服务能力

2009年海伦市建成了面积为560平方米的残疾人综合服务中心，它是集康复服务指导、就业服务、职业培训、辅助器具供应、盲人按摩、法律救助、文体活动，"七位一体"的标准式残疾人综合服务中心，该中心的成立，极大地提升了残联为残疾人服务的功能。

三 问题和建议

第一，农村享受最低生活保障的残疾人，其补助标准过低，还处在生存线以下，生活还不能从根本上得到保障。由于最低生活保障工作由民政部门具体实施，对于残疾人的具体问题和困难还不能够全面掌握，因此，会存在以上问题。对此，能否根据残疾类别和残疾等级，明确低保标准，对于重度残疾人给予相应提高标准，以保障贫困残疾人生存的权力。

第二，对于没有生活自理能力和就业能力的重度残疾人，由于其监护人年迈体弱，逐渐失去监护的行为能力。建议一方面加大对重度残疾人的特殊护理补贴力度，以缓解残疾人家庭生活压力；另一方面加强残疾人托养机构建设，可以解决重度残疾人无人看护问题。可否对特殊（未婚单亲）家庭实行全家托养，选择比较典型的市县搞好试点，与托养机构项目的实施同步推进，并做好托养对象相关保障性政策的相应调整工作。贫困残疾人家庭需要在普惠的基础上，再加上特殊的优惠政策惠顾，才能保证他们的生活水平。

强化服务意识　完善保障体系
切实解决残疾人困难

黑龙江省富锦市残疾人联合会

富锦市位于黑龙江省东北部，三江平原腹地，松花江下游南岸，全境面积 8227 平方公里，下辖 10 个镇、1 个城关社区、266 个行政村，境内有农垦建三江分局及所属 3 个国营农场。总人口 48 万，其中农业人口 29.5 万。富锦市因农而兴，是典型的农业大县，国家粮食重点产区。目前全市共有残疾人 1.2 万人，近几年得益于党和国家的惠农政策和社会保障救助政策，富锦市残疾人生活状况有了明显改变，其中贫困残疾人全部纳入了城乡低保救助体系；享受基本康复服务的人数从无到有，达到 342 人，覆盖率达到 20%；实现创业就业人数达到 290 人，占有劳动能力人数的 10%。

但随着经济社会的快速发展，残疾人群体特征也有了新变化，一部分残疾人生活远远低于全社会平均水平，基层残疾人工作不适应、不配套等问题日益显现。体现在残疾人保障层面，我市老龄残疾人和精神残疾人比例分别达到 14%、2.7%，同时一户多残家庭有 103 个，重度残疾人有 954 人，其中 84% 的人没有劳动能力，70% 的人没有自理能力。对于这部分群体，我市虽然按政策做到低保跟进，应保尽保，但由于现有政策是针对全社会一般水平的统筹设计，农村低保标准每年 1300 元，只占人均纯收入的 13.5%；城镇低保标准每年 2760 元，只占人均可支配收入的 21.1%，而残疾人低保对象大都不能象正常人低保对象那样做到生活自理和有劳动收入，往往不能保障基本生活。例如，我市二龙山镇王俭夫妇都是没有劳动能力的精神和智力残疾人，2010 年一场大火，房屋倒塌、财物全失，虽然我市及时多方协调，无偿为他盖了新房，但由于市镇没有额外日常保障政策，村集体没有救济能力，一家人日常生活除靠低保金外，就是政府年节救济、村民的平时施舍，难以实现基本生活的长效保障。同时，养老、就医、康复、管护等问题，也逐渐成为残疾人特别是老残、一户多残，精神、智力残疾人面临的急待解决的问题。体现在残疾人服务层面，2010年，我市财政收入5.1亿元，地方可用财力9.1亿元，但一般预算支出达到19.2亿元，其中仅工资就近5亿元，虽然近三年我市从本级财政挤出50万元支持残疾人工作，但对于1.2万残疾人的服务需求来说还是杯水车薪。由于投入不足，直接导致残疾人康复、教育等硬件设施及配套服务的缺乏和缺位，建设精神残疾人集中供养中心、特教学校改造和聋儿语训中心等规划设计无法实现。令人尤为担忧的是基层残联还面临被组织弱化、职能弱化的趋势，我市残联只有8名工作人员，且均为行政人员，乡镇更存在着没有专门机构、专职人员、康复设施的"三无"问题，一方面，残疾人服务需求逐渐增多；另一方面基层残联缺少政策资源、项目资源，绝大数的工作需要依赖其他部门，搭其他部门的"政策班车"，往往导致工作处处受制，有劲用不上。这些问题，严重影响了残疾人整体生活状况和社会和谐稳定，使基层残联工作陷入被动。为了争取工作主动，我市在近几年抓住残疾人最关心、最急需的关键环节，深入挖掘现有资源潜力，努力在提高生存能力、改善生活质量上下功夫，进行了一些探索，我们的主要做法是：

（一）着力解决基本生活问题，努力实现"六个确保"

一是确保有房住。通过积极向上争取政策，国省投入127万元，地方匹配73万元，为146户残疾人危倒房屋进行了改造，为236户残疾人家庭发放廉租住房租赁补贴11.7万元，为49户残疾人家庭提供了廉租房。其中，2013年我市一次性为34户贫困残疾人落实廉租房，占全市年度廉租房总量的52%。

二是确保有饭吃。通过政府统一采购并发放口粮等形式，解决了2800余人贫困残疾人缺粮问题。

三是确保有衣穿。深入开展了"捐衣物、献爱心"活动，累计接收衣物2万余件，及时发放到贫困残疾人家中。

四是确保有医就。为城市贫困残疾人办理城镇基本医疗保险；农村贫困残疾人办理新型农村合作医疗，住院治疗144人，发放医疗救助资金42万元；门诊补贴3000余人。市政出资20多万元，对8名有暴力倾向的精神病患者进行了全额救助，送往上级精神病院进行长期治疗。

五是确保有煤烧。累计为城乡贫困残疾人家庭发放取暖费84万元，直接提供燃煤1000余吨，确保了贫困残疾人家庭安全越冬。

六是确保有学上。通过开展大型公益助学活动，共发放助学金3.8万元，为28名贫困残疾人家庭学生解决了就学难问题。

（二）着力扶持自主创业，努力做到"四给"

一是给政策。认真落实按比例安排残疾人就业政策，协调地税局通过代征方式，累计收缴保障金80多万元，为27名残疾人创业解决了资金困难。认真落实残疾人创业优惠政策，帮助减免各种税费10多万元。同时加大产业支持和社会保障政策的倾斜力度，其中，在扶持贫困残疾人发展奶牛养殖上，按照每头牛800元、每吨奶120元的标准，由市政府给予补贴；在扶持贫困残疾人发展生猪养殖上，每引入1头原种猪给予补贴1300元，同时对达到规模的额外给予资金奖励。在社会保障上，将城乡贫困残疾人全部纳入低保体系。在城市拆迁中，对不足40平方米的房屋按40平方米给予回迁安置，并额外给予4000元的现金补助。在农村泥草房改造中，一次性给予2万元补助。

二是给技能。在市残联设立了技能培训中心，常年开设手工制作课程，定期开展畜牧养殖技术培训，并委托市职业技术学校进行焊接、汽修等技能培训，同时积极向省市有关部门输送培训人员。累计培训贫困残疾人876人，其中送省培训盲人8人，使有劳动能力的贫困残疾人有了用武之地。

三是给岗位。市政府每年开发一定数量的公益岗位，优先安排给贫困残疾人，共有29名有劳动能力的残疾人上岗。同时，市残联切实加强劳动就业服务工作，有5名同志取得了职业指导师的资格，先后推荐127名贫困残疾人实现就业，扶持30余名残疾人成功创业。

四是给平台。在城乡培育了生猪养殖、奶牛养殖、盲人按摩、手工编织、铝塑门窗、制钉6个残疾人就业基地，市政府积极争取国省扶贫贷款和专项扶贫资金，促进基地发展壮大。目前6个基地共吸收367名贫困残疾人就业，同时辐射带动了786名贫困残疾人走上致富之路。

（三）着力改善康复条件，努力推进"三个建设"

一是建成全省县级面积最大的残疾人综合服务中心。该中心面积776平方米，按照"七位一体"的建设标准，设立了康复训练室、聋儿语训室、盲人保健按摩室、残疾人就业服务指导室、残疾人职业技能培训室、残疾人文体活动室，目前除聋儿语训室外，其他功能基本配套。同时，开设了"残疾人图书漂流站"和"残疾人体育中心",漂流站现有图书3000余册,体育中心增设了乒乓球、划船器、自行车等体育锻炼器材及室外体育训练路径,定期向残疾人开放,极大地丰富了残疾人的业余生活。目前中心累计服务对象达到 2000 多人次。

二是与锦东社区卫生服务中心联合开设了社区卫生服务中心残疾人康复训练指导站。目前已为 7 名肢残患者提供了专业的康复训练,并取得了满意的效果。针对部分肢残人因交通不便,只能在家庭里进行康复训练的患者,市残联深入到肢残人家庭为他们提供康复训练方法和帮助制作简易康复器具。原富拖厂技术员张志良,因患病造成双下肢截瘫,在康复训练过程中研发了一套适合家庭的综合康复训练器具。市残联及时为他申报了国家实用发明专利,并联系富锦拖拉机厂进行批量生产,被使用者广泛好评。

三是为我市中心医院争取到"佳木斯市白内障复明手术定点医院"。累计为 317 名白内障患者实施了复明手术,复明率达 100%,为贫困患者节省了 10 余万元医疗费。在此基础上,通过落实上级项目建设,先后为精神病患者争取康复经费 5.8 万元,为 9 名脑瘫儿童进行免费肢体矫正手术,为 8 名低视力配上助视器,为 7 名聋人配上助听器,15 名肢残人、聋儿、脑瘫儿、智残儿得到训练和服务,为残疾人提供轮椅 148 辆,安装假肢 43 例,提供拐杖、盲杖 7 件。通过康复治疗和训练,使一部分残疾人增强了生活自理和社会适应能力。

(四)着力促进社会参与互动,努力营造"两个氛围"

一是积极营造全社会扶残助残、关心支持残疾人事业的氛围。以"助残日"和"国际残疾人日"等节日为契机,充分利用现代媒体,开展形式多样的扶残助残宣传活动。广泛发动志愿者和社会爱心人开展助残包扶活动,组织企业开展集中捐助活动,目前有 137 名社会爱心人士加入到包扶贫困残疾人的队伍,有 26 个企业连续多年参与向贫困残疾人集中捐赠活动。几年来,市残联共接受或联系社会向贫困残疾人捐款、捐物折合人民币 47.7 万元,累计为 8100 余人次贫困残疾人解决了实际困难。二是积极营造残疾人自强自立的社会氛围。在全省县级率先成立了残疾人艺术团,常年活跃在城乡,利用演出形式,增进残疾人的沟通交流,宣扬自强自立的精神,引导贫困残疾人走向社会,用勤劳和智慧改变人生。为了全面丰富残疾人文化生活,近几年,我们还举办了一届残疾人运动会、二次书画展，一名残疾人参加了省、市的文艺汇演，另有一名残疾人在全国书法大赛中获奖。这些活动既丰富了残疾人文化生活，增添了他们生活热情和人生自信，也唤起了全社会对残疾人事业和对残疾人的理解和关爱。同时，不断加强残疾人教育工作，将残疾儿童少年义务教育纳入义务教育管理之中，特殊照顾，使有接受教育能力的轻度弱智、弱视和肢体残疾儿童、少年入学率达到75%。

（五）着力强化工作效果，深入落实三项制度

一是建立健全贫困残疾人包扶制度。以文件形式下发了贫困残疾人帮扶对接表，明确了市级领导和各镇、各部门班子成员的帮扶对子和年度帮扶计划，同时建立扶贫工作档案，并把完成情况纳入市委、市政府年度目标考核，作为干部奖惩依据。

二是建立健全服务联系卡制度。将市残联全体工作人员的工作职责、联系电话、服务承诺印制在卡片上，分发给所有残疾人，残疾人遇有困难，可24小时拨打服务电话，寻求帮助，实现了问题第一时间了解掌握，第一时间反应处理，累计为残疾人解决各类实际困难近500件，有效拉近了残联与残疾人的距离。

三是建立健全维权制度。与司法、信访等部门联合搭建了残疾人维权平台，建立了会商、通报和协作机制，累计接待残疾人来信来访720余人次，帮助解决就业、就学、婚姻、生活等方面问题45件，办理残疾人证5638本，为残疾人提供法律援助20余人次。

为了使残疾人工作更有成效，建议政府进一步加大支持力度。一是建议国家出台贫困残疾人基本生活保障制度，对一户多残、重残、老残、智残给予重点救助。二是建议国家加大残疾人基础设施建设投入，重点解决好精神残疾人管护、幼残教育、农村残疾人服务平台等问题。三是建议国家以县级残疾人口数量为基准，建立基层残疾人服务保障资金，由县级残联实行专户管理、专项使用。

农村残疾人社会保障与服务体系调查报告

黑龙江省富裕县残疾人联合会

近年来，我县残疾人工作在县委、县政府的正确领导下，在上级残联的精心组织及具体指导下，按照黑发〔2009〕13号和国办发〔2010〕19号文件的要求，把残疾人社会保障体系和残疾人社会服务体系建设（以下简称"两个体系"）作为残疾人工作重点，建立健全残疾人社会保障制度，完善残疾人服务体系，突出城乡统筹，完善残疾人公共服务政策，充分开发和利用社会资源为残疾人服务。现就工作开展情况报告如下：

一 全县基本概况

富裕县是省级贫困县，隶属黑龙江省齐齐哈尔市，位于黑龙江省西部，嫩江中游左岸，距齐齐哈尔市65公里，距哈尔滨市350公里。辖有5乡5镇，90个行政村，总人口27.94万人。县残联机关现有工作人员4人（其中就业所1人），残疾人专职委员24人，下辖10个乡镇残联组织、90个村级残协。我县现有各类残疾人1.1万人，占全县总人口的4%，农村残疾人7446人，占残疾人总数的66%。

二 制定完善相关政策，推进社会保障体系建设

残疾人"两个体系"建设是一项系统工程，涉及社会的方方面面，要想做好残疾人"两个体系"建设工作，必须坚持"政府主导、部门参与、残联协调"的工作思路，必须运用社会化的工作方式，依托政府各职能部门各尽其责，协同配合，保障残疾人工作有效运转。我们成立了富

裕县残疾人社会保障体系和服务体系建设工作领导小组,将"两个体系"建设工作纳入了全县国民经济与社会发展的大局之中,统筹安排,整体推进,同步实施。坚持"政府主导、部门参与、残联协调"的工作思路,全面开展残疾人"两个体系"建设工作,针对地方实际,制定完善相应政策。

一是2009年11月,遵照黑发〔2009〕13号文件精神,县委、县政府拟定了《中共富裕县委富裕县人民政府关于加快推进残疾人事业发展的实施意见》,对建立和完善"两个体系"提出了具体措施。

二是2010年4月,我们制定了《富裕县基层残疾人组织建设工作实施方案》,从健全残疾人组织、康复、生活保障、就业扶贫四个体系方面着手来加强"两个体系"建设。

三是完善低保救助制度,确保残疾人"贫有所保"。在基本生活保障方面,对符合低保条件的残疾人做到"应保尽保",并适当降低门槛和提高生活保障标准。全县目前共有城镇低保对象6015人,其中残疾人1320人,月人均补差额182元,保障标准230元,特困残疾人低保实施最高标准发放。将1794名农村贫困残疾人纳入农村低保保障范围,将最低生活保障补足到人均年收入1300元。

四是完善社会化帮扶制度。近年来,我县通过采取"帮、包、带、扶"及项目带动等多种形式,共扶持贫困残疾人1390人脱贫。其中,2004年争取到700万元的残疾人康复扶贫贷款,扶持农村贫困残疾人发展奶牛业,使660名残疾人摆脱了贫困。全县各部门、单位通过各种形式走访慰问贫困残疾人,为残疾人送去了价值达30余万元的慰问品和慰问金,解决了部分残疾人的生活困难。

五是完善"新农合"制度。富政办发〔2010〕25号文件明确规定:享受最低生活保障的残疾人和农村年人均收入低于1500元(含1500元)的贫困残疾人100%免费参加农村新型合作医疗。县内各医疗卫生机构对就医的残疾人凭证和《医疗优惠卡》免收挂号费,各项仪器设备检查和手术费减收10%—20%不等。这些政策使残疾人"看病怕贵、看病怕钱"的问题得到适度缓解,社会健康保障水平有所提高。在大病救助、临时救济等社会救助方面,将残疾人列为专项救助的重要对象,不断扩大我县农村特困残疾人的救助范围,提高他们的救助标准,使特困家庭和低收入家庭的基本生活得到稳定的保障。2010年,共为42名城镇残疾人发放医疗救助金 12.6 万元，对 65 名农村残疾人发放医疗救助资金 19.5 万元。

六是完善危房改造制度，确保残疾人"住有所居"。近年来，我县在实施农村泥草房改造工程中，结合上级残联危房改造项目，将残疾人列为危房改造的重点对象，共为 328 户贫困残疾人家庭实施危房改造。在项目落实工作中，我县有关部门优先安排建房用地，简化审批程序，降低产权证登记办理收费标准，切实改善了特困残疾人的居住生活环境。

七是完善养老保险制度。抓住省级新型农村社会养老保险在我县试点的机遇，制定优惠政策，为参加养老保险的重度贫困残疾人实行财政补贴，由县政府为其代缴最低标准养老保险基金的 50%（每人每年 50 元），保障重度残疾人优惠参保。

八是完善政策救济制度。在深化农村最低生活保障制度与扶贫开发政策有效衔接试点工作中，为确保残疾人整体融入试点工作全局，做到全面覆盖，对于符合条件的残疾人及其家庭，不论人数多少，重点考虑，优先纳入低保和扶贫开发范畴，确保残疾人在扶贫对象识别中不被遗漏，在指标体系中不被低划，让更多残疾人受惠"两项制度"。其中，将孤儿、孤老和未成家的各类成年残疾人（重残，残疾等级含二级以上）认定为零收入家庭，及时列入五保人口，享受五保政策。在"五保"供养方面，民政部门充分考虑残疾人的特殊性，对生活自理能力较差的残疾人，放宽入院条件，安排专人护理，让残疾老人安享晚年，有 67 名农村残疾人被纳入五保供养。

三 拓展服务领域，加强社会服务体系建设

近年来，我县将残疾人服务体系建设纳入政府公共服务大局，积极完善政策措施，大力探索农村社区康复、基础设施和无障碍环境等服务领域的工作经验，形成长效的发展机制，使残疾人享受到更均等、更公平、更便利的公共服务。

一是大力加强残疾人组织体系建设。我县将残疾人基层组织建设作为残疾人工作的首要任务，切实筑牢组织体系。2010 年，全县 100% 的村（社区）已建有残疾人协会。各乡镇残联设立了残联理事长，配备了一名专职委员；各村（社区）残疾人协会，基本上做到了有班子、有牌子、

有固定的办公场所、有规范的工作档案。每个行政村均有专职委员,并由县财政给予每月60元的误工补贴。各乡镇、各村(社区)残协发挥阵地优势,定期开展活动,收到了良好的社会效果。

二是健全残疾人康复体系,扎实开展残疾人康复服务。县政府将残疾人康复纳入全县基本医疗卫生制度和基层医疗卫生服务内容,县级医院及各镇卫生院、村(社区)卫生所建立残疾人康复站,设立专(兼)职康复员,建立残疾人社区康复组织管理工作网络。在2010年12月对全县各村屯医生进行社区康复知识培训的基础上,我们不断深入推广"三进家庭、三进社区"的工作模式,发挥村(社区)康复站作用,为残疾人建立康复档案,组织、指导残疾人开展以家庭为基础的康复训练,普及康复知识,推行康复转介制度,为残疾人提供各项康复服务。近三年来,全县共有1026名残疾人获得康复服务。2010年,在创建"白内障无障碍县"工程中,先后三次邀请省眼科医院奔赴我县集中为121名贫困患者实施免费复明手术,产生了良好的社会影响;在实施0—6岁残疾儿童抢救性康复工程中,对7名农村贫困残疾儿童进行了肢体矫治免费手术。有21名农村精神病患者连续两年得到免费用药服务。

三是加强残疾人教育服务。几年来除累计争取到国家彩票助学公益金8万元投入到特殊教育事业以外,2010年残联还专门为特教学校聘请了一名语训教师,补充特教师资力量。县政府结合省市文件精神,出台了救助残疾人和残疾人子女升入大学奖励制度,并通过"爱心助残"募捐基金,扶助18名考入高等院校残疾人大学生和贫困残疾人家庭健全子女给予一次性补助,扶持基金共计2.1万元,同时积极争取"通向明天—交通银行残疾青少年助学计划"项目,使更多的残疾人能完成高中教育和高等教育。

四是强化残疾人就业服务。为促进农村残疾人就业,我们专门聘请县高级畜牧师相续举办三期农村残疾人养殖经济、庭院经济免费培训班,共计培训1500人,鼓励农村残疾人实现种、养、加各种方式的就业,鼓励农村经济实体安置残疾人实现集中就业;我们还通过各种有效方式促动劳动用工企业招纳残疾人就业,扶持城镇残疾人实现各种就业,投资五百万元的永盛精密铸造公司作为残联招商引资福利企业,先后安置15名残疾人职工集中就业;切实维护残疾职工的合法权益,在开展残疾人就业保障金年审过程中,对用人单位未给残疾职工办理养老保险的残疾人员,一律不计入"安残"比例。民政、税务部门在福利企业年审时，对没有办理养老保险的一律不予退税，并责令企业改正和补交。

五是全面启动"阳光家园"计划。2010年共为50名符合居家条件的残疾人发放了居家托养服务卷。县残联积极筹建残疾人托养服务机构，经省残联审核同意后，充分利用二道湾精神病疗养院的现有资源，联合成立了非营利性残疾人职业康复训练中心，建筑面积1600平方米，已为80名智残人和精神残疾人提供了机构托养服务，目前训练中心已发展成为集残疾人康复、托养于一体的残疾人综合服务设施。

六是发展残疾人文化体育服务。我们积极鼓励残疾人参与文化艺术创作，积极培养优秀的残疾人文体人才，先后向省选送了2名残疾人运动员，多次参加国家和省级残疾人运动会。2010年，友谊乡哈川村残疾人陈俊花举办了个人画展，富裕镇残疾人王立野的两篇油画作品在省残疾人艺术作品展上分别获得了一等奖、二等奖。在每年助残日期间，我们都要组织残疾人专场文艺演出活动，以丰富残疾人精神文化生活。

七是健全残疾人法律服务体系。为有效维护残疾人合法权益，保障残疾人充分享有社会物质文化成果，我们设立了县级残疾人法律服务和援助中心，还依托各乡镇司法所成立了残疾人法律服务和援助站，使残疾人可以就近、就地得到及时、便利、有效的法律服务。

在残疾人社会保障体系和服务体系建设工作中，基层残疾人工作者作了一些有益的思考和探索，也遇到了一些困难和问题，现提出如下几点建议：

一是组织建设仍需加强。从实际来看，虽然建立了县、乡、村三级残疾人工作网络，但是从残疾人工作者整体结构来看，县级残联机关编制仅有三名，领导指数也仅限一名，不能适应当前残疾人事业快速发展的需要，干部队伍有待充实，领导班子结构也有待于加强；从业务的精深程度来看，已配备的各村（社区）专职委员还有待于进行更高更深的业务知识培训，切实提高他们的服务意识和服务水平，从而进一步加强残疾人组织建设，形成健全的残疾人工作组织网络。

二是残疾人事业经费的投入仍需加强。近年来，我县组织实施了诸如"阳光家园"、"扶残助学"、残疾人危房改造等残疾人特惠工程，但由于受益面过窄、资助标准不高，一些项目的实施远远不能满足残疾人的实际需求，与残疾人及其亲属的期望值仍有较大距离。因此，我们建议，要扩大"阳光家园"托养服务面,并随着经济社会发展,逐步提高资助标准;要将中考优秀残疾学生纳入省"扶残助学"范围;对危房或无房且无新建、改建或置换房屋能力的特困残疾人家庭,要提高补贴标准,改善居住环境。

三是城乡低保户的覆盖面仍需拓展。针对重度残疾人、一户多残、老残一体的困难家庭,除享受健全人的低保待遇外,面上要做到全保尽保,标准上可明确提高一个以上的等级,让残疾人得到更多的实惠。

四是残疾人医保报销范围仍需扩大,努力提高残疾人生活质量。根据国家、黑龙江省有关规定,将白内障复明手术、精神病治疗、18岁以下脑瘫矫治手术、辅助器具配备、脑瘁中后遗症、康复训练纳入城镇职工基本医疗保险、城镇居民基本医疗保险和新型农村合作医疗报销范围,并将符合规定的其他残疾人医疗康复项目逐步纳入报销范围,保障残疾人的医疗康复需求。城乡医疗救助将贫困残疾人作为重点救助对象,对医疗保险和新型农村合作医疗报销后个人负担费用仍然过高、影响家庭基本生活等符合条件的残疾人,由民政部门从大病医疗救助中再给予一次性救助。

五是残疾人康复观念仍需倡导与改造。仍有大部分残疾人及其家属维权意识薄弱,缺乏康复意识和康复知识,缺乏自我康复管理知识和技能,不懂得通过康复治疗可以恢复部分损伤的功能。大部分脑瘫和智残儿童由于家长缺乏残疾预防与早期康复知识,贻误了早期康复训练时机,导致这些孩子普遍严重缺乏生活自理能力和社会适应能力。

六是社区康复技术和人员严重匮乏,社区康复服务能力仍需提高。现有康复协调员和康复员的专业化程度不高、服务能力不强,康复员和康复技术人员的康复训练技术水平低,为残疾人提供的服务局限于最简单、最基本的医疗服务,服务能力远远满足不了残疾人的需求。在广大农村,社区康复技术得不到普及,县医疗机构和乡镇卫生院医生和村医没有经过专业的康复培训,无法指导有社区康复需求的残疾人就近、就地进行基本康复训练。另外,全县社区康复站较少,服务能力差、水平低、覆盖面小覆盖全县的社区康复服务网络还未完全健全成型;大部分身在偏远农村的贫困残疾人得不到及时有效的康复;现有的社区康复服务人员少,技术能力差,服务水平远远满足不了残疾人的需求,残疾人工作的社会化工作体系还有待进一步提高。

七是缺乏必要的设施和设备。我县政府财政紧缺,无力筹建社区康复资源中心，无法配备各种残疾人康复设备，县残联也只能满足几个社区康复活动站的简单设备需求。尤其是在农村，康复设施和设备严重缺乏，残疾人根本没有条件使用设备进行康复。

八是无障碍设施建设和改造还有着很大的不足之处，还有待于我们在今后的工作中，按照上级要求和标准进行加强和改进。

在下一步工作中，我们将利用我县《中共富裕县委、县政府关于加快推进残疾人事业发展的实施意见》出台的有利契机，认真做好以下几项工作，促进"两个体系"建设更加健全和完善。

一是在社会保障体系上，与有关部门互相衔接，制定、出台社会保障、低保、五保、医疗卫生、教育、就业、扶贫、维权等专项政策。

二是以组织机构建设和康复机构建设为重点，抓好服务体系建设。健全和完善现有的县、乡、村组织机构，配齐人员，落实待遇，在保证有人干事、有钱做事的基础上，不断提高各级残疾人工作者的素质和能力。

三是借助嘉道理项目的实施，坚持高标准、高规格的原则，抓好普惠面广、受益者众的各项活动，使残疾人康复医疗、教育、就业、生计、社会融合与维权的服务水准得以提升，从而促进"两个体系"建设更好地发挥效用。

吉林省农村残疾人群体组织的可行性分析

长春大学 黄晶梅 长春市残联 王爱国

残疾人事业是关乎社会民生的事业，对于社会的稳定、经济的持续发展和国家的长治久安有着重要的意义。一直以来，我国都十分重视残疾人事业的发展，对残疾人进行大力扶持。然而，随着农业生产方式、农村生产组织形式、农民人口结构的日益变革，传统的个体扶持已经无法满足残疾人对基本公共服务均等化的诉求。因此，残疾人群体组织应运而生。

根据吉林省农村残疾人目前的生产生活状况，以及第三部门、政府对其实施帮助等已有条件的基础上，吉林省长春市拥有了农村残疾人群体组织在实践层面上的成功举措，这些成功的举措充分证明，把农村残疾人群体有效地组织起来进行合作化扶持是切实可行的。

一 残疾人自身已具备合作化的条件

（一）残疾人群体数量已具规模

第二次全国残疾人抽样调查主要数据公报显示，截至2006年4月1日零时，中国31个省、自治区、直辖市的残疾人口总数为8296万，其中城镇残疾人口为2071万，占全国残疾人口的24.96%；农村残疾人口为6225万，占75.04%。[①] 在吉林省，依据吉林省第二次全国残疾人抽样调查主要数据新闻发布会公布的数据及吉林省长春市统计局公布的人口数字推算，2006年4月1日零时吉林省长春市第二次全国残疾人抽样调查领

---

① 《第二次全国残疾人抽样调查主要数据公报》（第二号），http：//www.gov.cn/jrzg/2007 - 05/28/content_ 628661.html，2007 - 05 - 28。

导小组办公室公布：吉林省共有残疾人总数190.9万，所占比例为7.03%。其中，视力残疾27.2万人，占14.25%；听力残疾42.8万人，占22.42%；言语残疾2.9万人，占1.52%；肢体残疾64.8万人，占33.94%；智力残疾12.1万人，占6.34%；精神残疾13.4万人，占7.02%；多重残疾27.7万人，占14.51%。[①] 由此可见，农村残疾人不仅是残疾人中的主要群体，同时也是最困难和最弱势的群体。农村残疾人家庭中的其他成员对保障残疾人的基本生活发挥着重要作用，因此对农村残疾人的救助与扶持，其对象不应只是残疾人本身，还应该包括家庭中其他成员在内的整个残疾人家庭。在农村的残疾人中，一定数量的残疾人群体为群体组织的实施提供了可能性。

（二）残疾人存在组织合作的需求

农村残疾人是弱势群体的典型代表，有着双重的弱势性：与城镇居民相比，农民属于弱势群体；与健全人相比，残疾人属于弱势群体，故农村残疾人同时具备了农民与残疾人的双重弱势特征。[②] 随着农业生产方式、农村生产组织形式、农民人口结构的日益变革，农村残疾人的个体生存和发展的能力受到了极度削弱，其生活水平越来越贫困，农村残疾人的弱势和不利地位也随之显现出来。目前，单纯的社会救济已经跟不上农村残疾人对基本公共服务均等化诉求的脚步。因此，只有把农村残疾人组织起来，使其成为一个相互合作的群体，能够走出农村残疾人个体扶助面临的困难境地。农村残疾人在接受帮助的过程中，家庭和集体一直都是稳定和不可忽视的力量。随着农村残疾人需求层次的不断提高，应在单纯的个体扶助的基础上，加强群体组织合作的扶助。农村残疾人组织在对农村残疾人的社会救助方面有着十分重大的意义。因此，农村残疾人组织的健全与否，将直接影响着残疾人在社会中的作为。

在吉林省的农村残疾人群体中，有的一户只有一个残疾人，还有的是一户多残；有的是有自立能力的残疾人，有的则是丧失了自立能力，只能单纯通过扶助来扶持的残疾人。其中，有自立能力的残疾人可以通过扶贫开发等项目得到帮扶。例如：通过小额信贷、发展养殖业等项目。而这样的帮扶对于一家多残和重度残疾人家庭作用并不大，这就是所谓的个体

---

① 吉林省公布残疾人抽样调查主要数据，http://www.scio.gov.cn/gzdt/gddt/200612/t104446.html，2006 - 12 - 26。

② 孔祥智、钟真：《农村残疾人救助与扶持研究》，《北京农学院学报》2008年第1期。

化扶持所面临的困境。因此，如果能把农村残疾人通过群体的方式组织起来，让他们通过户与户的方式协作，每个残疾人通过发挥自身的优势，则可以摆脱个体化扶持所面临的困境。这是农村残疾人所共有的迫切需求。

（三）残疾人拥有群体组织合作的能力

农村残疾人作为社会的一分子，他们有责任并且也有能力向社会贡献自己的力量。残疾人群体可以分为视力残疾人、听力残疾人、言语残疾人、肢体残疾人、智力残疾人和精神残疾人六类。而在这六种不同的残疾人中，由于他们拥有不同方面的能力，给他们提供了合作的可能性。例如，在吉林省长春市实施的扶残农机互助合作组是由1个农机领用户（残困户）和2—3户农机协作户（残困户）组成的，而他们之间的合作则可以是不同方面残疾的残疾人组成的合作群体。如果一户是言语残疾人，那么他可以和任何其他不同类型的残困户组成一个农机互助合作组，来相互合作，谋求自身的发展。青壮年残疾人不论是在体力上还是其他方面都比老年残疾人占有优势，所以，青壮年残疾人和老年残疾人也同样可以结合成互助合作组。因此，尽管农村残疾人自身拥有缺陷，而且在生存中还处于劣势，但是通过群体组织合作，他们仍然拥有发挥自身主观能动性、实现自身价值的能力。

（四）残疾人拥有群体组织的成功经验

近几年，吉林省长春市开展了农村残疾人农机互助组（合作社）试点，建立了残疾人爱心轮椅社。这些都是吉林省对于农村残疾人群体组织在实践层面上的成功举措，吉林省长春市成为这一全新模式探索的领头人，同时也挖掘出许多对于吉林省农村残疾人群体组织的探索、确立"群体扶助、互助合作"条件与优势，总结了许多宝贵的经验。如吉林省长春市开展的农村残疾人农机互助组（合作社）。

扶残农机互助组（合作社）借鉴的是著名的尤里斯"乡村银行"模式[1]。这种模式是以贫困弱势群体具有良好还贷信用为前提的，实行小组贷款制度和层级组织管理，并进行集中放款和还贷，集体进行培训，以便于成员之间互相监督，并且能够营造团队精神。吉林省长春市二道区四家乡和双阳区鹿乡镇是这次农机互助组（合作社）的首批试点，两个试点

---

[1] 乡村银行模式，即为农村最困难的人提供分期等额偿还的小额贷款，来扶持他们开展生产经营活动的扶贫模式。

的残疾人按照2009年制定的《关于开展残疾人农机合作社（互助组）试点工作意见》确定的原则和提出的要求，并结合各自的实际情况，按照残联对其研究后制定的实施方案，即：农机互助组（合作社）坚持政府补贴、民办民营、残健结合、残疾人受益的原则，由乡镇政府进行领导，区残联进行监督；互助组（合作社）内部按照协议或章程来实行民主管理、民主决策和民主监督，在经济上实行市场化运作、独立核算、自负盈亏、利益共享来组建合作组。同时在具体组建的过程中，按照自己的意愿，成熟一个，组建一个。在区残联和乡镇政府以及残疾人自身一个月的努力工作下，二道区四家乡成立了80个农机互助组，1个农机合作社，覆盖了全乡291个残困户和318名残疾人。双阳区鹿乡镇在前期成立42个农机互助组，覆盖了102个残困户和106名残疾人。在完成了入组教育培训、集中办理证照保险之后，两个试点乡镇的农机合作社和互助组的农机领用户在春耕播种之前拿到了政府发放的农具。截至目前，长春市第一试点乡镇，共组建农机合作社2个，互助组186个，免费发放农机具766台（套），覆盖686个残困户，扶助残疾人739人，受益总人数2360人左右。耕种面积达到7000余亩。

农村残疾人通过组建农机互助组和合作社这样一种生产组织形式和社会组织形式，在充分利用了农机补贴等政策资源的前提下，把自身组织起来，扶助、协作互助、团结奋斗，共同改善了自身的生产生活条件，营造了一种团队协作精神，同时还促进了乡镇残疾人联合会、村残疾人协会等基层残疾人组织建设。在残联的精心组织领导和残疾人自身的努力下，试点工作取得了很大的成效，并总结出了许多成功的经验。加入农机互助组的残疾人和家人友爱互助、团结协作，切实改善了他们的生产生活条件；各互助组的农机领用户也努力创业致富，成为扶残助残、创业致富的带头人；同时，区残联也以此为契机，进一步推动和加强了乡镇残联和村残协等基层残疾人组织的建设。

二　政府部门推动残疾人互助

（一）"以人为本、执政为民"执政理念的支持

"以人为本"是科学发展观的本质和核心，它体现了中国共产党"全

心全意为人民服务"的宗旨和"立党为公、执政为民"的政治理念。"人"指的是全体社会成员，特别是包括残疾人在内的最广大的人民群众。在农村残疾人事业工作中，就是要坚持"以人为本"的思想，这对于树立和落实科学发展观，切实推动农村残疾人事业的发展转入科学发展的轨道无疑具有非常重要的意义。农村残疾人也同样是现代化的推动者，更是社会文明的共享者。在我国提出构建和谐社会和以人为本的背景下，农村残疾人作为最应该受到关爱的群体应该引起更多人的关注。努力提高包括农村残疾人在内全体公民思想文化素质和创新能力，对于我国社会主义现代化的成功，是必不可少的。农村残疾人有着强烈的回归和参与社会生活、共享社会物质文明成果的愿望。该执政理念在全社会倡导并形成理解、尊重、帮助和关心农村残疾人的氛围，注重农村残疾人主观能动性的发挥。同时，也大大增强了农村残疾人的事业主体观念和责任意识，让他们得到尊重，认识到自己的权利和价值，最终回归及服务于社会。

在吉林省，政府历来都非常关心农村残疾人的生活，坚持为困难群体排忧解难的思想，保障残疾人利益，尤其是农村残疾人的利益，已经作为工作的重点深入政府工作和城乡建设之中。他们大力宣传人道主义精神，呼唤全社会充分理解、尊重、关心、帮助残疾人，并不断提高农村残疾人的社会地位，使农村残疾人的人格尊严得到社会的尊重，也使其享受到了公平正义的成果。在工作中，时时刻刻牢记农村残疾人的利益，在各项政策中都向其予以一定倾斜，为农村残疾人群体创造了许多便利的条件。这为农村残疾人群体组织工作的发展打下了坚实的思想基础。

(二) 以"中国残疾人'十二五'规划纲要"为指导

"十一五"期间，吉林省残疾人事业的发展，坚持以邓小平理论和"三个代表"重要思想为指导，坚持以人为本和全面、协调、可持续的科学发展观，紧紧围绕着全面建设小康社会的奋斗目标，抓住振兴吉林老工业基地的发展机遇，进一步缩小了农村残疾人生活状况与社会平均水平的差距，改善了农村残疾人平等参与社会生活的物质条件和社会环境。同时，吉林省开展了试点，进一步积极探索加强农村基层残疾人组织的建设模式和办法。进一步健全了残疾人专门协会组织架构和工作机制，县以上已经全部建立了各类专门协会，并结合各自特点积极开展工作。

2011年5月12日，《中国残疾人事业"十二五"发展纲要》已由国务院常务会议讨论通过。中国残联理事长王新宪表示，在今后五年内，中央加强社会建设、着力保障和改善民生这一战略部署,将为残疾人事业快速发展提供更加有力的政策支持和物质基础。国家提出,到2015年,要建立起残疾人社会保障体系和服务体系这"两个体系"的基本框架的任务目标。《中国残疾人事业"十二五"发展纲要》充分体现了中央对于加快残疾人事业发展的要求,也就是要加大投入,强化措施,加快残疾人社会保障体系和服务体系的建设,保障残疾人的基本生活和特殊需求,促进残疾人事业的全面发展。在发展纲要的指导下,吉林省农村残疾人群体组织事业将会在新的起点上加快发展,广大农村残疾人也将得到更加全面的保障和服务。

(三)以"社会主义新农村"建设的理论方向为引导

建设社会主义新农村,是全面建设小康社会的战略任务,同时,也是构建和谐社会,统筹城乡发展,实现共同富裕的现实途径。农村残疾人普遍生产生活条件差,如何使农村残疾人这一部分弱势群体摆脱贫困步入小康,成为新农村建设的重点和难点。新农村建设是今后相当长一段时期内全党的中心任务,是一切工作的大局;新农村建设的进展,直接影响到农村各项事业包括残疾人事业的发展。农村残疾人事业是新农村建设的重要内容,它的发展必须与新农村建设的大局相协调,融入新农村建设中,并纳入新农村建设的总体规划,用新农村建设的政策、资金和机遇、机制推动残疾人事业发展。

新农村建设这一大的环境也为吉林省农村残疾人群体组织的发展提供了难得的机遇。

第一,社会主义新农村战略的实施,进一步改善了农村残疾人的生产和生活状况。在新农村建设中,政府出台了一系列有利于农村发展和农民生活的政策措施,例如:加大对农村残疾人的劳动技能和生产技术的培训,以提高非农收入在农村残疾人人均纯收入中的比重;加快城镇建设的步伐,提高城镇化水平,大力引导农村残疾人向城镇转移;加快发展第二、第三产业,为农村残疾人提供更多的就业机会等。这些措施使广大农村残疾人得到更多的照顾和实惠。第二,社会主义新农村战略的实施,也为农村残疾人群体组织的发展提供了良好的社会氛围。新农村建设中的一个主要方面就是加强农村的精神文明建设,我们可以充分利用这一难得的历史机遇来加大宣传力度,营造人人关爱农村弱势群体的氛围;在政府制定和落实扶持农村弱势群体的政策,党政领导干部与农村弱势群体结对帮扶活动之下，改善了农村残疾人状况，同时也促进了农村精神文明建设，为新农村建设作出了重大贡献。第三，社会主义新农村战略的实施，为农村残疾人群体组织的发展提供了更多的资金支持。在社会主义新农村建设进程中，中央和地方的财政政策将会向农村残疾人这一方面大大倾斜。这为我们有效地组织农村残疾人，使其成为一个互助的群体创造了有利的条件。

（四）以政府财政投入的扶持和经费为保障

我国残疾人组织运行的资金主要依赖于政府的投入和社会募集，因此政府的投入机制是农村残疾人群体组织发展必不可少的保障。目前，各级政府大力提倡将残疾人事业经费纳入政府的财政预算，并随着经济的发展和财政收入的增加来增加预算科目及经费，除保证残联机构工作的正常运转外，还积极安排专项经费，例如：政府对体育彩票、福利彩票的资金支出一定的比例，用于残疾人工作的各个项目，群体组织来保障残疾人群体组织工作的正常开展。同时，国家专项扶贫资金、中央财政转移支付资金，划拨出一部分用于残疾人扶贫和特困救助，并推动政府把新农村建设中的投入对残疾人进行倾斜，选择适合项目进行重点扶持。

吉林省充分发挥公共财政的主导作用，加大投入的力度，并完善多渠道资金筹措机制。随着地方财政收入的逐年增加，政府进一步提高了对农村残疾人事业的资金投入，同时还从民政部门福利资金中提取了适当比例给予资助。吉林省人民政府为了促进全省农村残疾人事业的发展，结合我省农村残疾人就业工作实际，以促进残疾人自我创业、自我发展为工作目标，通过利用残疾人就业保障金注入小额贷款担保基金等方式，组织开展了省级残疾人就业专项小额贷款担保工作，加大了对残疾人创业、就业的扶持力度。同时，我省还为农村残疾人提供无偿的小型设备扶持。2011年5月16日是第20个全国助残日，主题是"加大扶持与救助力度，帮扶农村贫困残疾人"。本次全国助残日是在全市上下深入贯彻中共中央、国务院和省委、省政府关于促进全省残疾人事业发展的实施意见精神的基础上，扎实推进残疾人社会保障体系和服务体系建设，着力推进"3·28福祉工程"，着力实施农村残疾人民生保障行动，着力促进农村残疾人社会福利机构发展，着力满足农村残疾人生存性、安全性、发展性需求和尊严性需求的背景下迎来的残疾人日。吉林省长春市市委、市政府对今年的助残日活动高度重视，除了为残疾人举办残运会和书画笔会等之外，还向农村中贫困残疾人捐赠了农机具及生产资料来组建农村残疾人农机互助组。以上举措使吉林省农村残疾人群体组织工作的发展进入了良性和可持续发展的轨道。

三 第三部门践行社会责任保证农村残疾人群体组织的工作

(一) 先进的工作理念和服务理念

中国残联主席张海迪在2010年1月召开的中残联五届二次会议主席团会议上指出,要加强残联文化建设,用先进的文化陶冶残疾人和残疾人工作者,提升他们的思想境界,增强他们的自信心和责任感。这是张海迪主席总结残联建设实践,总揽残联建设全局,为残联组织自身建设指出了新方向,是对各级残联组织提出的新要求。残联的文化工作和服务理念是陶冶残疾人工作者、残疾人以及亲友的组织文化;是承载残疾人观、人道主义思想等富有普世意义和公共价值的特色文化;同时,也是弘扬"宽容大气、自强不息"的城市精神,构成社会主义核心价值体系的先进文化;其核心是残疾人观和残疾人组织、残疾人工作者的工作哲学。

吉林省长春市残联党组、理事会坚持以科学发展观为指导,在残疾人的工作实践上,也不断地进行理性思考和理念创新,形成了一系列新观念和新认识。他们认为,残疾是一种生命现象,是一种人的差异,是一种生命的过程;只有残疾人有尊严,残疾人工作者才会有地位;残联不仅仅是为长春市51万残疾人服务,更是在为300万人(包括他们的至近亲友)谋福祉。通过这些新观念和新认识,来武装残疾人工作者,教育残疾人,引导社会意识,指导和推动残疾人工作。

吉林省长春市残联在不断强化残疾人工作者"人道、廉洁、服务、奉献"职业道德的同时,也用残联文化建设的理念,教育广大干部职工人认清残疾人事业是"好人爱心善举,良知易行德政"筑就的事业,树立"将残疾人事业的崇高凝成不朽"、"让慈善的阳光灿烂如今"的职业追求,引导干部职工"怀大爱之心、践大德之行",勤政廉洁为残疾人服务,从思想方面反腐倡廉。吉林省长春市残联一直坚持"平等·参与·共享"的工作理念和"播撒爱心、践行公益、体验高尚、促进和谐"的服务理念，积极创造一个富有感染力的环境，这为吉林省农村残疾人群体组织的发展提供了强大的思想保证。在这种先进理念的引导下，农村残疾人群体组织的工作一定会有条不紊地开展。

（二）优秀的干部队伍和工作体制

如果一项政策想得到有效的开展，这与正确的领导和完善的工作体制是密不可分的。残联领导班子和干部队伍都是由我国各级党委和政府高度重视残疾人事业，在对残疾人事业的指导过程中选拔的优秀人士。例如，县级以上残联及直属单位新录用、聘用工作人员中，高校残疾人毕业生不得少于20%。全面落实残联领导干部协管体制，上一级残联要履行对下一级残联领导班子成员培养、教育、了解、考察及提出使用建议的职责。并逐步推进残疾人服务机构和服务人员的专业化，建立和规范任职资格评定体系。[①] 吉林省将残联干部队伍建设纳入干部队伍和人才队伍建设整体规划，加大培养、使用和交流力度，关心、重视残联领导干部的成长进步，造就一支恪守"人道、廉洁、服务、奉献"职业道德的高素质残疾人工作干部队伍。

吉林省残联开展各类助残项目已经很多年了，在这些年的探索中，不断创新工作机制与方法。例如：过去开展的一些助残项目，是依据上级下达的任务指标，努力完成即可。而现在，残联采用了全新的工作方法，即针对残疾人多样化、多类别的需求，集中财力，对"现有存量需求""一网打尽"、全部解决，再对新增量需求逐年解决。这样做收到的效果十分明显。比如目前开展的"爱心轮椅·助行行动"，通过调查，对吉林省长春市7840名有轮椅需求的贫困残疾人，一次性全部解决其轮椅需求。对于这个项目的尝试，是一次成功的举措。

（三）残疾人社会福利事业和慈善事业的支持

随着社会资源的不断积累、丰富和社会文明程度的提高，社会兴办福利事业也将在整个社会残疾人事业中发挥越来越重要的作用，为农村残疾人群体组织发展打下坚实的物质基础。定期开展社会募捐，用募捐资金实施大型康复项目、助学工程、特困救助、特教学校和残疾人基础设施建设，是解决残疾人工作现实困难，推动重要工作、重点项目实施的良策。

---

① 吉林省委省政府：《关于促进全省残疾人事业发展的实施意见》，http://jlrbszb.chinajilin.com.cn/html/2009-09/21/content_556068.html，2009-09-01。

因此，鼓励全社会关注和参与农村残疾人事业，扩大社会助残资金的来源，增加慈善募捐活动，并制定社会捐赠的激励机制，鼓励企业、团体、个人等非政府主体对残疾人特别是农村残疾人的慈善捐助，可以及时解决残疾人在生产生活方面遇到的多种困难，使全社会形成帮扶农村残疾人的良好风尚。这对于农村残疾人群体组织的建设，有着重要的影响。

吉林省残联充分发挥了其社会团体身份的优势，开发社会资源，并利用媒体的影响力，弘扬慈善价值观，积极建立与企业之间的平等合作关系，为企业参与慈善事业创造了许多有利的条件。同时，吉林省残联构建了慈善筹款的社会关系网，培育了一批捐赠人队伍，逐步建立起了稳定的筹款渠道。自中央"3·28"会议以来，吉林省长春市政府怀大爱之心、建大德之行，创造性地推进了残疾人民生保障和救助服务。市残联抓住了各种有利的时机，不断创新工作载体，向全社会大力宣传残疾人事业，倡导扶残助残公益行为，与社会各界携手践行公益。2009年吉林省残疾人福利基金会相继设立了"长春大成·聪慧基金"（500万元）；"吉林亚泰·光明基金"（100万元）、"品位空间装饰·助行基金"（每年至少10万元）、"善满家园·智惠基金"（到位10万元）、"浩然星使康复基金"（募集12万元）和"树忠助残奖学金"（10万元）五个助残专项基金，全年收到和确认的捐赠善款（包括部分物资折款）1300万元。

2011年5月15日，吉林省长春市下辖的榆树市人民政府和长春市残联、长春市残疾人福利基金会、长春卓展时代广场百货公司、吉林省品位空间装饰工程公司等共同举行"爱心轮椅·助行行动"轮椅发放仪式，榆树城乡1469名残疾人免费得到由长春卓展时代广场百货公司、吉林省品位空间装饰工程公司、吉林油田双阳采油厂共同捐赠等。这是长春市人民政府发起的"爱心轮椅·助行行动"继春节前发放1886辆轮椅之后发放的第二批轮椅，共2235辆。此后，吉林省长春市的二道区、南关区也举行了"爱心轮椅·助行行动"轮椅捐赠发放仪式，共为贫困肢体残疾人发放三轮轮椅车212台。

（四）农村残疾人群体组织发展的社会保障体系

随着整个社会保障体系的逐步建立和社区建设的深化，城乡残疾人社会保障事业的发展拥有越来越多的有利条件。同时，社会主义市场经济的建立和社会经济的快速发展，使农村残疾人社会保障的物质资源大大增强，为农村残疾人社会保障发展创造了有利条件。为了改善农村残疾人生活质量，维护农村残疾人的合法权益，有效地发挥农村残疾人潜能，使他们以平等的权利、均等的机会来参与社会生活，吉林省已初步建立起一套针对农村残疾人的社会保障体系，并通过制定相关的法律和政策，给予农村残疾人相应的康复、教育、就业、文化生活、社会环境以及法制与维权等权益保障，来改善他们的生活质量和维护社会稳定。此外，残联在农村残疾人保障事业中发挥了重要的桥梁和纽带作用。从吉林省残疾人联合会成立至今，残疾人工作取得了长足的发展，各乡镇成立了残疾人联合会，各村委会也成立了残疾人工作领导小组，基层的残疾人工作得到很大发展，农村残疾人状况也不断改善。这一社会保障体系的建立和实施，有效地改善和提高了吉林省农村残疾人的生活水平。

由于大部分残疾人生活在农村，且大多数生活贫困，农村无疑是吉林省残疾人社会保障发展的重点，因此，必须因地制宜地建立农村残疾人社会救助体系，保障残疾人的基本生活。贫困地区应集中力量以扶贫为主，搞好救济救灾、优抚、安置等工作，鼓励、协助农村残疾人参加社会养老保险，逐步建立残疾人的医疗救助和社会救济等相结合的基本生存保障制度；中等发达地区应在此基础上逐步发展福利事业，吸纳农村残疾人就业，切实保障残疾人的基本生活；发达地区则在此基础上，进一步建立健全社会保险、最低生活保障等为内容的残疾人社会救助制度。[①]

近年来，农村残疾人事业已经融入构建和谐社会中，初步构筑了最低生活保障、临时救助保障、科技扶贫保障、安居扶贫保障，农村新型合作医疗扶贫保障等扶贫长效机制，取得了明显成效。吉林省各级残联与扶贫办、财政部门积极协调，将农村残疾人扶贫工作纳入了"整村推进"工作范围，进行统一规划、统筹安排和优先扶持。根据需要开展对农村贫困残疾人情况的摸底调查，为贫困残疾人户建档立卡、安排扶贫资金、落实扶贫项目和帮扶措施，以确保中央和地方的各项优惠政策、扶贫资金优先落实到贫困残疾人身上。同时，继续开展康复扶贫工作。对康复扶贫贷款实行项目管理、规范运作，并对康复扶贫贷款项目数据库进行动态的监管和量化绩效考核，来提高康复扶贫贷款的使用效率和管理水平。完善农村残疾人扶贫就业基地扶持体系，切实发挥农村残疾人扶贫就业基地示范、

---

① 宋建华：《新农村建设要关注农村残疾人的生存与发展》，《中共桂林市委党校学报》2006年第9期。

培训、扶持一体化的功能，将其逐步纳入规范化管理。根据有关要求，在有条件的地方开展农村残疾人扶贫到户贷款贴息方式改革试点。采取有效措施切实解决农村残疾人住房问题，将解决贫困残疾人住房问题纳入各级政府的总体扶贫规划及残疾人扶贫开发工作计划之中，采取有力措施，给予政策扶持和资金支持。同时，农村残疾人已被纳入社会保障体系。全面贯彻落实社会保险、社会福利、社会扶助、社会救济、社会服务及农村合作医疗等一系列社会保障法规、政策和措施，将针对农村残疾人制定的优惠政策、扶助规定落到实处。这就为吉林省农村残疾人群体组织的发展提供了保障。

四 结语

残疾人事业关系社会经济的发展和社会的民生，因此，农村残疾人对于一个社会的发展有着十分重要的意义。残疾人自身、政府和第三部门为吉林省农村残疾人群体创造的一系列有利条件成为推动吉林省农村残疾人群体组织这一扶助政策有效开展的润滑剂。因此，农村残疾人群体组织将为农村残疾人的发展开辟一条全新的合作化扶持道路，从而促进残疾人事业又好又快地发展。

东北农村残疾人幸福感影响因素研究

吉林大学哲学社会学院社会保障系　徐晓海　詹　璐

哲学家亚里士多德认为：幸福不会因为荣誉、快乐、理性或任何其他事情而被我们选择，它只因它自己而被选择。幸福作为一个抽象意义上的词汇，多半是人对自身以及周围环境所产生的心理上的感性感受。幸福一直是我们所追求的终极目标，所追求的一种大善。幸福或幸福感作为一种形而上的存在，归根结底，我们无法将其纯粹的概念化、操作化，更因为每个个体由于自身差异、周围环境的影响，对幸福感的理解和感受也各有不同，那就更加无法从绝对的层面上，用现实规则来准确地、全方位地计算一个人的幸福感到底有多微弱或者有多强烈。但既是一种"大善"，我们始终将幸福置于至高无上的位置，凌驾在一切物质之上，是我们要追求而且必须要追求的最高境界。

农村残疾人属于社会弱势群体中的弱势群体，他们由于其自身的身体或生理缺陷，在日常生活中会遇到比正常人更多的困难，有些对正常人来说轻而易举的事情，对他们却困难重重。同时，由于社会上可能存在的对他们的偏见、歧视和不公正待遇，以至于农村残疾人群体平等参与社会生活的权利和机会也会受到制约。随着经济的发展与社会的进步，为农村残疾人提供全面的社会保障与社会服务是体现社会公平正义和衡量各国文明进步的重要目标。作为弱势群体的农村残疾人不仅需要物质上的帮助，而且需要精神上的支持，这也是本文提出研究农村残疾人幸福感的影响因素的现实意义。

一　农村残疾人对自身社会地位的认知情况

幸福感是一个抽象的概念，它不仅与自身所拥有的物质资源、精神资源有关系,而且在社会中个人的幸福感更是通过与社会其他人或其他群体相比较而得出的,即通过一个人对其所处的社会环境的其他群体的认知,比较得出并确认自身所处社会地位的情况。统计残疾人对其自身社会地位的认知,其实是考察影响东北农村残疾人幸福感的客观环境因素。

表1　　　　　　　　　　社会地位认知情况

单位:人、%

		频数	百分比	有效百分比	累积百分比
有效数	1.00	341	7.8	8.0	8.0
	2.00	1624	37.2	38.0	46.0
	3.00	1427	32.7	33.4	79.4
	4.00	879	20.2	20.6	100.0
	5.00	1	0.0	0.0	100.0
	合计	4272	98.0	100.0	
缺失值		88	2.0		
总数		4360	100.0		

说明:社会地位认知情况:1表示很有地位,2表示较有地位,3表示没有地位,4表示不知道,5表示错误录入。

由表1可知,残疾人自身认为很有地位的人数有341人,占被调查者总数的7.8%,不清楚自身社会地位的人数有879人,占被调查者总数的20%左右。值得注意的是,认为较有社会地位的人数和认为没有地位的人数趋近相同,各占被调查者总数的37.2%和32.7%。可见,残疾人对自身社会地位的认知存在很大的差异。

表2　　　　　　　　　　融入社会是否困难

单位:%

		百分比	累积百分比
有效数	1.00	13.07	13.07
	2.00	56.56	69.63
	3.00	7.95	77.58
	4.00	12.57	90.15
	5.00	9.85	100
总数		100.0	

说明:融入社会是否困难:1表示有很大困难,2表示有一定困难,3表示没有困难,4表示不知道,5表示系统缺失值。

经统计分析，在融入社会的难易程度考量上，69.63%的被调查对象认为残疾人融入社会存在困难，认为困难很大约占被调查者的13.07%。7.95%的被调查残疾人认为，其融入社会不存在阻碍。可以看出，残疾人作为社会的弱势群体，融入主流社会渠道仍有些闭塞，存在问题。

二 东北农村残疾人幸福感影响因素的理论假设

本文针对东北农村残疾人幸福感影响因素的研究，主要是通过调研所形成的样本及数据，虽然这些数据只在横向上提供了调查阶段东北农村残疾人的基本生活状况及心理状况，但由于其抽样的随机性、广泛性，也可为我们分析东北农村残疾人幸福感提供很好的依据。此次调查问卷涉及的问题范围十分广泛，变量中定序层次的变量比例相对较高，定类变量也较多。诸如残疾级别、文化程度、婚姻状况、收入状况及社会地位自我认知等方面的问题，我们对数据进行初级的加工整理就可以清晰地体现样本情况，所以我们在上文对人们基本生活情况进行分析时，基本上采用了描述性统计方法。同时，我们为了分析东北地区残疾人幸福感的影响因素，其先天情况、后天情况以及客观环境状况对其幸福感的影响，这都定序层次以下的变量，所以我们选取交叉列联分析，在分析过程中选取皮尔逊 χ^2、Phi Cramer's V、相关性等系数来判定各变量之间的关系。但是只应用交叉列联方法来分析数据显然是不够准确的，我们还用相关与回归来更加精确地分析变量之间的联系。但限于本次调查样本较为庞大，且多集中于定类、定序等低层次变量，用相关与回归分析必然会产生误差。所以我们在大方向上还是主要采取交叉列联相关的方法分析调查数据。本文将东北地区残疾人幸福感的影响因素分为个人先天因素、后天因素以及环境因素。

（一）理论假设

关于残疾人的幸福感问题的研究要处理两个问题：一是健康个体的主观幸福感和残疾人的主观幸福感之间的关系。关于这个问题，心理学研究主要集中于通过残疾前后的主观幸福感变化，以及残疾群体和健康群体的主观幸福感比较来验证适应模型的正确与否。二是残疾人群体内部的主观幸福感影响因素。关于这个问题，研究多是以人格以外的因素会影响主观幸福感的变化为理论基础来考证各种因素对残疾人的主观幸福感的影响。本文主要考察农村残疾人群体内部的主观幸福感的影响因素，并分析社会客观环境条件对其幸福感的影响。根据问卷分析和个案访谈，本文提出几点具有代表性的理论假设：

1. 假设1：先天条件对残疾人幸福感的影响

1a：不同残疾级别的残疾人生活能力及社会适应能力不同。残疾级别越高，残疾人的幸福感越低。

1b：不同年龄段的残疾人对生活质量要求不同，身体机能也不尽相同。年龄越大，残疾人的幸福感越高。

2. 假设2：后天条件对残疾人幸福感的影响

2a：文化程度决定了一个人看社会的视野以及对自身能力的要求。学历越高，残疾人的幸福感越低。

2b：婚姻状况决定了残疾人生活条件以及心理满足程度。已婚的残疾人比单身居住的残疾人幸福感要高。

2c：幸福感取决于现实物质条件的满足程度，经济状况越好，残疾人的幸福感越高。

3. 假设3：客观环境对残疾人幸福感的影响

3a：残疾人对自我社会地位的认知影响了其对自身幸福感的判断，认为自己在社会上有地位的残疾人比认为自己没有社会地位的残疾人幸福感要高。

3b：认为自身融入社会没有困难的残疾人比认为自身融入社会存在困难的残疾人幸福感要高。

（二）假设检验及相关结论

1. 先天条件对残疾人幸福感的影响结论

身体受限越高，即残疾级别越高，人就越不幸福。根据问卷以及实际情况，我们将残疾级别分为一级到四级，其中一级残疾为最高残疾级别，残疾程度最重，依次递减。除去不确定自己是否幸福的选择，我们将幸福感感觉程度也分为四个等级，即很幸福、一般幸福、不幸福、很不幸福，幸福感强度依次递减。选取之后，样本总数为3206人，无论残疾级别，被调查者中感觉一般幸福的残疾人占大多数，人数为2020人，认为自己很幸福的人数为682人，而认为自己很不幸福的人有504人。经过皮尔逊χ^2检验，显著性水平Sig值为0.005，证明残疾等级与幸福感之间存在列联关系，且对其影响较为显著。进一步分析其定序变量之间的关系，得出其 p 值为负值，证明身体残疾程度的加深与主观幸福感呈负相关关系，假设 1a 成立。

相同的方法分析假设 1b，经过统计分析，认为自己很幸福的残疾人年龄多数集中在 50 岁及以上，60 岁以上的老年人的幸福感一般及较强的人数最多，但是通过皮尔逊 χ^2 检验，年龄大小与幸福感强度的显著性水平 Sig 值为 0.195，显著性水平不高，证明年龄的大小对残疾人幸福感强弱的影响不显著，即假设 1b 不成立。

2. 后天条件对残疾人幸福感的影响结论

从数量上看，文化程度为初中、高中的被调查对象，对现有生活的幸福感处在一般以上的水平，约占被调查者总数的一半左右。通过列联分析，其通过皮尔逊 χ^2 检验，证明文化程度确实对残疾人的幸福感产生了影响，但进一步分析得出，这种影响并不强烈，故而无法判定是否由于文化程度的提高，而幸福感程度逐渐降低。

对于假设 2b，婚姻状况对残疾人幸福感的影响，依旧通过列联表的方式，从数据中可以得出，已婚并感觉生活幸福的人数约为 1940 人，占有效数据的 64.3%，超过半数。我们将婚姻状况和幸福感程度重新分类，婚姻状况分成已婚和单身，幸福感分为幸福和不幸福，重新制表，做成如下 2×2 列联表（见表 3），同样通过列联分析，皮尔逊 χ^2 的显著性水平 Sig 值几乎为 0，证明婚姻状况与幸福与否有关联，进一步通过 Phi 系数、Cramer's V 系数以及 Congtingency、相关系数检验，其值分别为 0.178、0.178 与 0.175，表明婚姻状况与幸福与否的关联相对来说并不是很大。但足以说明，已婚的残疾人较单身残疾人的幸福感要强烈，假设 2b 成立。

表 3　　　　　　　　婚姻状况与幸福与否的关系

		幸福与否		合计
		0	1	
婚姻状况	0	222	573	795
	1	286	1940	2226
总数		508	2513	3021

说明：婚姻状况：0 表示单身，1 表示已婚；幸福与否：0 表示不幸福，1 表示幸福。

我们考察假设2c，经济状况对幸福感的影响，通过列联分析，皮尔逊 χ^2 检验的显著性水平 Sig 值几乎为0。将经济状况对残疾人的幸福感视为有序变量进行进一步分析得出，Gamma 系数为 0.38，足以说明残疾人的经济状况对其幸福感有着一定的影响，且经济状况越好，其幸福感越强，假设2c成立。

3. 客观环境对残疾人幸福感的影响

统计分析可知，在有效回答中，认为残疾人在社会中较有地位并且生活相对幸福的残疾人数最多，有841人，占被调查总数的1/3。通过列联强度分析，得出残疾人自身对自我在社会上地位认知与其感受的幸福感有关联，且计算得出其 Gamma 系数为 0.565，二者具有较强的正相关关系，可以总结为，越认为自身在社会中有地位的残疾人，其幸福感越强烈。同样方法分析残疾人认为自身融入社会的难易程度与其幸福感的关联，得出其自身认为融入社会的难易程度与其幸福感感受有关联，计算得出其 Gamma 系数为 -0.215，二者呈负相关关系，即：越认为融入社会容易的残疾人，越容易感觉幸福。从而假设3a与假设3b均成立。

三 提高东北农村残疾人幸福感的对策建议

通过研究我们发现，影响残疾人幸福感的因素有很多，其中包括先天因素、后天因素以及客观环境因素等。各种因素对于残疾人幸福感影响的强弱也不尽相同。其中残疾级别对于残疾人的幸福感强弱有一定的影响，后天因素中的婚姻状况及家庭经济水平对于残疾人的幸福感也存在或多或少的影响，但相对来说，先天因素及后天因素对其幸福感的影响强度并不非常大。对比而言，客观的环境因素，即社会因素对残疾人幸福感的影响较大，其对自我社会地位高低的认知以及社会活动参与程度的认知在很大程度上影响着其生活幸福感。众所周知，领悟社会支持，可以直接对主观幸福感产生影响；领悟社会支持越好，则生活满意度越高。

基于以上的分析以及所得出的结论和对东北农村残疾人幸福感影响因素方面的归纳，本文以马斯洛需求层次理论为基本框架，提出以下了几点对策建议来提高残疾人的幸福感：

（一）继续加大力度，开展残疾人社会保障及社会服务体系建设

残疾人属于社会弱势群体，从先天条件上讲，纵使残疾级别对其生活幸福感存在一定影响，但我们终究无法完全实现残疾人的身体、心理康复及痊愈工作，大部分残疾人的弱势状态仍将持续。那么其对于需求层次的满足仍处于最底部——对生理需求的满足，落实在现实中，即为其对温饱问题的需求。有3240个被调查对象（约占被调查对象总数的3/4）表示能够吃饱穿暖就可以满足，对生活需求要求层次较低。这就需要持续不断地完善维持居民基本生活的社会保障体系和社会服务体系，通过税收转移支付、为残疾人群提供物质帮助和服务等手段，保障其基本生活，以便逐渐提高其对生活的幸福感。

（二）重视对残疾人人群的文化教育，普遍提高残疾人的文化素养水平

东北农村残疾人由于其地理位置偏远、历史积淀等各种因素的影响，导致其受教育水平普遍不高。从马斯洛需求层次理论上考量，在满足了生理需求的情况下，农村残疾人会追求更高层次的需求——安全上的需求。有40%左右的残疾人由于自身条件的限制，认为他们无法成为国家比较重要的人力资源，其他60%左右的残疾人仍有进入就业领域、获得教育的期望。那么，从国家和社会的角度重视对残疾人群的文化教育，同时拓宽残疾人的就业渠道，是普遍提高残疾人文化素养水平的方式，与此同时，其家庭收入状况亦可得到改善，这样便可从后天影响因素上促进残疾人幸福感的提高。

（三）促进社会文明发展，提高残疾人社会地位

80%以上的残疾人认为他们应同健康人一样分享社会经济发展成果，这不单单是残疾人的愿景，更是和谐社会发展的目标。人人生而平等，应该在社会上受到同样尊重，这也是马斯洛需求层次模型中较高层次的需求——尊重的需求，其中包括自我尊重、对他人尊重以及被他人尊重等。本文开篇便提出，幸福感是一个相对的概念、比较的概念，残疾人在社会上是否拥有和健康人同样的地位，更多是取决于整个社会对这个群体的看法。国家和社会可以通过法律法规、媒体等渠道，强制性惩戒歧视残疾人的做法并宣传善待残疾人、尊重残疾人的观念，形成良好的社会文明风气。尊重的需求虽然是较高层次的需求，但是通过上文分析，其对残疾人幸福感的影响绝对不容小觑，是贯穿残疾人事业发展始终的。

综上所述，我们将调查数据量化，并结合个案访谈，分析了影响东北农村残疾人幸福感的影响因素。幸福感这个概念由于其抽象并看似遥不可及，很多时候会被现实制度因素忽略，发展成为只重物质，不重精神的制度措施。可我们必须意识到，社会弱势地位的形成，多半也伴随着心理弱势，而心理落差的形成更不容易被实物填满。对于农村残疾人这一特殊群体的保障，更应从心理出发，结合相关制度措施、财力物力支持，以心理满足，即幸福感的增加为最终目标。只有这样，方可真正实现对农村残疾人的帮助。

文化适应视角下的农村残疾人扶贫政策体系创新研究

吉林大学哲学社会学院社会保障学系　张　一

农村贫困残疾人往往处于社会的底层，一个家庭或者一个人身上有可能叠加了不止一种贫困，无法维持正常人的基本社会生产生活，单纯依靠自身力量摆脱经济上的低收入与心理承受力上的脆弱性还十分困难。因此，国家对于农村贫困残疾人具有无可选择的保障与服务责任。农村贫困残疾人的扶贫工作是基于人文关怀理念，维护残疾人生存权和发展权，让贫困残疾人更好地融入社会，更有尊严生活的政策保障。长期以来，党中央、国务院和地方各级党委政府高度重视农村残疾人扶贫工作，2010年3月，国务院办公厅《关于加快残疾人社会保障体系和服务体系建设的指导意见》明确要求：加强农村残疾人扶贫服务，促进残疾人脱贫。自20世纪80年代以来，中国农村残疾人扶贫政策从"救济式"扶贫到"危房改造"、"心理辅导"、"就业培训"、"康复扶贫专项贷款"等多种方式"安全网建设"的推进，缓解了农村残疾人的贫困程度，保障了农村残疾人的基本生活，取得了一定的成绩。但在调研中发现：当前，农村贫困残疾人口比重依旧很高，以基本贫困线为标准约占农村残疾人口的43.7%，以某县为例，农村贫困残疾人家庭人均收入在千元以下，农村残疾人口有65%甚至更高的残疾人要享有最低生活保障，有30%完全靠社会供养，有40%靠社会救济维持生活。农村残疾人的贫困问题，仍然困扰着目前新农村的建设，特别是目前残疾人"两个体系"建设过程中的主要问题，农村残疾人扶贫工作仍然任重道远。为此，创新扶贫政策体系，加大力度解决农村残疾人的贫困问题，不仅具有重要的理论意义，也具有重要的现实意义。

一 农村残疾人扶贫政策现状分析

已有研究表明：贫困在本质上主要涉及维系生存的、物质的可获得性和个人获得发展能力、发展机会、权利的公平性问题。因此，扶贫政策实施的根本目标是实现公平和效率的均衡。① 众所周知，现有的扶贫政策安排，由于财力不足致使扶贫投入欠缺，扶贫名额有限的客观因素，导致针对农村贫困残疾人的一些特惠工程覆盖面窄，保障标准不高，缺乏必要的设施设备等，对于农村残疾人整体性的扶贫效用是有限的。而这有限的扶贫名额及资源中，又使农村贫困残疾人的生活得到了怎样的改善，是否真正脱贫，是否真正达到了公平与效率的平衡？笔者在调研中结合各地扶贫政策的实施情况发现：无论是"危房改造"、"康复扶贫"、"阳光家园"这种到村到户的扶贫开发项目，还是具有中介性质的就业、法律保障，专业康复等政策安排往往表现出某种"不适应性"，并没有诱发出政策内在的动力与效力，残疾人的脱贫之路没有完全走上良性的发展轨道。

通过调研了解到，当前农村残疾人的扶贫政策是一种政府自上而下的行政主导行为，扶贫资源主要是自上而下的行政资源。这种自上而下的扶贫政策的安排，实际上产生出一种对贫困残疾人的排挤效应，导致贫困残疾人难以享受到扶贫政策带来的优惠：政府扶贫政策的短期行为严重，针对残疾人的扶贫计划往往是在各个行政部门的临时组织动员下进行的。例如，残工委各单位与贫困户家庭结对子，节日为残困户家庭送温暖活动，各级政府都将其作为扶贫的一项基本手段。这种做法往往将扶贫当做政治任务，免不了陷入了"政绩工程"与"数字游戏"的俗套，将其作为向上级汇报的资本。在与某县残联座谈时，县残联的介绍过多的是列举享受了康复、就业、危房改造的贫困残疾人人数，许多县都纷纷制定了许多残疾人的"限期脱贫计划"，而对于扶贫后续的追访很少谈及；许多扶贫政策的设计"瞄准性"不强，造成有限的资源没有有效地用到贫困残疾人身上或使真正的贫困人口从中受益。调研中发现，对农村贫困残疾人及家

---

① 胡敏华：《我国农村扶贫的制度性框架——一个基于组织的分析框架》，《财贸研究》2005 年第 6 期。

庭的确认与扶持目标不准，得到相关补助和扶持的大部分是那些劳动能力较强或掌握社会资源丰富的残疾人家庭，这无形中大大限制了扶持的针对性，使被长期边缘化的贫困农村残疾人的生计无法得到改善。例如，扶贫项目的贫困户选择，低保户的确定，掌握在县乡与"村民代表大会"手中，然而基层事务多由具备较多经济及政治资源的少数农村精英把持，选择倾向往往偏向其亲朋好友和享有优势社会资源的人群中，贫困户往往被排斥在外。一些扶贫政策设计"门槛"过高，危房改造需要残疾人自配一部分资金，对于那些尚未解决温饱的贫困残疾人来说帮助就十分有限，受益最大的对象往往是残疾人中收入水平较高的那部分群体；很多扶贫项目都是将残疾人的扶贫计划规划在整体计划之中，例如将农村贫困残疾人扶贫计划列入"整村推进计划"之中，将残疾人与健康人一起来分扶贫的这块蛋糕，本身这个"扶贫"的概念就带有歧视性色彩。

在笔者看来，这种自上而下的扶贫政策安排依旧体现的是对贫困残疾人的一种救济和施舍，而缺少的是扶贫政策受用者需求的掌握及"自下而上"的参与反映。这种扶贫政策从设计之初就没有把农村贫困残疾人的实际情况放在首要考虑的地位，依然沿着既定的路径：从政府的主观想法出发设计实施贫困项目，调研中发现，"许多贫困残疾人对扶贫政策的了解都很缺乏，类似的社会调研很少，甚至有的残疾人都是第一次见到负责残疾人工作的政府工作人员，有的扶贫政策简单地将来自基层的数据作为制定的重要依据"。这样的主观想法势必会造成政府对扶贫政策的理解和贫困残疾人的实际需求之间的偏差，影响扶贫工作的决策和规划，使得扶贫达不到应有的效果，脱离扶贫目标，最终使一些扶贫项目"昙花一现"，流于形式，很难有效地动员和组织扶贫资源，为残疾人提供稳定、长期的支持。扶贫政策创新的必要性正是源于这种"不适应性"，即扶贫政策没有真正的满足贫困残疾人的实际需求，并没有为其开发出发展的新空间。贫困残疾人难以通过与政府的有效互动获得扶贫资源，以致其合法的权益得不到满足，反而将其抛入了一个更深入的不平等机制之中。

二 农村贫困残疾人群体的文化特质

任何一项扶贫政策的安排，如果没有对农村贫困残疾人生产生活实际情况的充分了解和掌握，都是极其片面的，就会掩盖事物的真相。深入剖析贫困残疾人的需求诉求，改变政策决策者的认知偏差，是认识当前扶贫工作难点与焦点的关键。扶贫的问题不能简单地视为政府主导的行为，更要将它视为贫困残疾人生产生活范围内的事情。

通过调查发现，生活在贫困之中的农村残疾人，尽管他们的居住不是相对的集中，但从观念形成的角度来看，在一定区域范围内这一群体的认知具有很高的同质性，在很大程度上共享着心智模型，形成了具有典型群体特征的一整套生活方式和特定的思维模式，以及特定的行为规范和价值观念。这些特征对贫困残疾人的影响不仅是深刻的，而且是整体性的，使这一群体都在公平地、自觉或不自觉地在行为上接受影响，也促使农村贫困残疾人在当地生产和生活方式的超稳定性，构成了残疾人群体特殊的"文化特质"。按照马克思主义的理解，人是自然、社会和精神的统一体，是由自然因素、社会因素和精神因素构成的，因此人的素质应包括人的生理素质、社会素质和心理素质[①]。农村贫困残疾人群体在这三方面的素质体现上，具有很强的同质性。生理素质，不言而喻，由于身体或心理缺陷，残疾人往往处于弱势地位，面临的风险更大；社会素质，在本文的语境下，既是农村贫困残疾人从事生产生活活动获得利益的基础与关系网络，费孝通先生曾经说过：中国的社会格局是以血缘、亲缘和地缘为纽带[②]。在调查中发现，这一群体的社会网络构成具有更强的"中国社会格局"的烙印，主要是以熟人为主体，是门槛较低的一种构成，将之细分的话有家族型关系网络，情感型关系网络，具有一定的内聚性。当前农村残疾人群体主要是一门一户独善其身的生产、生活格局，家庭是这一群体生活的基本单位（种地仍为主要生产方式，业余生活主要是在家看电视以及散步），人与人的结合方式仍以情感为主要纽带，与他们互动最多的主要是其亲人和近邻，据调查（以 SG 村为例），有近 60% 的人选择找亲戚朋友解决其实际的困难，特别是亲戚朋友之间的相互借贷极为普遍，尽管已经意识到自己所倾向的家庭养老挂念与贫困的家庭经济无法给予的这一现实的巨大差距，也有近 80% 的人选择居家养老。这一类型的社会网络在其日常经济生活中占据重要地位，关系就成为左右社会心理认同的重

---

① 樊富珉：《社会现代化与人的心理适应》，《清华大学学报》（哲学社会科学版）1996 年第 4 期。

② 费孝通：《乡土中国》，北京大学出版社 1998 年版，第 27 页。

要因素，因而通过亲戚、朋友而获得的信息，以及他们自身的变化，都比较容易对贫困残疾人产生正面或负面的影响。然而，这种利用血缘及亲缘关系建立的关系网络延伸半径较小，残疾人的活动范围也集中在一个狭窄的范围内。在调查中明显地感到，他们对于自身利益不相关的事情表现得漠不关心，有近90%的残疾人偶尔或从不参加村里事务，他们也不会寻求来自组织的帮助，对法律知识、社会信息、甚至是对于自身相关的政策法规等各方面都很贫乏；心理素质，以生理素质为基础，在实践活动中通过主体与客体的相互作用，而逐步发展和形成的心理潜能、能量、特点、品质与行为的综合①。面对生计的奔波，贫困群体的社会心理常常处于矛盾之中，失落、焦虑等。调查发现无论是长期处于缺少社会互动，拥有社会资源较少的贫困残疾人，还是拥有一定经济来源或社会声望的残疾人，都会因为承受巨大的个人与社会的压力而产生一种孤独的心理（60%的人有孤独心理，当自己的利益受到损害时更多地表现为"忍受"），有孤独心理的残疾人认为当前的生活状况的主要障碍是自身，怨不得别人。

在入村调查访谈时，绝大多数的残疾人最主要的想法就是他们对生活水平改善的渴望，而对就业、康复、文化等针对残疾人社会服务的需求并不是很高。一位受访残疾人说："就是希望通过政府和村里给予经济上的帮助，来维持家里的生活。"从这个层面上来看，贫困的压力严重影响到农村残疾人对社会康复、就业、文化等需求的认识和满足。残疾人生存、生活、生产状况即是残疾人最大的民生。从需求角度看，民生是指与实现人的生存权利有关的全部需求和与实现人的发展权利有关的普遍需求。前者强调的是生存条件，后者追求的是生活质量，即保证生存条件的全部需求和改善生活质量的普遍需求②。现在的民生与时代的发展同步，其内涵也在不断升级，民生诉求呈现出层次性、发展性、全面性的特点。一般来说，某一层次的需要相对满足了，就会向高一层次发展，追求更高一层次的需要就成为驱使行为的动力。当残疾人的基本生活需求都得不到满足的时候，他自然也不存在向社会服务需求这上一层次发展的动力。在农村残疾人中都有着想脱贫致富的想法，调查中，农村贫困残疾人难以放弃他们过去安排的生产生活模式，多数就想通过自主创业，在家搞一点副业，多

---

① 相关资料来源于百度百科。
② http://baike.baidu.com/view/752920.html。

数以养殖经济、庭院经济为主。由于自身身体素质等因素的限制，并没有太多脱贫的方式。这部分人群把自身身体条件当做了自我发展的最关键因素，尽管有着极强的"参与"愿望，又因为自身条件而受限，对政府社会扶助给予自身辅助作用的要求很低或不十分了解，自然同健全人共同参与社会生活目标差距较大，更不具备当前社会大力培育的市场观念、契约意识，对扶助没有太多的想法，政府及有关部门做出一点话语上的关怀都会很感激。这样就不能正常利用政府社会给予的扶助来维护自己正当的权利，也在某种程度上造成了政策资源的浪费以及错过生活改善的时机。这样看来，贫困残疾人的脱贫需求，也是具有一定文化根基的，也是内化与这一文化特质之中的，它们往往会通过各种方式映射到残疾人的实际需求中，使残疾人的需求带有着"文化"的痕迹。贫困残疾人的文化特质决定了他们对感性层面事务的积极认同高于理性思考，只有通过符合文化特质的渠道及方式灌输给贫困残疾人的信息及政策才会对其惯常的思维模式和行为模式形成有效的影响。

三 残疾人扶贫政策问题的内在机理分析
——与受众的文化特质不兼容

造成许多扶贫政策实际收效甚微的问题就是，政策设计更多的是依据"先验经验"的政府主观意愿，仅仅依靠某一固定的贫困线，降低贫困人群的数量，来维持一种低水平的经济和社会均衡作为扶贫政策的首要目标。扶贫政策原本只是针对残疾人所进行的社会活动，并不是对全体社会成员都要发生的社会行为。可是，有的政策甚至将残疾人扶贫与正常人群的扶贫混淆在一起，有的政策却只是经济状况比较好的残疾人适用。这样的政策设计，有了"急功近利"的意味，缺少的是针对农村残疾人扶贫的针对性和受用性，随意性较大，使残疾人的脱贫需求得不到满足，产生了很多扶贫无效个体，无法避免扶贫项目缺乏科学的设计而盲目上马，造成扶贫资源的浪费。汤森德注意到："贫困的原因不仅在于资源短缺，还在于分配不公和相对剥夺。"① 政策在本质上决定了各种资源的分配方法，

---

① 刘海军：《中国农村贫困成因研究综述》，《中国集体经济》2009 年第 25 期。

而政策安排的不合理,势必导致受众群体享受资源的相对剥夺。有学者指出:"在执行经济发展计划之前,假如没有先了解该民族的价值趋向,没有企图先转变一些不利于现代化经济发展的基本态度,那么计划的推行将受到很大的挫折。"① 这就意味着,政策安排也必须考虑具体的文化背景,要以其文化背景为依托,适应其文化的诉求,才会获得信任或认同,才会有效率。单纯的这种忽略扶贫政策的需求主体,没有真正从贫困户的实际利益诉求出发的扶贫观念与政策的预先设定,如果不能与农村贫困残疾人的文化背景相融合,那势必使农村贫困残疾人不能有效地从扶贫政策中获取利益,也使设计的初衷偏离了目标。笔者认为,政策安排与被安排群体的文化模式不兼容,是当前农村残疾人扶贫低效性的重要因素。

吉登斯说过:"人的生活需要一定的本体性安全感和信任感,而这种感受得以实现的基本机制是人们生活中习以为常的惯例。②"合理的政策必然是能够提供一种安全感和参与感的政策。政策作为吉登斯所说的一种"社会惯例",所体现的安全感既是受众对政策的评价,参与感又是一种公平的机制。通过考察我们很容易看出,农村贫困残疾人参与扶贫政策的程度,同他们从政策获取的安全感的多少有关。政策作为一种"惯例",也就必然要与被安排群体的文化特质相融。尽管一些扶贫政策满足了残疾人的物质需求,但问题是,所有的扶贫政策都会经由这个文化特质的认知进入实际的社会生产生活,才具有对它的影响力。任何一项扶贫政策,如果得不到贫困者内心的价值认同以及积极的行为实践,再多的投资也不会从根本上解决贫困问题。当一项扶贫政策不能为一定文化所认同时,作为本该是这项安排受益者的贫困人群的实际状况可能是:既没有参与的资源,又没有参与的意向。

调研中发现经济条件比较好的残疾人均是得到家庭的照料和辅助,政府的扶贫措施在农村残疾人生活中显得退居其次。例如,贫困残疾人的生活半径多数是以家庭为中心的,他们的生产生活的地域范围也局限于此,许多针对残疾人的就业政策多数是要求残疾人"背井离乡",这就会使贫困残疾人产生一种不安全感。在调查中发现,小额贷款是针对残疾人的一种十分有效的创业扶贫支持,但是由于过于烦琐的贷款申请和审批程序,

---

① 李亦园:《人类的视野》,上海文艺出版社1996年版,第29页。
② [英]安东尼·吉登斯:《社会的构成》,生活·读书·新知三联书店1998年版,第3页。

苛刻的贷款担保和抵押条件，常使他们望而却步，使扶贫贷款难以真正起到扶贫作用，相关优惠并没有落到实处，有的残疾人甚至去借高利贷，也不想用国家给予的政策；政府大力宣传的法律维权，也同样不适用与农村贫困残疾人，司法的成本过高，残疾人更愿意选择在自己的关系网络里调节问题。这就可以看出，政策的安排与贫困残疾人的生产生活状态与预期的矛盾，使得残疾人发展缺乏动力与积极性。一位残疾人说：政府给我们的关照，有和没有一个样，我们还是一样的穷。这里要强调的是，政策的安排必须考虑其实际的承受能力，为其参与提供一定的安全保障。在农村贫困残疾人扶贫的政策设计中，由于残疾程度，贫困类型的不同，并不能用同一尺度去剪裁不同的事物，而是充分考虑到每一个事物的特殊性，并尽可能给予恰当的体现。比如，开发式扶贫只能解决部分有劳动能力贫困对象的贫困问题，而重度无劳动能力的残疾人也有着改善生活水平的需求，单单靠社会救助是杯水车薪的，这就会导致存在许多贫困个体在扶贫过程中的遗漏与忽视，更要避免像上文中所提到的健全人群与贫困残疾人争夺扶贫资源的问题。上文说到，参与感是一种公平的机制，在当前政府主导的扶贫政策安排中，并没有把农村贫困残疾人当做贫困的主体，贫困者无法参与决策的制定。当前，对残疾人的那种歧视性解释依旧是社会主流文化价值观念的一部分，尽管政府要求积极营造良好社会氛围，但将残疾人视为另类的观念也没有随着政府的宣传而得到真正改变，对贫困残疾人的扶助更多是一种施舍。就在被很多学者视为传统伦理道德守护者的农村社会，也被这种歧视所攻陷，这种歧视的观念导致在很长一段时期，贫困残疾人一直处于被领导的地位，执行的是上级制定的政策，难以掌握自己的命运。在各级政策制定和执行者的潜意识中，贫困残疾人往往是弱势群体中的"弱势群体"，只是需要被同情的对象。贫困残疾人对于政策的决策没有"发言权"，这也是政策执行不力，残疾人生活处于劣势的重要原因。在调查中，村残疾委员告诉笔者："镇里领导也是第一次就残疾人事业，来到村里。"针对贫困残疾人的专题调研少之又少，在我们调查的很多农村，都是第一次有过类似的社会调查。导致残疾人只能被动地接受，使残疾人的实际需求无法得到真正的满足。近年来，社会排斥逐渐被各国社会学家、政策研究者、政府部门用来解释失业、贫困、残疾人问题、城乡差距等问题的深层根源。阿玛蒂亚·森指出："社会排斥本身不但是能力剥夺的一部分，而且也是造成各种能力不足（Capability Failure）

的原因之一。"① 在本文的语境下，政策的设计并不能真正地反应农村残疾人的实际需求，在政策设计中缺少应有的话语权，使这一群体不能真正从扶贫开发中获取效益，农村贫困残疾人遭受政策性排斥已是不争的事实。

综上所述，一种设计初衷再好的政策，与具有惯性因素的文化特质不兼容时，政策就难以对其产生效用，贫困群体会有意无意地让自己游离于这个政策安排体系之外，即使与政策发生联系，也会阻隔贫困群体与扶贫资源的有效耦合。这种情况下，他们就不会寻求来自政策的帮助和支持，对政策也缺乏了基本的了解及信任，使各项政策安排有着"形同虚设"的趋势。总之，政策安排的不适应性与其固有的贫困状态的相叠加，直接的影响就是致使贫困残疾人的生存和发展状况难以得到改善。

四 文化适应视角下的扶贫政策体系创新

在扶贫过程中，怎样设计出合理的政策，怎样在实施时实现高质高效的运转，是亟待解决的问题。据此，就应当把扶贫政策体系的创新与上文所说的政策安排与"文化"之间的矛盾联系起来，以此为出发点构建更加完善的农村残疾人扶贫政策体系，为农村贫困残疾人提供最大限度的政策性保障。

任何一项政策安排，都需要将其置于受用群体的文化特质中加以考察，既要关注导致贫困的各种直接的具体原因，也要关注贫困问题的深层社会文化背景。当前随着"建设和谐社会"、"坚持科学发展观"、"建设社会主义新农村"、"残疾人两个体系建设"的进一步落实，以及最近中共中央关于文化体制改革的决定，这也给农村贫困残疾人的扶贫政策创新指明了道路，农村贫困残疾人的发展空间将进一步扩大，许多制约发展的问题将有望得到缓解。首先，要先树立针对农村贫困残疾人及扶贫工作的先进文化理念，借助多种途径、多种形式来大力传播这些新的思想观念、思维方式、伦理规范，继承中华民族的优良社会、家庭道德传统，崇尚现

---

① 阿玛蒂亚·森：《论社会排斥》，王燕燕译，《经济社会体制比较》（双月刊）2005 年第 3 期。

代科学文明，传播健康的社会思想，构造良性的社会文化氛围，必须将构建农村残疾人的人文关怀理念作为社会主义精神文明建设的一个重要内容。力求避免对贫困残疾人的那种狭隘、庸俗的判断，改变将残疾人视为"另类"的愚昧落后的认知模式，转变对残疾人的歧视、忽视的世俗态度，将尊残、助残、敬残内化为公民意识，认可贫困残疾人有追求脱贫致富，追求幸福自由的权利，形成对残疾人的正向、全面的社会文化素质。在扶贫政策安排时，尊重农村贫困残疾人的基本文化价值诉求，这是出于扶贫政策的民生与慈善的理念，是出于一种人道主义的关怀。一项扶贫政策安排，一定要以农村残疾人这一群体的文化背景为依托，发掘其文化的内在内容与特性，适应其文化的基本价值诉求。只有与这一群体的文化特质相融合的政策设计，才能作为政策创新的成果，使其具有扶贫的社会经济价值，实现它的扶贫功能，动员起贫困残疾人的脱贫需求，对内聚与一定文化中的农村贫困残疾人个体具有持久的有效作用，从而改变他们面对外部世界的弱势群体形象。实际上，无论是物质救济还是开发项目，政府出台的动机都是在财政及各种资源有限的情况下，解决残疾人的贫困问题。因此，解决农村残疾人贫困问题的关键就在于打破"政策与文化不兼容"问题。针对农村贫困残疾人的扶贫政策安排，必须与发掘这一群体的文化特质有机结合起来，要从个体、家庭和社会群体层面来全面考虑残疾人的社会交往空间及资源，生产生活的内容及形式，充分尊重残疾人的传统习惯、知识体系及心理活动等文化多重因素的约束作用，从经济、社会、心理等方面综合起来设计扶贫政策。所以，治理农村残疾人贫困问题不仅仅要以某一固定的贫困线作为依据，而应以考虑残疾人的需求及受用性，根据残疾人的需要提供扶贫资源为目标，进而大大提高这一群体对扶贫项目的参与积极性及自我管理、约束和发展能力，必然有助于这一群体的经济地位、社会地位的全面改善，有助于提高其心理素质，达到效率与公平的平衡。

通过调研发现，有些地方将扶贫政策与贫困残疾人的文化特质有效地相融合，扶贫工作取得了良好的成效：黑龙江省富锦市大榆树镇沙岗村，借助社会主义新农村试点的契机，将残疾人志愿者活动与扶贫相结合起来，解决贫困残疾人生产生活中遇到的实际困难。辽宁义县残联依据残疾人生产生活常年在家庭的特性，坚持了康复器具进家庭是传播康复理念的最有效途径的做法，让康复器具进残疾人家庭。几年来，义县残联坚持土法上马，自制、改制残疾人康复训练用具和辅助器具19大类、3800多套（件），不仅节省了有限的康复经费，还满足了广大残疾人对辅助器具的需求。这些器具和方法虽然看似简单，但却很实用，残疾人及其家庭非常欢迎，大大提高了农村贫困残疾人的自我劳动能力。吉林省前郭县八郎镇推出了三年解决贫困残疾人住房问题的政策，大大缓解了残疾人最急需解决的生存环境问题；近日，中国残联、国务院扶贫办、财政部、中国人民银行共同下发《关于进一步完善康复扶贫贷款和贴息资金管理有关政策的通知》，对残疾人康复扶贫贷款政策做出重大调整，加大金融贷款扶助贫困残疾人的作用，这也是国家根据残疾人大多选择自主创业实际需求，而作出的相应政策改变。可以说，将扶贫政策与农村贫困残疾人的文化内在性有效结合，是打破我国针对残疾人扶贫低效性和推进扶贫政策创新的有效途径。

当前，要制定出科学合理的扶贫政策，改善原有的政策安排，就必须强调政策设计沟通的互动性，构建顺畅的沟通环境。一方面是"由上及下"的调查研究，另一方面是"由下及上"的参与反映。

首先，调查研究是理性制定政策的基础，可以说调研不充分，就会使问题得不到根本的解决。政府在设计扶贫政策时，必须进行有针对性的、系统的调查研究，通过开展入村入户调查、与基层组织的座谈会、学术会议和专题研究等形式，形成科学研究的良好氛围，为制定各项政策提供科学依据。要结合地方实际，充分了解这一地区贫困残疾人的经济、社会、文化的特殊性，花大力气对残疾人的贫困状况进行普查，不仅要建立残疾人健康档案，还要建立残疾人具体需求档案，供决策者作为决策的依据。同时，针对残疾人扶贫工作对队伍素质低下的状况，提高工作人员的综合素质，提高专业管理设计服务水平，积极吸纳具有专业知识背景的工作人员，充实到残疾人扶贫工作中来，又要积极给予残疾人为残疾人服务的机会，使政府更好地理解残疾人的贫困问题所在。将问题视角与专业视角结合起来，这也是解决问题的一剂良药。

其次，要建立参与反映机制，作为扶贫对象主体的农村贫困残疾人不应该仅仅处于被动的从属地位，应强调以"赋权"为核心的参与性，充分尊重贫困残疾人的知情权、参与权、选择权。扶贫工作不仅是政府所做的工作，要在设计之初把贫困残疾人的"参与反映"放在首要考虑的位置。在扶贫政策的设计、论证过程中，要充分听取残疾人的意见和要求，特别是那些进村到户的扶贫项目，残疾人最有发言权。贫困残疾人广泛地参与扶贫政策的设计与评议，必然使得扶贫政策真正地从实际需要出发，提高扶贫项目的成功率，有效利用扶贫资源使扶贫效益显著提高。总之，要将扶贫政策的创新重点放在沟通机制的平台建设上，通过构建和谐的沟通环境，以此来发展政策实施的能力，促进残疾人贫困问题的彻底解决。

构建合理的沟通参与机制的根本目的：一是要将农村残疾人的需求作为决策的重要依据；二就是要将扶贫工作视为一种长期的、动态的过程，尤其是针对农村贫困残疾人，更应当关注这一群体有可能出现的"反复贫困"的现象。当前的扶贫政策多是"运动式"的方式，对扶贫绩效的评价通常都是用贫困人口的减少数目以及贫困发生率的高低来衡量，如果达到某一标准，则认为扶贫工作取得了预期的成效，对这一贫困个体的重视和支持会减少甚至停止。然而，事实证明难以达到理想的效果，未能反映出所取得的反贫困成果是否具有合理性和持续性。古人云：事易备变。贫困残疾人由于健康、家庭的变动和时间的变动等因素，导致政策受用效果的弹性比较大，贫困残疾人极易出现"反复贫困"以及持续贫困的状况。这就需要政府根据具体的变化，对扶贫政策也必须做出自我调适，将原有政策中的落后要素加以剔除并针对各种有关贫困的新问题，构建一种新型的政策设计。政策的持续性，既是解决扶贫长效问题的关键要件，揭示了扶贫的新视角，要求动态地看待扶贫问题，以扶贫效果的可持续性为目标，加强扶贫工作中的真实性分析。强调持续性就是要把扶贫作为一种经常的、规范的政策行动，实际是一种忧患意识的概念，这既是适应贫困残疾人个体及家庭有可能遭受的"反复贫困"和"持续贫困"的需要，也是减少乃至完全避免现行扶贫中的资源效果高逸出，人为因素干扰等问题所必需的。这就要求政府在制定及实施政策后，及时和随时地了解农村贫困残疾人状况，及时跟踪记录贫困人员的各种贫困信息，及时跟踪了解扶贫状况，将数量指标向扶贫实际效果指标转变，将贫困残疾人的扶贫后的生产生活情况、扶贫资源拥有量等要素与当时的社会经济信息结合起来加以分析，及时调整政策，保证政策的实效性。

唯有扶贫政策体系的创新，扶贫政策的实施才能更高效，才能使政策成为农村贫困残疾人真正享有扶贫福祉的有效机制，才能通过其承担扶贫政策实施过程中实现贫困残疾人的广泛利益获取。因此，农村残疾人扶贫工作应该在文化视角下，设计出符合农村贫困残疾人基本文化价值诉求的政策，重构社会对贫困残疾人的社会文化理念，使每一项政策安排与受众的文化特质相融合，促进残疾人扶贫政策的创新，打破残疾人扶贫低效性，推进残疾人贫困问题的有效解决。

东北农村残疾人婚姻状况及其影响因素分析

姜 丽

一 研究背景与方法

婚姻家庭社会学认为,缔结于婚姻基础之上的家庭,是社会良性运行与协调发展的社会基本单元或社会细胞,而人人又均为婚姻家庭的主体,那么作为符合《中华人民共和国婚姻法》相关法律规定的残疾人也具有缔结与维系婚姻家庭及幸福生活的权利。当前,世界上有5亿以上残疾人,我国第二次全国残疾人抽样调查数据显示,全国各类残疾人总数为8296万人,残疾人占全国总人口的比例为6.34%。其中农村残疾人6225万人,占残疾人总数的75.04%。据有关调查表明,在残疾人的日常生活中,配偶的关心较其他家人的关心更重要,婚姻家庭是残疾人的重要需求。由此,来自婚姻家庭的支持对残疾人尤为重要。鉴于中国农村的自然情况,婚姻较之农村残疾人更为重要。然而,由于自身的生理缺陷、心理障碍、社会经济地位低下以及社会歧视等因素的影响,大量的农村残疾人被排斥于主流社会的婚姻家庭之外,其缔结与维系幸福婚姻家庭生活的能力严重不足,如此,许多农村残疾人的婚姻家庭濒临崩溃与解体。

对于影响残疾人婚姻状况因素的分析,本研究主要采用Logistic回归分析方法分析上述因素对残疾人口婚姻状况的影响。[①] 我们首先进行对每

[①] 为了便于分析,本研究基于原有问卷的数据,在将数据合并后,对将要分析的变量进行了重新编码,包括将连续性变量划分等级使它变成分类变量、对原有变量进行重新赋值等,最终确定本研究所需要的自变量与因变量。其中因变量只有一个指标,这个指标主要体现在《东北地区残疾人社会保障与服务体系研究调查问卷》的第6题"婚姻状况"中。将本来的变量变成只含有"已婚"与"未婚"两个分类变量("从未结婚"、"同居未登记"划入"未婚"变量中;"离异"、"丧偶"、"分居"划入"已婚"变量中)。自变量按变量主要体现的特征,划分为个人基本特征变量组(包括性别、年龄、户口性质和文化程度等);经济支持特征变量组(全家的经济收入、个人的经济收入、残疾人本人从事的职业、残疾人家庭目前的经济状况、残疾人本人是否参加了医疗保险、养老保险等);生理状况特征变量组(残疾人的残疾级别、活动的参与状况、生活自理情况、残疾类型等)。

一个自变量的列联表的单因素分析，通过此分析判断所选变量是否与残疾人口婚姻状况相关，这些变量为：性别、年龄、文化程度、是否有工作、是否有养老保险、是否有医疗保险、残疾级别等。将变量一设为：个人基本情况特征组，包括性别、年龄、户口性质"农业"（非农）、文化程度。变量二：经济支持组变量，包括有无工作、全家经济收入、个人经济收入、经济状况、是否参加医疗保险、是否参加养老保险。变量三：生理状况特征组变量，包括残疾级别、残疾类型、自理情况、参加活动。但对其单因素分析是在没有控制其他因素可能存在的影响下进行的，不能准确地描述它们与残疾人口（无论何种类型的残疾人口）婚姻状况之间的真正关系，也不能准确测量某个变量对婚姻状况程度指标的影响强度。而多元分析的优点正在于能够在控制其他变量的基础上，比较准确地考察各个变量的"净"影响，同时在标准化的基础上还能比较每个"净影响"的相对大小。

所建立的无序多分类 Logistic 回归模型的主要目的是对影响各类残疾人口婚姻状况的因素进行多因素分析，共有四个模型。模型一只考虑个人基本特征变量对各类残疾人口婚姻状况的影响；模型二除了个人基本特征变量之外，把"经济支持"组的变量纳入模型，分析其对各类残疾人口婚姻状况的影响；模型三把个人基本特征变量和生理状况特征组的变量作为自变量；模型四是最终模型，个人基本特征组变量、经济支持特征组变量、生理状况特征组变量三组变量都作为模型的自变量纳入多元回归模型，分析其对各类残疾人口婚姻状况的影响。

在评价或检验一个含有自变量的 Logistic 回归模型时，我们一般是将其与截距模型相比较。以截距模型作为标准，比较在加入其他自变量后新的模型与数据的拟合水平是否有显著提高，也就是说，这些变量是否像模型假设的那样提供了因变量变化的解释。表 1 是四个模型的拟合情况，从表 1 可以看出，各模型的最终结果，似然比卡方检验结果 $P < 0.01$，说明各模型中至少有一个自变量系数不为 0，各个模型均有意义。除了模型的解释能力，伪确定系数也可以作为模型拟合度的参考，其中，模型四 Nagelkerke 伪确定系数为 0.444，表示最终模型中自变量对残疾人口婚姻状况的解释比例为 44.4%。模型一至模型三 Nagelkerke 伪确定系数也均有类似解释。同时，伪 R 方随着模型中变量的增多基本逐步提高，表示各模型中随着自变量的依次加入对因变量即残疾人口婚姻状况的解释比例逐步提高，也就是说四个模型的解释能力渐次有明显提高。

表1　　　　　　　　各模型总体拟合情况和伪 R 方

	模型一	模型二	模型三	模型四
对数似然值	1364.549	818.744	731.079	498.734
Cox & Snell R^2	0.251	0.252	0.258	0.276
Nagelkerke R^2	0.389	0.406	0.402	0.444
χ^2 值	527.958	349.454	300.121	247.492
显著性	0.000	0.000	0.000	0.000

残疾人口婚姻状况与个人基本特征组变量、经济支持组变量及生理状况特征组变量的 Logistic 回归各模型结果可知，在控制了个人基本情况特征变量和其他一些自变量之后，原来在单因素分析的时候相关显著的一些变量的显著程度有所变化。同时可以得出在 $\chi^2 = 0.05$ 的显著性水平下，控制其他自变量之后，其中某一个自变量与因变量的相关关系的程度。模型一只加入了个人基本情况特征组的变量，模型二考虑了个人基本情况特征组变量和经济支持组变量的影响，模型三的自变量包含的是个人基本情况特征组变量和生理状况特征组变量，模型四是最终模型，即包括了上述所提及的所有进入回归模型的自变量。从回归结果看，四个模型的结果差别不是很大，绝大多数在模型一至模型三中显著的自变量在模型四中也与残疾人口婚姻状况呈显著性的相关关系。此外，有极少数变量在不同模型中与婚姻状况的相关性系数有较大变化，比如在模型二中，医疗保险与婚姻状况的显著性水平为 0.76，而在模型四中其与婚姻状况的显著性水平降到了 0.056，几乎达到显著性相关的程度。残疾人参与活动对婚姻影响情况的结果中，与其他主要参加的活动相比，只有"看电视"具有显著性差异。另外我们注意到，"残疾级别"无论是在变量较少的模型还是在变量较多的模型中，均与婚姻状况无显著性差异。模型四是最终得到的结果，从中可以发现，多数自变量与残疾人口婚姻状况显著相关。首先，模型四中有三套主要数据分别针对"已婚"、"离婚"和"丧偶"。"未婚"作为因变量的参照水平，其所有系数都是零。表2至表4分别是"已婚"、"离婚"和"丧偶"状况下的回归结果。

由表2可知，男性残疾者已婚的概率与未婚的概率之比，是女性残疾者这一比值的 0.189 倍；农业户口残疾者已婚的概率与未婚的概率之比，是非农业户口残疾者这一比值的 1.124 倍；有工作残疾者已婚的概率与未婚的概率之比，是无工作残疾者的这一比值的 1.304 倍；无精神残疾的残疾者已婚的概率与未婚的概率之比，是精神残疾者的这一比值的 3.204 倍；无视力残疾的残疾者已婚的概率与未婚的概率之比，是视力残疾者的这一比值的 0.946 倍；无听力残疾的残疾者已婚的概率与未婚的概率之比，是听力残疾者的这一比值的 1.674 倍；无言语残疾的残疾者已婚的概率与未婚的概率之比，是言语残疾者的这一比值的 0.837 倍；无智力残疾的残疾者已婚的概率与未婚的概率之比，是智力残疾者这一比值的 4.407 倍；无肢体残疾的残疾者已婚的概率与未婚的概率之比，是肢体残疾者的这一比值的 0.625 倍。

表2　　婚姻状况（已婚）的无序多分类 Logistic 回归分析结果

婚姻状况：已婚	模型一 B	模型一 exp(B)	模型二 B	模型二 exp(B)	模型三 B	模型三 exp(B)	模型四 B	模型四 exp(B)
常数项	6.515		6.383		4.589		5.890	
个人基本情况特征组								
性别男（女）	-1.370	0.254	-1.469	0.230	-1.386	0.250	-1.666	0.189
年龄	-0.102	0.903	-0.104	0.901	-0.087	0.917	-0.095	0.909
户口性质农业（非农）	0.237	1.268	-0.111	0.895	0.409	1.505	-0.142	0.868
文化程度	-0.861	0.103	-0.643	0.526	-0.416	0.660	-0.310	0.733
经济支持组变量								
有工作（无）			0.218	1.244			0.272	1.313
全家经济收入			0.000	1.000			0.000	1.000
个人经济收入			0.000	1.000			0.000	1.000
经济状况			-0.367	0.693			-0.478	0.620
未参加医疗保险（参）			0.512	1.669			0.282	1.326
未参加养老保险（参）			0.138	1.148			0.429	1.105
生理状况特征组变量								
残疾级别					-0.090	0.914	-0.074	0.928
残疾类型								
精神残疾					0.827	2.288	1.164	3.204
视力残疾					-0.441	0.644	-0.056	0.946
听力残疾					-0.016	0.984	0.515	1.674
言语残疾					-0.254	0.775	-0.178	0.837

续表

婚姻状况：已婚	模型一 B	模型一 exp(B)	模型二 B	模型二 exp(B)	模型三 B	模型三 exp(B)	模型四 B	模型四 exp(B)
智力残疾					1.380	3.975	1.483	4.407
肢体残疾					-0.755	0.470	-0.469	0.625
自理情况					0.589	1.802	0.246	1.278
参加活动					0.432	1.540	0.637	1.891

由表3可知，男性残疾者离婚的概率与未婚的概率之比，是女性残疾者这一比值的0.207倍；农业户口残疾者离婚的概率与未婚的概率之比，是非农业户口残疾者这一比值的0.663倍；有工作残疾者离婚的概率与未婚的概率之比，是无工作残疾者这一比值的1.082倍；无精神残疾的残疾者离婚的概率与未婚的概率之比，是精神残疾者这一比值的0.277倍；无视力残疾的残疾者离婚的概率与未婚的概率之比，是视力残疾者这一比值的2.745倍；无听力残疾的残疾者离婚概率与未婚的概率之比，是听力残疾者这一比值的1.084倍；无言语残疾的残疾者离婚概率与未婚的概率之比，是言语残疾者这一比值的1.439倍；无智力残疾的残疾者离婚概率与未婚的概率之比，是智力残疾者这一比值的1.823倍；无肢体残疾的残疾者离婚概率与未婚的概率之比，是肢体残疾者这一比值的0.326倍。

表3　婚姻状况（离异）的无序多分类Logistic回归分析结果

婚姻状况：离异	模型一 B	模型一 exp(B)	模型二 B	模型二 exp(B)	模型三 B	模型三 exp(B)	模型四 B	模型四 exp(B)
常数项	7.664		10.625		8.226		30.544	
个人基本情况特征组								
性别 男（女）	-0.634	0.531	-1.087	0.337	-0.933	0.394	-1.575	0.207
年龄	-0.067	0.935	-0.081	0.922	-0.053	0.949	-0.055	0.946
户口性质								
农业（非农）	-0.639	0.528	-0.642	0.526	-0.900	0.407	-0.411	0.663
文化程度	-0.796	0.451	-0.789	0.454	-0.610	0.544	-0.587	0.556
经济支持组变量								
有工作（无）			0.111	1.117			0.079	1.082

续表

婚姻状况：离异	模型一		模型二		模型三		模型四	
	B	exp (B)	B	exp (B)	B	exp (B)	B	exp (B)
全家经济收入			0.000	1.000			0.000	1.000
个人经济收入			0.000	1.000			0.000	1.000
经济状况			-0.734	0.480			-0.745	0.475
未参加医疗保险（参）			-1.565	0.209			-0.448	0.639
未参加养老保险（参）			1.944	6.989			-8.525	0.000
生理状况特征组变量								
残疾级别					-0.007	0.993	-0.305	0.737
残疾类型								
精神残疾					-0.597	0.551	-1.285	0.277
视力残疾					19.20	2.180	19.430	2.745
听力残疾					0.774	2.168	0.080	1.084
言语残疾					-0.233	0.792	0.364	1.439
智力残疾					0.623	1.864	0.601	1.823
肢体残疾					-0.912	0.402	-1.121	0.326
自理情况					-0.310	0.733	-0.124	0.884
参加活动					0.494	1.638	1.566	4.788

由表4可知，无精神残疾的残疾者丧偶的概率与未婚的概率之比，是精神残疾者这一比值的3.439倍；无视力残疾的残疾者丧偶的概率与未婚的概率之比，是视力残疾者这一比例的0.017倍；无听力残疾的残疾者丧偶的概率与未婚的概率之比，是听力残疾者这一比例的4.582倍；无言语残疾的残疾者丧偶的概率与未婚的概率之比，是言语残疾者这一比例的1.042倍；无智力残疾的残疾者丧偶的概率与未婚的概率之比，是智力残疾者这一比例的0.153倍；无肢体残疾的残疾者丧偶的概率与未婚的概率之比，是肢体残疾者这一比例的0.039倍。

对于表2到表4中的数据关系阐释，不难发现性别与户口性质显著影响残疾人口的婚姻状况（尤其是已婚和离婚）。女性残疾人口较男性残疾人口更有可能拥有婚姻；非农户口残疾者较农业户口者更有可能拥有婚姻。在经济支持方面，与其他相关研究所揭示的一样，有工作的残疾者比无工作者更可能拥有婚姻，但我们也注意到，有工作的残疾者比无工作者也更可能解除婚姻。另外，智力残疾与精神残疾的残疾者较其他类型的残疾者更难获得婚姻。

表4　婚姻状况（丧偶）的无序多分类 Logistic 回归分析结果

婚姻状况：丧偶	模型一 B	模型一 exp(B)	模型二 B	模型二 exp(B)	模型三 B	模型三 exp(B)	模型四 B	模型四 exp(B)
常数项	14.471		15.967		19.729		30.275	
个人基本情况特征组								
性别 男（女）	-2.316	0.099	-3.491	0.030	-2.995	0.050	-4.373	0.013
年龄	-0.187	0.830	-0.207	0.813	-0.212	0.809	-0.258	0.772
户口性质农业（非农）	0.981	2.666	0.909	2.481	0.490	1.632	1.105	3.018
文化程度	-0.740	0.477	-1.016	0.362	0.082	1.085	0.161	1.175
经济支持组变量								
有工作（无）			0.281	1.324			0.220	1.246
全家经济收入			0.000	1.000			0.000	1.000
个人经济收入			0.000	1.000			0.000	1.000
经济状况			-0.716	0.489			-1.821	0.162
未参加医疗保险（参）			-1.157	0.314			-0.654	0.520
未参加养老保险（参）			3.029	20.673			1.535	4.642
生理状况特征组变量								
残疾级别					-0.582	0.559	-1.182	0.307
残疾类型								
精神残疾					-0.486	0.615	1.235	3.439
视力残疾					-2.593	0.075	-4.055	0.017
听力残疾					0.596	1.815	1.522	4.582
言语残疾					-0.407	0.665	0.041	1.042
智力残疾					-0.660	0.517	-1.878	0.153
肢体残疾					-2.005	0.135	-3.240	0.039
自理情况					-0.498	0.608	0.016	1.016
参加活动					2.394	10.954	2.114	8.284

二 东北三省农村残疾人婚姻方面存在的问题及原因

(一) 残疾人与健全人相比在婚姻上有更多的无奈

残疾人由于身体上的原因往往会造成生活上的不便，因此他们的生活常常需要人来帮助，可以说他们比正常人更渴望拥有婚姻和家庭，调研中发现，大部分残疾人的生活需要他人协助或完全依赖他人，到了适婚年龄而未婚者中70%均是在日常生活需要他人协助或完全依赖他人。在焦点小组的访谈中，已婚的残疾人普遍认为婚后生活质量有所提高，离婚者则认为离婚降低了自己的生活水平。由此可见，残疾人比正常人更需要婚姻生活，需要配偶的关心和协助。造成目前残疾人群婚姻困难的主要原因有三：第一是残疾人的经济条件较差，虽然政府在残疾人就业上投入了巨大的努力，但相对健全人，大部分依靠福利工厂微薄工资的残疾人，经济上并不富裕。第二是残疾人由于身体的缺陷所带来的生活不便，其社交圈子受到了限制，往往是聋人与聋人结婚，肢残人与肢残人结对。第三也是最重要的是，不少残疾人很难克服心理上的障碍，这也导致了残疾人与正常人结合的成功率较低。

(二) 农村男性残疾人较之女性残疾人，更不易获得婚姻

东北三省农村残疾人口的4360个个案中，男性为2974人，女性为1386人，男性占65%，女性占35%。男性残疾人口是女性残疾人口的1.857倍。性别比（以女性为100，男性对女性的比例）为185.7∶100。课题组发现，有21%的适婚年龄的残疾人没有结婚，在男性残疾人中有29.3%的人在25岁以后结婚，有21.7%的人在30岁以后结婚，说明农村残疾人的未婚比率高，平均结婚年龄晚。同时，大部分残疾人缔结婚姻的态度比较现实，结婚的目的是为了找到生活伴侣，能有个人互相扶持，共度一生。那些被认定"残疾"的人，即使没有功能方面的限制，也往往无法结婚和为人父母。且处于婚育年龄的男性残疾人的比率更高于女性。同时在中国的传统社会中，女性多是上行婚，男性多是下行婚，导致农村处于婚育年龄残疾男性较之残疾女性在寻找伴侣时，问题更加突出。可以说，在婚姻的市场中，偏远山区的贫困男性残疾人口是最弱势的群体。

(三) 有工作的残疾人较之没有工作的残疾人，更有可能获得婚姻

有一技之长，经济来源好的残疾人，成婚率较高；依靠家庭供养的残疾人，成婚率较低；生存能力差的残疾人，渴望婚姻更是"天方夜谭"。家庭条件好或个人条件好的残疾人，总想找与自己条件相近的健全人，不愿找残疾人成家；残疾人找残疾人，总想找有工作或有一技之长的，觉得这样可以托福终身，从问卷调查上看，具有这种思想的残疾人并不少见。依此类推，这样导致许多可以婚配的残疾人错失良机，这是笔者在交谈中经常听到的。

(四) 持非农户口的残疾人较农业户口的残疾人，更有可能获得婚姻

非农户口的残疾人往往有一份工作，因此，实际上，第（四）点是第（三）点的延续。

(五) 在残疾类型中，无精神类残疾者较之精神类残疾者，更有可能获得婚姻；无智力障碍的残疾人较之智力障碍的残疾人，更有可能获得婚姻

六类残疾者中，肢体残疾者最易获得婚姻。我国《婚姻法》第七条规定："有下列情形之一的，禁止结婚：患有医学上认为不应当结婚的疾病。"法律规定的"患有医学上认为不应当结婚的疾病"的，主要是一些严重的传染性疾病，但只是一种笼统的规定。迄今为止，没有任何一部法律明确地规定哪些疾病属于这个范围。因此，医学上认为艾滋病、淋病、麻风病等传染性病会影响生育，不宜结婚。婚姻法中认为未经治愈且反复发作的精神病，这种患者无力承担家庭责任和社会责任，甚至会做出本人无力负责的反社会行为，且有些精神疾患还会遗传给后代，故不宜结婚。对于精神病残疾者和智力障碍的残疾者只是认为不宜结婚，并没有禁止结婚。而且只要双方对病症完全知情，真心相爱并且做了适当的防护措施，疾病不能成为阻止双方结婚的理由。但在实际调研中，在残疾类型中，无精神类残疾者较之精神类残疾者，更有可能获得婚姻。无智力障碍的残疾人较之智力障碍的残疾人，更有可能获得婚姻。六类残疾者中，肢体残疾者最易获得婚姻。

总的来说，个人的基本情况，比如性别、户口性质等因素，经济支持方面的如个人是否有工作等因素，生理状况方面如残疾的类型等因素是显著影响残疾人口婚姻状况的关键因素。而这些因素中除了性别因素外，其他因素都是可以通过政府或社会相关机构制定与改善政策加以改进的。我

们必须注意到，婚姻作为一种社会关系，家庭作为社会的细胞，对政治、经济等方面的影响是非常敏感的。残疾人口的婚姻同样如此。而研究婚姻问题，不仅需要理论上的支持，同样需要更为翔实的研究方法上的支持。所以本研究在方法上的使用必然还存在一些误差或问题（国内外对于采用 Logistic 回归分析时使用的数据性质也是存在争议的），需要客观看待。

三 解决残疾人婚姻问题的对策

（一）完善残疾人的就业及创业体系，为残疾人缔结和维系婚姻家庭提供保障农村残疾人的就业问题应采取集中就业与分散创业相结合的灵活形式

1. 大力发展职业教育，提高残疾人自身的素质，提高农村残疾人创业的能力

残疾人要平等参与社会生活、实现社会融合，其根本就在于掌握一技之长，能够自食其力。通过职业培训，提高残疾人的就业和创业能力，进而提高适龄残疾人的结婚率。适应劳动力市场需求，开展残疾人职业技术教育，举办一些残疾人职业技术培训班，但是如何使这些培训班既能满足市场需要，也能适合残疾人的实际情况，是亟待解决的问题。为此，我们建议可以开展一些对于知识贮备要求不高的技术型的培训，如盲人按摩、美容美发、修理等，而不只做一些高科技的职业培训，如电脑培训等。对于残疾人的创业问题，有创业需求和创业能力的残疾人应实行灵活的自主创业。对于条件较好的残疾人协调银行提供5万—10万的贷款，本金和利息由残疾人经营所得偿还；对于条件中等的残疾人提供3万—5万的小额贷款，由残联贴息，本金由残疾人经营所得偿还；对于极端困难的残疾人给予1万以下的资金支持，比如买十几只羊、牛、鸡、鸭等，由残疾人就业保证金或政府扶贫资金提供，并不定期的监督，使其资金能真正用于创业，并实现资金的保值和增值。

2. 扶持福利企业及县、乡、村的农村当地的乡镇企业，集中安置残疾人就业

当前应采取积极的扶持和保护措施，加大福利企业的改革力度，从而提高福利企业的市场竞争力，目前市场上的残疾人福利企业，大多面临着

市场竞争力较弱的问题,地方政府及残联部门应对其指导以增强其竞争力,给予产品以供销信息。这一点可以借鉴辽宁省抚顺县残联扶植县木耳基地的做法,通过企业集中安置残疾人就业,给予企业一定的税收优惠和适当减免。

(二)完善残疾人的生活保障金体系,依据残疾种类和程度发放一定的补助金,残疾证专项补贴与低保制度并行

目前,残疾人基本生活保障金是按照城市居民最低生活保障金的标准来下发的,这不仅将生活更加艰难的广大农村的残疾人排除在外,也使得很多残疾人依照规定在领取保障金之后不能再工作。对此,我们建议,制定一套完整的残疾人生活保障金体系,并与城市居民最低生活保障金分开,可以根据对每个残疾人的残疾类型和程度及家庭生产生活状况进行评估的结果,给予不同层次的经济支持。根据残疾程度类型和各项生活指标划分为几个不同的层次制定政策,一、二度重度残疾人以家庭为单位纳入农村的低保和五保的评定范围,其保障水平在每人每月100—300元的水平,根据地区经济发展的差别和实际情况确定。三、四度轻度残疾人无法享受低保和五保的,以残疾人个体为单位实行残疾人的专项补贴,额度在每人每月10—50元的水平,那么残疾程度最严重、生活最艰难的残疾人,每个月就可以领到较多的补助,解决残疾人办证率低的问题。

(三) 建立和完善残疾人婚姻保护体制

有必要尽快建立残疾人婚姻保护体制。

1. 关于婚姻自由的规定

一方婚后严重致残,对他方的离婚自由应予以适当限制。笔者等在东北三省的调查均表明社会上存在着一方婚后致残、另一方立即提出离婚的情况,这对受到身体和精神双重打击的残疾人而言是相当残酷、难以接受的。很多残疾人呼吁应当采取措施在一定时期内保护他们的婚姻,维护他们的利益。笔者也认为,对于婚后严重致残的,应当给残疾人一段生理和心理的治疗、康复期,另一方要求离婚的,一般不应当允许立即离婚;在治疗结束或康复期结束后,或久治不愈、夫妻关系已无法维持的,经妥善安排好残疾人一方的生活、医疗、监护等问题后,可以准予离婚。也就是说,对残疾人婚姻的保护是有条件的。

2. 离婚财产的规定

在离婚分割夫妻共同财产时应适当照顾残疾人。在参加本次问卷调查

的4360名残疾人中,在上一年度已经离婚的有26人,其中有17人填写了离婚时的财产分割情况。在这17人中有11人的夫妻共同财产适用平均分割,其中残疾人的配偶为非残疾人的有8人。有2人因为残疾分得多数财产,其余4人为非残疾方分得多数财产。这一调查结果表明,目前法院在分割夫妻共同财产时,并没有对残疾人一方给予特殊照顾。残疾人作为弱势一方与非残疾人相比,大部分人经济收入较低。当残疾人与配偶离婚时,生活上失去了依靠,多数残疾人期望能够多分得一部分财产,以保障他们离婚后的生活,这是可以理解的。笔者认为,在残疾人离婚分割夫妻共同财产时,应当照顾残疾人的利益。如果双方不能就共同财产分割协商解决的,则应当按照以下两种方式解决:第一,在残疾人与非残疾人离婚的情况下,人民法院应当根据双方具体情况,如共同财产的多寡、共同生活时间的长短、双方的健康状况、谋生能力等,在分割夫妻共同财产时对残疾人适当多分;第二,在双方均为残疾人的情况下,应当照顾残疾程度较重或条件较差一方的利益。残疾程度以及自身条件的不同对残疾人离婚后是否能够保持较好的生活状态具有很大影响,因而通常情况下,离婚分割共同财产时,应当对残疾人一方或者残疾程度较重、条件较差的一方给予照顾。

3. 离婚的时候哪一方直接抚养子女,应当考虑残疾人一方的利益

在调查当中,有很多残疾人说一定要结婚,一定要生孩子,可能是传统的观念,认为老有所依,但是在离婚的时候,绝大多数情况下孩子都判给了非残疾的一方,他们很伤心。我们在决定离婚和子女抚养方到底是谁的时候,第一原则还是有利于孩子的健康成长,子女最佳利益,但是我们也要考虑到残疾人的利益和愿望,适当地照顾他们的利益。

(四)在基层构建残疾人婚姻家庭的社会工作实务介入体系

基层村委会及村残联是社会福利发送体系的主要环节,本次调查研究发现,辽宁抚顺县已经建立了村级残疾人服务组织,并配置了一定数量残疾人专员。建议可以通过乡、村残联进行社会工作的介入。首先,建立治疗性为主、发展为辅的心理辅导机构,提供专业的心理咨询和社会工作辅导,比如建立乡、村社区残疾人婚姻家庭心理俱乐部。在基层残联组织中,聘请心理咨询师或是专业社会工作者为残疾人就其婚姻家庭方面进行心理治疗和社会工作辅导。包括帮助残疾人减轻自卑感、疏离感和无能感,排除残疾在婚姻家庭生活中的心理问题与心理障碍;帮助经历分手的

残疾人疏导情绪和压力;对配偶及家庭生活不满的残疾人进行婚姻家庭治疗,使其恢复平衡的心态和幸福感;降低离婚所带来的伤害,进行离婚疗法,鼓励其重建再次进入婚姻家庭生活的勇气和信心。此外,在治疗的同时,注重挖掘残疾人优势,并以此为基点提高残疾人对自身能力的认识,增强其自信心,以积极的心态投入婚姻家庭生活,并且帮助他们建立幸福、和谐的家庭梦想,鼓励其形成最大的期待,帮助他们明确适合自己的需要,激发他们内在的寻求幸福婚姻生活的动力,鼓励残疾人形成互助合作的网络,提升残疾人的意识觉醒。其次,推动残疾人婚姻家庭自助组织的发展,培育残疾人的民间组织,比如建立残疾人婚姻家庭俱乐部。残疾人婚姻家庭俱乐部就可以成为残疾人交流信息、解决婚姻家庭困难的阵地,以促使残疾人能共同克服困难,形成相互支持的网络。同时,残疾人婚姻家庭俱乐部作为寻找资源的中介和载体,也可以成为维系残疾人婚姻家庭的港湾。在服务内容上,社区残疾人婚姻家庭俱乐部可以增加开通残疾人婚恋咨询热线、适龄残疾人资料上网查询共享、举办鹊桥会等活动。

(五) 设立监护监督人制度

目前,对于没有结婚,或者离婚、丧偶后又没有成年子女的成年残疾人由谁担任监护人,法律是没有明确规定的,而这部分残疾人恰恰是最需要得到法律保护的。对此,残疾人的父母非常担忧,他们极为担心自己身故后残疾子女的生活由谁来照料。在东北三省的调查中发现,丧失劳动能力的重度残疾人占残疾人总数的16%。这部分残疾人基本上没有生活自理能力且无法缔结婚姻关系,他们的日常生活完全依靠父母或亲友帮助,一旦家庭遭遇变故或父母死亡,他们的生活起居难以得到照料,更谈不上其他权利的实现。丧失部分劳动能力的残疾人占残疾人总数的20%,他们尽管大多数存在婚姻关系,但残疾人之间通婚的数量较多,其配偶往往也不能担任监护人,多数情况下是由与残疾人一起生活的父母担任监护人。而残疾人与健康人之间的婚姻大多不稳定,极易被对方抛弃。同时,如果担任残疾人的监护人有经济利益可图时,许多亲属又都会争做残疾人的监护人。因此,对于无劳动能力或基本丧失劳动能力的成年残疾人应当明确规定监护人,并适当扩大《婚姻法》规定的扶养人范围,其顺位为:配偶、父母、成年子女、兄弟姐妹、其他近亲属。没有上述监护人或者上述亲属担任监护人不利于残疾人的,由残疾人住所地的基层民政部门担任监护人。国家对于上述无劳动能力、无法定监护人或法定监护人不具有扶养能力且无生活来源的残疾人予以供养，以确保他们的生存权。

（六）对残疾人实行免费的婚检和孕检，降低新生儿出生缺陷率

我国是出生缺陷和残疾高发的国家，出生的时候已经发现先天的畸形儿是 20 万—30 万，出生数月发现的残疾人每年高达 80 万—120 万，占出生人口总数的 4%—6%。新生儿出生缺陷率比较高是因为我们的婚检和孕检率相对比较低，所以国家应该采取一些措施鼓励残疾人在结婚的时候进行婚前体检，及时地发现隐患，减少风险。我国在 2003 年婚姻登记条例的时候取消了强制婚检，近几年的调查就发现新生儿的缺陷率在提高。笔者在调查过程中也发现，残疾人由于经济条件相对比较差，收入也比较低，支付孕检和婚检的费用非常有困难。我们调查发现，大部分的残疾人都是需要社会救济的，90% 以上的残疾人人均收入不到 500 元，超过一半的残疾人，人均月收入在 100 元以下，无论是婚检的费用还是孕检的费用，抑或还是新生婴儿的检查的费用，对他们来说都是一个比较大的负担，所以笔者认为应该对他们进行免费检查。而且实际上对他们进行免费检查也是有可行性的，我们现在的婚检率相对降低了，没有强制婚检了，一些省市已经开始实行免费的婚检，也应该包括残疾人，不能在全省和地区全部实现免费婚检的地区，对残疾人应该实行免费婚检。对于减免的孕检费用，在一些地区已经开始实行，比如说广东省降低 50%。因此笔者认为，对残疾人实行免费婚检是具有可行性的。

参考文献

[1] 张友琴：《社会支持与社会支持网——弱势群体社会支持的工作模式初探》，《厦门大学学报》（哲学社会科学版）2002 年第 3 期。

[2]《广西壮族自治区第二次全国残疾人抽样调查主要数据公报》。

[3]《中华人民共和国残疾人保障法》。

[4]《中华人民共和国婚姻法》。

[5] 赵竹良：《现代化进程中的中国残疾人问题》，《社会科学》1994 年第 1 期。

[6] 张东枚：《残疾人日常生活能力与家庭负担研究》，硕士学位论文，暨南大学，2003 年。

[7] 吴从清、林清和、沈庚方：《残疾人社会学》，华夏出版社 1993 年版。

[8] 苏雪萍：《解析残疾青年婚姻缺失成因》，《青年探索》2005 年第 4 期。

[9] 景晓芬：《"社会排斥"理论研究综述》，《甘肃理论学刊》2004 年第 3 期。

[10] 巫昌祯、杨大文、王德义：《中华人民共和国婚姻法释义与实证研究》，中国法制出版社 2001 年版。

[11] 韩丽丽：《家庭问题与家庭社会工作的介入》，《首都师范大学学报》（社会科学版）2005 年第 2 期。

[12] 成君、王革、郑平、李庆友：《家庭支持对肢体残疾人抑郁情绪的影响》，《中国心理卫生杂志》1997 年第 5 期。

[13] 余道清：《残疾人婚姻家庭的现状及对策研究》，黄石市残联，2007 年 12 月。

[14] 郭末、解韬：《中国听力残疾人口的婚姻状况及其影响因素分析》，《中国人口科学》2009 年第 3 期。

附录：样本与资料

本研究是基于 2011 年 3—11 月对东北农村地区残疾人抽样调查数据进行的，是关于东北三省农村残疾人婚姻状况部分的研究。通过对残疾人个案深度访谈、焦点小组访谈与问卷调研相结合等方式了解了东北三省农村残疾人在婚姻家庭等方面存在的问题，以及残疾人的各种需求和愿望。论文在对 4360 个个案做了 SPSS 分析的基础上，发现六类不同类型的残疾人口的婚姻状况差异很大，为了全面了解不同类型残疾人口的婚姻状况，我们将在此研究中分别对这六类残疾人口的婚姻状况及其影响因素进行研究。因此，我们将研究对象界定为有效样本中的各类残疾人，由 4360 个调查对象组成的样本。表 5 反映了 4360 个个案资料收集的来源与地区。

在此借鉴郭末等人在分析中国听力残疾人口的婚姻状况中的观点，认为影响残疾人口婚姻状况的因素可以概括为宏观与微观两个层面的因素。"宏观因素一般包括国家的政治政策、政府运行机制、公众舆论价值取向、文化发展水平、资源环境状况等。微观因素大致可以分为年龄、性别、户口类型、受教育程度等人口特征方面的因素；工作状况、社会保险状况等经济支持方面的因素；残疾等级、残疾人活动参与状况等生理状态方面的因素。"在实证研究中，宏观因素对残疾人口婚姻状况的影响比较复杂，不易测量。而且，我们此次调查的问题多是集中于微观层面，所以本文将重点对影响残疾人口婚姻状况的因素进行微观层面的分析，并探究其定量关系。

表5　　　　　　　4360个调查对象资料收集的来源与地区

序号	省	市（县）	乡
1	吉林省	安图市	亮兵乡
2			石门乡
3		榆树市	红星乡
4			大坡镇
5		前郭市	蒙古艾里
6			八郎镇
7	辽宁省	抚顺县	汤图乡
8			石文镇
9		义县	张家堡镇
10			前杨乡
11			义州乡
12			七里河乡
13			城关乡
14			聚粮屯乡
15	黑龙江省	海伦市	东林乡
16			向荣乡
17			红光农场
18		富锦	大榆树乡
19			上街基乡
20		富裕	富海镇
21			二道湾乡
22			富裕乡
23		五大连池	二龙山农场
24		五常	红旗乡
25			沙河子乡
26			兴盛乡
27			安家乡
28			营城子乡
29			八家子乡
30			五常乡
31			冲河乡

续表

序号	省	市（县）	乡
32	黑龙江省	北安	杨家乡
33			赵光乡
34			东胜乡
35			海星乡
36			城郊乡
37			主星乡
38			通北乡
39			五里乡
40			石泉乡
41			二井乡
42			建设农场
43		甘南	东阳乡
44			中兴乡
45			立新乡
46			长山乡
47			宝山乡
48			巨宝乡
49			甘南乡
50			平阳乡
51		绥滨	绥东乡
52			忠仁乡

通过表6，可以得出本次调查样本的基本情况如下：

性别。在此次调查的4360份问卷中，有2834名男性，1526名女性。男性占65%，女性占35%。

残疾类型。在4360名调查对象中，有509名是视力残疾，占11.8%；391名是听力残疾，占9.0%；323名是言语残疾，占7.4%；432名是智力残疾，占9.9%；2697名是肢体残疾，占61.9%；285名是精神残疾，占6.5%。在该统计中，有284名调查对象是综合残疾，占6.5%，已经重复到残疾类型中。此次调查对象中肢体残疾的比例最多。

表6　　　　　　　　　调查样本基本情况（n=4360）

单位%

性别	男	65	婚姻状况	已婚	78.4	民族	汉族	90.5
	女	35		未婚	21.6		少数民族	9.5
文化程度	文盲	1.9	残疾类型	视力残疾	11.8	致残原因	车祸	10.2
	小学	20.4		听力残疾	9.0		先天性遗传	33.7
	初中	43.6		言语残疾	7.4		传染性疾病致残	4.0
	高中及中专	28.1		智力残疾	9.9		非传染性疾病致残	27.5
	大学	4.9		肢体残疾	61.9		医疗事故致残	3.2
	研究生	0.2		精神残疾	6.5		因老致残	4.9
	漏答	0.9		累计百分比	106.5		其他	10.1
				106.5中包括多重残疾	6.5		漏答	0.9

说明：对残疾类型的分析采用了多重响应变量集的频数分析。其余变量采用一般频数分析。

民族。在4360名调查对象中，汉族有3945人，占90.5%；少数民族（主要是朝鲜族160人、满族209人、回族7人、蒙古族33人、锡伯族2人、鄂伦春族1人、柯尔克孜1人、苗族1人、土家族1人）有415人，占9.5%。

文化程度。在4360份问卷中，4319份选择了答案，41份漏答，占总数的0.9%。其中，未读书的文盲残疾人有85人，占1.9%；小学文化程度的残疾人有889人，占20.4%；初中文化程度的残疾人有1899人，占43.6%；高中及中专文化程度的残疾人有1224人，占28.1%；而大学毕业的残疾人只有213人，仅占4.9%，研究生毕业的残疾人有9人，占0.2%。

致残原因。在4360名调查对象中，有277份问卷缺失该项数据，占总数的6.3%。4083份有效数据，其中，车祸致残的残疾人有445人，占10.2%，先天性遗传因素致残的残疾人有1470名，占33.7%；传染性疾病致残的残疾人有174人，占4.0%，非传染性疾病致残的残疾人有1199人，占27.5%，医疗事故致残的有140人，占3.2%，因老致残的有213人，占4.9%，其他原因致残的有442人，占10.1%。因病致残（包括传染性疾病与非传染性疾病）的残疾人有1373名，占27.3%；事故致残（包括车祸和医疗事故）的残疾人有585人，占13.4%；因老致残的残疾人有213名，占4.9%；其他原因致残的残疾人有442名，占10.1%。由此可见，先天性遗传因素致残所占比例最高，其次是因病致残所占比例。特别值得我们注意的是，事故致残所占比例也已达到了较高数值，这在某种程度上反映出医学防护的欠缺、不安全等因素已经成为致残的主要原因。

婚姻状况。在4360份问卷中，剔除50份漏答或未答此问题的问卷，占总数的1.2%。在有效的4310份问卷中，已婚残疾人有2998名，占68.7%；未婚残疾人722名，占16.6%，从未结过婚的残疾人157人，占3.6%，离异的残疾人128人，占2.9%，丧偶的残疾人293人，占6.7%，分居的残疾人9人，占0.2%，同居未登记的残疾人4人，占0.1%。在此，我们将问卷中"婚姻状况"一题中原有的7个变量取值，重新编码为只包含"已婚"和"未婚"两个变量取值，"从未结婚"、"同居未登记"划入"未婚"变量中；"离异"、"丧偶"、"分居"划入"已婚"变量中，由此可见，在本次调查中残疾人已婚比例明显高于未婚比例。这是与其他同类研究结果差异性比较大的地方之所在。当然，还要注意，我们在此所界定的"已婚"包含有过婚姻经历，但目前的状况可能是"离异"、"丧偶"、"分居"。见表7。

表7　　　　　　　　　调查样本的婚姻情况（n=4360）

单位：人、%

		数量	百分比	有效百分比	累计百分比
有效样本	1 已婚	2997	68.7	69.1	69.7
	2 未婚	722	16.6	16.7	86.4
	3 从未结婚	157	3.6	3.6	90.0
	4 离异	128	2.9	3.0	92.9
	5 丧偶	293	6.7	6.8	99.7
	6 分居	9	0.2	0.2	99.9
	7 同居未登记	4	0.1	0.1	100.0
	合计	4310	98.8	100.0	
漏答数据		0	50	1.2	
总数			4360	100.0	

农村残疾人文化需求问题研究

吉林大学哲学社会学院社会保障系 刘婧娇

一 问题的提出

文化以非物质的形式存在，折射出整个国家或民族的精神文明程度。微观上，它无形而深刻地影响着人们的思想、道德、信仰、价值观及行为，宏观上，它渗透性地影响着政治、经济、社会等各个子系统的发展。在竞争愈加激烈的当今世界，文化作为软实力在提高国家综合国力竞争中的地位也愈加凸显。党的十七届六中全会通过的《中共中央关于深化文化体制改革推动社会主义文化大发展大繁荣若干重大问题的决定》（以下简称《决定》）中指出，"要以公共财政为支撑，以公益性文化单位为骨干，以全体人民为服务对象，以保障人民群众看电视、听广播、读书看报、进行公共文化鉴赏、参与公共文化活动等基本文化权益为主要内容，完善覆盖城乡、结构合理、功能健全、实用高效的公共文化服务体系"，"完善面向妇女、未成年人、老年人、残疾人的公共文化服务设施"，吹响了社会主义文化大发展大繁荣的号角。

残疾人相比健全人是弱者，而城乡二元分化这一中国的特殊国情，又使得农村人相比城市人是弱者。那么，农村残疾人则可以说是弱者中的弱者。这一群体数量庞大，约占全国残疾人总数的75%。[1] 美国管理学家彼得的木桶理论认为，一个水桶容量的大小不是取决于最长的木板，而是取决于最短的木板，那么社会文明程度的高低，则要取决于社会中最弱势群体的文明程度。因而，从整个国家发展来说，农村残疾人文化需求的满足、文化权益的保障是对十七届六中全会精神的贯彻，更是中国迈向社会主义文化强国的充分必要条件。因此，对于农村残疾人文化需求的研究具

---

[1] 根据中国残疾人联合会官网中关于第二次全国残疾人抽样调查的数据计算而得。

有极其重要的现实意义。

二　农村残疾人的文化需求现状

改革开放以来，尤其是党的十六大以来，文化建设一直被放在党和国家全局工作的重要战略地位，经过多年的努力，广大群众的思想道德素质、科学文化素质都有了提高。农村残疾人这一特殊弱势群体也开阔了视野，解放了思想，文化自觉性有所增强。调查数据显示，66.6%的农村残疾人经常看电视，个案访谈中了解到，多数人会每天观看新闻频道以了解国内外大事，相比过去封闭式的思想有了突破性进展，也认识到了文化的重要性，尤其是对下一代的教育问题尤为重视。黑龙江省富裕县H村的王女士说："现在孩子上学问题给我们的负担最重，但是再苦也得供孩子上学，我们是一辈子待在农村了，就是希望孩子能走出去，不吃我们吃过的苦。"言语间透露出对下一代文化培养的重视。调查中，有这样思想的残疾人不在少数，他们的文化自觉性普遍提高。

在党的正确领导下，我们已经在文化领域取得了一定的成就，但是也应该看到，当前农村残疾人文化领域还存在一些突出矛盾和问题需要加以重视，主要表现在以下几个方面：

第一，农村残疾人文化需求的差异性较大。主要根据文化程度、社会参与度、经济水平、残疾类别、年龄的不同而不同。从文化程度来看，文化程度高者，更有主动意识去读书看报、学习知识。本次调查数据显示（见图1和图2），随着文化程度的提升，其对于法律条文也越是了解。从社会参与度来看，有一定社会参与的残疾人，更会主动获取文化知识。笔者访谈过一位吉林省前郭县蒙古艾里乡Z村的68岁老人，他早年当过村会计，经常参与乡镇、村里的各类活动，他对残疾人相关的法律条文都有了解，当被问及"您是通过什么渠道了解到这些内容的？您是否有对文化的需求"时，老人说："那些条文都是我看书知道的，不过现在眼睛花，不太方便。对于文化当然有需求了，我就希望村里多提供一些书籍资料、报纸，让我们残疾人也多掌握一些文化，提升自己！"而很少有社会参与行为的农村残疾人，相对较少地理会提升自己文化的事情。从经济水平来说，总体上随着家庭经济水平的降低，残疾人的文化需求也在降低。

当残疾人被问及"您是否经常关注文化知识？是否对文化有所需求"时，很多人苦笑着说："我们家现在这么贫困，就靠点儿低保生活，哪里还会去读书看报啊！什么文化需求，从来没有想过！"可见，经济因素仍然是影响农村残疾人文化发展的重要因素。从残疾类别来说，调查中有文化需求的、需求较高的通常为肢体残疾者。从年龄来说，年轻的农村残疾人还会主动关注一些技术、生产、致富的消息，而年龄大的残疾人相比来说对文化的关注度要小。

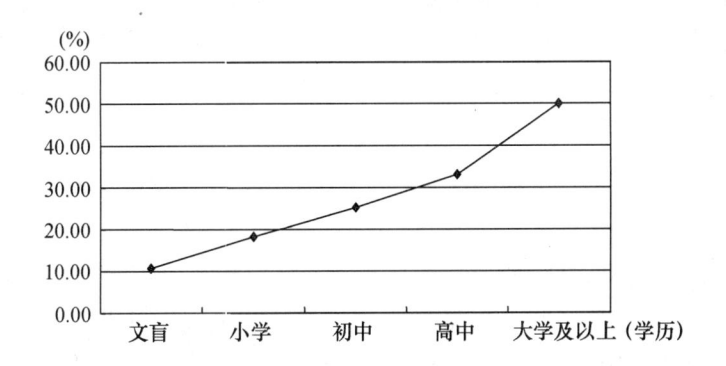

图1 不同文化程度的残疾人对《残疾人权益保障法》的了解状况

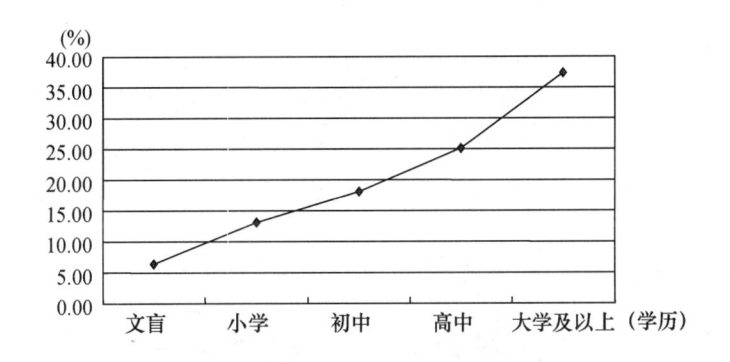

图2 不同文化程度的残疾人对《残疾人就业条例》的了解状况

第二，农村残疾人的文化获取缺乏主观能动性且渠道单一。目前有文化需求的残疾人也不过是电视上关注国内外新闻或者随意翻看身边现有的图书报纸，没有针对自己想了解的知识有意识地寻求，表现为主动的购书订报行为极少，求知欲较弱，缺乏主观能动性。此外，在农村，残疾人的文化获取主要依靠电视，只有13%的人听广播，书籍、报纸则较少被利用，其他现代性的传播渠道也还没有被引进。当外界获取知识的渠道千种万种，资源极大丰富时，农村残疾人知识获取渠道仍旧是单调的，资源仍旧是贫瘠的，两相对比，差距显而易见。

第三，农村文化设施有待丰富和改进。目前在村级，文化领域的设施只有图书资料室或文化大院，其一般均设在村部所在地，名义上存在，但是实际上，这些图书资料室和文化大院并没有被很好地利用。调查中发现，各个图书资料室挂着牌子却大门紧锁。某村领导说道："健全人都很少有来看书的，更何况是残疾人了。"残疾人也反映说："从来没有去过图书资料室"，主要是"离家远行动不便"、"资料室一般也不开门"、"有自卑心理，不愿意出门"、"没有想过去看书"等原因。另外，图书资料室一般都存放大众书籍，没有盲人专用的书籍，限制了视力残疾者的文化诉求。

第四，农村文化活动平台有待被更多地搭建。当被问及"您是否经常参加村里的活动"时，多数残疾人的第一反应是"村里也没有什么活动啊"，调查数据也显示，只有34%的人参加村里活动，而其余66%的残疾人是从来没有参加过的。村里各种文化活动的举办是丰富群众文化生活的重要平台，没有了平台，也就没有了表达文化需要的载体，文化诉求长期无法表达，便阻碍了其进一步追求的动力和信心。

总之，虽然农村残疾人的文化自觉性相比过去有提升，但是他们对于文化的需求以及这些需求的满足程度仍然有很大提高空间。为了探寻出改善农村残疾人文化需求的路径，有必要对问题产生的根源进行深入分析。

三　问题产生的根源分析

任何问题的出现都是多种因素综合作用的结果，农村残疾人在文化需求领域出现的问题也一样，既有残疾人自身因素的影响，也有外界不利条件的阻碍。

在残疾人自身影响因素方面，主要有以下几方面的原因：

第一，普遍低下的经济水平严重制约了农村残疾人的文化需求。马斯洛的需要理论认为，人们对于生存的需要是第一需要，而对于自我实现的需要则是最高需要，只有在低层次需要得以满足后，人们才会有较高层次的需要。经济上的拮据，致使多数农村残疾人的低层次需要还未很好的满足，他们根本无暇顾及对于文化的追求，因而文化需求的前提性条件缺失。

第二，较低的文化程度也制约了个人主观能动性的发挥。文化程度低往往伴随着一味地追求物质而忽视精神世界的片面观念，虽然重视下一代的文化培养，但却忽视了自身的文化提高。常常因为自己的缺陷而自暴自弃，不再追求高层次的文化，致使他们对于文化、精神世界的追求缺乏动力性。再次，残疾人普遍的自卑、消极心理作怪，主观上阻碍了对于文化的追求。费孝通先生曾说到，"乡土社会的一个特点就是这种社会的人是在熟人里长大的"[1]，人们彼此非常熟悉，没有隔离感。而残疾人内心的自卑感、消极情绪往往将自己与社会所隔离，因此造成生活圈子狭窄，时间长久也就造成了思想上的闭塞与落后，缺乏对文化追求的主观认识。

在外界不利条件方面，主要有以下几方面的原因：第一，关于残疾人的保障理念落后。理念是人们实践活动的风向标，理念对于制度的建构、政策的决定起着决定性的作用。当前，对于残疾人的保障理念仅仅停留在物质保障层面，各种补贴、救助、优惠政策等均是以提升残疾人的生活水平为目的，而对丰富残疾人精神文化生活的重视程度则相对缺乏。

第二，基层组织队伍薄弱。在农村，活动的开展、组织都离不开基层组织的参与。基层组织是平台，是残疾人各种文化活动的组织者、领导者。基层组织队伍的薄弱造成残疾人文化工作与日常工作混为一谈，或者严重缺失。残疾人本身就自卑心理严重，主动性不强，再没有基层组织的鼓励、引导，文化需求的提升与满足无从谈起。

第三，基层资金缺失。任何一项制度的落实，需要一定的资金跟进，没有资金的支持便没有组织队伍的完善，也没有活动的广泛开展，也不会有现代文化设施的配备。尤其在集体经济削弱的农村，没有了资金的支持、保障，农村残疾人文化领域的工作寸步难行。

---

[1] 费孝通：《乡土中国　生育制度》，北京大学出版社1998年版。

四 不断提高与满足农村残疾人文化
需求的路径选择与构想

基于以上对农村残疾人文化需求现状的分析和对当前农村残疾人文化需求领域出现的突出矛盾的剖析，本文认为可以从以下几方面入手，不断提高和满足农村残疾人的文化需求。

第一，各级政府、残联及相关部门应转变残疾人事业发展理念。《决定》中指出，"物质贫乏不是社会主义，精神空虚也不是社会主义"，应改变以往"重物质轻精神"的理念选择，转而以"物质精神齐发展"作为残疾人事业的发展理念，最终在农村残疾人自我的内心深处形成"求生存也求发展"的热切渴望。在十七大推进文化大发展大繁荣的机遇下，应该努力改变落后的理念，实现物质文明、精神文明双丰收。

第二，各级财政设立农村残疾人文化专项资金。在中央、省、市三级设立农村残疾人文化事业发展专项资金，专门用于农村文化基础设施建设和活动经费等相关内容的支出，确保公共财政对农村残疾人文化事业的投入。该项资金要严格用于农村残疾文化事业发展，有必要对其进行定期的监督、检查，确保资金真正、有效的落实到位。另外，也鼓励非政府组织、慈善团体或个人加入到农村残疾人文化事业发展中去，夯实农村残疾人文化事业的经济基础，促进其可持续发展。

第三，完善农村基层组织队伍建设。胡锦涛同志强调："多年的实践证明，农村工作千头万绪，抓好农村基层组织建设是根本，是关键，是必须做好的基础工作"。[①] 在农村，设立残疾人文化事业专职人员，完善机构编制、工资待遇等政策措施，可以从报考相关类别的公务员中定向招录，也可以寻找当地有组织能力、领导能力的优秀人才来担任。对农村基层组织人员，推行目标责任制、年终考核等，强化对农村基层组织人员的管理和监督。专职人员与村宣传干事一同协作，组织各种残疾人喜闻乐见的活动，鼓励残疾人加入其中。

---

① 贺国强：《大力推进农村基层组织建设为建设社会主义新农村提供坚强组织保证》，《求是杂志》2006 年第 7 期。

第四，完善与丰富现代化的文化传播设备。在电视、广播基本普及的现实条件下，可以考虑在电视节目中增加专门针对残疾人的节目频道，播放包括养生康体、心理疏导、法律常识以及益智、娱乐等方面的节目。还可以拓宽范围，利用有声读物、手机报刊、光盘、网络等先进渠道，向农村残疾人传播各种文化知识。同时，鼓励、支持企业对残疾人生活辅助用具、文化传播与交流等方面的先进设备开发，更好地方便残疾人的学习与生活。

第五，千方百计提高农村残疾人收入，解决农村残疾人文化事业发展的前提性问题。要想提高农村残疾人对于文化的需求，必须首先解决他们最基本的贫困问题。继续实行农村反贫困政策，有必要针对残疾人制定特殊的保障政策，根据不同残疾人的不同优势和劣势，采取具有针对性的帮扶措施，"因地制宜"地解决残疾人经济问题。

第六，重视农村残疾人教育、培训。加大对特殊教育学校的重视，从专业教师到教学辅助器材的配备，从资金到基础设施建设的支持，确保残疾人早期教育均能享受到。对于考入高中以及大学的残疾学生减分录取并予以持续性的生活补贴，鼓励残疾人接受较高水平的教育。大力发展农村残疾人的职业教育和成人教育，作为基础教育、高等教育的补充，共同致力于提高农村残疾人的科学文化素质和思想道德素质。

第七，丰富农村残疾人文化产品。在每个村，按照一定距离设立一定数量的阅报栏，在附近修建简单的水泥桌、长椅，供残疾人群边读报边讨论边休闲，在日常生活中形成良好的文化风气。尽快推进"农家书屋"的建设，丰富图书、报纸、音像资料，与村图书资料室共同保证残疾人的读书、读报等文化需要。此外，推进农村电影放映工作，二人转、小品、地方戏剧等娱乐演出还要鼓励残疾人加入，残疾人不仅是观看者，也要成为参与者、创造者，以此来丰富其文化生活，提升对自我的肯定。此外，在文化消费方面也应采取各种优惠政策，比如购买书籍、订阅报纸的返利政策等，鼓励残疾人主动获取文化知识，提升自身素质。

农村精神残疾人问题研究

吉林大学哲学社会学院社会保障系　刘婧娇

一　问题的提出

　　法国学者拉诺认为，以下群体是受社会排斥的：精神或身体有残障者、自杀者、老年病患、受虐儿童、药物滥用者、过失者、单亲父母、多问题家庭、边缘群体、叛逆者及其他一些不适应社会环境的人。[①] 可见，精神残疾人受到社会排斥并不是中国的特例。他们通常被定义为"疯子"和"危险的人"，在政治、经济、社会等各个方面均受到排斥，在遭受身体折磨的同时，更承担了无法想象的心理压力和舆论压力。然而作为一个人，他们同样拥有生存权与发展权，同样应该享受社会的发展、进步带来的物质成果与精神成果。

　　曾几何时，精神残疾被认为是残疾者的个人原因而造成的，然而随着社会的发展，医疗水平的进步，精神残疾人并没有减少而是不断增加并且有进一步增加的趋势，由此，更多的人开始思考致残的非个人因素。有人说，这是社会发展带来的必然的苦涩结果。在社会进步给人类带来福祉的同时，人们的各种新旧思想与道德观受到前所未有的冲击，心理不得不承受更大的压力，可以说，每个人都面临着精神残疾的风险，这不是危言耸听，而是勇敢地正视、直面问题的表现。精神残疾不完全是个人的责任，而单纯依靠个人的能力去摆脱困境是软弱无力的，也是文明社会所不允许的。精神残疾人不仅自己遭受着折磨与社会排斥，给家庭带了沉重的经济和心理负担，甚至会给社会造成危害。因此，关注精神残疾人，研究他们的生存、发展状况并提出帮助他们回归社会的对策具有重要的现实意义。

　　在已有的对精神残疾人的研究中，或者以全体精神残疾人为研究对

[①] ［印］阿玛蒂亚·森：《论社会排斥》，王燕燕译，《经济社会体制比较》2005 年第 3 期。

象，或者以具体的某个省、某个市的精神残疾人为研究对象，因此在对象范围上要么特别宽泛，要么特别狭窄，为了做到特殊性与普遍性的兼容，本文选取农村精神残疾人为研究对象，一方面，农村精神残疾人具有其自身的特殊性；另一方面，农村精神残疾人占精神残疾人群体的大多数，且有上涨的趋势，1987年第一次全国残疾人抽样调查中，农村精神残疾人占全国残疾人总数的67.32%[①]，2006年第二次全国残疾人抽样调查中，这一比例上升到了71%[②]。因此，本研究在兼具特殊性的同时，又能反映全体精神残疾人的生存发展困境。

二 样本概况及精神残疾相关概念辨析

本次调查涉及精神残疾人（含多重）285人，占本次调查残疾人总数的6.5%。精神残疾中1级的占17.4%，2级的占42.4%，3级占23.6%，4级占13.8%，可见精神残疾的级别以1、2级为主，整体偏向重度。

我国许多文献和政策法规中，没有精神疾病与精神残疾的区分，由此责权不分地把一些社会部门的工作任务与政府部门等同起来。[③] 因此，在对农村精神残疾人的生存发展困境进行分析之前，有必要先澄清学术界、政界对于精神残疾与精神病的混淆。

联合国第三十七届会议1982年12月通过的《关于残疾人世界行动纲领》第六条中对缺陷、残疾和障碍进行了区分："缺陷是指心理上、生理上活人或人体结构上，某种组织或功能的任何异常或丧失。残疾是指由于缺陷而缺乏作为正常人以正常方式从事某种正常活动的能力。障碍是指一个人由于缺陷或残疾，而处于某种不利地位，以至限制或阻碍该人发挥其年龄、性别、社会与文化等因素能发挥的正常作用。"可以说，"疾病是

[①] 中国残疾人联合会官网：《1987年全国残疾人抽样调查研究资料——精神病残疾人基本情况》，http://www.cdpf.org.cn/sytj/content/2008-04/07/content_30316021.html。

[②] 中国残疾人联合会官网：《2006年第二次全国残疾人抽样调查主要数据公报》第一号，http://www.cdpf.org.cn/sytj/content/2008-04/07/content_30316033.html。

[③] 董兴业：《精神残疾的概念与社会服务》，《中国残疾人》2008年第1期。

指一个人生理、心理功能的缺陷,而残疾则是强调疾病对其正常生活、工作和学习的限制和妨碍。"① 第二次全国残疾人抽样调查精神残疾标准组对《精神残疾标准的解读》中指出,精神残疾指各类精神障碍持续一年以上未痊愈,由于病人的认知、情感和行为障碍,影响其日常生活和社会参与。综合以上对于精神病、精神残疾的定义与区分,可以明确精神病是一种疾病,是因为心理或生理上的缺陷而产生的病态;精神残疾则是指这种精神疾病未得到及时治疗而对病人的日常生活和社会参与造成障碍。所以精神病人不能等同于精神残疾人。

正是因为对于精神残疾概念的模糊,才有了当前社会成员普遍对于精神残疾人的恐惧和歧视心理,事实上,精神残疾人并不都具有攻击性、危险性和对社会的危害性,根据致残疾病的不同而有所区别。《中国精神疾病分类方案与诊断标准》第二版修订版,将精神疾病分为以下几类:

(1) 脑器质性精神障碍与躯体疾病所致精神障碍。如老年期痴呆;颅内感染所致精神障碍;躯体感染、内分泌障碍、营养代谢疾病所致精神障碍等。

(2) 精神活性物质与非依赖性物质所致精神障碍。如酒精、鸦片类物质所致精神障碍;镇静催眠剂所致精神障碍;一氧化碳所致精神障碍;有机化合物(苯、有机磷等)所致精神障碍;食物(如革类)所致精神障碍。

(3) 精神分裂症以及其他精神病性障碍。如精神分裂症;分裂样精神病;偏执性精神病;短暂精神性障碍;分裂情感性精神病;周期性精神病等。

(4) 情感性精神障碍。如躁狂症;双相情感性精神障碍;抑郁症;环性心境障碍等。

(5) 神经症及与心理因素有关的精神障碍。如恐怖性神经症;焦虑性神经症;强迫性神经症;抑郁性神经症;疑症性神经症;神经衰弱;心理创伤后应激障碍;适应性障碍;气功所致精神障碍等。

(6) 与心理因素有关的生理障碍。如进食障碍(神经性厌食、神经性贪食、神经性呕吐)、睡眠与觉醒的障碍(失眠症、嗜睡症、夜惊等)、性功能障碍、植物神经功能障碍等。

(7) 人格障碍、意向控制障碍(冲动控制障碍)与性变态。

---

① 姚贵忠:《精神病不等于精神残疾》,《中国残疾人》1998 年第 5 期。

(8) 精神发育迟滞。

(9) 儿童少年期精神障碍。如儿童孤独症；儿童多动症、品行障碍；儿童情绪障碍；抽动障碍；儿童行为障碍等。

(10) 其他精神障碍及与司法鉴定和心理卫生相关的几种情况。

由此可见，不是所有的精神疾病都是具有社会危害性的。所以对于社会的危害程度不能用残疾等级来判断，应该与其致残的疾病种类有关。北京医科大学精神卫生研究所姚贵忠主治医师说过，"精神病人的病态表现对其日常生活确有很大妨碍，但急性发作期毕竟是短暂的，多数病人是可以治愈的，治愈之后，完全可以同健全人一样生活和工作。少数久治不愈的病人，也可以在病情相对平稳的阶段，从事力所能及的工作"。所以，对于精神病人或精神残疾人完全不必也不应该抱有过多的戒备心理和任何的歧视心理。另外，值得注意的是，在这9类精神疾病类别中，"精神分裂症是导致精神残疾发生的主要因素，其构成比达到60.43%，在其他地区的调查中，精神分裂症也是导致精神残疾发生的主要原因。该疾病多由遗传因素引起，发病年龄早，进展缓慢，病程迁延"。[1] 而精神分裂症又是致残率极高的疾病，[2] 同时，精神分裂症带给个人、家庭的负担最重，根据WHO 2001年的统计，在全世界15—44岁的人群疾病负担中精神分裂症居第8位。[3] 最严重的是，"由于精神分裂症特殊的临床表现，不仅给家庭、社会带来巨大的经济损失，而且也影响到社会的公共安全，对人民生命和财产构成威胁，对居民心理危机的干预、预防精神分裂症的发生已成为医疗卫生领域乃至政府亟待解决的问题之一"。[4]

三 农村精神残疾人面临的困境

在对精神残疾相关概念明确以后，本文利用调查数据，探求当前农村

---

[1] 高力军等：《黑龙江省居民精神残疾流行现状及致残因素分析》，《医学与社会》2008年第9期。

[2] 王善澄：《实用康复精神医学》，湖南科学技术出版社1997年版，第28页。

[3] Rossler, W., Salize, H. J., van Os, J. et al., Size of Burden of Schizophrenia and Psychotic Disorders, Eur Neuropsychopharmacol 2005, 15 (4): 399 – 409.

[4] 高力军等：《黑龙江省居民精神残疾流行现状及致残因素分析》，《医学与社会》2008年第9期。

精神残疾人面临的现实困境。研究发现，在生存方面，农村精神残疾人往往面临着经济困境、就业困境、医疗与康复困境；在发展方面，又面临着社会融合的困境。总之，这一群体的弱势程度非常之深，需要政府和社会各界更多的关怀、扶持与帮助。

（一）经济困境

1. 农村精神残疾人的家庭贫困程度深

农村残疾人的经济水平普遍低于农村健全人的经济水平，而精神残疾人的经济水平又落后于其他残疾类别的残疾人，从经济方面来说，精神残疾人是社会底层的底层，贫困程度相当之深。为了说明这一现状，本文将精神残疾与非精神残疾人的家庭年收入做一比较，如图1所示。在家庭年收入3000元及以下的特别贫困组中，精神残疾人比例明显高于非精神残疾人，年收入在3001元以上组中，均是非精神残疾人比例高于精神残疾人，而且随着收入的增高，两者的落差也更加悬殊。特贫群体（家庭年收入低于3000元的）占精神残疾人总数的41.9%，比例之大，贫困程度之深，不得不引起相关部门的重视。

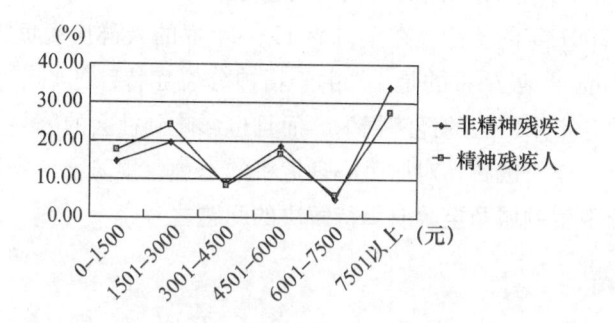

图1 精神残疾人与精神残疾人家庭年收入比较

2. 精神残疾人带给家庭的经济负担沉重

上文说明了精神残疾人家庭的深度贫困现状，为了继续研究精神残疾人对于家庭的负担到底有多少或者说家庭贫困在多大程度上是因为该精神残疾人造成的，本文对精神残疾人带给家庭的经济负担做数据分析。为了研究需要，本文将精神残疾人带给家庭的经济负担用精神残疾人全年支出占家庭年收入的比例来衡量，对不同残疾等级的精神残疾人带给家庭的经济负担程度做一比较。数据分析显示（见表1），总体上看，精神残疾人带给家庭的经济负担呈现两个极端,负担在0.5及以上的最多,而负担在0.29以下的其次,负担在0.3—0.49这一中间段的反而最少。可以推断,当前农村精神残疾人的家庭对于精神残疾人的治疗态度也是两极对立的,要么完全放弃不管,要么舍弃其他一切花销为其治疗。从各个残疾级别的比较来看,中度、重度精神残疾人带给家庭的负担较大,轻度精神残疾人带给家庭的经济负担小。

表1　　　　不同残疾等级的精神残疾人带给家庭的经济负担比较

单位:%

负担系数	残疾级别			
	1级	2级	3级	4级
0—0.29	36.3	43.6	34.8	46.9
0.3—0.49	16.7	9.4	19.6	16.0
0.5及以上	47	47	45.6	37.1

实际上,精神残疾人带给家庭的负担不只是贫困,还有更大的心理负担。有研究资料表明,由于传统及社会压力使患者家属的心理健康状况明显受到影响。[1] 我国精神病患者家属羞耻感高,常偏向超自然归因来调适压力,很少主动接受心理卫生教育。[2]由此看来,不仅是精神残疾人本身需要社会的关爱和治疗,其家庭成员的心理和经济状况同样值得关注。

(二) 就业困境

邓朴方同志多次指出,残疾人就业是整个残疾人事业的核心部分,残疾人事业中其他各项组成部分都可以说是为围绕残疾人就业问题而展开,残疾人就业问题能够得到妥善解决,其他问题的解决相对就容易得多。对于任何残疾类型的残疾人来说,就业不仅意味着生存,也意味着自我实现,因此具有与众不同的重要意义。为了考察农村精神残疾人的就业率同其他残疾类别残疾人就业率的差异,本文做了如下比较(见表2):肢体残疾就业率最高为8.5%,精神残疾就业率最低,仅为2.0%,甚至低于

---

[1] 洪伟等:《精神残疾患者家属的心理健康状况研究》,《临床精神医学杂志》2009年第5期。
[2] 姜禽球等:《家庭心理教育与精神分裂症康复随访研究》,《中国心理卫生杂志》1999年第2期。

多重残疾人。未就业的精神残疾人，主要是因为身体无法承受，占未就业原因的62%，而用人单位不用的占22%，自己无就业门路的占16%，因为工作不理想的占0%，由此可见，精神残疾人在求职过程中，面临严重的不平衡，正常求职的双向选择被打破，对于精神残疾人来说，求职只是用人单位是否选择自己，而没有自己选择用人单位的机会。

表2　　　　　　　　　不同残疾类别的残疾人就业率比较

单位：人、%

	视力残疾	听力残疾	言语残疾	智力残疾	肢体残疾	精神残疾	多重残疾
就业人数	20	15	6	10	199	4	17
就业率	5.15	7.21	5.94	3.30	8.49	1.94	5.18

（三）医疗与康复困境

1. 医疗困境

为了了解当前农村精神残疾人的医疗困境，本文对精神残疾人与非精神残疾人在医疗保障及就医行为方面做了对比，如表3所示。在医疗保障方面，两个群体在接受医疗救助和参加新农合上基本重合，说明两者差别不大。而在就医行为方面则体现出明显的不同。在生病时是否有别人不知道而自己忍受的情形中，选择经常自己忍受的，精神残疾人比例要高于非精神残疾人；在是否因为医疗费用过高自己无法承受而选择放弃治疗的情形中，精神残疾人放弃治疗的比例高于非精神残疾人，由此判断，精神残疾人的就医行为要比其他类残疾人更消极。

表3　　　　精神残疾人与非精神残疾人医疗保障与医疗行为比较

单位:%

		精神残疾人	非精神残疾人
享受医疗救助		27.05	25.89
参加新农合		89.62	92.35
生病时不告诉家人自己忍受	经常	36.19	24.90
	偶尔	39.69	49.84
	从未	24.12	25.26
住院		22.22	21.41

2. 康复困境

（1）康复治疗的普及性欠缺。当前农村残疾人整体的康复状况并不乐观，这与残疾人普遍的贫困状况自然相关，也同当前农村残疾人康复事业处于起步阶段有关。预防—治疗—康复应该是正常的医疗顺序，康复作为最后一步，对残疾人回归正常人的生活，是最后的希望，起着重要的决定作用。然而，农村精神残疾人的在康复方面非常的欠缺，本次调查中，未接受过康复治疗的精神残疾人占77.1%，只有22.7%人接受过治疗，从接受康复服务类型来看，主要以治疗与康复训练、康复知识普及、心理疏导为主，还停留在初级阶段。而且康复费用多数不能报销，众所周知，精神残疾人的康复费用一般都很高，个案访谈中一位精神残疾家属说，住院费用每天300元，为了给儿子治疗，老人和老伴六旬老人依然务农、打零工甚至捡垃圾。对于精神残疾人及家属来说，最困难的就是康复治疗费用，因病致贫、因残致贫尚有改善余地，而如果因为经济条件无法承受而放弃治疗的话，精神残疾人的病情恶化不说，未来的花销以及给家庭带来的长期负担将会更重，精神残疾人自身会被拖垮，连其家庭成员也容易因为长期的抑郁、苦闷而造成心理疾病。因此，如何解决农村精神残疾人的医疗、康复问题，是我们面临的现实挑战。

（2）家庭照料的科学合理性欠缺。有研究表明，家庭干预能有效降低精神分裂症康复的直接、间接成本和隐性成本，能有效降低疾病的复发率，提高疗效和社会功能，是一种高效低耗的服务形式。[1] 良好的家庭环境有利于患者社会功能康复，在精神病防残中具有肯定作用。[2] 但是，这也是有前提条件的，即家庭成员以科学地方式照顾精神残疾人。否则会造成相反的结果。梁遇春研究中指出，精神分裂症发病前一段时间往往受社会支持明显减少，精神分裂症家庭成员如果向病人表达了伤害性情绪，容易导致症状复发。[3] 而现实中，农村精神残疾人家庭多数特别贫困，家庭成员也不懂得医学和心理知识，要么娇惯要么冷落，甚至在多年忍受抑郁、苦闷的情况下，说出对精神残疾人抱怨刺激的话语，而多数精神残疾

---

[1] 赵宝龙等:《社区慢性精神分裂症家庭干预随访研究》,《中国心理卫生杂志》2000年第4期。

[2] 张献强等:《家庭因素对社区精神分裂症患者社会功能的影响》,《中国民康医学》2010年第9期。

[3] 梁遇春:《美国精神疾病的社区治疗》,《临床精神医学杂志》1998年第1期。

人也都是有理智的，即使短暂的急性发病期间可能失去理智，但是多数情况下还是有判断力的，也有正常人一样的喜怒哀乐，家庭成员的不科学对待，很容易对精神残疾人造成再次刺激，反而失去了家庭对其疾病应有的积极作用。

（3）精神卫生机构的人性化治疗方式欠缺。我国大多数精神病康复治疗机构仍然停留在传统的封闭管理的住院治疗模式上，主要利用药物治疗，缺乏人性化的设施规划和治疗模式，这就使得精神残疾人在医院的治疗与外界隔离，整个治疗过程成为纯粹的药物治疗，心理安慰与疏导缺乏。"根据国内外临床实践的经验，在慢性精神病人的治疗上，药物作用是有限的，药物虽然能起一部分控制疾病，消除症状的作用，但并不能达到痊愈的效果，也就是说，临床精神医学只能对急性精神症状有良好的控制效果，但对慢性精神病人却无能为力。"[①] 所以，当前精神卫生机构以药物治疗为主，缺乏科学、人性化的康复模式，不利于精神残疾人的康复与回归社会。

（四）社会融合困境

对于残疾人来说，最大的福祉便是能融入正常人的社会生活中去，对于精神残疾人来说，这样的进步往往会更困难一些，因为其残疾的特点，总是要面临更多的歧视。本次调查数据显示，23.3%的精神残疾人认为融入社会有很大的困难，51.4%的精神残疾人认为有一定的困难，两者共占74.7%。社会融入的困难一定程度上与其所受的歧视有关。25%的精神残疾人认为受到了社会歧视，高于非精神残疾人的这一比例（47.6%）。对社会融入困难情况与社会歧视情况作相关分析，所得的 Sig 值为 0.000，证明两个变量有一定的相关关系，相关系数为 0.156，即社会融入的困难有 15.6%的因素可以用社会歧视来解释。社会融合的难易程度关系到精神残疾人能否回归社会，能否回到正常人的社会生活中去，关系到他们能否实现自我发展，具有深远意义。

精神残疾群体的社会融合困境还表现在其社会参与的不足。与非精神残疾人的社会参与相比，精神残疾人的社会参与明显不足。在回答"是否经常参加村里的活动"时，精神残疾人中 3.8%经常参加，13.2%偶尔参加，83%从不参加；非精神残疾人中，5.3%经常参加，30.5%偶尔参

[①] 田维才：《中国残疾人事业与精神残疾康复》，《中国民政医学杂志》1995 年第 7 期。

加，64.2%从不参加。通过比较可以看出，精神残疾群体相比其他残疾群体的社会参与明显减少，其融入社会的阻碍更大。

通过以上分析，可以看出精神残疾人与其他残疾类别残疾人最大的不同在于，其他类别的残疾人会有一个突出的问题、比如视力残疾人的就业问题，言语残疾人的社会参与问题，而精神残疾人则是经济上深度贫困、就业上基本空白、医疗康复的强烈需求得不到满足，在社会融合方面又阻碍重重，多方面均是弱势群体，因此，如何带领精神残疾人走出现实的种种困境，是值得思考的问题。

四 帮助精神残疾人走出困境的对策思考

国外学者克莱尔指出："各种社会排斥过程无不导致社会环境动荡，终而至于危及全体社会成员的福祉。"[①] 因此改善农村精神残疾人的生产与发展困境，不只是能提高这一个群体的福利，也能提高全体社会成员的福利，更是维护社会稳定的重要之举。根据前文分析，当前我国农村精神残疾人面临着包括经济、就业、医疗与康复、社会融入等各方面在内的现实困境，为了帮助他们摆脱厄运，回归社会，本文提出如下对策。

（一）做好精神残疾预防工作

精神残疾的预防是精神残疾防治的源头性工作，治疗的成本远远大于预防的成本，因此预防工作是首要重点。对于精神残疾的预防包括前期预防和后期预防。即对于精神疾病以及精神疾病转变为精神残疾的预防和对于精神残疾复发的预防。前期预防工作以全体社会成员为对象，加强心理教育与疏导，以学校、单位、企业等为载体，对所在师生、职员、员工等进行定期的心理疏导与教育，从最源头减少精神残疾的发生。

后期预防工作以精神残疾人及其家庭成员为对象。当前农村精神残疾人的照料以居家照料为主，因此家庭成员与家庭环境对于精神残疾人的影响至深。家庭中，应该尽可能控制生活事件对患者的不良影响，无论是正性事件还是负性事件。家庭成员的情绪表达尽量使用低情绪表达，即对患

---

① 克莱尔：《消除贫困与社会整合：英国的立场》，《国际社会科学》（中文版）2000年第4期。

者表示理解、态度温和、言语亲切、尽量耐受，而避免使用高情绪表达，即对患者表示反感、歧视，甚至有辱骂和指责的言语。有研究指出，"通过对家属的教育，可以明显地降低这种高情绪表达状态，复发率可由41%—63%下降到19%—32%"。[①] 对于患者本身来说，应该增强他们的心理稳定性，改变敏感多疑、孤僻等不良性格，提高应付问题的能力，增强他们的适应能力和自我调适能力。

（二）健全基层精神卫生服务网络

"病有所医"的前提是有医院可以去，这一看似不是问题的问题，对于农村精神残疾人来说却是最大的难题。在调研走过的3省10县20乡43个村中，乡、村均没有专门的精神病治疗、康复机构，多数县也都没有，要去市里才能治疗。这样一来，路费、住宿费及家人陪同附带的费用增加了治疗的负担，对于本就不富裕的残疾人家庭来说，无疑是雪上加霜。因此，有必要考虑在村或乡级建立精神卫生机构，招用精神卫生专业人员，并培养心理危机专业干预人才，配齐软硬件，方便精神病患者和精神残疾人及时治疗，也有利于医生与精神残疾人家属沟通，更好地掌握患者情况，进而对患者进行更优质的治疗。

（三）社会各界给予精神残疾人更多的支持

精神残疾的反复性、长期性决定了其治疗康复过程的艰难，不仅需要大量的资金作保证，也需要心理信念的支撑，所以，对于这一群体的支持不仅包括经济的援助，更需要精神上的支持，同时也决定了家庭、社会任何单方面的帮助都不足以完成这项任务，必须有多部门、多方面的配合。具体来说，首先，政府应负起主要的责任。根据前文分析，精神残疾人的贫困程度之深，深于其他类别的残疾人，因为治疗费用无法承担而放弃治疗的人也不在少数，经济贫困是关乎精神残疾人能否回归社会的根本性问题。保护精神残疾人应从经济扶持做起。建议制定专门针对精神残疾人的特殊优惠政策，包括为特贫精神残疾人家庭提供特殊的资金保障或治疗康复费用的减免，特殊资金补贴应以满足其基本生活需要为标准，并且在医疗方面全力支持，不让一个精神残疾人因为没钱而放弃治疗。源头上控制、过程中干预才能总体上减少精神残疾人的数量。此外，政府还应负有完善法律环境的责任，制定明确的法律法规，保障精神残疾群体的各项活

---

① 田国庆：《精神分裂症的社区预防与健康指导》，《中国全科医学》2003年第3期。

动受到法律的保护。其次，社会各界为精神残疾人的生存发展营造良好的人文关怀环境。社会歧视带给精神残疾人的痛苦往往比其他任何困难都要致命。因为歧视而情绪受到刺激，导致其病情陷入"治疗—复发—再治疗—再复发"的恶性循环之中。所以，全社会应该倡导平等、博爱的人文关怀，理解、同情、帮助而不是笑话、恐惧、谩骂。对社会成员应该进行教育，使其了解精神残疾的成因以形成对这一弱势群体的关怀与保护。

东北农村残疾人生活方式研究

宋向鑫

本次调研共收回 4360 份问卷。问卷共计 119 个题目，涉及生活方式的相关问题占 7 个，占整个问卷的 10%。现将这 7 个问题主要划分为生活条件、消费水平和社交活动三大类。生活条件主要涉及的是生活设施、收入状况、目前的经济状况和对未来的期望这四项。消费水平主要涉及个人经济收入来源和重要的支出项目。社交活动主要是涉及日常活动。

一 农村残疾人生活设施的普及情况

基于 SPSS19.0 和 EXCEL 分析的基本数据，得出了各种相关的生活设施所占百分比（见图1），我们发现，整个所调研农村残疾人家庭主要生活设施的普及率是很低的。排名前四位的是电视、自来水、手机和洗衣机。这四项生活设施占整个生活设施比重的 77%。而其他生活设施如冰箱、收音机等就比较匮乏。这同城镇残疾人家庭的生活设施相比，差距比较明显。值得注意的是，轮椅的数量在生活设施中的比例是非常小的，而根据统计数表明，肢体残疾在整个农村残疾类型中所占的比例达到 62.4%，虽然没有更确切的数据表明肢体残疾来自腰部以下还是以上，但是，只有 1% 的轮椅拥有率确实很低。因此，对于农村残疾人的工作重心应适当转移至肢体残疾人的用品用具（轮椅、假肢、矫形器等）的供给等。

二 农村残疾人生活收入情况

收入方面的数据显示，在过去的一年中，农村残疾人的各个家庭收入占总量的比例如图2所示。

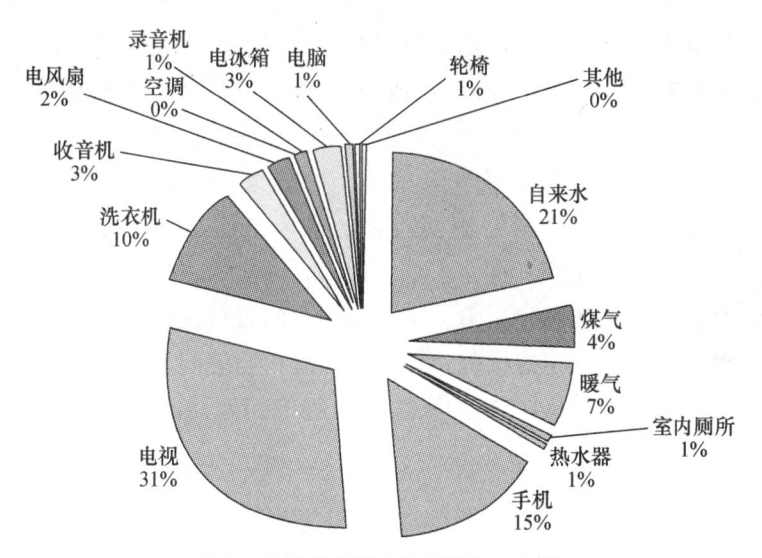

图1 各种相关的生活设施所占比例

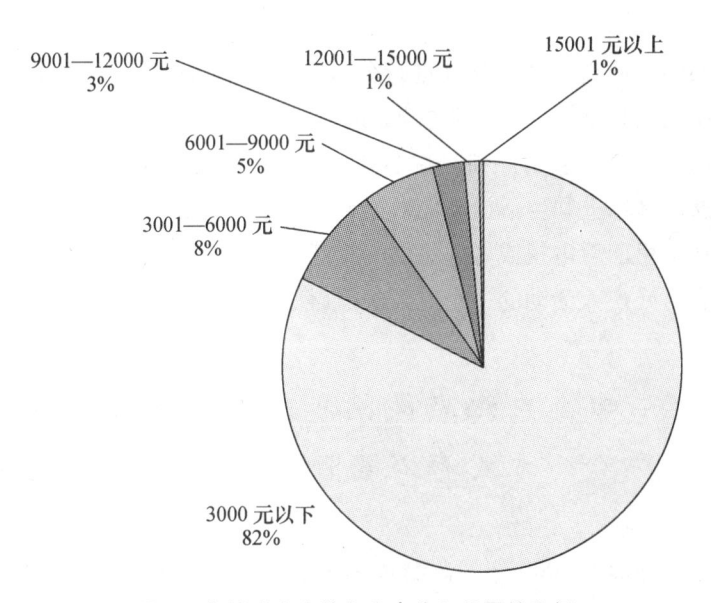

图2 农村残疾人的各家庭收入总量的比例

低于3000元/年收入占绝大多数，占此次调研问卷的82%；95%的人生活在低于10000元/年的收入水平。对24题的个人经济来源问题数据统计分析显示，个人经济的主要收入来自三个方面，其中务农收入占了38.8%，政府补助则占27.1%，家庭供给占20.4%，这三类的来源明显高于其他的经济来源。这说明在农村人们的经济收入还是以务农为主，而政府补助，根据上面的经济收入分析应该是来源于政府对其提供的最低生活保障金。在对于个人经济支出方面的数据显示，排名前三位的分别是医药费为74%，饮食为68%，衣着为15.2%，而其他的像烟酒、康复等支出不足10%。这里存在的最大的问题是医药费的支出已经高于饮食和衣着比例，排在了第一位。可以想象，在农村残疾人家庭中他们背负着巨大的医疗压力，也同样折射出农村医疗卫生设施和相关制度的严重缺陷。对于这样的一种生活状况，当被问及"您认为多久能脱贫致富"时，超过44.5%的人选择回避该问题，而48.7%人则对未来持消极态度。

三 东北农村残疾人的社交活动情况

对残疾人社交活动的问题进行分析得到图3。从图3我们能够发现，农村残疾人的日常活动（排除农忙时去地里劳作），基本上是看电视、去亲友家串门、散步和听广播。排名前四项的日常活动占整个人口比例的85%，这也基本上和生活设施的数据相吻合。在非农忙的时候，人们更倾向于待在家里面看电视或者邻里之间相互走访、串门。肢体的不方便，也是限制农村残疾人活动的一个巨大的障碍。

四 东北农民陷入残疾与生活方式存在密切关系

根据中国政府2007年的监测数据显示，农村残疾人的比例约为城镇残疾人的3倍多，而这一比例在近几年急剧攀升。通过访谈发现，东北农村人口陷入残疾与其工作方式、特殊生活习惯均存在密切关系。由于生存方式的转换，近年来东北地区大量农民工进城务工，而农民工只能靠出卖劳动力来换取报酬，去从事一些低端高危的行业，所以农民工因工致残的

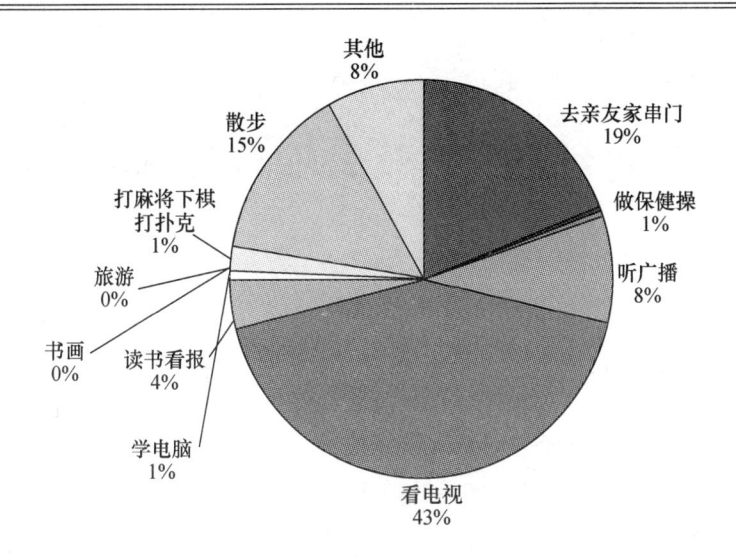

图 3 农村残疾人的日常活动情况

比例在不断上升。因工而致残导致农民工丧失劳动能力或者使其劳动能力减弱,最后只能回到农村的家中进行勉强的治疗。由于东北地区的寒冷天气容易导致各类骨病多发。由于大量的农民收入微薄,对于骨病的治疗采取"有钱就医,没钱硬挺"的态度,导致骨病久治不愈,最后生成顽疾,导致肢体残疾。同时,在东北许多农村,人们在过冬的季节会吃很多腌制的菜,这种菜含盐量很高,多食会导致高血压和动脉硬化,很容易引发中风而导致半身不遂最终肢体残疾。

东北农村残疾人社会地位与观念问题

刘 畅

残疾人群体是有特殊困难的社会弱势群体。在农村社会特殊的生活环境中，社会地位与观念都是影响其日常生活的重要因素。近年来随着国家政府不断加强对残疾人群体的关注，以及宣传积极的舆论导向，残疾人社会地位在不断的提高，社会排斥的现象逐步减少，但是，残疾人群体自身的社会地位认同仍然较低，树立积极的社会地位认同对残疾人群体的康复和发展都具有重要意义。

一 农村残疾人社会地位认同的现状

（一）农村残疾人群体的自我认同度较高，被歧视较少存在

社会地位变量的考量一般有两种方式：即通过经济收入、工作类别等被研究者的外在因素，由研究者进行主观的归类和考察，另一种就是由被调查者进行自我感知，通过其主观感受，再结合外在变量进行划分。在本次研究中，采用的是第二种方法，通过问卷中的"您感觉残疾人在社会上有没有地位"以及"您是否认同残疾人被社会歧视"两个问题进行考量，结果如图1和图2所示。

由图可见，在回收的4360份问卷中，除去未填写该两项问题的样本个体，有6.6%的被调查者表示自己很有地位，41.1%的被调查者表示自己较有社会地位，相较选择没有社会地位的另外31.1%的被调查者而言，残疾人群体的自我认同感较高；另一变量的结果显示，有51.7%的被调查者反对"残疾人被社会歧视"的说法，可见，残疾人群体的社会地位在不断提高，并建立了一定的自信，这对残疾人群体自身的康复、发展都具有积极的意义。但仍有一部分被调查者表示没有地位或表示认同"残

疾人被社会歧视",两个分析中均选择负面变量的共有 481 位被访者,占有效样本的 12.7%,这部分残疾人群体可能得不到肯定的自我认同和社会认同,不利于其康复及自身发展。

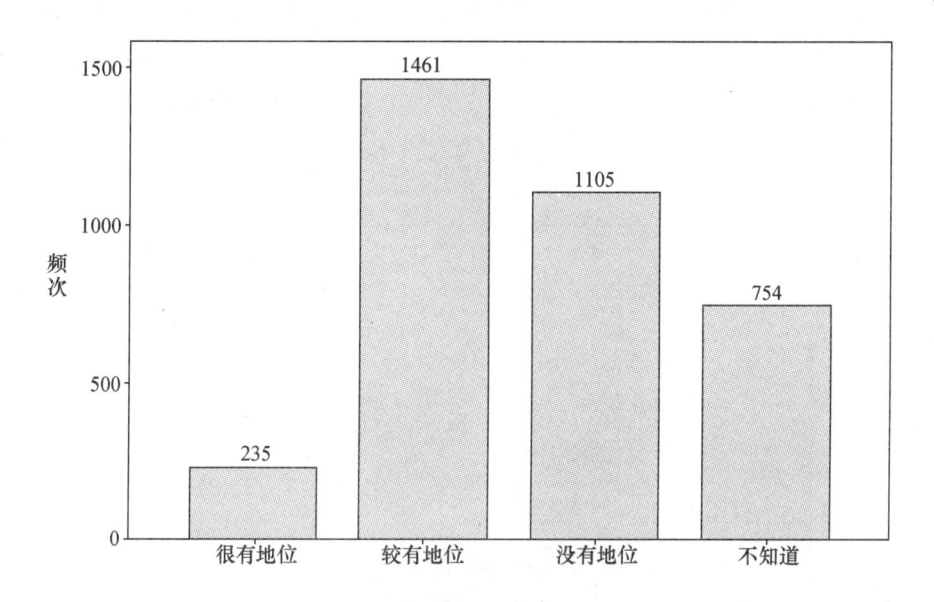

图 1 您感觉残疾人在社会上是否有地位

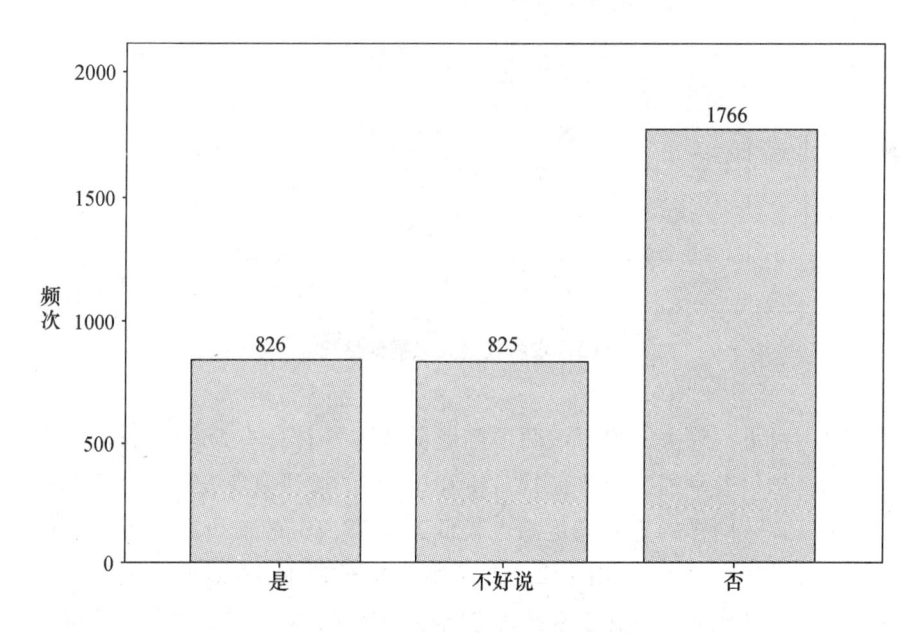

图 2 您是否认同残疾人被社会歧视

（二）残疾人群体幸福感不高，孤独感存在普遍

关怀残疾人群体，为残疾人群体提供与其相适应的社会保障和服务政策，不仅要关心其生活水平，对其心理健康状况也要给予关心，孤独、幸福感低等是残疾人群体较容易出现的负面心理，这些负面心理一方面不利于其日常生活，同时也会影响其健康及康复效果，并可能加重其残疾等级以及引发其他疾病的产生，在调查分析中可见，残疾人群体的幸福感不高，并且孤独感普遍存在，具体情况如图3和图4所示。

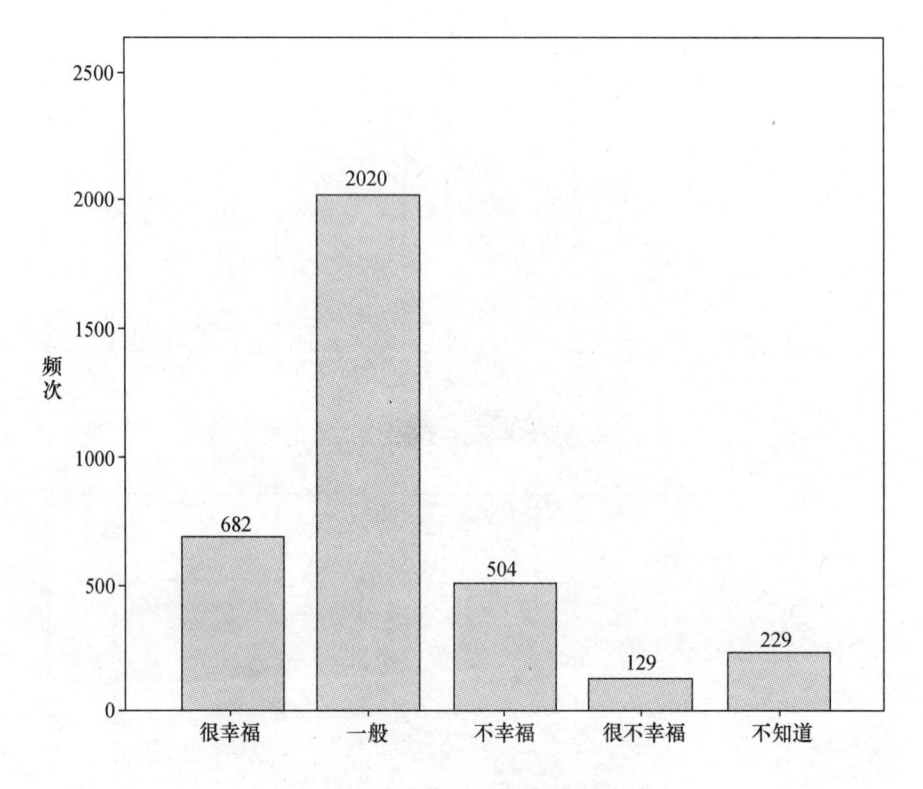

图3　农村残疾人幸福感情况

由上可见，除去未填写该两项问题的样本个体，有56.7%的被研究者表示自己一般幸福，另外有14.1%和3.6%的被研究者表示自己不幸福和很不幸福，同样的生活满足感也较低，有78.2%的被研究者表示"能吃饱穿暖就很满足了"。由于没有参照组，并不能确定在这几个变量的结果反应上，残疾人群体和正常群体之间存在差异，同样的，也并不能确定

导致残疾人群体幸福感低、生活满意度低，主要是因为其身体状况，但这并不影响提高残疾人群体幸福感以及生活满意度，改善其孤独的心理状态的必要性。

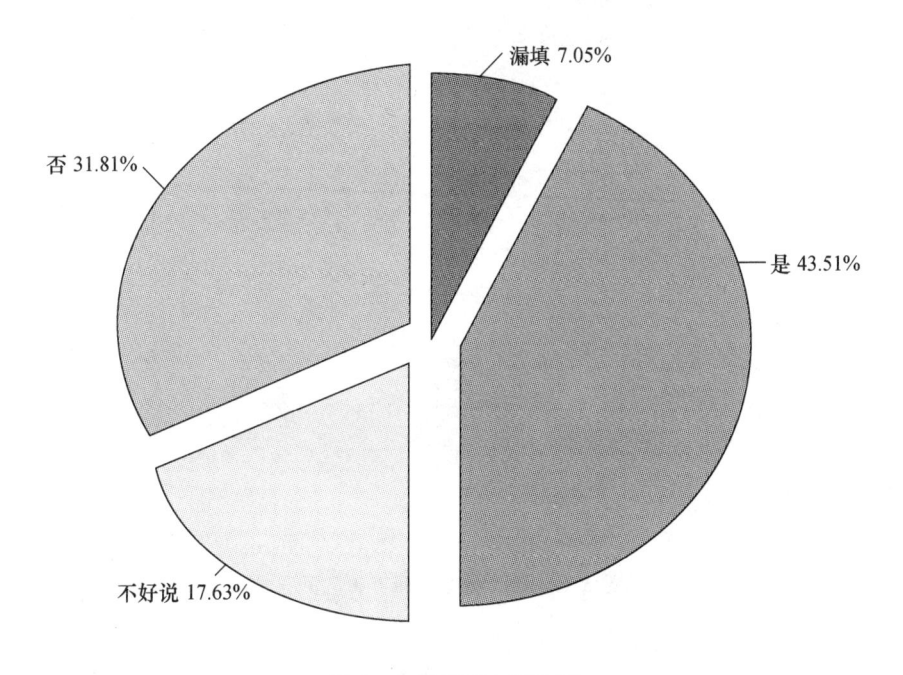

图 4　农村残疾人孤独感

（三）残疾人群体社会活动参加较少，难以融入社会生活

积极参加社会活动并融入社会生活，是一个人高度社会化的表现，也是一个"社会人"应具备的特征之一。调查中显示，残疾人群体村社区建设活动参加较少，邻里间串门交流活动也较少，残疾人群体认为自身融入社会存在一定困难，具体结果如图 5、图 6 和图 7 所示。

由图 5 可以看出，七成以上的被调查者认为自己或残疾人群体难以融入社会，他们极少参加村社区的集体活动，同邻居之间的交流也较少，在选择"不经常"和"从来不去"邻居家串门的一部分被调查者中，有43.8%是因为身体原因、行动不便，另外有 19.5% 的被调查者选择"担心人家烦"，同时这也是致使残疾人群体很少参加社会活动，以及认为自身难以融入社会的两个主要因素。社会活动的参加对社会地位的自我认同、提高生活满足感等都有直接的作用和关系，农村残疾人群体在身体状况、地理环境等因素的影响下难以融入社会，不利于残疾人群体的自我发展，这也使残疾人社会保障和服务体系的建设面临很大困难。

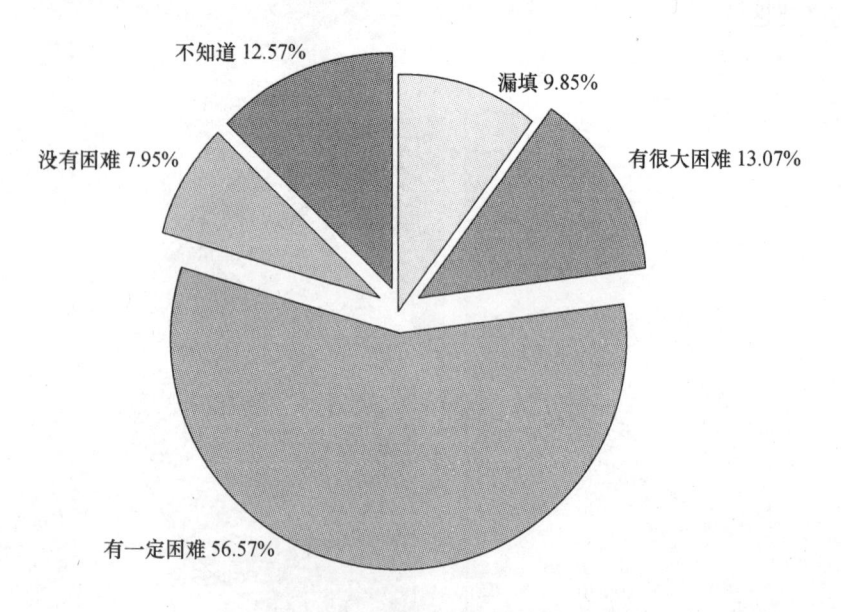

图5 对残疾人融入社会困难与否的回答情况

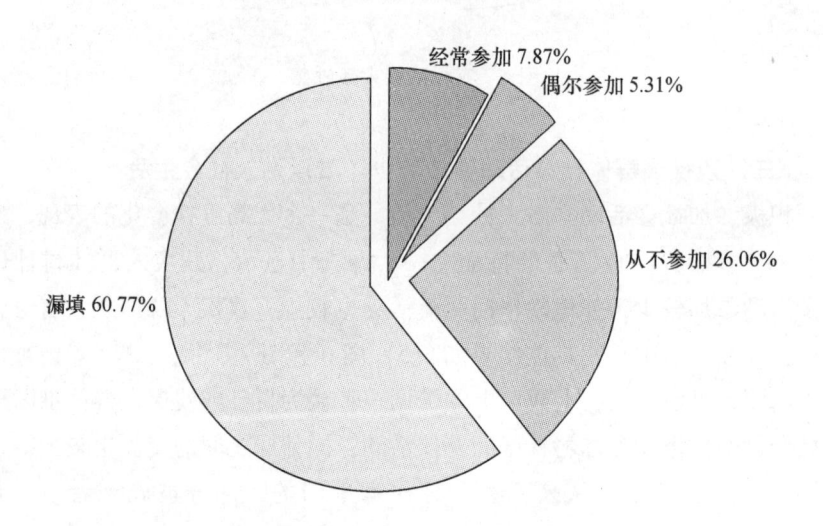

图6 残疾人是否参加社区活动的情况

经验研究篇 ·311·

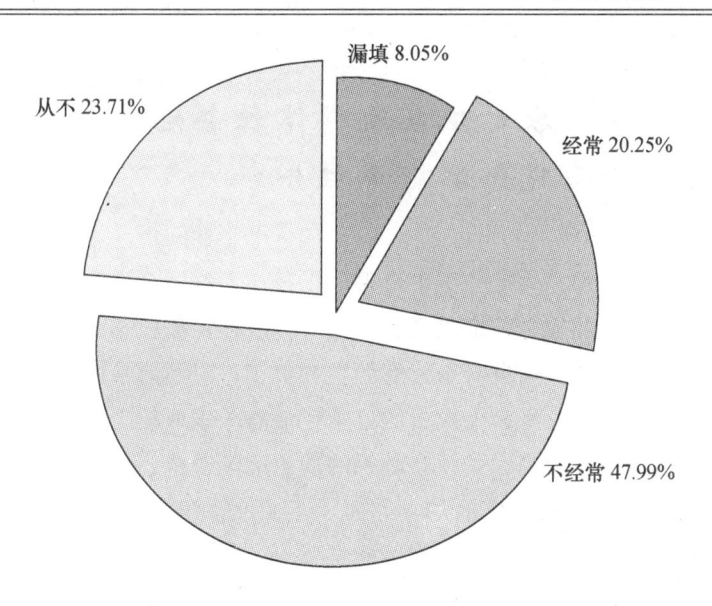

漏填 8.05%
从不 23.71%
经常 20.25%
不经常 47.99%

图7 是否经常到邻居家串门

(四) 残疾人群体自认为是家中主要负担

在问题"残疾人是家庭负担"中,有75.4%的被调查者表示认同。相应地,在经济状况调查和访问中也可以看出,家庭的收入大部分用于残疾人的医疗费用,并且在突发性疾病致残等较为极端的情况下,家庭经济水平会直线下滑,家庭生活陷入窘境;除经济负担之外,很多重度残疾人需要家人照顾和陪护,这部分群体对自身的认识较为消极,有66.3%的被调查者对"残疾人是国家比较重要的人力资源"表示否定,并认为自己不但不能为家庭、社会创造产值,还要消耗大量的资源,是家庭的人力负担。

这些都使残疾人群体产生不安以及对其他家庭成员的负罪感,所以,这部分残疾人对家庭的索取相应较少,除去未填写相关问题的问卷,有71.7%的被调查表示"如果子女不愿意赡养,不愿意同子女打官司",这既同我国传统的"家丑不可外扬"等文化背景相关,也表现出了残疾人群体对家庭其他成员在经济、日常照顾上的要求较低。这种认知表现的强烈,对残疾人家庭照顾模式的开发和完善带来了一定的挑战。

二 农村残疾人群体社会地位与观念的解释性分析

从上述数据的描述性分析中可得出,残疾人群体自身的幸福感普遍较低,社会活动参加较少,难以融入社会,普遍存在孤独感;另外在家庭生活中,残疾人群体认为自身是家庭的主要负担,对不能参加家庭生产劳动表示自责,同时对家庭其他成员的日常生活需求索取较少;虽然残疾人群体的社会地位逐步提高,受社会歧视的现象逐渐改善,但是这种情况仍部分存在。不论是在农村生活的"小社会"还是在城镇生活的"大社会"中,导致这些现象的根本性因素可能是残疾人群体的身体状况,同时性别因素、家庭因素、经济因素、就业因素等其他变量。所以针对上述分析,进行如下假设分析及验证。

(一) 残疾人对自我社会地位的认同,是其能否融入社会以及幸福感判断的根源性影响因素

从社会行为角度进行分析,对于正常社会人来说,适当参加社会活动,是积极融入社会、消除自身孤独感、提高自身幸福感的有效途径。但从上述数据分析中可以看出,社会活动参加、自身孤独感存在、社会融入等变量均得到较为消极的结果,考虑农村社会以及残疾人群体的特殊性,进行如下假设分析。

假设1:残疾人群体同邻居之间的交往频率,与其孤独感认知之间不存在显著性关系。除去该两项问题未填写的样本,统计结果如表1所示。在列联表的 χ^2 检验中,Sig 系数为 0.000,小于 0.05,拒绝原假设,即两者之间具有显著性关系,同时显著系数为 -0.122,显著系数相对较高,两者之间的相关性较为强烈,即经常去邻居家串门的被调查者不会经常感觉到孤独。

假设2:残疾人群体的幸福感判断,同融入社会的难易程度之间不存在显著性关系。除去该两项问题未填写的样本,统计结果如表2所示。在列联表的 χ^2 检验中,Sig 系数为 0.000,小于 0.05,拒绝原假设,即融入社会的难易程度与残疾人自身幸福感具有相关性,感觉自己越容易融入社会,其越具有幸福感。

表1　　　　残疾人群体同邻居之间的交往频率与孤独感认知关系

		经常感觉到孤独			合计
		是	不好说	否	
是否经常去邻居家串门	经常	331	117	298	746
	不经常	748	325	654	1727
	从不	501	181	195	877
合计		1580	623	1147	3350

表2　　　　融入社会的难易程度与残疾人自身幸福感的相关性

		是否感觉自己很幸福					合计
		很幸福	一般	不幸福	很不幸福	不知道	
认为残疾人融入社会是否有困难	有很大困难	73	237	99	38	36	483
	有一定困难	378	1323	270	52	63	2086
	没有困难	115	139	18	7	12	291
	不知道	57	229	50	19	112	467
合计		623	1928	437	116	223	3327

综上通过统计数据分析得出，残疾人群体的邻里交往、村社区组织活动参加较少，使其难以融入社会，对其孤独感认知以及幸福感判断都产生了显著的影响。用同样的方法分析得出，残疾人群体认为自己没有社会地位、感觉被社会歧视，同社会活动参加频率之间正相关，即残疾人对自身社会地位的认同是影响其幸福感判断、孤独感认知以及融入社会难易程度的根源性因素。

（二）残疾人的残疾程度或自理程度同社会地位认知之间存在显著性关系

在社会地位的认知上，一般被调查者侧重经济地位、政治地位、职业地位等与社会生活相关的变量，但是残疾人群体自身情况的特殊性，使身体状况成为影响社会地位的一个重要变量，经过残联工作人员介绍以及走访残疾人发现，残疾人群体的社会地位相较以往提高了许多，但是在具体数据的统计上也可见，仍有31.1%的被调查者认为自己在社会上没有地位，对此我们进行深入分析，找寻影响残疾人社会地位认知的主要变量。

假设：身体状况因素同残疾人群体社会地位之间不存在显著性相关。

所调查的 4360 个样本分布于各个年龄段、残疾等级以及残疾类别，考虑残疾人群体的特殊性，在此将样本划分为：不在劳动年龄内或无劳动能力，在劳动年龄内且有劳动能力两个部分。在劳动能力这个变量选取和划分上，主要依照在吃饭、穿衣、上厕所、管理个人财务等活动中，做起来是不费力、有点困难还是做不了来具体进行，分析结果如表 3 所示。

表 3　　　　　　　　　　残疾人对社会地位的自我认同

身体状况		感觉残疾人在社会上有没有地位				合计
		很有地位	较有地位	没有地位	不知道	
身体状况	不在劳动年龄或没有劳动能力	144	934	747	470	2295
	在劳动年龄且有劳动能力	48	341	218	120	727
合计		192	1275	965	590	3022

在列联表的 χ^2 检验中，Sig 系数为 0.013，小于 0.05，所以拒绝原假设，即身体状况因素同残疾人群体社会地位之间存在显著性相关，eta 值为 0.6，即用身体状况因素解释社会地位变量的解释力度为 60%，可见身体状况是影响残疾人自我社会地位认同的一个重要因素。将劳动年龄和劳动能力变量分开，分别同社会地位变量进行相关性分析得出，劳动能力相较于劳动年龄对社会地位自我认同的影响更显著。由此可见，在农村地区，残疾人群体尤其是没有劳动能力的残疾人群体，自我认同感较低，即残疾程度或自理程度，是影响其社会地位认同的重要内在因素。

（三）残疾人群体的个体经济状况影响其社会地位认同

在社会学分析中，个体社会地位主要是经济地位、政治地位、职业地位三者的综合，同整体社会中社会地位测评不同的是，在农村社会中个体的政治地位以及职业地位对其社会地位的高低影响较小，所以除上述身体状况外，将考量经济变量对社会地位的影响。

假设：个体经济状况同其社会地位认同之间不存在显著性关系。由于农村群体的特殊性，其个体经济收入的测量信效度较低，并不能真实地反应被研究者的个人收入情况，所以结合实际情况，在个体经济状况变量的具体化上使用"是否在工作"这一变量进行代替，将有能力务农，进城务工，在乡村自主创业等有经济收入的活动均划分为"在工作"，统计结果计算后得出，在列联表 χ^2 检验中，Sig 值为 0.001，小于 0.05，拒绝原假设，即个人经济状况同其社会地位之间存在显著性关系，有经济收入的残疾人相较于没有经济收入的残疾人，在社会地位自我认同上更加积极。

假设：家庭经济状况同残疾人社会地位认同之间不存在显著性关系。为保证统计的效度及统计结果的有效性，在家庭经济状况变量的测评上使用家庭经济收入的数值，并将其分段量化，分成小于 5000 元、5000—1 万元、1 万—2 万元、2 万—3 万元和大于 3 万元五个部分，在列联表的 χ^2 检验中，Sig 值为 0.159，大于 0.05，接受原假设，即家庭的经济收入状况对残疾人自身社会地位认同的影响较小，没有显著性关系。由上可知，经济因素同身体状况因素一样，都对残疾人自身社会地位认同作用明显，但收入的高低同社会地位的认同之间并不存在正相关的关系，即在残疾人群体中，能够参加生产劳动、经济上可以自给自足，就是社会地位得到保证的重要依托。

（四）老年残疾人群体相较其他老年人，更倾向选择机构养老模式

在社会发展的背景下，我国养老模式从传统的家庭养老，逐步发展成为以家庭养老为主、机构养老为辅、社区养老为补充的养老体系。农村社会虽然相较城市具有更为深厚的"家文化"背景，社区以及机构养老模式建设较缓慢，但也已经打破原有的家庭养老模式，改变着人们的养老观念。

在因老致残的 171 个个案中，除去未填写相关问题的被调查者，有 29.7% 的被调查者选择愿意到敬老院、福利院集中居住生活，远高于其他老年人调查者 10% 左右的比例。在具体访谈中，很多老年人是不想给子女增加负担而选择机构养老，在这个 171 个个案的小样本中，认为自己是家庭负担的被调查者比例高达 80.2%，如果子女不赡养，不希望同子女打官司的比例为 85%，同上述描述性分析中"残疾人群体对家庭索取较少"的结论一致，这部分老年人普遍认为，进入敬老院、福利院等养老机构集中生活，能够减轻儿女以及其他家庭成员的生活压力，所以他们即便不愿意脱离熟悉的家庭环境，也会改变自己的观念，倾向选择机构养老。

三 结 论

在社会学相关理论背景下,通过对4360份调查问卷以及个案访谈的分析可知,残疾人对自我社会地位认同的高低,这将直接影响其社会活动参与的频率,及自身幸福感判断以及孤独感认知。各项政策在对残疾人群体健康、经济扶贫等进行帮助时,也要关注他们的社会地位、心理健康等难以量化的方面。据以上分析提出以下几点建议。

第一,农村残疾人群体由于生活背景的特殊性,所以影响其社会地位的因素主要是身体状况因素和经济因素。改善其身体状况,提高经济水平,也就提高了农村残疾人群体的社会地位,强化了他们的自我认同。另外,也需要积极引导残疾人走出家庭,进入村社区的大环境,增加残疾人群体参加社会活动的机会,使其逐步融入正常的社会生活,以改善残疾人孤独感普遍存在的现状。

第二,在对残疾人群体给予帮助的同时,也要关注公平和效率的原则,这一方面是为了实现"平等、参与、共享"的社会目标;另一方面也是对有劳动能力的残疾人的激励,避免产生福利依赖。适度的残疾人相关政策倾斜既提高了残疾人参加社会竞争的能力,又能使其通过创造家庭和社会产值,得到自我价值的提升,进而提高自身幸福感判断。

第三,针对老年残疾人群体养老观念的转变,可以在村社区加大养老院、托老所等养老机构的建设,从家庭养老模式向机构养老模式进行过渡,但是在具体操作上需要因地制宜、因人群制宜,针对农村地区经济欠发达、缺少专业照顾人员等具体问题,可以建构低收费或公益性质的老年公寓,吸纳有劳动能力的残疾人,经过培训后,由他们来为老年人提供日常照顾,满足这部分老年人的养老需求。

第四,建构合适于农村地区的"残疾人社会保障与服务体系",使残疾人群体享受到更多更有针对性的社会保障待遇,是改善这部分群体起点不公平的重要保证,也是提高残疾人群体的社会地位,使其融入社会,并被社会顺利接纳的有效途径。残疾人群体能够分享社会经济的发展成果,得到经济发展的利益补偿,才真正实现了社会保障"平等、参与、共享"的发展目标。

东北农村残疾人收入与生活水平问题

吉林大学 刘晓芳

农村残疾人是最底层、最困难、最脆弱的社会群体，关注残疾人既是我国的优良传统，又是我国建设和谐社会、实现社会公正的必然要求。此次调研主要目的是摸清残疾人的基本的生活状况，解决残疾人遇到的困难，考察残疾人生活中的迫切需求，从而为农村残疾人社会保障与服务体系的建设，提供可参考性的依据。

一 农村残疾人收入与生活水平的基本情况

此次调查的4360名残疾人，有2835名是男性，1525名是女性，男性占65%，女性占35%。在4360名调查对象中，有509名是视力残疾，占10.96%；有391名是听力残疾，占8.42%；有330名是言语残疾，占7.11%；有432名是智力残疾，占9.30%；有2697名是肢体残疾，占58.07%；有285名是精神残疾，占6.14%。此次调查中肢体残疾的比例最多。在4360名调查对象中，0—20岁之间的残疾人有117名，占2.7%；21—40岁之间的残疾人有926名，占21.2%；在41—70岁之间的残疾人有2983名，占68.4%；超过71岁的残疾人有333名，占7.6%。在4360名调查对象中，有889人是文盲，占20.6%；有1899人是小学肄业或毕业，占44%；有1244人是初中肄业或毕业，占28.3%；有213人是高中及中专肄业或毕业，占4.9%；有9人是大学肄业或毕业，占0.2%。

(一) 收入方面

1. 农村残疾人的收入和收入来源情况

根据调查数据显示，农村残疾人个人的年人均收入均值是2226元，年人均收入不足1000元的残疾人占31.9%，年人均收入在1000—6000元之间的残疾人占59.8%，年人均收入超过6000元的残疾人占5.2%，其中还有19.8%的残疾人没有任何收入来源，农村残疾人的个人收入主要集中在1000—4000元之间，所占比例高达49.7%。通过数据对比分析，我们发现东北三省农村残疾人的个人收入来源主要依靠残疾人个人务农收入，这部分包括没有劳动能力的残疾人将土地转租出去以获得土地租金的收入，残疾人通过务农获得收入占总收入来源的36.426%，其次是政府的补助，残疾人通过获得最低生活保障金和农村养老保险等政府补助维持日常的基本生活，政府补助占农村残疾人收入来源的25.43%，最后是残疾人通过家庭成员的供给获得维持日常生活的收入，这部分收入占残疾人个人收入的19.171%，此三种收入来源途径已经构成残疾人维持日常生活的主要支柱，所占比重分别为36.426%、25.430%和19.171%（见表1），三条收入来源途径对维持残疾人的日常基本生活都起着至关重要的作用，缺一不可，而其他收入来源途径如工资收入、社会救助、邻里救助和亲戚赠与等方式起到的作用非常有限，这些方式或是临时性的或是救急性质的，不能成为残疾人收入来源固定的一条途径。

表1　　　　　　　　残疾人维持日常生活的收入来源构成

单位：人、%

收入来源	务农收入	工资收入	家庭供给	政府补助	社会救助	邻里帮助	亲戚赠与	其他
接受人数	1653	154	870	1154	297	22	185	203
未接受人数	2604	4103	3385	3102	3960	4235	4072	4054
收入来源比重	0.36426	0.03394	0.19171	0.25430	0.06545	0.00485	0.04077	0.04473

说明：接受人数是指有该种收入的残疾人数，未接受人数是指没有该种收入的残疾人数。

2. 农村残疾人家庭人均年收入情况

通过对所调查的残疾人对象的数据分析，我们测算到2011年东北三省的农村残疾人家庭人均年收入的均值是2606元，其中残疾人家庭人均年收入不足1000元的占26.5%，残疾人家庭人均年收入在1000—2999元之间的占39.6%，残疾人家庭人均年收入在3000—5000元之间的占24.2%，残疾人家庭人均年收入在5001元以上的占9.7%，残疾人家庭人均年收入在少于1000元、1000—2999元、3000—5000元三个收入阶段分布比较均等，但是，不容忽视的是，有 1/4 的残疾人家庭人均年收入不足 1000 元。对比 2006 年全国第二次残疾人抽样调查数据，2005 年残疾人家庭人均年收入，城镇为 4864 元，农村为 2260 元。12.95% 的农村残疾人家庭户年人均全部收入低于 683 元，7.96% 的农村残疾人家庭户年人均全部收入在 684—944 元之间①。虽然此次调研的东北三省的农村残疾人家庭的人均年收入高于 2006 年全国第二次残疾人抽样调查中的农村残疾人家庭人均年收入 340 元，但是这五年来我国物价水平也在上涨，而且在此次调研中不足 1000 元的残疾人家庭人均年收入的残疾人家庭数目依然占据着很大的比重，五年来，并没有减少的趋势，由此可以推测出农村残疾人家庭贫困现象依然十分严重。据中国统计局 2010 年《中国统计年鉴》记载，2009 年我国各地区城镇居民平均每人全年家庭收入来源，辽宁省是 15761.38 元，吉林省是 14006.27 元，黑龙江省是 12565.98 元②。东北三省农村残疾人家庭的人均年收入水平与城镇居民的家庭人均年收入水平相距甚远，城镇居民家庭的人均年收入约是农村残疾人家庭人均年收入的六倍，不仅如此，农村残疾人家庭的人均年收入水平与农村居民家庭的人均年收入也有着一段距离。据中国统计局 2010 年《中国统计年鉴》记载，2009 年我国各地区农村居民家庭人均纯收入，辽宁省是 5958.00 元，吉林省是 5265.91 元，黑龙江省是 5206.76 元③。东北三省农村残疾人家庭的人均年收入不足农村居民人均年收入的一半。

3. 农村残疾人的个人支出和支出去向情况

根据此次调研数据统计，农村残疾人个人支出平均水平是 3259 元，残疾人个人支出不到 1000 元的占 9.6%，支出在 1000—4999 元之间的残疾人占 67.4%，支出在 5000—9999 元之间的残疾人占 17.0%，支出超过 10 万元的残疾人占 6.1%，残疾人的支出主要集中在 1000—5000 元之间，这部分残疾人高达七成。残疾人个人收入是 2225 元，与残疾人的个人支出相差 1000 多元，残疾人的个人收入远远不能负担自己的支出，根据此次调研数据统计，残疾人个人支出占残疾人个人收入比重的均值是

---

① 中国残联联合会官方网站：《2006 年第二次全国残疾人抽样调查主要数据公报》第二号。

② 中国国家统计局官方网站：《中国统计年鉴》（2010），各地区城镇居民平均每人全年家庭收入来源。

③ 中国国家统计局官方网站：《中国统计年鉴》（2010），各地区农村居民家庭人均纯收入。

6.6478，表示在所调研的残疾对象中，残疾人的个人支出超出残疾人个人收入的 5.6 倍。残疾人的个人支出占残疾人家庭收入比重的均值是 2.0354，表示残疾人的个人支出是家庭收入的两倍，残疾人对残疾人家庭来说在经济上是沉重的负担。据中国统计局 2010 年《中国统计年鉴》记载，2009 年我国各地区农村居民家庭平均每人生活消费支出，辽宁省是 4254.03 元，吉林省是 3902.90 元，黑龙江省是 4241.27 元[①]。我们可以发现，东北三省农村残疾人的个人支出与农村居民的人均支出差距不大，只差 600 元左右，农村残疾人的支出水平与农村居民还是差不多的。考察农村残疾人的支出去向，在此次调研中，我们发现，农村残疾人的支出主要集中在医药费，用于这方面的支出占总支出的 44%，其次是用于饮食方面，这项支出占 40%，在所调研的残疾人中，有 66% 的残疾人都需要支付医药治疗，这些残疾人不仅是残疾，本身由于身体上的缺陷获得的收入就较少或者没有稳定的收入来源，而且还需要花费一笔较高的费用购买药物，常年靠服用药物维持基本生活，因此医药费是他们日常生活一项最大的而且避免不掉的开支。用于其他方面的支出如衣着、烟酒、康复等方面一共不超过总支出的 12%，可见，残疾人的支出主要还是用于维持最基本的生活。

（二）生活水平方面

1. 残疾人家庭生活设施拥有情况

将残疾人家庭的生活设施分为自来水、煤气、暖气、室内厕所、热水器、手机、电视、洗衣机、收音机、电风扇、空调、录音机、电冰箱、电脑、轮椅和其他几种设施，调查残疾人家庭在这几种生活设施的拥有情况，进而推断残疾人的生活水平状况。从此次调研数据中统计出，残疾人家庭中电视的普及率达到了 79.8%，自来水的占有率为 56%，手机的拥有率为 38.4%，洗衣机的拥有率为 26.3%。其他几种生活设施如暖气、煤气、电冰箱、热水器、电脑、空调等设备残疾人家庭拥有率都不高。残疾人家庭拥有以上生活设施的平均值是 2.6，说明残疾人家庭平均拥有上述 2.6 种生活设施，多数家庭有上述两种生活设施，这种家庭高达 29.8%，没有上述任何设施的残疾人家庭占 7.7%，拥有上述三种生活设施的残人疾家庭占 20.5%，拥有上述四种设施的残疾人家庭占 10%，拥

---

① 中国国家统计局官方网站：《中国统计年鉴》（2010），各地区农村居民家庭平均每人生活消费支出。

有五种上述设施的残疾人家庭占6.7%，超过六种生活设施的残疾人家庭不足6%。残疾人家庭中生活设施还是比较简陋的，只是拥有一些基础的生活必需的设备，那种相对来说高级的取暖、制冷、学习、娱乐等设施，残疾人家庭拥有率很低，残疾人家庭的设施简陋，生活质量比较低。

2. 残疾人生活自理情况

农村残疾人中有将近六成的残疾人能够做到生活自理，有部分劳动能力，不用家人随身照顾，不会束缚家庭的其他劳动力，家人可以从事异地劳动以便获得更多的收入，这部分残疾人还能做些力所能及的家务活动，以便帮助家庭获得更多的收入，这部分残疾人属于轻度丧失劳动能力的残疾人。完全丧失劳动能力的残疾人占2.3%，这一部分残疾人没有任何活动能力，自己的衣食起居都需要人照顾，严重地束缚了家庭其他有效劳动力，针对这一部分残疾人，最好的解决办法是将这些残疾人集中供养，由残疾人家庭提供一部分资金，再由国家补贴一部分，当地政府建立专门的托养机构，将这些完全丧失劳动能力的残疾人集中供养起来，这样，残疾人家庭的其他劳动力得到解放，能够为工作自由的流动，从而更好地改善家庭经济状况。有37.6%的残疾人属于中度丧失劳动能力，这部分残疾人还有一小部分劳动能力，但也需要家人照顾，但不像第三类残疾人，衣食起居都需要家人时时刻刻照顾，当然这也会限制残疾人家庭的其他有效劳动力的合理流动，为此，解决这一问题的最好办法就是采用购买服务的家居托养方式，由残疾人家庭出资并且政府补助一部分资金，购买家庭服务，使家政服务人员到残疾人家中提供需要的服务，这样可以解放残疾人家属的劳动力，使他们去工作，获得更高的收入，同时购买服务的方式，使国家不用负担过重，合理有效地利用社会资源。表2显示的即是残疾人从事各种生活自理活动感觉困难程度的残疾人数目的百分比。

3. 残疾人空余时间参加活动情况

将残疾人的业余活动分为去亲友家串门、做保健操、听广播、看电视、读书看报、学电脑、书画、旅游、打麻将下棋打扑克、散步和其他这几种方式，从调查中显示，农村残疾人大多数在空余时间都是靠看电视度过的，这部分残疾人占到了65.7%，其次有28.8%的残疾人喜欢到亲戚朋友家串门，还有23%的残疾人喜欢散步的活动方式。在各种活动中，以看电视、去亲友家串门、散步和听广播为主，残疾人进行的其他种类的活动都比较少。从中可以看到农村残疾人的空余时间的活动种类非常有

表 2　　　　　　　残疾人从事各种生活自理活动的困难程度

单位:%

困难程度	吃饭	穿衣	上厕所	做饭	管理个人财务	洗澡	室外活动	医院看病
不费力	81.678	76.512	66.649	41.099	54.786	50.390	45.495	35.440
有点困难	14.960	20.267	27.495	30.733	24.784	32.969	38.607	42.669
做不了	3.362	4.006	5.856	28.168	20.430	20.255	15.898	21.891

限,大多局限在看电视,生活比较单调乏味,这主要是由于残疾人的生活水平有限,并且残疾人的受教育程度也非常有限,他们从事的活动种类大多以娱乐为主,都是简单的娱乐活动,但是比较好的一方面是,农村残疾人的亲戚朋友都住得比较近,他们可以互相串门,通过与亲戚朋友交流沟通,来丰富空余时间的生活,在农村,亲戚这一关系纽带十分牢靠,大多遇到事情都会找亲戚朋友来帮忙渡过难关。调查中还显示,农村残疾人参加旅游、学电脑、书画这些活动非常少,这主要是由于残疾人的收入水平有限,只能参加一些花销比较小的活动,残疾人空余时间活动比较单调。有 8% 的残疾人没有任何活动,有 43.9% 的残疾人参加一种活动,有 33.2% 的残疾人参加两种活动,有 14.1% 的残疾人参加三种活动,基本上所有残疾人都不会超过三种活动,而且这三种活动都是最基本的最简单的活动,看电视、串门和散步,反映了农村残疾人的空余时间活动极为贫乏,残疾人精神生活是比较空虚的,当然这与其经济基础是分不开的,他们只能维持最基本的生活需求。

二　结论与建议

(一) 结论

农村残疾人是社会最底层、最困难、最脆弱的群体。原中国残联主席邓朴方指出,中国残疾人大部分生活在农村,发展残疾人事业的着眼点和着力点应放到农村[1]。因此,关注农村残疾人的生活状况,解决农村残疾人的困难是我国党和国家工作中的重中之重,是实现社会公平的重要举

---

[1] 邓朴方:《残疾人扶贫工作的经验与前瞻》,《中国残疾人》2004 年第 5 期。

措。通过对调研资料进行的分析和思考，我们得出以下结论：

第一，农村残疾人的个人收入和家庭人均收入偏低，家庭经济情况比较困难。残疾人的生活情况不容乐观，已经到了令人担忧的状况。在调查的残疾人对象中，有将近1/4的残疾人生活十分贫困，生活十分艰辛，一半的残疾人生活有些困难，勉强度日，只有不足1/4的残疾人能够维持基本生活。并且有将近一半的残疾人对脱贫致富根本不抱希望，其他的残疾人也只是依靠着政府的补助维持生活，将脱贫致富的希望寄托在子女一代，希望他们长大能成为劳动力，从而增加家庭收入。

第二，农村残疾人的医疗保障体系薄弱，残疾人支付医药费的花销很高，已经成为残疾人的最主要的开支。这是导致农村残疾人摆脱不了贫困的主要原因，医药费用已经成为残疾人的主要的花销。医疗保障水平偏低，医疗补偿和救助所覆盖的残疾人数很少，往往是最迫切需要治疗康复的人群没有能力和条件接受最基本的医疗康复服务。

第三，农村残疾人的生活质量很低，精神生活极度匮乏。残疾人家庭的家电拥有率很低，基本上残疾人家庭都是拥有比较简单的设备，并且只有一两件，像电脑等高端物件拥有率很有限，多数家庭唯一的娱乐方式就是看电视，生活水平很低。

(二) 建议

根据个人收入和生活保障情况，为提高残疾人生活水平提出以下建议：

第一，建立专门面向残疾人的保障金，同时增加政府对残疾人的补助力度。现有的残疾人补助制度，都是将残疾人纳入居民最低生活保障政策中，缺乏专门的针对残疾人设立的保障金，将残疾人这一弱势群体和生活困难的有劳动能力的社会成员一同管理，不利于残疾人事业的发展，只会使残疾人工作得不到应有的重视，为此应该建立专门面对残疾人的保障金，由残联理事会制定政策和规定使用范围，将残疾人的补助标准细化，针对不同类型不同程度的残疾人给予不等额度的救助资金或是实物救助，真正的帮助残疾人改善生活水平，使社会资源得到高效地利用。从此次调研数据中获悉，在农村残疾人的收入来源中，通过政府的补助维持日常生活这一途径在农民生活中起着十分重要的作用，在农村，没有劳动能力的残疾人大体上都是依靠政府的补助支付日常的支出，因此，增加政府的补助力度，对改善残疾人的生活水平起着决定性的作用。纵观这几年我国经济发展速度和物价上涨幅度，而我国最低生活保障标准上升额度却不是很大，农村残疾人的生活水平与农村居民的生活水平都相距甚远，更不用说是与城镇居民生活相比了，所以提高残疾人的补助标准是势在必行的。

第二，大力开展职业培训与介绍，全面推进残疾人就业。就业是残疾人的根本出路，在此次调研中通过数据显示，有六成的残疾人是有劳动能力的，通过职业培训是可以从事劳动的，将残疾人介绍到职业岗位中，不仅可以增加残疾人的收入，使其获得成就感，同时也能为社会贡献力量，减少社会负担，促进社会的和谐发展。通过发展多种形式推进残疾人就业，针对就业环境的变化以及农村残疾人就业的困境，深入探索农村残疾人的就业渠道。一是采取灵活多样的就业形式。要针对农村残疾人及农村的特点，因地制宜，发展特色养殖业、种植业及手工业、加工业，充分利用当地的地理环境和人文优势，发展出特色行业，各级残联单位要积极提供必要的就业保障金扶持残疾人创业，并提供后续的技术指导和市场销售渠道。二是大力开展职业培训，以县、乡（镇）和社区为单位，根据劳动力市场和用人单位的需要及各类型残疾人的特点和需求，开展针对性的实用技术培训，使残疾人掌握一技之长，残联要积极向各个福利企业推荐残疾人就业，对吸纳残疾人就业的企业予以税收上的优惠或减免政策。三是完善扶贫信贷体制，对残疾人创业提供优惠宽松的信贷政策，对残疾人提供小额贷款和减免税收等优惠政策，发挥金融机构在发展残疾人事业中的融资功能，强化扶贫贷款的政策性，切实做到扶贫信贷资金到户。

第三，加强残疾人教育工作，提高残疾人综合素质。在此次调研数据分析中，残疾人的受教育程度和残疾人的个人收入呈现正相关关系，皮尔逊相关系数 = 0.173** （**表示在 0.001 水平上是显著的），所以残疾人的受教育程度直接影响着残疾人的个人收入，主要是因为残疾人通过受教育，能够从事更多种类的职业，不仅仅局限于务农工作，通过接受教育，残疾人开阔了视野，能够把握住机会，能够进行自主创业，实现收入和人生价值的双重体验，因此，开展残疾人事业，增加残疾人收入，提高残疾人生活水平，必须要增加残疾人的受教育程度，这是长期的有效的利国利民的政策，不能局限于眼前的利益，我们应该关注的是长远的利益，使残疾人接受教育，残疾人将会是社会的有效的人力资源，为社会贡献自己的力量，而不光是依靠政府的救助生活。李术（2003）曾经提出了残疾人教育公平的三个不同层面，即残疾人入学机会的公平、残疾人教育过程的公平、残疾人教育结果的公平。重视残疾人接受教育的情况，就要维护残疾人在这三个阶段的教育公平，努力打破残疾人入学、工作中遇到的门槛，同时有意将优惠政策向残疾人倾斜。

重视农村残疾人疾病预防工作，提高农村居民的身体素质。在此次调研中发现，由于患有先天性的遗传病而导致残疾人的人员较2006年全国第二次残疾人抽样调查明显减少，这与农村大力开展适龄男女婚前体检和孕龄妇女生育前体检等相关的活动密不可分，但是这几年另外一个现象尤为突出，在此次调研中，残疾人对象年龄多集中在40—60岁年龄段，据数据统计，残疾人年龄在0—20岁的占2.7%，在21—40岁的占21.2%，而在40—70岁的高达68.4%，71岁以上的残疾人占7.6%。残疾人致残年龄主要集中在40—70岁，这主要是由于农村居民不重视疾病预防，常年不健康的饮食和作息等生活习惯，导致高血压和脑血栓等疾病缠身，最终由于无钱诊治，导致后遗症复发，以致40岁左右就成为残疾人。因此，必须要加强农村的疾病预防工作，将居民成为残疾人的几率减到最小。在农村宣传健康饮食文化和生活习惯知识，提高残疾人的综合素质，在农村中开展公益型的体检活动，各级残联也可以划拨一部分专门的资金到县乡一级卫生院，专门用于农村居民每年一次的体检费用支出，使农村居民切实认识到疾病预防的重要性，增加体育锻炼，重视身体健康，从而减少成为残疾人的概率，从根本上、源头上抑制残疾人人数的增加，增强农村居民的身体素质。

东北残疾人社会地位影响因素及对策研究

芙蕾雅

通常来讲，社会地位指社会成员基于社会属性的差别而在社会关系中的相对位置及其围绕这一位置所形成的权利和义务关系。残疾人是中国社会的弱势群体中最特殊、最困难的群体，而农村残疾人又是残疾人群体里面"弱势"中的"弱势"。因此，重视农村残疾人的社会保障权益，应从改善农村残疾人的社会地位入手，这是一个国家或地区经济发展与文明进步的重要标志。

一 东北三省农村残疾人社会地位现状分析

以辽宁省的义县为例，共调查了各种残疾程度的残疾人460位，就社会地位来说，有49.8%的残疾人认为自己在社会上是较有地位的。由表1可以看出，随着我国社会和谐与文明程度的提高，在农村残疾人心中自我的社会地位也在逐步提高，认为自己在社会上较有地位的残疾人占调查总人数近半数，但是仍然存在30.5%的农村残疾人认为自己是没有社会地位的，认为"很有地位"的更是少之又少，甚至有15.7%的农村残疾人选择了"不知道"，这意味着有相当一部分农村残疾人对"社会地位"这个概念存在盲点，不知道该怎样回答。这些数字说明，虽然农村残疾人的社会地位与过去相比有了很大程度的改善，但仍然有进步的空间，需要我们从各个方面来帮助他们，使他们的地位得到进一步的提高。

表1　　　　　　　义县460位农村残疾人对自己社会地位的态度

程　度	很有地位	较有地位	没有地位	不知道	合　计
人数（人）	27	229	132	72	460
百分比（%）	5.9	49.8	30.5	15.7	100

资料来源：使用义县调查数据，经统计分析而得。

二　农村残疾人社会地位主要影响因素分析

在调研中发现，农村残疾人的社会地位受诸多因素影响，比如经济条件不足、婚姻状况不佳、受教育程度低以至于在有一定劳动能力的情况下依然处于失业甚至无业状态，这些因素都很大程度上影响着我国农村残疾人的社会地位。

（一）农村残疾人社会地位受经济状况影响的因素分析

调查发现，义县残疾人中经济收入不能维持生活者占被调查人数70%以上，这是一个严峻的现实，而这其中多重残疾人的家庭更为严重，几乎没有任何经济来源，生活最为困难。重度残疾人大部分在生活上不能自理，甚至无法移动身体，常年需要他人护理和生活照顾。这些残疾人虽然已经大部分纳入低保，但有限的补助金只能解困一时，而日常生活支出和医药费远远高于经济收入，大部分家庭经济负担非常重，从而导致残疾人的家庭人均经济收入远远低于正常人。由表2可知，残疾人个人每年的经济收入不足1000元者占38.7%。

表2　　　　　　义县460位农村残疾人个人年经济收入情况

程　度	人数（人）	百分比（%）
无经济收入	73	15.9
1000元以内	178	38.7
1000—2000元	71	15.4
2000—3000元	87	18.9
3000—5000元	22	4.8
5000元以上	29	6.3
合　计	460	100

资料来源：使用义县调查数据，经统计分析而得。

经济收入是一个人社会生活的基础。由于残疾人自身的障碍很难与健全人在社会上竞争，因而无法获得与正常人相同的经济收入。而经济收入直接影响着残疾人的社会地位，就拿那些个人每年年收入低于1000元甚至无收入的农村残疾人来说，本来身体的缺陷已经为家庭带来很大负担，可以说是一个残疾人就能拖垮一个家庭，再加之经济收入少，就会逐渐失去家中事务的决定权，也就等于无形中降低了自己在家庭中的地位，这样的生活状况又何谈社会地位。

（二）农村残疾人社会地位受教育经历影响的因素分析

教育是文明的起点，受教育程度决定了人口素质。对每一个现代的正常人来讲，受教育程度的高低也决定了一个人的经济收入与社会地位，更何况是对于残疾人而言，教育的缺失不但意味着物质生活质量的普遍低下，而且决定了文化精神生活的质量。但本次调研发现，以义县为例，农村残疾人中只有小学学历或者小学没有读完的文盲与半文盲的比例已经近1/3（见表3）。因此，受教育程度不仅是残疾人划入社会弱势群体最下层的依据，也是农村残疾人自卑心理的根本所在。要从根本上提高农村残疾人的社会地位，消除农村残疾人自卑心理，就必须普及残疾人教育。

表3　　　　　　　义县460位农村残疾人的文化程度

文化程度	人数（人）	百分比（%）
文盲	6	1.3
小学	120	26.1
初中	163	35.4
高中及中专	170	37
大学	1	0.2
研究生	0	0
合计	460	100

资料来源：使用义县调查数据，经统计分析而得。

（三）农村残疾人社会地位受婚姻状况影响的因素分析

接受一个残疾人，与他（她）建立一个家庭并一起生活，并不是每个人都可以做得到的，这个问题显示出残疾人社会地位与健全人有一定距离。家庭婚姻问题是残疾人长期以来面临的重要问题，找对象难、结婚难、婚后生活难等，在残疾人群中已经成为了一种普遍现象。尤其是农村残疾人，由于交通、通信和自身残疾程度等条件的限制，与外界缺乏沟通和交流，更鲜有机会去接触除了家人之外的人，因而他们的婚姻问题更是难上加难。

现实生活中，农村残疾人与健全人相比在婚姻上有更多的无奈。造成目前残疾人群婚姻困难的主要原因有三种：

第一，农村残疾人的经济条件较差，虽然政府在农村残疾人事业发展上投入了巨大的努力，但相对健全人而言，大部分依靠领取低保和救济金生活的农村残疾人，经济上并不富裕。

第二，农村残疾人由于身体的缺陷所带来的生活不便，其社交圈子受到了限制，往往是聋哑人与聋哑人结婚，肢残人与肢残人结对。

第三，也是最重要的是，不少农村残疾人很难克服心理上的障碍，这也导致了残疾人与正常人结合的成功率较低。大部分残疾人先是因残致贫，生活困难，造成一生未婚，生活不能自理，常年需要人照顾，又可能因为结婚变得更加贫穷，或因为结婚而导致下一代的残疾与贫困，形成恶性循环，可是残疾人仅靠政府的帮助是远远不够的，需要社会进一步的帮助和关注，为农村残疾人追求婚姻和幸福提供便利，以此来提高残疾人的社会地位。

表4　　　　　　　　义县460位残疾人的婚姻状况

婚姻状况	人数（人）	百分比（%）
已　婚	296	64.3
未　婚	123	26.7
离　异	9	2
丧　偶	32	7
合　计	460	100

资料来源：使用义县调查数据，经统计分析而得。

表4为460位残疾人的婚姻状况，其中未婚的有123人，占总人数的26.7%；去掉未婚的人群，对已婚、离异和丧偶的农村残疾人进行婚姻幸福感调查显示，感到自己的婚姻"很幸福"的占37.4%（见表5），认为婚姻幸福感"一般"的残疾人超过半数。在对残疾人家庭进行访谈的过

程中，大部分残疾人都认为家庭和子女对自己很重要，而被问到"如果结婚后感情不好会如何处理"的时候，仅有很少一部分残疾人会采取与伴侣沟通来解决，大部分还是持一种"忍受"的态度。一个幸福的家庭能帮助一个残疾人树立信心，而建立积极的心态、消除自卑的心理是认同自己社会地位的第一步，由此可见，婚姻对农村残疾人社会地位的重要性。

表5　　　　　　　　　　农村残疾人婚姻的幸福程度

幸福程度	人数（人）	百分比（%）
很幸福	126	37.4
一般	191	56.7
不幸福	14	4.2
不知道	6	1.7
合计	337	100

资料来源：使用义县调查数据，经统计分析而得。

（四）农村残疾人社会地位受就业情况影响的因素分析

农村残疾人的就业是残疾人事业的重要组成部分，也是残疾人及其家属最关心的一个社会问题。残疾人就业，意味着他们的经济生活、精神生活和社会地位的提高。以义县这460位农村残疾人为例，有工作的残疾人仅占8%，这个惊人的数字更加显示出农村残疾人这一弱势群体所面临的困难。不能就业，也就感觉不到自己的存在对这个社会是有意义的，这就加深了他们的自卑心理，从自我角度来说，社会地位已经失去了它存在的意义（见表6）。

表6　　　　　　　　　460位农村残疾人就业情况

就业情况	人数（人）	百分比（%）
就　业	37	8
未就业	423	92
合　计	460	100

资料来源：使用义县调查数据，经统计分析而得。

在调查问卷中显示，农村残疾人未能就业的主要原因有四种：一是由于身体难以承受一定的工作强度。大多数肢体残疾的残疾人属于这一情况，占62.4%（见表7）。二是用人单位不接受。这里面就存在着健全人对残疾人的歧视问题，在有些人的观念当中，主观性地认为残疾人无法胜任正常人的工作，所以当残疾人顶着一定的压力，努力克服自卑心理去求职的时候，大多情况下都会吃闭门羹，这会导致残疾人丧失信心，失去就业的意愿，这一部分人占16.8%。三是工作不理想，这一部分占0.7%。四是自己没有就业门路。不难想到农村残疾人与同等残疾级别的城市残疾人相比，在就业方面存在严重信息不对称的情况，加之政府对农村残疾人的职业技能培训并未全面普及，想要靠自己的能力寻求一条就业之路更是难上加难。

表7　　　　　　　　农村残疾人未就业原因

原　因	人数（人）	百分比（%）
身体难以承受	264	62.4
用人单位不接受	71	16.8
工作不理想	3	0.7
自己没有就业门路	85	20.1
合　计	423	100

资料来源：使用义县调查数据，经统计分析而得。

除此之外，由于农村残疾人相貌或行动不便或讲话不通畅，也会遭到他人的歧视或不公正看待，并且由于一部分农村残疾人甚至没有参加工作的机会，他们的社会价值无法得到认可，这也给他们心理涂上了阴影，在农村残疾人当中大多数或多或少都会有心理问题。这就需要政府部门或相关援助机构除了提供相应物质援助外，还应定期给他们做心理上的辅导，使农村残疾人虽然身体残疾但却有健康的心理发展，提高农村残疾人的社会地位也是为构建和谐社会营造氛围。

三　对策与建议

根据以上调研发现，我国应该通过以下几个途径提高残疾人社会地位。通过提高经济条件改善农村残疾人社会地位;增强社会支持度,力求做到农村残疾人基础教育全覆盖;建立农村残疾人婚姻保护体制,提升残疾人适应婚姻生活能力;扶持农村残疾人参与就业,增强残疾人就业能力。

(一) 通过提高经济基础条件改善农村残疾人社会地位

扩大助残资金来源,加大农村助残资金投入。帮助农村残疾人,不只是喊口号,而是要落实到实处,落实就需要资金,农村残疾人人口数量大,贫困程度高,需要的帮扶资金自然数量巨大,单靠政府出资资金缺口大,所以就需要社会各界无偿捐助善款,需要残疾人联合会或者慈善机构对农村残疾人公益事业多加宣传,努力为农村残疾人谋福祉,更好地为农村残疾人提供服务和帮助。当然,资金筹集也是个大问题,不仅涉及前期策划,还要做好资金管理和监督工作,正确实施可以造福很大一部分农村残疾人,如若用不好反而对社会产生危害,为不法分子提供了便利。因此,用于帮扶农村残疾人的资金一定要有专人负责和监督,切实做到专款专用,用在真正需要帮助的残疾人身上,发挥社会主义社会的关怀备至,切实改善农村残疾人的经济水平,使他们的生活有保障,在经济水平上感觉不再"低人一等",这样一来,社会地位底下的情况自然有所改善。

(二) 增强社会支持度,力求做到农村残疾人基础教育全覆盖

在调研中得知,大多数农村残疾人已经接受自己受教育水平低这一现状,对于自己所处的弱势地位只会自叹倒霉,鲜有想要寻求政府帮助的意愿。这就造成即使政府有针对农村残疾人的扶助措施,但是残疾人自己并不知晓,这种信息不流通导致残疾人社会保障功能的弱化。有过寻求经验或经常接受到帮助的农村残疾人或是由于亲戚介绍或是由于教育水平较高主动寻求,而那些相对信息缺乏、受教育水平较低的农村残疾人往往享受不到同等待遇。这就说明,农村残疾人社会保障的社会支持体系尚未建立或完善,由提供帮助方到受惠者之间缺乏互动平台,这一平台一旦建立起来,将会对普及农村残疾人基础教育有非常大的帮助。提高农村残疾人的文化素质,使他们有较完善的生活能力和适应社会的能力,从而建立更强的自信心,使得农村残疾人的社会地位有所提高。

(三) 建立农村残疾人婚姻保护体制,提升残疾人适应婚姻生活能力

建立治疗为主、发展为辅的心理咨询机构,提供专业的心理辅导,有助于改善农村残疾人婚姻中出现的问题。在基层残联组织中,聘请心理咨询师或是专业社会工作者,为农村残疾人就其婚姻家庭方面进行心理治

疗。该机构的主要职能以治疗性为主，包括帮助农村残疾人减轻自卑感、疏离感和无能感，排除残疾在婚姻家庭生活中引起的心理问题与障碍；对伴侣及家庭生活不满的农村残疾人进行婚姻家庭治疗，使其恢复平衡的心态和幸福感；降低离异给农村残疾人带来的伤害，鼓励他们重新建立起再次走入婚姻家庭生活的勇气和信心。此外，在治疗的同时，注重挖掘农村残疾人优势，并以此为基础提高农村残疾人对自身能力的认识，增强其自信心，自我认可才可以得到社会的认可。帮助他们以积极的心态投入婚姻生活，建立幸福、和谐的家庭。

建立提升残疾人适应婚姻家庭生活以及社会生活的培训机构。应培养农村残疾人与他人交流的艺术，帮助农村残疾人学习如何与异性相处尤其是夫妻之间沟通的能力和技巧，提升他们解决夫妻冲突和矛盾的能力，并帮助农村残疾人及其伴侣提高疾病康复和残疾保健的能力，以此为结合和维系婚姻家庭做好准备。

（四）扶持农村残疾人参与就业，增强残疾人就业能力

只有在有保障、有扶持的条件下，农村残疾人参与社会竞争就业才能体现市场经济公平竞争的原则。而通过职业康复、教育、培训，绝大多数农村残疾人能减轻或消除这些障碍，以适合自身条件的方式，参与社会劳动，适应绝大多数工作岗位的要求，达到与健全人相当的程度和水平，社会地位也会向着健全人的社会地位逐步靠拢。

首先，以就业保障金促进就业，逐步实现农村残疾人就业与社会就业同步发展。改变农村残疾人就业保障金的征缴方法，是一项促进农村残疾人就业和有利于农村残疾人事业发展的民心工程，有利于依法保障农村残疾人的劳动合法权益，从根本上帮助农村残疾人改善生活状况，提高生活质量；有益于动员全社会来关爱农村残疾人，推动农村残疾人融入整个就业体系、平等参与、共享社会文明与财富，有利于提升农村残疾人的社会地位，解除残疾人亲属的后顾之忧。其次，要加强就业培训。此次调查告诉我们，农村残疾人就业究竟难在什么地方，原因就是农村残疾人自身的素质不适应现代科学技术发展的需要，缺乏竞争意识和竞争能力，是导致就业难的一个重要因素。"文化水平低，技能水平低"现象在农村残疾人中十分普遍。所以农村残疾人成为就业竞争中的弱者是不争的事实，因此，要做好农村残疾人的就业工作，加强残疾人的素质培训，是工作中的重中之重。

参考文献

[1] 李晓凤、李羿琼：《广西第二次全国残疾人抽样调查课题研究报告》，广西人民出版社 2008 年版。

[2] 马洪路：《残疾人社会福利》，中国社会出版社 2002 年版。

[3] 成君、王革、郑平、李庆友：《家庭支持对肢体残疾人抑郁情绪的影响》，《中国心理卫生杂志》1997 年第 5 期。

[4] 张友琴：《社会支持与社会支持网——弱势群体社会支持的工作模式初探》，《厦门大学学报》（哲学社会科学版）2002 年第 3 期。

[5] "东北三省农村残疾人社会保障与服务体系"调研数据。

[6] 丁启文：《建构新文明——人道原则与新残疾人观》，华夏出版社 2003 年版。

[7] 田向东：《对残疾人的社会支持》，《广州社科快讯》2003 年第 12 期。

[8] 杜金沛、张兴杰：《当前农村残疾人经济生活的基本状况与存在的主要问题》，《社会科学论坛》2008 年第 11 期。

[9] 宋玉奇、梁慧颖：《农村残疾人社会保障制度的研究》，《辽宁行政学院学报》2008 年第 10 期。

[10] 杜鹏、孙鹃娟、和红：《中国农村残疾人状况及政策建议》，《人口与经济》2009 年第 2 期。

东北农村残疾人社会参与问题研究

东北师范大学商学院　颜　贺

随着我国经济的快速发展，残疾人事业也越来越得到社会的重视。2007年"第二次全国残疾人抽样调查主要数据公报"显示，我国各类残疾人总数为8296万人，占全国人口的6.34%。有残疾人的家庭共7050万户，占全国家庭总户数的17.80%；其中有2个以上残疾人的家庭876万户，占残疾人家庭的12.43%。有残疾人的家庭的总人口占全国总人口的19.98%。有残疾人的家庭户均规模为3.51人。全国残疾人口中，男性为4277万人，占51.55%；女性为4019万人，占48.45%。性别比（以女性为100，男性对女性的比例）为106.42∶100。全国残疾人口中，城镇残疾人口为2071万人，占24.96%；农村残疾人口为6225万人，占75.04%[1]。由此可见，我国农村残疾人在社会中占有很大比例，而对于如此庞大的农村特殊弱势群体，如何提高自身认知、社会感知和社会参与问题发人深省。农村残疾人社会参与主要是残疾人参与社会生活和发展（包括参与经济生活和发展），同时获得自身的发展，是残疾人对环境和社会的积极意识和行为。残疾人通过积极的参与，使自己与社会相融合而不是隔离，使自己跻身于社会发展主流，消除不同程度的边缘化状态。同时，残疾人参与社会生活和发展，充分和切实地参与和融入社会，需要争取并得到法律的保障、政府与社会的扶助。通过对东北地区农村残疾人的调查研究，深深体会到了农村残疾人对自我认知、社会感知以及社会参与问题的不同理解，他们对待社会的心理状态也有所差别。

---

[1] 中国第二次全国残疾人抽样调查领导小组、国家统计局：《第二次全国残疾人抽样调查主要数据公报》，《中国残疾人》2007年第6期。

一 农村残疾人社会参与情况分析

(一) 研究框架

1. 残疾个体对残疾的理解

残疾个体对残疾的理解在很大程度上受其所在的社会对残疾的理解方式影响。有研究表明,积极和包容的社会有助于增强残疾人的自尊、权利和价值感,而排斥的社会在多个方面限制了残疾人的社会功能和社会交往,同时使残疾人无法有效获得社会为其提供的种种便利,这些便利可能是环境的、社会的、机构的,或者是以上诸多方面的组合。排斥对任何人——包括残疾人和非残疾人——都会产生深远的影响,不管这种排斥是有意的还是无意的。

2. 研究方法与资料来源

本研究主要通过文献搜集,深入访谈、调查问卷等方法对吉林省、辽宁省、黑龙江省三省抽样进行调研,获取有效问卷3788份,本文通过对其中500份问卷进行数据分析,并使用SPSS16.0统计软件对问卷数据进行统计处理。抽样调查样本的基本情况见表1。

表1　　　　　　　　　抽样调查样本的基本情况

分类	性别 男	性别 女	户口性质 农业户	户口性质 非农户	婚姻 已婚	婚姻 未婚	婚姻 从未结婚	婚姻 离异	婚姻 丧偶	文化程度 文盲	文化程度 小学	文化程度 初中	文化程度 高中及中专
人数(人)	325	154	482	12	310	99	18	12	42	86	230	137	13
所占比例(%)	65	30.8	96.4	2.4	62	19.8	3.6	2.4	8.4	17.2	46	27.4	2.6

(二) 调研数据分析

根据研究对社会参与的理解,在实地调查中,对从东北地区农村残疾人的社会活动参与情况、是否经常参加社会的建设活动、认为残疾人融入社会是否有困难以及残疾人自我认知和社会感知等方面进行了统计分析。

1. 农村残疾人参加活动情况

以下分析中，q38a 表示是否去亲友家串门，q38c 表示是否听广播，q38f 表示是否读书看报，q38k 表示是否散步。通过 SPSS16.0 统计分析如表 2 至表 5 所示。

表 2　　　　　　　　　　q38a

		频数	百分比（%）	有效百分比（%）	累积百分比（%）
有效数	不去	357	71.4	76.6	76.6
	去亲友家串门	109	21.8	23.4	100.0
	合计	466	93.2	100.0	
漏填		34	6.8		
总数		500	100.0		

表 3　　　　　　　　　　q38c

		频数	百分比（%）	有效百分比（%）	累积百分比（%）
有效数	不听	417	83.4	89.5	89.5
	听广播	49	9.8	10.5	100.0
	合计	466	93.2	100.0	
漏填		34	6.8		
总数		500	100.0		

表 4　　　　　　　　　　q38f

		频数	百分比（%）	有效百分比（%）	累积百分比（%）
有效数	不读书看报	449	89.8	96.4	96.4
	读书看报	17	3.4	3.6	100.0
	合计	466	93.2	100.0	
漏填		34	6.8		
总数		500	100.0		

通过调查分析得知，不去亲友家串门的有 357 人，占 71.4%，去亲友家串门的有 109 人，占 21.8%；不听广播的有 417 人，占 83.4%，听广播的有 49 人，占 9.8%；不读书看报为 449 人，占 89.8%，读书看报为 17

表 5　　　　　　　　　　　　　q38k

		频数	百分比（%）	有效百分比（%）	累积百分比（%）
有效数	不散步	401	80.2	84.8	84.8
	散步	72	14.4	15.2	100.0
	合计	473	94.6	100.0	
漏填		27	5.4		
总数		500	100.0		

人，占3.4%；不散步为401人，占80.2%，散步为72人，占14.4%。从数据可以看出，大多数农村残疾人，不愿意参与社会活动或者根本不参与。

2. 残疾人融入社会困难与否情况调查

以下分析中，q42表示残疾人融入社会是否有困难。

表 6　　　　　　　　　　　　　q42

		频数	百分比（%）	有效百分比（%）	累积百分比（%）
有效数	0	85	17.0	18.6	18.6
	有很大困难	26	5.2	5.7	24.3
	有一定困难	190	38.0	41.6	65.9
	没有困难	53	10.6	11.6	77.5
	不知道	103	20.6	22.5	100.0
	合计	457	91.4	100.0	
漏填		43	8.6		
总数		500	100.0		

从分析来看，大多数残疾人认为，农村残疾人融入社会有一定的困难，占38%，而仅有10.6%的人认为残疾人融入社会没有困难，其中，男性比例较大，达到132人。

3. 农村残疾人的自我认知和社会感知调查情况

根据调查研究，对农村残疾人的自我认知，比如是否感觉到孤独、是否是吃饱穿暖就满足了，在社会感知方面，比如是否认为残疾人是社会负担，是否是家庭负担，残疾人是否受社会歧视，善待残疾人是否是社会文明的标志等方面进行了分析统计。

表7　　　　　　　　交叉表

		q42					合计
		0	有很大困难	有一定困难	没有困难	不知道	
q1	0	0	0	4	7	0	11
	男	55	16	132	30	68	301
	女	28	10	52	16	34	140
	总体	83	26	188	53	102	452

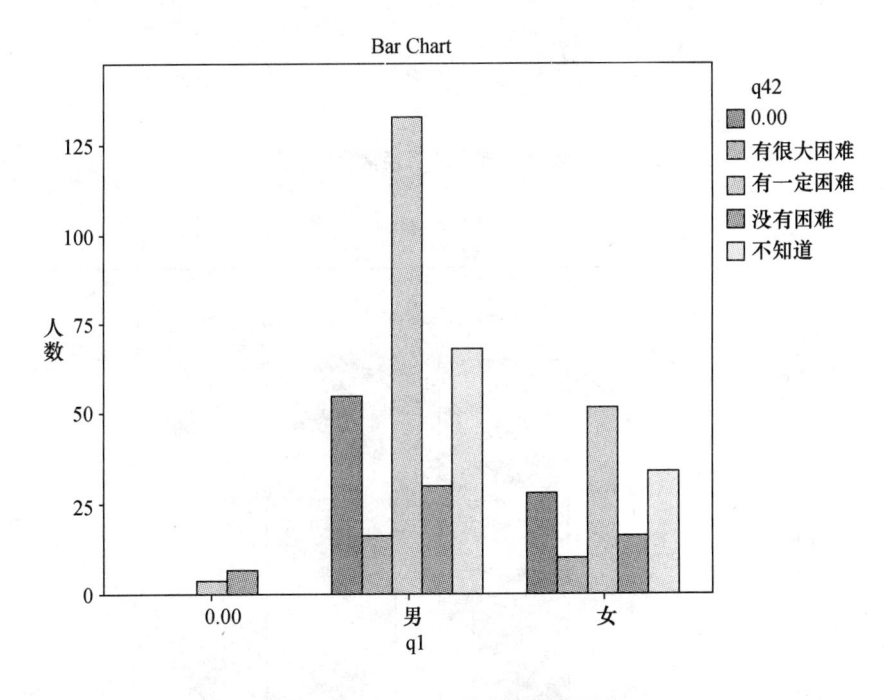

图1　残疾人融入社会是否有困难

（1）自我认知。通过以上图表可以看出，农村残疾人有36.3%经常感到孤独，16.3%的人表示不确定不好说，没有准确定位，40%的人认为残疾人是社会负担，27%的人认为不好说，这充分凸显出农村残疾人自我感知缺乏社会参与动力，各个方面原因导致孤独及缺乏安全感。

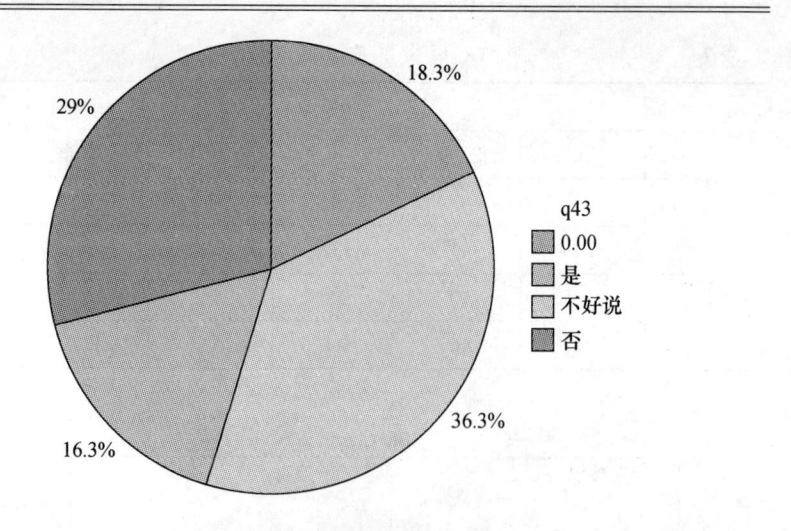

图 2　农村残疾人是否经常感到孤独

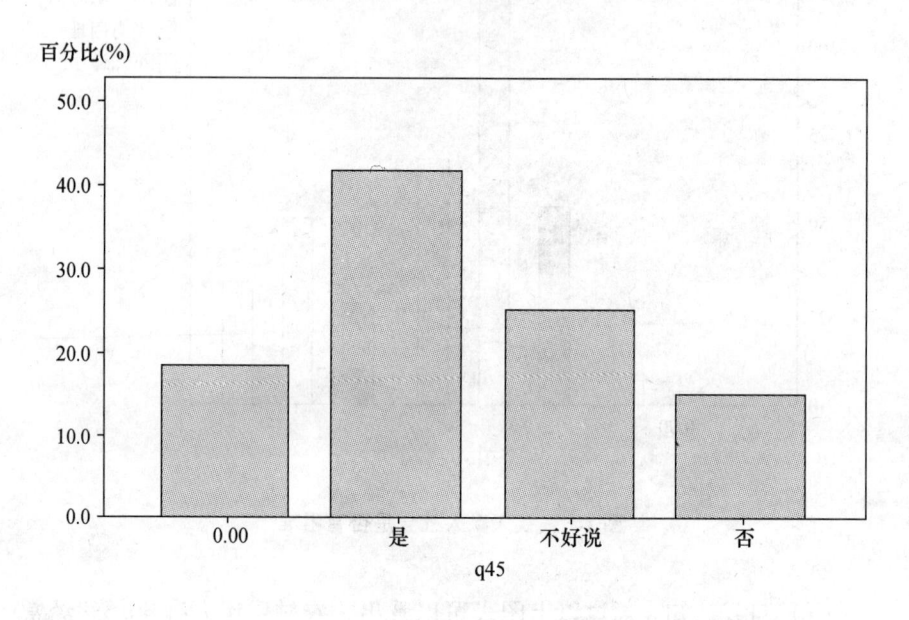

图 3　残疾人是否是社会负担

（2）社会感知。当被问到"认为善待残疾人是否是社会文明标志"、"残疾人是否被社会歧视"的时候，很多农村残疾人都露出了悲伤的表情，大多数人认为是，而在他们看来，残疾人被社会歧视已经成为一种既定的社会现象，如图 4 所示。

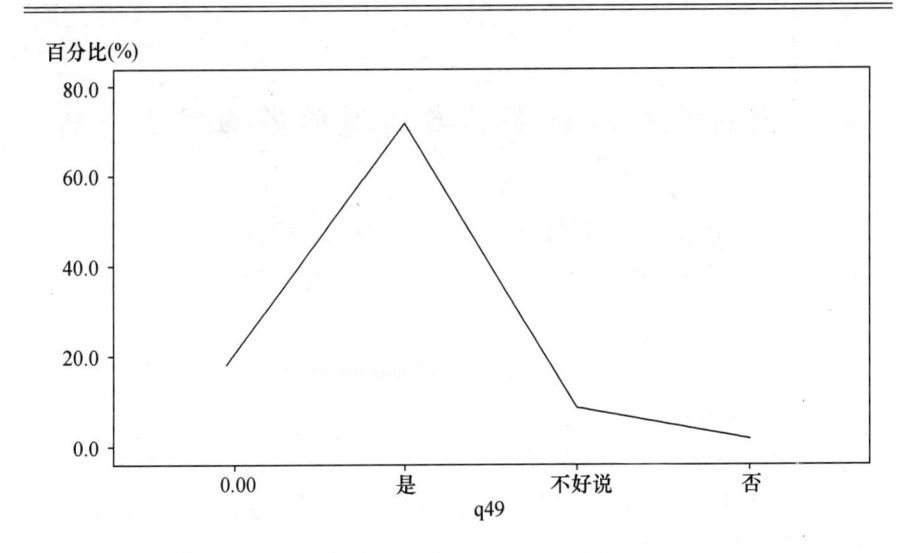

图 4 善待残疾人是否是社会文明的标志

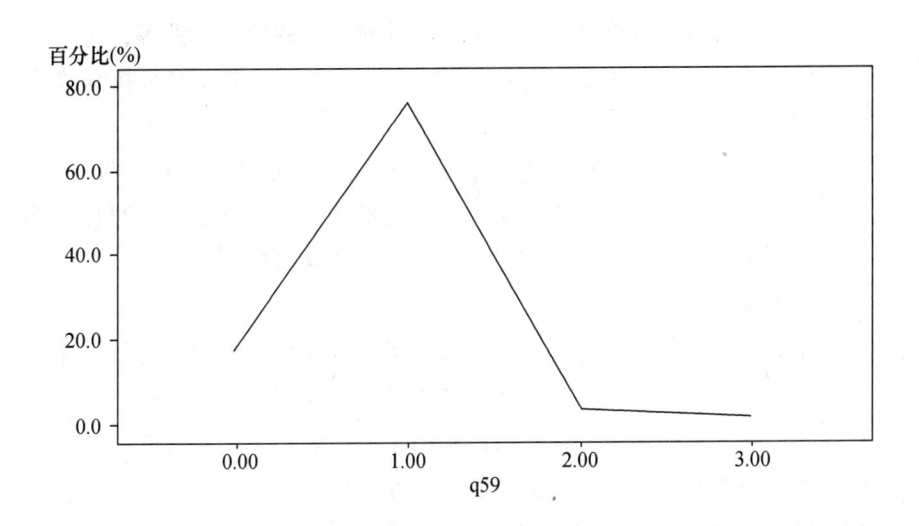

图 5 残疾人是否受社会歧视

从图 4 和图 5 中我们可以看出，76% 的农村残疾人认为善待残疾人是社会文明的标志，79% 的人认为残疾人受社会歧视，从调查结果来看，农村残疾人的自我认知和社会感知都受残疾人个人心理因素以及社会排斥方面因素所影响。由此可见，由于农村残疾人的自我认知和社会感知出现偏离，导致自身对社会参与没有兴趣，从而导致农村残疾人不愿参与社会活动。

二 农村残疾人社会参与问题的影响因素分析

根据对东北地区的农村残疾人调查情况来看,残疾人对于自身的个人因素以及社会因素都存在着排斥与自我剥离的现象,通过调查分析,可以得出以下几个原因:

(一) 农村残疾人存在着强烈的自卑感和孤独感

1. 自我认同的维度

残疾人由于自身的缺陷或存在的障碍,决定了他们不能正常参与家庭生活及社会生活,普遍有心理上的自卑感,对于一个身患残疾的人来说,对残疾的定义与残疾之间的关系构成了残疾人回答"我是谁"的一个维度,残疾人在这个维度上值的大小和性质受到了许多因素的影响,如残疾的类型和严重程度、社会和文化情境、个体对残疾的理解,等等,对于残疾人来说,将自己认同为某个群体中的一员往往是一个赋予自身权利的过程,是行之有效的适应方法,但是这样做的结果就是,将自己与广大的社会和该社会中的其他人隔离开来。很多农村残疾人可沟通交流的朋友少,主要原因是认为自己的意见得不到重视,大部分人不愿意把自己的心里话告诉别人,他们认为别人不会把自己的心里话认真对待。

2. 强烈的孤独感

残疾造成的学习、生活、社会交往的障碍,使残疾人往往需要比健全人更多地集中精力和付出代价,才能获得某些成功,所以过重的心理负担所产生的困扰,有时超过身体造成的障碍,使他们陷入异常悲观、自顾不暇的境地,很难有精力和情绪去留心于外面的世界,甚至完全失去对他人和社会发生兴趣的情感。这种不适应、不了解外部世界的情况,使相当多的残疾青少年缺乏社会群体意识和社会交往、合作的能力,从而进一步导致孤僻性格的形成。

(二) 社会偏见与观念排斥

1. 社会偏见

偏见在其形成过程中存在着一系列的主观原因。社会偏见是在特定的社会历史条件下形成的,以社会现象为对象的偏见。农村残疾人本身生活在农村,每天的生活都与务农打交道,与人沟通少,由于不同阶级或阶层的社会地位、思想、经历和观点不同,因此隔阂很深,社会上很多人员对农村残疾人产生了种种偏见,态度是由认知、情感和意向构成的,人们之间只有通过多种渠道进行平等的接触和交往,才能互相产生客观的认识和了解,而农村残疾人往由于自身的缺陷,不愿主动与人交往,这也导致农村残疾人不愿参加社会活动有很大关联。

2. 观念排斥

英文"disablility"意为"无能"。而中文的"残"与"废"总是如影随形,因残而废的观念和意识根深蒂固于人们脑海之中长达几千年。"残—废—无能"的思维定式长期以来严重地损害和歪曲了残联者的形象。残疾人也往往因此而遭到主流社会的排斥。尽管以人为中心的中国传统文化促使当权者曾经采取了某些符合人性的措施。例如,《礼记》中谈到了收养残疾人的问题,周朝的时候,盲人还可以参加政府组织的"采风"。但是几千年来,将残疾人视为无用的观念至今没有得到彻底的改变,将残疾人看做负担的境况也没有得到根本的改变[①]。而农村残疾人生活在贫困的边缘,对于社会的观念排斥更产生抵触心理,从而导致不愿参与社会各种活动,怕受到来自社会的歧视。

(三) 缺乏统一的沟通和康复服务体系及社会保障体系

1. 缺乏沟通和康复服务体系

(1) 农村残疾人是特殊的弱势群体。残疾人沟通交流对象少的原因除了行走不方便等因素外,更主要的是残疾人与非残疾人的信息不对等性。农村残疾人长期生活在有限的空间范围内,信息量远远少于长期外出务工的非残疾人。它导致残疾人和非残疾人缺少沟通交流的动机——信息互动。残疾通常会改变和影响残疾人的社会关系,特别是对于那些成年后才致残的农村残疾人来说,残疾会对他们的社会关系模式和自我概念产生极大的影响。而我国对于这类残疾人缺少沟通服务体系,没有专门的服务人员对残疾人,尤其是农村残疾人进行心里疏导,而这些残疾人存在群体认同感,这就更需要社会为其建立支持与服务沟通网络。

(2) 康复训练对于残疾人来说至关重要。从调查结果分析来看,大多数农村残疾人生活贫困,由于地段闭塞,农村没有统一的康复服务体系,甚至有些农村残疾人根本没有听说过康复体系,更别说接触使用,这

---

① 马洪路:《残障社会工作》,高等教育出版社2007年版。

也对残疾人身体恢复产生了一定的障碍,更进一步导致没有能力或行动不便而参与不了社会活动。

2. 缺乏统一健全的社会保障体系

农村残疾人在社会生活占有很大比例,然而在调查过程中了解到,农村残疾人没有统一的社会保障体系,而是和非残疾人所拥有的保障制度等同。即非残疾人的最低生活保障制度在残疾人身上同样适用,而有些农村残疾人却享受不到此制度,大多数农村残疾人是贫困的,生活在社会的最底层,如何加强农村残疾人的保障体系,使农村残疾人与非残疾人有同样的社会待遇。支持残疾人参与社会活动,也是值得深思的一个问题。

三 提高农村残疾人社会参与的对策建议

社会参与是残疾人在经过康复医疗过程中和医疗基本终结后,正视残疾的事实,科学地评估残疾和障碍的程度,在政府及社会各界的帮助扶持下,重新回归家庭生活和平等参与社会活动。因此,要增强农村残疾人的社会参与活动,需要做到以下几点:

(一)对农村残疾人进行教育培训,提升农村残疾人的自强自立的信念,减少自卑感和孤独感

从调查结果来看,大部分农村残疾人缺乏相应的教育,由于自身残疾,本身就有自卑心理,因而很多残疾人自暴自弃,不愿参与社会活动,这样形成一个劣势循环链,越自卑就越不愿参与社会活动。因此,应建立统一的残疾人教育培训基地,配备专门人员对残疾人进行教育培训,增强残疾人的自强自立自信的信念,使残疾人自身懂得:要客观承认自己某些方面的缺陷,并努力改善自己消极的形象,以打破社会对其形成的刻板印象。

(二)采用宣传、劝说等方式逐步消除社会偏见和观念排斥,建立信任

1. 劝说和宣传是社会心理学态度改变的一个主要策略

社会偏见从本质上说就是一种根据片面、甚至错误的信息而形成的认知偏差。对于农村残疾人来说,大多数的报道和人们与生俱来的观念导致社会成员产生了社会偏见,而通过宣传、劝说这种动之以情、晓之以理的方式可使偏见持有者增加对农村残疾人的认识,有助于打破对残疾人的刻

板印象和克服以点带面、以偏赅全的片面性，以修正观念排斥的态度。

2. 建立信任，避免同情和怜悯

信任和尊重是高效社会工作实务的基础，而信任和尊重建立的是一个"过程"，对于一个农村残疾人来说，残疾本身是其建立对社会参与能力信念的一个重要因素，在残疾人自身看来，经历过残疾的人跟大多数其他人是不一样的。残疾人通常很难形成对非残疾人的信任，尤其是当交流的主题与残疾体验存在着一定的关系时，因此，加强彼此间的信任是促进农村残疾参与社会活动的一个有效因素，同时也要避免同情和怜悯，这对于一位残疾人来说又增加了困难，因为同情贬低了人性、降低了独特性和自我感，使得农村残疾人不愿再与非残疾人平等地参与社会活动。

（三）建立有效统一的沟通和康复服务体系，促进残疾人社会保障体系快速发展

1. 沟通是建立社会关系的基础

因残疾而限制了沟通能力的残疾人，首先需要找到替代性的沟通方式，在调查中发现，很多农村残疾人缺乏沟通，没有专业的社会服务人员对其进行沟通，培养专业的沟通服务工作者，专门从事农村残疾人的沟通服务工作，让残疾人切实体会社会对其的关注度。调查研究表明，使先前相互隔离的残疾人和非残疾人进行平等的交往和接触，或使先前沟通较少的两个群体沟通更加频繁，是一种减少偏见，增加社会参与的好办法。

2. 加强康复体系建设，增强残疾人参与社会活动的动力

农村残疾人康复的最终目标是平等的参与社会生活。近年来，国际社会的许多机构、团体和残疾人组织，都在为争取残疾人参与社会生活而不懈的努力。但在康复体系的建设中，农村残疾人更需要完善的康复体系。在这次去辽宁的调研中，据义县相关领导介绍，义县创建全国残疾人社区康复示范县后，县政府为更好更快地发展残疾人康复事业，曾低价划拨一处近600米的基础设施（体育馆附属设施），拟用于开展残疾人康复服务，但从2008年开始运作以来，没有实质性进展，处于闲置状态，一是由于后续改造、装修经费无着落，更主要的是经多方考察、评估认为此设施位置、结构不适于作为残疾人康复中心开展残疾人康复服务，目前初步打算新建一所残疾人康复中心。这只是其中一实例，要想使得农村残疾人更好地参与社会活动，就要更好地建立康复体系，因为一些社会参与过程有些是在康复机构里进行的，但是更多的社会参与是在社区康复中开展。

3. 加强农村残疾人社会保障体系建设

残疾人是社会特殊而有困难的群体,对这个群体实施社会保障是国家和社会应尽的责任。政府应将残疾人社会保障列入议事日程,进行整体研究和统筹规划、部署,包括残疾人康复措施计划、无障碍设施建设等,将残疾人的社会保障与非残疾人的社会保障分离开来,设立独立的保障,以确保农村残疾人更好地参与社会活动。

总之,通过这次对东北地区的农村残疾人抽样调查研究,了解到社会参与的实现,一方面依靠残疾本身的不懈努力,另一方面则依靠社会对其提供尽可能的帮助。只有这把"双刃剑",才会使得农村残疾人的社会参与达到共赢,因此应牢牢记住农村残疾人的真正需求,更好地为残疾人事业发展谋福利,才能促进社会共同和谐发展。

参考文献

[1] 周晓虹:《现代社会心理学》,上海人民出版社1997年版。

[2] 中国第二次全国残疾人抽样调查领导小组、国家统计局:《第二次全国残疾人抽样调查主要数据公报》,《中国残疾人》2007年第6期。

[3] [美] 安塞尔·M. 夏普、查尔斯·A. 累吉斯特、保罗·W. 格兰姆斯:《社会问题经济学》,郭庆旺等译,中国人民大学出版社2001年版。

[4] 马洪路:《残障社会工作》,高等教育出版社2007年版。

[5] 朱本浩:《残疾人的心理特征》,《中国社区医师》2005年第10期。

[6] 汪海萍:《以社会模式的残疾观推进智障人士的社会融合》,《中国特殊教育》2006年第9期。

[7] 朱力:《群体性偏见与歧视》,《江海学刊》2002年第6期。

[8] 孙莹:《残疾人经济生活保障策略考量》,《中国社会保障》2005年第5期。

社会福利企业研究

吉林大学哲学社会学院社会保障系　严　妮

一　社会福利企业发展阶段的回顾

改革开放三十多年以来，全国社会福利企业经历了一个从逐渐产生、发展、兴盛到相对衰落的过程，安置残疾人职工的数量也随之变化。从整体上看，全国社会福利企业发展经历了三个阶段，即20世纪七八十年代的形成、发展阶段，20世纪80年代末到90年代中期的兴盛阶段，20世纪90年代后期以来的衰落阶段，如图1所示。

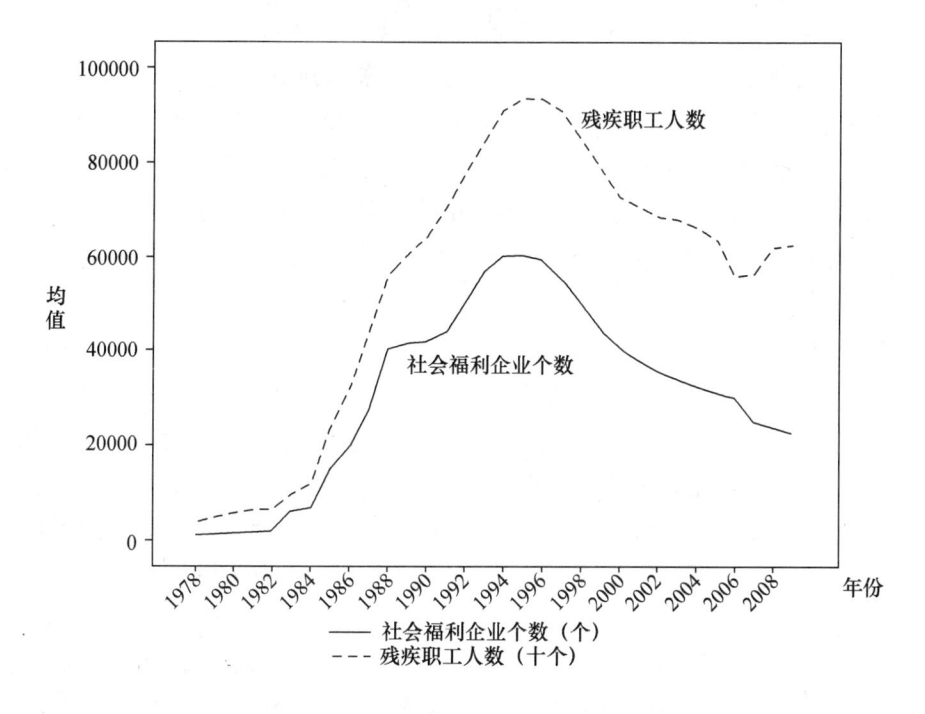

图1　社会福利企业的发展历程

资料来源：《中国统计年鉴》（1979—2009）。

在社会福利企业产生和发展阶段（20世纪七八十年代），全国广泛建立了由民政部门领导的，由烈属、军属、残疾军人、贫民组成的生产单位，这些生产单位具有优抚、救济和社会福利等多重性质，是社会福利企业的前身。五六十年代具有一定规模的社会福利工厂开始建立起来。70年代，国家在计划经济发展模式下，对社会福利企业税收及产、供、销方面提出了保护和扶持措施，除了必要的工本费外，其他各种收费全部免缴。在此优惠政策下，社会福利生产单位开始兴起和发展，从1978年到1979年全国社会福利企业由920户增长到1106户；1979年末吉林省前郭县共建立了3户社会福利企业，均属于全民性质。80年代开始，随着商品经济的发展，国家决定除了个体、私营、外资企业外，其他的街道、乡镇、村委、企事业单位均可申办福利生产企业，并允许一部分街道办的原有企业转办成为福利工厂，社会福利企业得到迅速的发展。

在社会福利企业兴盛阶段（20世纪80年代末至20世纪90年代中期）的初期即20世纪80年代末，全国社会福利企业数量达到41565户，安置残疾人数量60.5万人；而前郭县的福利企业也得到了突飞猛进的发展，数量从3户发展到6户。90年代中期个体、私营企业也得到迅速发展，并且部分企业进入了社会福利企业的范围，到1994年社会福利企业增加到60233户，安置残疾人数量达到93.9万人；前郭县的社会福利企业数量也增加到十几家，安置残疾人最多数达400—500人。这种持续增长的趋势使社会福利企业达到兴盛，也使国家开始重视加强对社会福利企业的运营和发展进行更多的管理和规划。1994年，国税发〔1994〕155号文件对福利企业的税收进行了明确的要求，对达到相应条件的社会福利企业提供增值税和营业税等方面的优惠，这一规定对社会福利企业的发展起到了极大的促进作用，甚至出现了残疾人"一人难求"的局面。

然而，20世纪90年代末以来，社会福利企业进入了衰落阶段。国家税收优惠政策需要企业满足安置残疾人一定的比例，需要有社会福利企业证书，要进行严格的审批，企业的范围限制在由民政部门、街道、乡镇举办的福利企业。同时在各级人员政策执行方面也存在着争议，福利政策在不断地适应、变化、讨论和调整。2007年财税字92号文件对社会福利企业税收政策实施了调整，调整后的社会福利企业管理和优惠政策基本适应市场经济的发展变化，但优惠的相对减少给社会福利企业发展带来了挑战。社会福利企业的数量和安置残疾的人数开始呈现逐年减少的趋势，前者由1996年的59397户减少到2009年的22783户，后者由1996年的93.6万人较少到62.7万人。到目前为止，前郭县社会福利企业也减少到4户，安置残疾人数不到150人，它们分别是吉油机械化工助剂厂、吉林长山化肥集团三江实业有限公司福利综合厂、松原市二马泡绿色有限公司、吉林地址调查处综合利用场。曾经社会福利企业到处寻找残疾工作人员的状况，现在变成不愿意接收残疾人员，这些变化对残疾人就业安置非常不利。

二　社会福利企业衰落的反思

残疾人不仅需要满足其基本生活的生存权，也需要提高其生活质量的发展权。社会福利企业集中安置残疾人就业，不仅推动社会分散安置残疾人就业，也使残疾人能够充分发挥自己的能力、实现自己的价值，提高了残疾人在家庭和社会中的地位，是一项重要的、行之有效的社会政策。社会福利企业的衰落，给残疾人就业带了极大的不良影响，由此，我们不得不反思社会福利企业的衰落的原因。

（一）社会福利企业因缺乏强大的利益刺激而动力不足

计划经济模式下，社会福利企业性质是全民所有，企业的发展纳入到计划轨道，因此企业对于利益并不是非常的看重。而改革开放以后，市场经济影响了所有人的思想，这时候利益最大化成为任何企业的首要目标。在20世纪80年代至90年代初，大量的返税数额成为社会福利企业发展的强大动力，在利益的吸引下，越来越多的福利企业涌现。而20世纪90年代末以来，新的税收政策通过加计扣除残疾人工资，减少应纳税所得额，按人头退税的方式使安置残疾人数量少的企业得到的退税额越少，社会福利企业利润的刺激大大减少。

同时，成本的增加也限制了社会福利企业的发展。社会福利企业建设要求建立无障碍设施来满足残疾工作人员的需求，这部分支出相对增加了企业的成本。同时，社会福利企业要为残疾工作人员提供不低于当时当地最低收入标准的工资和"五险一金"（养老、医疗、意外伤害、失业、生育保险和住房公积金），而由于残疾人身体不便，在企业中的工伤风险更大，由此带来的社会福利企业的成本增加，减少了安置残疾人就业对他们的优惠和利润，也使他们失去了继续办福利企业的动力。部分企业退出了社会福利企业的行列，社会福利企业的发展显得动力不足。

（二）政府对社会福利企业的管理缺位

一方面，社会福利企业改革之后政府机构和福利企业之间在所有权上发生了变化，从国家所有到个体所有，从国家持股到不持股，从有经济关系到没有经济关系；另一方面领导和被领导的关系也发生改变——过去对社会福利企业的管理是实行计划、调度、统计、总结和调整，而现在福利企业要根据市场变化组织自己的生产经营活动，由市场来调节资源的配置。这种转变使政府对福利企业的管理出现缺位，造成管理混乱，部分社会福利企业生产适于残疾人工作的简单低端的产品，却常常在市场中不具竞争力而被淘汰。管理的弱化也使得部分企业假冒社会福利企业骗取优惠政策，采取顶岗、替岗的方式提高安置残疾人数量，实际上没有真正达到安置残疾人就业的目标。

（三）残疾人自身特殊性限制了社会福利企业的发展

市场经济条件下，企业的发展追求利益为核心，更需要优秀的人力资源和良好的运行效率，社会福利企业也是如此。然而，残疾人自身的特殊性给社会福利企业的发展带来了压力。通过本次调查分析，前郭县残疾人共有44148人，占全县总人口的14.25%，其中农村残疾人就业人口仅占3.7%，接受过职业培训的不到2%。从东北三省农村残疾人就业分析看，就业率为6.2%，过去一年里接受过职业技能培训的仅占8.7%，知道福利企业安置残疾人就业的相关政策和条例的仅占9.5%，接受过就业服务的人员更少，不到7%。同时，东北地区农村残疾人文化程度普遍不高，文盲占20.4%，小学文化43.6%，初中文化28.1%，高中及中专仅占4.9%，大学及以上仅占0.3%。通过这些数据可以看出占我国残疾人总数75%的农村残疾人存在科学文化知识少、就业能力低下和对就业政策和优惠等信息的获取渠道少等问题。一方面导致农村残疾人无法对福利企业安置残疾人的信息有迅速的了解；另一方面，即使能够被安置也会因为劳动能力弱和缺乏基本的劳动素质而不能提高福利企业的生产效率和生产质量，最终在市场上失去竞争力。

三 社会福利企业未来发展的展望

作为一项安置残疾人就业的主要方式，社会福利企业的兴衰关系着整体残疾人就业的优劣，通过回顾过去社会福利企业的发展，反思过去的成败，本文认为，未来的社会福利的发展应从以下几个方面做起：

(一) 政府作为责任主体为社会福利企业发展保驾护航

1. 加大福利企业的扶持力度，提高企业利润

首先，应降低社会福利企业的成本。国家在社会福利企业的生产、销售、分配和消费的各个环节给予引导，对市场发展状态和趋势的预测给予及时宣传，使福利企业减少不必要的市场风险。在税收方面应适当降低税收优惠政策的门槛，适当放宽安置残疾人数量和比例，根据企业生产内容、工作性质的具体情况安置残疾人。在经济条件允许的条件下减少社会福利企业的税收，在"五险一金"和无障碍设施建设上给予特殊照顾，利用好社会资源，加大资金投入，为社会福利企业营造良好的外部环境。

其次，提高社会福利企业的利润。社会福利企业的建设应有针对性，应生产适于残疾人作业的特殊产品和服务，并使它们在福利企业内部进行竞争。在产品和服务的销售方面，提供对口的销售渠道，保证产品的顺利销售，减少产品积压，以此提高残疾人福利企业产品的利润。

最后，提高社会福利企业的社会名望。社会名望对于福利企业的发展有重要意义，能够提高企业家的积极性，增加福利企业的社会信誉和社会知名度，间接提高福利企业的效益。因此应加大媒体、舆论对社会福利企业的宣传，提高社会福利企业自身的认同感和自信心，也使更多的人了解和关注福利企业的发展，并投身于社会福利企业建设中去。

2. 加强国家对社会福利企业的管理

社会福利企业应该纳入残疾人社会保障的一部分，加强政府对其管理，发挥好"有形的手"和"无形的手"的双重作用。残疾人福利企业在市场中自由竞争有利于其提高效率和质量，合理配置福利企业资源，在同等条件下参与优胜劣汰。但是，政府和相关部门仍然要加强对福利企业的管理，在政策的传达、实施和社会福利企业申请、登记和注册等方面做

好监督和服务工作，尤其是对人员流动性较大的社会福利企业应及时了解其动态，确保事实安置的人数与政策要求相符合。在运营中提供方便的缴税、返税渠道和简单的审核评估标准，及时解决社会福利企业面临的困难，促进其长期、稳定和持续发展。同时，要注重社会福利企业人才的培养，尤其是对企业内工作认真进取、责任心强的干部和残疾职工给予奖励和重视，调动工作者的积极性。

（二）社会福利企业创新生产，提高社会责任感

社会福利企业建设之前应该对市场和当地当时的实际情况进行全面的考察和核实，结合当地残疾人实际情况因地制宜地进行生产。尤其是一些简单加工和基础产品生产的企业中，应使产品的种类多元化的同时提高生产质量，增强福利企业在同行业内、在社会领域中的竞争力。在产品的推销过程中要建立良好的信誉和形象，积极争取多渠道的销售方式。

同时，社会福利企业发展中的经济效益和社会效益并不冲突，恰当处理更能获得双赢。在调查中发现，东北地区农村残疾人中 80.3% 的残疾人认为残疾人应该同健康人一样分享社会经济发展的成果，残疾人作为社会的弱势群体需要受到社会的关心和关怀，需要社会整体力量来帮助他们渡过难关。他们作为我们的兄弟姐妹也应该享受社会发展的成果。我们应该有关爱残疾人的社会意识和责任感，尤其是作为社会福利企业更应该明确企业的社会福利性质，以安置残疾人就业为重心，发挥企业优势，促进残疾人实现自己的价值和理想。

（三）重视成人教育培训，提高其就业能力

在全球化的当今社会，人力资源已经成为各行各业发展的充分条件。社会福利企业虽有福利性质，但在市场经济的模式下，仍然以追求自身利益最大化为前提。针对当前农村残疾人普遍教育水平低下的弱势，应该重视残疾人的教育培训，以提高其人力资源水平。一方面，要重视残疾人的基础教育。目前，东北地区目前共有特教学校 191 所，义务教育普校附设特教班 306 个，但相对于庞大的残疾人数量来说，应该进一步增加这些机构的数量，保证绝大多数适龄儿童正常入学学习，使他们掌握基本的文化知识，为以后的就业奠定基础。另一方面，对于成年残疾人应该建立"培训—输送—就业"的整体系统，在这一过程中需要相关的负责人组织好培训工作，使残疾人与社会福利企业建立对接，根据企业需要有针对性的专业培训，并积极做好人才输送工作，争取培训一个就业一个，而不是

培训后长期等待就业。而且要提高培训的质量，使经过培训的残疾人满足福利企业的岗位的要求，既减少培训资源的浪费，又能使残疾人在福利企业中提高工作的效率和质量，为福利企业创造更多的价值。

参考文献

[1]《中国的社会福利企业》，http://baike.baidu.com/view/4213378.html。

[2] 宋鲁萍：《浅析社会福利企业发展的扶持政策》，《现代商业》2011年第6期。

[3] 陈土新：《社会福利企业与残疾人就业》，《就业服务·论坛》2011年第9期。

[4] 袁立农、金刚、齐云：《福利企业税收征管中存在的问题及对策》，《中国税务》2004年第2期。

我国农村残疾人就业问题研究

——基于东北农村残疾人调研

吉林大学哲学社会学院社会保障系 严 妮

一 农村残疾人就业的现状

(一) 调查对象与方法

2011年3—10月展开的对"东北农村残疾人社会保障体系和服务体系建设"调研涉及辽宁、吉林和黑龙江三省的共10个县、20多个乡镇、43个行政村,通过抽样调查、问卷调查、深度访谈和文献分析相结合的方法,深入3000多户残疾人家庭,收回有效问卷4360份,调查内容涉及残疾人个人基本情况、收入与生活水平、社会地位和观念、健康与医疗、社会保障、就业状况与需求、恋爱婚姻和家庭及社会服务等多个方面。

结合《中华人民共和国劳动法》、《中华人民共和国劳动合同法》、《中华人民共和国就业促进法》以及相关法律法规规定,本文所讨论的农村残疾人就业是指具有农村户口的、年龄在16岁以上、60(男)和55(女)岁(包含60和55)以下的残疾人所从事的,为获取报酬或经营收入所进行的活动,主要包括通过多重形式扶持使残疾人参加养殖业、种植业和家庭手工业等多种力所能及的劳动。在调查涉及的4360个对象中,适龄就业人口共3120个(男性2162个,女性958个)。

(二) 农村适龄残疾人就业状况

目前,我国农村残疾人生活面临着各种困难,最为明显的困难之一是他们的就业安置问题。根据全国第二次残疾人抽样调查,截至2006年4月1日,农村残疾人口为6225万人,占全国残疾人总数的75.04%,到2011年,有1748.8万农村残疾人实现稳定就业,其中1367.7万人从事农业生产劳动,还有大量的适龄劳动力没有就业。就业困难和问题表现在多个方面,通过调研发现,农村残疾人就业问题主要有:

一是农村残疾人就业比例低下。在是否就业方面的有效值为2897个，就业率为8.8%。男性残疾人就业比例为10.2%（有效值2014个）；女性为5.7%（有效值为883个）。调查中发现以集中安置残疾人就业为主的社会福利企业在安置比例上有很大的滑坡，农村残疾人就业多以分散就业或个体经营为主。

二是就业意愿不高。在回答"您是否有就业意愿"时，回答"是"的男性残疾人占46.9%，女性残疾人占42.5%，二者占总适龄就业人口的有效百分比为45.6%（有效个数为2943），不足劳动人口的一半。这种就业意愿低与就业需求大出现矛盾，其原因将会在后文中分析。

三是寻找工作困难较多。首先是找工作的途径单一，在目前已经就业的残疾人中通过自己找工作的为165人，通过亲戚朋友找的有77人，通过其他方式找的有60人；其次，在工作中可能因身体的原因遭到歧视的为203人，在就业人数中所占比例较大；再次，根据未就业原因的多响应二分变量的频数分布分析（见表1），适龄残疾人未就业的主要原因按主次排序为：身体难以承受原因占所有选择了该题的总人数的57.0%，自己没有就业门路的占23.0%，用人单位不接受的占17.4%，工作不理想仅占2.7%。可见在身体原因以外农村残疾人对工作的好坏并没有太多的挑剔，而主要是在就业门路和单位方面限制较大。

表1　　　　未就业原因的多响应二分变量集的频数分布

	回答 N	回答 百分比（%）	该题百分比（%）
未就业原因[a]			
身体难以承受	1287	57.0	58.8
用人单位不接受	392	17.4	17.9
工作不理想	60	2.7	2.7
自己没有就业门路	519	23.0	23.7
总数	2258	100.0	103.2

说明：a. 两组列均值为1。

四是接受职业技能培训和就业服务的比例小。在适龄残疾人中过去一年里接受过职业技能培训的为174人，占残疾劳动人口的5.9%；接受过残疾人就业服务的为233人,占残疾劳动人口的7.9%。

五是对国家对残疾人的相关政策了解很少。在被调查的残疾劳动人口中,不知道残疾人就业条例相关内容的人数为2633人,占89.1%;知道残疾人就业保障金的仅占11%。

六是农村残疾劳动人口有一定创业意愿,但需要政府支持。在身体条件允许的情况下有创业要求的人数比较多,约占劳动力人口的54.8%。根据多响应二分变量频数分布分析(见表2),适龄农村残疾人就业人群中,选择了该选项的人即数据值为"1"的共有2189人,在这些有创业要求的人群中,最需要政府解决的问题依次是:小额贷款占56.0%,提供技术指导占16.7%,提供经营场所占12.4%,提供税收政策支持占8.2%。这表明农村残疾劳动人口创业的自身条件有限,困难较多,需要外界力量的大力支持。

表2　　　　　　有创业要求下最需要政府解决的问题分析

	回答		该题百分比（%）
	N	百分比（%）	
创业需要政府解决的问题[a]			
小额贷款	1226	56.0	72.5
提供技术指导	366	16.7	21.6
提供税收政策支持	180	8.2	10.6
提供经营场所	272	12.4	16.1
提供人力支持	96	4.4	5.7
其他	49	2.2	2.9
合计	2189	100.0	129.4

说明:a. 两组列的值为1。

农村残疾人就业的这些问题制约着残疾人事业的发展,甚至影响着国家的稳定和和谐。农村残疾人就业困难的主要原因来自于多方面,以下从宏观、中观和微观层面对这些问题产生的原因进行分析。

二 农村残疾人就业问题的原因分析

(一) 宏观层面

从宏观层面看,农村残疾人就业面临着劳动力市场的大环境,必将受到劳动力市场的影响,主要表现在劳动力市场的转型、劳动力市场的分割、劳动力市场的供求失衡和国家对劳动力市场调控的缺失方面。

1. 劳动力市场的问题对农村残疾人就业的阻碍

(1) 市场化的劳动力市场使农村残疾人处于弱势。我国的劳动力市场在经济转型的过程中得以形成发展。计划经济体制下国家对劳动力资源的配置全权负责,劳动人口就业由国家包办分配,失业率较小。80年代经济体制改革使计划经济转向市场经济,在农村以人民公社为典型代表的计划经济制度被家庭联产承包责任制所取代,"包产到户"的模式促使农民"多劳多得、少劳少得、不劳不得",提高了劳动者的积极性。但是,在这一过程中,劳动力也被置于市场化的进程中,由市场起基础作用,在市场盲目性的特性下优胜劣汰。残疾人本身面临着身体、心理的缺陷,处于弱势群体之中,对于以土地为主要收入来源的农民来说,残疾对他们更是雪上加霜,他们是"弱势中的弱势",在自发性的市场下很容易被淘汰。

(2) 劳动力市场的分割阻碍农村残疾人的流动。在我国长期的城乡二元分割体系下,户籍制度、社会保障制度、教育制度、土地制度也存在着城乡之间、地区之间的差异,使劳动力市场也处于城乡分割的状态。这种分割的状态在不同的方面限制农村残疾人的流动,例如在教育制度方面,农村子女走向城市,在选择学校、升学考试等方面都受到一定的限制或区别对待,不仅给他们经济上带来困难,而且会给心理上带来压力;一些农民工将子女留在家乡又成为留守儿童,他们的教育和成长会出现一系列问题,这些都不利于农村劳动力的流动。对于农村残疾人来说,走向城市不一定是最佳的选择,但是他们想走向城市的困难比正常人更多,在户籍上的区别对待、寻找工作和衣食住行方面的歧视等都阻碍着他们顺利地走进城市去工作。

(3) 劳动力市场供求失衡减少了农村残疾人的就业岗位。在长期的社会发展中我国的劳动力处于供求失衡的状态,供大于求的矛盾比较严重。根据2009年人力资源和社会保障部部长尹蔚民介绍，全年需要就业的人员总数超过2400万人，而能够提供的新增就业岗位总数仅约为1200万个，供求缺口较大。同时，城市化进程的加快和产业结构的调整，使农村大量的剩余劳动力转移到城市，而每年劳动力市场上真正供给的就业岗位远远少于求职的人数，农村残疾人因生理、知识文化、技术水平、能力等多方面的原因常常最先被划出用人单位的考虑范围，早早没有了机会。根据《残疾人就业条例》，地方各级人民政府应当多方面筹集资金，组织和扶持农村残疾人从事种植业、养殖业、手工业和其他形式的生产劳动。但目前农村筹资困难、残疾人的分散性、缺乏有效的组织和管理机制等原因，为农村残疾人创造的就业机会和岗位非常有限。

（4）国家对劳动力市场的调控缺乏不利于残疾人就业。规范有序的劳动力市场需要在发挥市场基础性作用的同时，不断加强国家的宏观调控，在市场经济下，政府的作用首先不是从事经济活动，而是制定制度并保证制度的实施。但是，目前国家对劳动力市场的调控作用不够明显。在政策上，国家对安置残疾人就业的鼓励不够，不能调动更多的社会力量关注农村残疾人就业；在行政上，对于已有的政策制度宣传、监督和管理不够，落实的力度和预期的效果相差较远；在法律法规保障上，《残疾人就业条例》对残疾人就业服务、就业保障和用人单位的责任等有一定规定，但在具体实施过程中政府推动力度不够，企业不认真履行安置残疾人就业的法定义务，弄虚作假。

2. 农村残疾人就业环境的限制

在面临劳动力市场上一系列困难的同时，农村残疾人还面临着特殊的就业环境，不仅有来自于雇主强势资本的压力，也有中介组织的剥削，还有农村特殊环境带来的限制。

（1）弱势群体面临强势资本压力。马克思指出："资本只有一种生活本能，这就是增值自身，获取剩余价值，用自己的不变部分即生产资料吮吸尽可能多的剩余价值。"在现实生活中，资本表现为一定的物，如货币、机器、厂房、原料、商品等，在经济发展过程中，大量拥有这些资本的是一些企业和工厂。而一些企业主在占有强大资本的优势条件，在追求利润最大化的过程中却不顾民生多艰、社会公平、资源短缺和环境保护。农村残疾人在面临雇用单位强大的资本优势下，他们的弱势表现得更加明显。他们常常只能接受苛刻的工资条件和恶劣的工作环境来满足其基本的生活需求，残疾工人的话语权很难通过合法、畅通的渠道表达，在这样的"谈判"中早已是"不谈而败"。

　　同时，在追求利润最大化的目标下，企业认为雇用残疾人不利于企业生产的提高和利益的增加，一方面由于残疾人身体不便对生产效率的影响；另一方面，雇用残疾人的企业需要为残疾人建立无障碍设施，如盲人道、出门设施、上厕所设施等，这些将增加企业的成本，因此他们会遭到企业的排斥。根据2003年罗格斯大学研究显示残疾人在美国工作场所中远不具代表性，1/3被调查的雇主说残疾员工不能有效地完成规定的工作，第二个最普遍不雇佣残疾人的原因是担心其他残疾人设施的开销。

　　(2) 中介组织的剥夺损坏了农村残疾人的利益。市场上中介组织（如人才市场、职业介绍中心等）的存在不仅为用工单位提供多渠道的就业人员信息，也为求职者提供了更多的工作信息，但它们对农村残疾人就业的消极影响也不可忽视。例如，劳务派遣机构是处于用人单位和求职者之间的中介，派遣机构与派遣员工签订"劳动合同"成为派遣员工的法定雇主，其工作内容和时间、地点以及福利保险等都由派遣机构负责。用人单位与派遣机构签订"劳务派遣合同"，派遣员工在用人单位的管理监督下提供劳务。劳务派遣确实为用人单位和求职者双方带来了便利，但在就业市场上，求职者常常与用人单位之间存在信息不对称，一些机构利用其便利的条件，对求职者的工资、五险一金和劳动进行剥夺，从中获取利润，损害了他们的利益。这种劳务派遣的存在使劳资双方在劳动力市场上的地位更加失衡，使劳动者处于更加不利地位，体魄健全者尚是如此，残疾人劳动者就会更加不利。同时，一些劳务派遣机构在为他们介绍工作时倾向于一些临时的、少量的、技能水平比较低的工作，这些工作缺乏稳定性、可靠性，不能真正解决农村残疾人的就业问题。

　　(3) 农村环境的特殊性不利于残疾人就业安置。在信息高速发展和传播的今天，城市与城市之间、城市内部之间的信息交流速度飞快，但是在我国大部分农村地区，除了电视、电话的普及程度较高以外，其他的信息传播媒介还比较落后，农村还处于相对闭塞的状态。一些政策、信息传播慢，甚至无法传达到农民个人，正如上文分析中农村残疾人对残疾人职业培训和服务的了解很少，这在起点上和机会方面使农村残疾人处于劣势。同时，农村基础设施建设比较落后，城镇化的进程并没有辐射到大部分农村地区，农村残疾人数量大、分散化程度高，在农村当地建立企业或工厂比较困难，适宜农村环境的养殖业、畜牧业等却又缺乏组织和扶持，就地安置可能性不大，给农村残疾人就业安置带来了诸多不便。

（二）中观层面

1. 国家安置残疾人就业的政策存在不足

（1）社会福利企业建设的衰退。社会福利企业是集中安置有劳动能力的残疾人就业的特殊性经济组织。20世纪七八十年代社会福利企业形成，20世纪80年代至90年代中期达到兴盛，安置残疾人的数量不断增加，但从90年代后期以来社会福利企业处于衰落阶段，安置残疾人数大大减少，从1995年93.9万人到2007年56.3万人。（见表4）这种衰退的主要原因在于国家对社会福利企业的税收优惠政策的改变，原来的免税、减税转变为定额减税、先缴后退，减少了福利企业的利润，降低了他们安置残疾人就业的积极性。

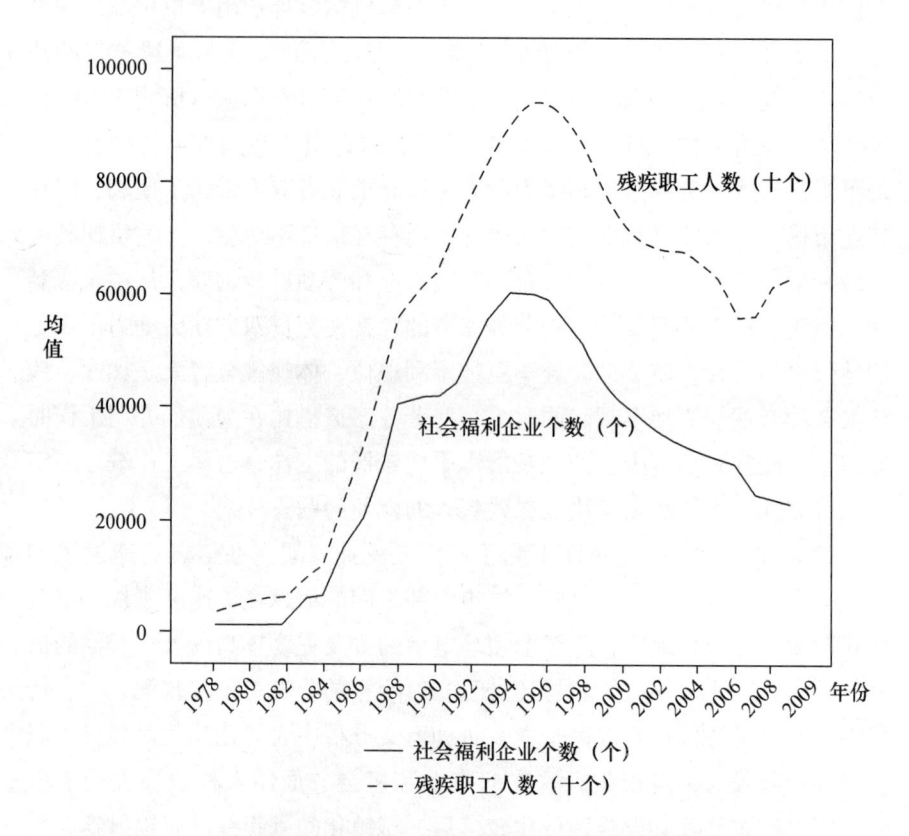

图1　1978—2009年全国社会福利企业个数和安置残疾职工数

（2）强制安排就业被异化为强制缴纳残疾人就业保障金。根据《残疾人就业保障金管理暂行规定》，"残疾人就业保障金"是指在实施分散按比例安排残疾人就业的地区，凡安排残疾人达不到省、自治区、直辖市人民政府规定比例的机关、团体、企业事业单位和城乡集体经济组织，根据地方有关法规的规定，按照年度差额人数和上年度本地区职工年平均工资计算缴纳用于残疾人就业的专项资金。按照规定，保障金只能用于补贴残疾人职业培训费用、奖励超比例安置的单位及为安排残疾人就业做出显著成绩的单位、有偿扶持残疾人集体从业和个体经营、按要求适当补助残疾人劳动服务机构经费开支和就业工作的其他开支。保障金的缴纳是为了约束相关企业单位积极为残疾人就业创造条件，逐步达到规定的安排比例，其根本目的是强制企业安排残疾人就业。然而，现实情况是，为了使利润最大化，一些企业单位宁愿缴纳就业保障金、雇佣正常人来工作，而不愿意安置残疾人就业，强制安排就业被异化为强制缴纳残疾人就业保障金，企业规避了社会责任，这与政府立法的初衷相违背，农村残疾人就业问题也没有真正得到解决。

2. 农村残疾人社会保障政策的不健全

近些年来，国家对残疾人的发展比较关注，对农村残疾人社会保障水平、覆盖范围也有很大提高。但与健全人及城市居民的社会保障相比，广大农村残疾人的社会保障政策还比较滞后。在社会保险方面，农村残疾人和健全人几乎享受同样的待遇，仅在新型农村养老保险方面，重度残疾人可以免交或少交；在医疗保险方面残疾人大部分需要长期服药或定期住院治疗和康复训练，相对于健全人的医疗支出大很多，调查显示，在经济支出方面被调查对象有74%的人选择医药费支出，在所有支出方面所占比例最大（68%的人选择饮食支出，15.2%的人选择衣着支出，3.8%的人选择康复支出）。在社会救助方面，大部分残疾人能够获得最低保障救助，但由于农村贫困人口数量庞大，甚至存在一份低保多人或多户平分的情况，或者一户多残家庭和正常家庭享受同样的待遇；在危房改造方面，困难的残疾人家庭即使接受国家和地方政府的补贴，但剩余部分对于他们来说仍然难以支付。因此，在农村残疾人社会保障方面并没有专项政策，保障的项目也非常有限，不能真正解决残疾人的生存问题，更不利于他们的劳动权和发展权的行使。

(三) 微观层面

宏观和中观的层面主要是从农村残疾人就业的社会背景和就业环境与政策角度分析了他们就业困难的原因。同时，农村残疾人的困难还来自残疾人培训的不足、农村残疾人就业的机会成本和残疾人自身的原因。

1. 农村残疾人培训与企业需求不相对应

国家对于劳动力的职业技能开发和培训比较重视，并建立了不同的职业技术学校，2010年全国省（自治区、直辖市）、市（地、州）、县（区、市）三级残联举办残疾人职业教育培训机构达2504个，接受残疾人职业培训的普通机构有2200个，83.3万人次残疾人接受了职业教育与培训，并有11.6万人次获得了职业资格证书。[9]但是，在调查中发现，农村残疾人职业培训并没有很好地适应市场的需要。一是因为一些针对残疾人开展的特殊培训如盲人按摩，在社会中的需求量比较大，但由于就业政策宣讲不够、就业信息咨询服务不到位，残疾人在自主选择的过程中不能很快地获得就业信息而无法及时就业。二是因为部分受过培训的残疾人相对于专业人员来说并不一定能够达到企业或工厂的要求，例如经过计算机知识培训的残疾人相对那些专业学习的人在知识结构和运用能力方面常不能满足用人单位的专业要求。三是地方残疾人联合会在为残疾人提供服务的过程中存在各种困难，如在与一些企业取得联系并同意接收残疾人就业后，残疾人输送过程中的费用、安全和安置等是地方残联无力承担的。因此，部分残疾人认为职业培训没有对他们的就业带来很大的帮助，参与培训的积极性也不高。

2. 农村残疾人就业的机会成本较高

机会成本是指为了得到某种东西所要放弃另一些东西的最大价值。农村残疾人就业的机会成本主要表现在几个方面：一是接受工作意味着可能要放弃国家对于贫困残疾人的低保、救助等相关待遇；二是大部分就业安置不能就地安置，需要到离家较远的乡镇或城市去工作，其中发生的路费、餐费等其他费用较多；三是处于工作年龄的残疾人大部分都有子女上学，若将子女留在原地则子女无人照管，若将子女带在身边则面临转学、接送等问题，且近年来城市房价、物价较高，残疾人的工资基本不能承受；四是由于身体不方便，在工作过程中他们面临的工伤事故风险比正常人要大。考虑到这些因素的影响，农村残疾人选择就业的代价比较大，如果就业待遇一般，他们宁愿放弃就业机会，这也是农村残疾人就业需求大而他们的就业意愿不高的主要原因。

3. 残疾人自身的限制

农村残疾人自身的原因也限制着他们的就业。一是残疾人面临肢体、精神、言语、智力、听力、视力等方面缺陷。调查结果显示（见图2），在残疾劳动力人口中残疾类型主要是肢体残疾，比例为62.8%，其他残疾类型各自占的比例较小，肢体不便直接影响了工作类型的选择，相对于正常人他们已经处于弱势。二是由于身体的残疾，一些残疾人内心比较敏感，他们自尊心比较强，自卑感也比较明显，情绪并不十分稳定，常伴有孤独感，在社会活动参与中常伴有主观排斥的心理，缺乏积极融入社会的主动性。三是农村残疾人受教育程度普遍较低。调查显示，农村残疾人文盲约占农村残疾人总数的20.6%，小学文化约占44%，初中28.3%，高中及以上仅占5%，在知识文化和职业技能方面的欠缺不能很好地满足市场需求。

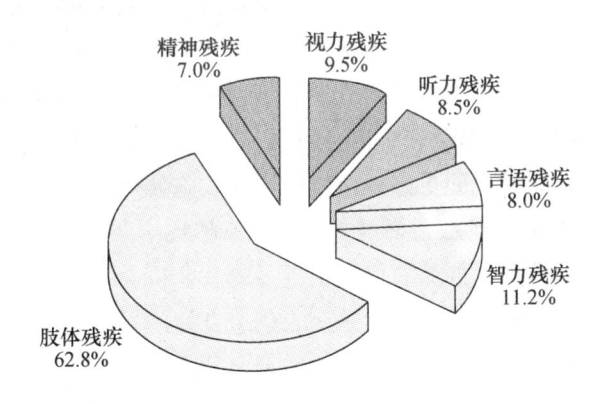

图2 残疾劳动力人口的残疾类型

三 解决残疾人就业困难的对策建议

由于农村残疾人的就业困难原因比较复杂，要想解决这些问题也需要多方面相互协作，共同来面对，以下从国家、社会和个人层面提出解决对策和建议。

(一) 国家层面

1. 完善残疾人就业法律法规，加强社会政策的宣传和落实

《劳动法》对就业合同的签订、劳动争议的解决、职业培训的政策、劳动安全卫生等作了明确规定，第四十八条还规定了国家实行最低工资保障制度，最低工资的具体标准由省、自治区、直辖市人民政府规定，报国务院备案。《劳动合同法》对劳动者与用人单位之间签订、解除劳动合同做了具体规定。《中华人民共和国残疾人保障法》第四章对残疾人劳动就业做了明确规定。2007年5月1日起施行的《残疾人就业条例》对用人单位的责任、残疾人就业保障的措施、就业服务、法律责任等作了具体规定，《残疾人就业保障金管理条例》中关于残疾人就业保障金的收缴和使用有明确要求。《残疾人权利公约》对残疾人就业也作了国际性规定，缔约国应按要求履行。

以上法律法规对残疾人就业有比较明确全面的要求，但在政策的落实方面需要国家加大对政策的宣传力度，避免由于信息不对称而产生的道德风险。针对农村残疾人的特殊情况，要利用通俗易懂、易记的方式进行宣传，尤其是要让广大的农村残疾人明确各项政策措施的意义和实施方式，保证他们在明确自己的权利基础上以正当的手段争取和维护自己在就业方面的合法权益，同时也能更好地监督政策的实施。

2. 增加就业岗位供给，创造良好的就业环境

城市化进程的加快能为农民提供更多的就业机会，但农村残疾人就业的最好途径是就近安置，为农村残疾人创造良好的就业条件首先要增加他们的就业岗位供给。提高岗位的供给最重要的是组织适宜农村环境的劳动生产，如种植业、养殖业、手工业和其他形式，给予适合他们的岗位，实现就地解决就业。笔者在入户访谈中遇到一位肢体残疾的农民告诉我们，她曾经以卖雏鸡为生，有人收集鸡蛋以稍高的价钱卖给她，以她的劳动能力能够孵化小鸡，之后卖出小鸡的收入能够维持基本生活。但是由于生产结构的调整，一些有劳力的人基本不在原地久住，现在失去了那个为她收集鸡蛋的人，维持基本生活的收入来源就失去了。同时，在农村成立互助合作组织能够发挥他们的积极性，并给予优惠政策鼓励他们吸收残疾人参加，也能更好地帮助残疾人融入农村生产建设。

首先，解决外出务工残疾人的后顾之忧。对有能力进入城镇就业的残疾人，国家和社会应为他们提供更多方便，如他们的子女受教育的问题上应减小户籍和身份的影响,与城镇子女受到同等对待;在住房方面城镇廉租房可首先考虑这部分人群;一些接受职业技能培训的残疾人后若有企业接收他们,那么政府应该解决他们就业的交通困难。

其次,要完善对中介组织的管理。贝弗里奇认为,大量无固定职业者的存在,是劳动力资源的浪费,主要原因来自于国家对劳动力市场缺乏有效的调节,而建立劳动介绍所制度可以起到调节的作用,劳动介绍所可以在劳动力供需之间进行协调。[10] 我国劳动力市场上的中介组织大量存在,但很多组织对提供就业岗位并没有保证,常常要收取较高的中介费,缺乏可信度。甚至有的组织提供的岗位是临时性的,劳动者所得还不足以支付中介费。国家应加强对这些组织的管理和监督,采取规范化的运行方式,提供正规、可靠的岗位,严禁中介乱收费用。

最后,规范劳动力工资待遇标准的设定。劳动力工资待遇应该由政府、市场、企业和职工共同参与制定,在宏观把握劳动力供求情况下,劳动局应测算出基本的劳务成本,并结合企业运营状态、物价水平和劳动者基本生活需求,预测出劳务待遇的增长线,然后由职工代表与企业进行协商,制定出双方基本满意的标准,最后由劳动局进行审核确定。规范的劳动力工资标准是保证农村残疾人基本生活的重要方面,使他们在维护自身基本权益方面有据可循。

3. 保障农村残疾人接受教育,提高残疾人就业能力

根据《残疾人教育条例》,首先是农村残疾儿童学前教育,要通过残疾幼儿教育机构、普通幼儿教育机构、残疾儿童福利机构、残疾儿童康复机构和普通小学的学前班和残疾儿童、少年特殊教育学校的学前班来保障残疾儿童学前教育,使他们不至于在起点上处于劣势。其次是义务教育,可通过随班就读和在残疾、少年特殊教育班的形式,制定与农村残疾儿童相适应的教材和教学方式,既注重科学文化知识的学习,又注重心理健康教育。最后是职业教育,主要是初等和中等职业教育,开展以实用技术为主的中期、短期培训。《劳动法》第八章规定,国家通过各种途径,采取各种措施,发展职业培训事业,开发劳动者的职业技能,提高劳动者素质,增强劳动者的就业能力和工作能力;《残疾人保障法》也规定残疾人联合会举办的残疾人就业服务机构,应当组织开展免费的职业指导、职业介绍和职业培训,为残疾人就业和用人单位招用残疾人提供服务和帮助。从基础教育到职业技能培训塑造残疾人独立的人格,掌握维持生存和发展

的"武器",提升适应社会的能力。

(二) 社会层面

1. 加强企业社会责任

市场经济下每个人都要在法律允许的范围内实现利益最大化。企业的社会责任首先体现在企业经营效益的提高,效益提高意味着依法缴纳的税收会有所提高,有利于增加国家财政收入,这是加大国家对农村残疾人就业投入的基础。因此,企业在法律范围内以追求利润最大化为目标无可厚非。但在企业自身获得发展的同时,应该用更多的直接方式体现其社会责任。积极吸纳农村残疾人到本企业就业,保障残疾人与其他员工同样享受企业的资源和待遇,既保障企业经营的正常化,又解决部分残疾人的就业问题,部分企业在能力范围内应争取超比例安排残疾人就业,提高企业社会形象。在残疾人就业保障金的缴纳方面做到积极主动、实事求是,真正达到企业效益和社会效益双赢的结果。

2. 发挥社会组织和个人的积极作用

解决农村残疾人就业问题还必须发挥好社会团体、社会组织机构的作用。他们作为资源的中介和联系人能够为残疾人就业提供及时的信息,能够将社会中分散的资源和力量集中起来帮助弱势群体,如社会中各种义工联盟的存在,他们常以己之力,助残扶弱,倡导奉献、友爱、互助,传播爱心,服务社会,以构建和谐社会。个人在残疾人就业方面的作用也值得鼓励和提倡,许多个人的力量是不可低估的,在社会转型发着中一些人先富裕起来,在他们的能力范围内应提高社会责任感。社会中为社会奉献的个人也数不胜数,2011年感动中国的人物之一的阿里木,8年来以烤羊肉串所挣取的几万元钱全部捐献出来资助了上百名贫困学生,很多网友亲切地称他为"烤羊肉串的慈善家"。为了让贫困的孩子们能安心上学,白方礼老人靠自己的劳动,在十多年的时间里先后捐款35万元,资助300多个大学生的学费与生活费。[11]社会中还有很多像他们一样的人以自己的行动感动着社会,也许社会中的人只要伸出一只援手,很多农村残疾人的就业困难就能得到缓解。

(三) 个人层面

1. 农村残疾人应树立正确的就业心态

就业不仅是保障基本生存的重要途径,而且是社会价值的重要体现。福利经济学中提出货币收入的高低并不能表示个人价值的高低,人的价值是完全不同于物品和服务的价格的,它不仅反映人及其所处的市场环境的关系,还反映人与其所处的社会环境、文化背景等的关系。[12]残疾人在工作中不仅获得一定的货币收入保障生活,同时也是提升个人价值的重要手段。残疾人对自己应该有正确的认识,以积极的心态对待自身的缺陷,在面临自身和外界困难时应努力克服,强化自立能力,树立自信心;在就业方面应积极主动,发挥自己所长。在寻找工作的过程中,不能轻易被就业市场上的条件和要求所吓倒,给自己准确定位,从自身实际出发,寻找与自身能力相适应的工作岗位。

2. 提高自身综合素质

个人的素质第一是思想道德水平,残疾人要加强自身的约束,努力提高自身的道德水平,获得社会认同和支持。第二是科学文化素质,在生活中应积极进取,不断学习科学知识,具备就业岗位的基本要求。第三是职业技能水平,拥有一定的技能是在就业中立于不败之地的重要条件,农村残疾人要积极向地方残联提出参加职业培训的意愿和要求,努力向自己的长处和感兴趣的行业发展。

参考文献

［1］李浩:《当前我国劳动力市场的典型特征及其原因分析》,《改革与挑战》2011年第11期。

［2］《中国今年失业人口总数超过2400万》,http://www.chinahrd.net/news/info/42527。

［3］梁小民:《微观经济学纵横谈》,生活·读书·新知三联书店2000年版。

［4］《马克思恩格斯全集》第23卷,人民出版社1972年版。

［5］《资本强势、政府强势、劳动弱势》,http://club.kdnet.net/dispbbs.asp?boardid=1&id=1174545&page=1&1=1#1174545。

［6］《残疾人权利公约》,http://baike.baidu.com/view/935103.html。

［7］张心淼、赵黎明:《现阶段就业模式与劳动力市场的变化特征研究》,2010年1月。

［8］《中国数据统计年鉴》(8—26),《历年社会福利企业情况》(1979—2009)。

［9］《2010年中国残疾人事业发展统计公报》。

［10］丁建定:《社会福利思想》,华中科技大学出版社2009年版。

［11］《2011感动中国十大人物》,http://baike.baidu.com/view/5214722.html。

［12］姚明霞:《福利经济学》,经济日报出版社2005年版。

"早期疗育"：完善我国农村残疾儿童福利体系和服务体系建设的核心问题

——基于"康复"和"教育"部分的实证分析

吉林大学哲学社会学院、
残疾人事业发展研究中心　　高圆圆*

一　引言

一个国家社会保障制度的内在目标能够通过三个途径来满足人们的需要：减少人们面临的障碍、增强人们克服困难的能力、提供人们所需的资源。[1]据此，残疾儿童的社会保障除了生活保障方面，还包含能力发展方面的保障，以及医疗、康复训练以及无障碍环境等资源，这些资源能够帮助他们克服残疾所带来的各种活动障碍。早期疗育是结合了社会福利、卫生专业人员、诊疗师、康复医师等专业人员的力量，为0—6岁残疾儿童提供满足其特别需求的一个多学科、跨专业的一种团队合作[2]。早期疗育对提高残疾儿童能力发展有切实有效的作用。将早期疗育纳入残疾儿童福利项目之中，能够让残疾儿童福利效力更强、时间持续更长，真正起到标本兼治的作用。因此，早期疗育应该作为改善残疾儿童福利的一种重要途径。残疾儿童早期疗育问题又是建立我国残疾儿童福利制度中的重中之重。儿童期是残疾人身体发育和变化的关键期，残疾儿童只要经过残余能力的恢复和科学地潜能开发，将获得不同程度的生活自理能力和社会适应能力，成为对社会有用的人力资源。[3]如果将残疾儿童福利重点落在保障残疾儿童的生活和义务教育，而忽视早期疗育，则会错过残疾儿童学龄前

---

* 本文为作者主持的教育部人文社会科学研究项目"我国残疾儿童福利制度评估与转型研究——基于培育残疾儿童参与社会能力的视角"（12YJC630052）的阶段性成果。

的生理和智力的黄金康复期。如果残疾儿童的症状不及时发现、治疗和康复，不但会影响儿童的身心发育，甚至威胁其生命。因此，残疾儿童早期疗育应当作为我国残疾儿童福利制度和服务体系的重要组成部分。

二 农村残疾儿童"早期疗育"工作的现状

要推动早期疗育在农村残疾儿童福利中发挥相应的重要作用，首先需要考察我国农村残疾儿童早期疗育的现实状况。调查显示，农村残疾儿童早期康复需求与接受康复情况之间，以及农村残疾儿童身心发展需求与接受早期教育之间存在着亟待解决的矛盾。

（一）农村残疾儿童早期康复需求与接受康复情况之间的矛盾

从调查情况看，绝大多数农村残疾儿童急需康复治疗和康复训练，但他们的需求却得不到满足。根据数据显示（见图1），绝大多数残疾儿童不同程度的存在着生活自理困难，需要接受早期治疗和早期教育以及康复训练。有63.6%的残疾儿童在穿衣服方面存在困难；66.7%的残疾儿童在入厕方面存在困难；有63.6%的残疾儿童在管理个人财物上存在困难；75.0%的残疾儿童在室外活动方面存在不便。与这种庞大的需求相比，在调查中接受过康复训练的农村残疾儿童人数占所有被调查农村残疾儿童总数的比例却显得微乎其微。所有被调查农村残疾儿童中仅有18.2%的残疾儿童接受过治疗与康复训练；仅有9.1%的残疾儿童享受过辅助器具配

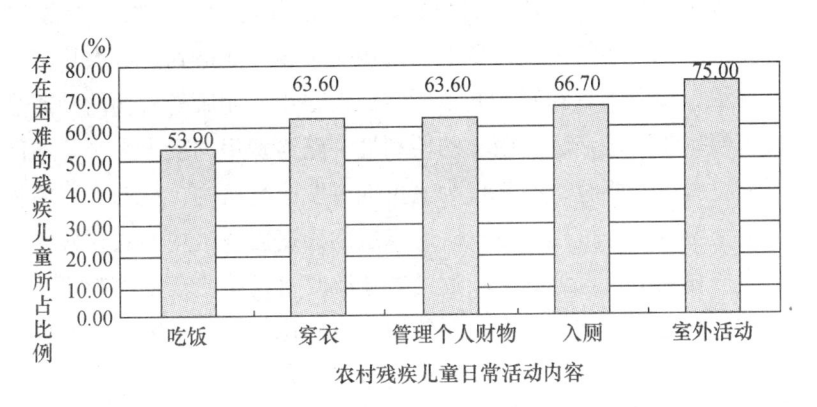

图1 农村0—6岁残疾儿童日常活动存在困难的基本情况

资料来源：根据本次调查问卷数据资料统计分析得来，并用此图表展示。

置的服务；9.1%的残疾儿童享受过心理疏导的服务；18.2%的残疾儿童家庭接受过康复知识普及教育；9.1%的残疾儿童享受过日间照料的服务，而几乎没有残疾儿童享受过托养服务和跟踪回访服务（见图2）。

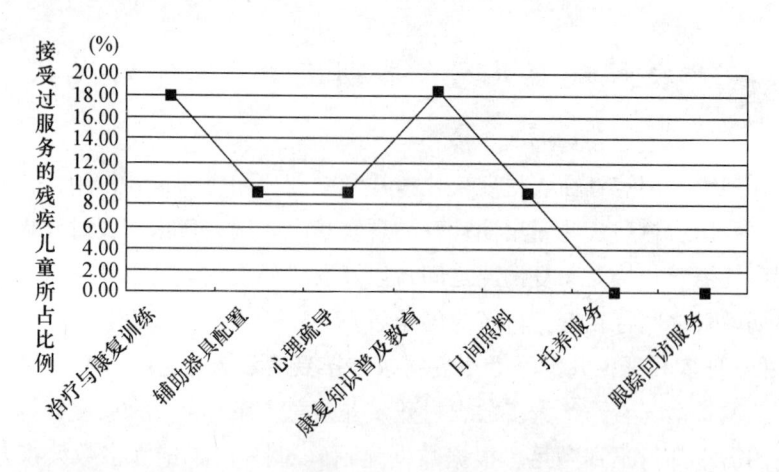

图2 农村0—6岁残疾儿童接受康复服务的情况

资料来源：根据本次调查问卷数据资料统计分析得来，并用此图表展示。

导致农村残疾儿童康复服务缺失状态的主要原因有以下几个方面：

第一，农村残疾人康复保障体系不健全，保障水平较低。数据显示，仍然有36.4%的农村残疾儿童家庭过去一年内无法享受康复治疗支出报销，同时接受过医疗救助的农村残疾儿童只占到所有残疾儿童家庭的15.4%。康复费用问题正成为残疾儿童接受康复方面遭到的最大障碍。调查数据显示，接受康复的残疾儿童所占比例很小。而康复机构的缺乏也严重影响到残疾儿童接受康复服务的便利性和路途费用的支出大小。在问到接受康复服务的场所时，回答仅为家里或专业康复机构，没有人回答村卫生所和乡镇卫生服务机构。由于缺乏基层的康复服务机构，农村残疾儿童只能选择待在家里或者到路途较远的专业康复机构接受康复治疗。

第二，家庭可支配收入中康复费用支出的比例小。根据残疾儿童家庭在残疾儿童各项支出优先序安排，可以看出，残疾儿童所有支出项目中康复支出被排在较靠后的位置。最主要的两项支出去向是饮食费用和医药费，其次才是康复费用的支出。在问到家庭最需要的救助时，绝大多数人最需要的是经济资助和医疗救助，而教育和康复救助被排在次重要的位置。由于农村平均经济收入低，在过去的一年中，残疾儿童的家庭经济收入平均每人每年只有5791元，寥寥无几的收成仅能维持家中的基本生活。残疾儿童家庭拿不出康复费以及康复所需要的路费，在新合作医疗自负部分和报销以外的部分，仍是一笔不小的开支，对于这些处于为生计奔波的农村家庭，支付这笔费用是较大的经济负担，因此，这些残疾儿童家庭通常选择放弃去接受康复治疗。

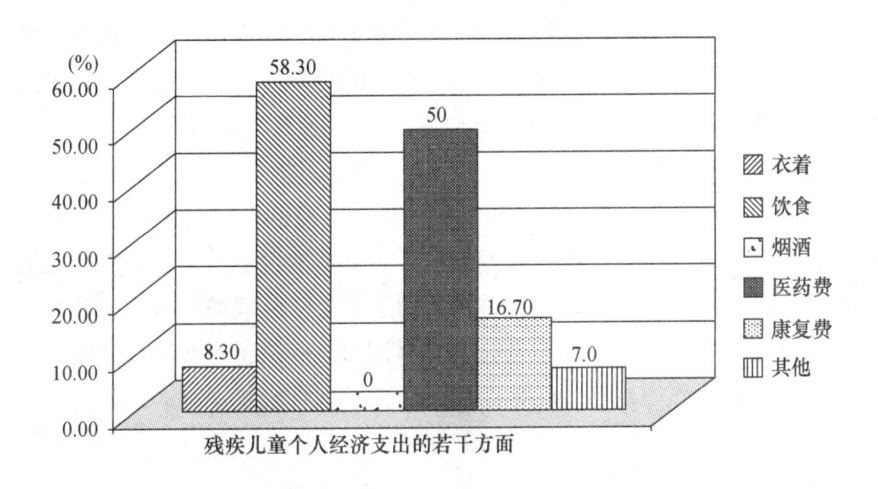

图3 残疾儿童个人经济支出的情况分布情况

资料来源：根据本次调查问卷数据资料统计分析得来，并用此图表展示。

第三，在康复模式的选择上，更多的农村残疾儿童家长愿意让孩子在家中接受康复训练，而不愿意孩子离开自己的保护。调查数据显示，72.7%的农村残疾儿童家长不希望将孩子送入康复托养机构集中托养，只有18.2%的农村残疾儿童家长愿意送孩子到所在地区的集中托养机构托养。可见家庭治疗和康复训练对家长来说，相对一种比较容易接受的服务方式，而我国农村残疾儿童家庭的康复服务还比较缺乏，但数据显示，只有7.7%的农村残疾儿童家庭曾请过医生到家中看病。由此可知，农村残疾儿童在家中接受康复的情况也甚少，而又因不能去较远的康复机构托养和不便于外出接受康复服务，而导致许多残疾孩子得不到基本康复治疗和训练（见图4）。

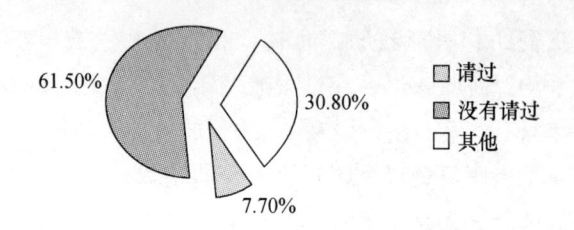

图4　残疾家长为孩子请医生到户的诊疗情况

资料来源：根据本次调查问卷数据资料统计分析得来，并用此图表展示。

第四，家长的康复知识知晓程度和康复意识影响着残疾孩子接受早期康复的机会。许多家长对残疾孩子康复的可能性不抱希望，从而减少了残疾孩子接受康复的机会。根据调查数据显示（见图5），在被调查的残疾孩子家长中，有54.5%的家长对残疾孩子康复不抱希望，对孩子康复很有信心的家庭只占9.1%。然而残疾孩子接受康复的情况会不同程度地受到家长的康复意识影响。那些对残疾孩子康复不抱希望的家长不能积极地选择康复手段对孩子的缺陷进行补偿，而了解康复原理并对残疾孩子的未来发展有抱有一定信心的家长，会千方百计为残疾孩子寻找治疗和康复训练的机会，甚至辞掉自己的工作全职陪同孩子进行康复训练。

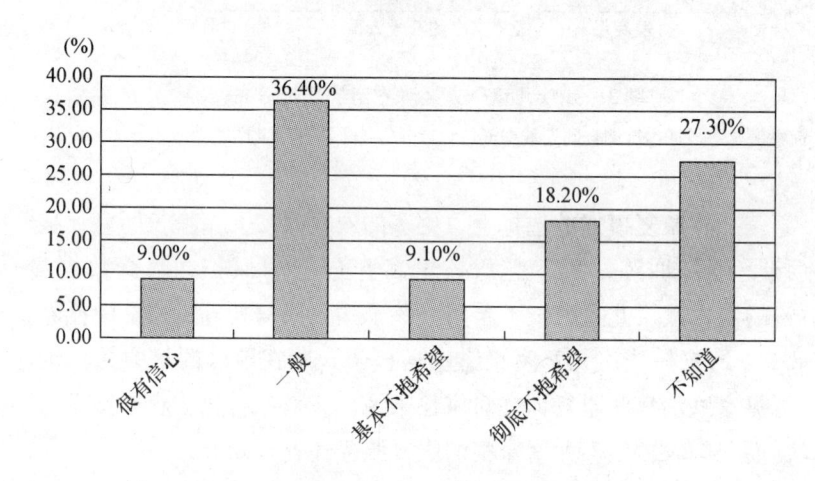

图5　家长对残疾孩子康复的期望情况

资料来源：根据本次调查问卷中的数据资料运用统计软件进行分析并制成本图。

（二）学前特殊教育发展与农村残疾儿童身心发展需求之间的不平衡

长期以来，我国农村残疾儿童教育始终没有得到有效的解决，而早期教育的发展则更为落后。调查中发现，农村残疾儿童入学率反映出的问题令人担忧。在调查的Q县，年龄在16岁以下的有20个农村残疾儿童，其中7人在学校学习，只有一人就读于聋哑学校，其余在普通学校随班就读；其他13人属于辍学人员，而其中有63.6%的人是由于身体缺陷而不能上学，其次36.4%的是由于家庭贫困的原因不能上学，还有18.2%的人辍学是由于没有适合自己的特教学校。义务教育的情况尚是如此，农村学前教育更是举步维艰。我国农村地区尤其是农村地区的学前教育整体发展迟缓。

农村地区的学前教育发展迟缓的重要原因之一，即缺乏学前教育的经费保障。在取消农业税后，农村学前教育未被纳入教育规划，所有费用支出处在各级政府的财政预算之外，很多农村学前教育依靠日常收费和各基层财力情况给予专项补助，而更多的情况是农村学前教育仅依靠村民自身的力量来支撑。由于缺少外来资金支持和经费保障，农村绝大部分幼儿园长期存在这样几个的问题：学前班、幼儿园数量稀少，只有离乡镇较近的极少数农村残疾幼儿能接受正规的学前教育，许多分散居住的农村幼儿基本处于缺乏学前教育的境地。办园条件差，无独立园舍场地小，基本设施简陋，保育质量低，存在极大的安全隐患，园内老师无教师编制，特殊教师资源严重匮乏等普遍存在的问题。

另一个较重要的原因是承载农村残疾儿童学前教育功能的教育机构发展十分缓慢。以Q县为例，仅有一所专为智力残疾儿童开设的育智学校在Q县的E镇小学，尚无为听力残疾儿童开设的聋儿学校，离该县所在地距离最近的聋校也在该市的F县，这是全省唯一的聋校，而盲童学校数量更少，整个J省唯一的一个盲校在S市，距离Q县距离该市300公里。许多残疾孩子的家庭由于收入低，承担不起就学所需要的附加费用和所失去的机会成本，放弃去如此遥远的特殊教育学校读书。同时，在学校义务教育现存状况下也可看出，由于没有具备特殊教育背景的特教人员来办的特殊班，农村残疾儿童多数被安排在普通学校的普通班。这些尚不完善的教育机构在结构设置和制度体系设计上忽略了农村残疾儿童的特殊教育需要。

访谈资料1：
X镇的中心小学全部是为普通学生提供教育的普通教师，没有设立特殊班级。全镇共有 30 名残疾儿童,其中 7 名为轻度智障儿童,这 7 名残疾儿童全部进入该所普通小学的普通班级学习。这些学生没有得到比健全儿童更多的补贴,每个学生营养餐 3 元,残疾儿童也是一样,其他额外的补贴就没有了。

资料来源:该乡的实地调查中家长口述资料整理而来。

据访谈资料1中的情况显示,该 X 镇中心小学的负责人在访谈中说,由于缺乏相应学历和背景的特殊教育老师,为残疾儿童仅能够提供与健全儿童同一的教学环境而不能起到特殊教育的功能。现阶段,学校所能提供的仅是照顾的功能,维持残疾儿童在读书期间有老师照看而已,无法达到教学的目的。同时,各级政府仍然缺乏足够充分的资金支持,更没有针对残疾幼儿入学的优惠政策。

访谈资料2:

Q 县 M 乡镇,一提起残疾孩子上幼儿园的问题,家长普遍反映:"园内房子破旧不堪,没什么娱乐设施,没正规幼儿教师,除了在那中午吃顿午餐,什么都学不到。"

资料来源:该乡的实地调查中家长口述资料整理而来。

从访谈资料2中可看出,农村残疾儿童在普通幼儿园或者普通班内得不到应有的特殊教育,这些幼儿园仅维持的是对残疾幼儿基本照顾和护理的功能。

访谈资料3:

在 Q 县 M 乡镇,一名肢体残疾儿童,正在上小学。由于患侏儒症身材矮小,自出生这个残疾孩子就比较自卑,在幼儿园期间,由于其他孩子不喜欢和他一起玩,性格十分的内向,心理的挫折感和压力很大。而普通教师无法给予针对残疾孩子的专业康复辅导和训练,尽管上小学后在班级学习成绩一直名列前茅,但是在人际交往能力方面都存在一定的缺陷,性格孤僻,不愿意与人交流,没有要好的同伴。

资料来源:根据 M 乡座谈会上中心小学校长的访谈资料整理而来。

从访谈资料3可知,该残疾孩子在幼儿园期间,由于没有接受到恰当的早期教育和充分有效的家庭支持，心理发展和人格形成都受到了负面的影响，不得不说这是早期疗育的缺失和特殊教育保障所导致的恶果。残疾儿童在幼儿园无法接受到好的心理辅导服务，必将严重影响到孩子的健康成长和身心发展。

访谈资料4：
"我的孩子3岁时才发现是自闭症，整个S市没有公立的康复机构。孩子4岁开始我便带孩子去全国各地治疗，几年下来，家里的积蓄都花光了。现在孩子有一定的个人自理能力，能够与其他同学进行一定的社会交流，我感到很欣慰……目前我经营一个民办的孤独症儿童康复中心，有27个孤独症孩子，除了两名孩子的是外地的，其他都是本地的，绝大部分家庭困难，交不起学费，我都会在学费上适当优惠，这个中心也是勉强维持着……在康复的同时，对这些孩子交一些学前班的知识，有些上了小学的孩子，仍然回来中心补习功课。"

资料来源：根据孤独症儿童的母亲访谈资料整理而来。

综上可见，农村残疾儿童的学前教育由于无法进入教育整体规划，公办的学前教育所需要的场地配套资源稀少，特殊教育教师力量十分薄弱，远不能为广大农村地区的残疾幼儿提供应有的早期特殊教育。在此背景下，民营的机构反而起到一定的补充作用。从中也可以看出，由于残疾儿童功能缺陷的持续存在，他们的学前教育阶段要比健全儿童更长，只有延长早期教育或者提前进入适当的学前特殊教育，才有可能解决农村残疾儿童教育的实际问题。

（三）中国农村残疾儿童早期疗育的实施所面临的挑战

实证调查数据和访谈资料充分说明了农村残疾儿童早期疗育的现实困境，即农村残疾儿童早期康复和早期教育、学前教育供给与需求相比严重不足。原因可能来自三个方面。

首先，政府和社会对残疾儿童保障和服务体系建设的重点问题仍存在一定的偏差。根据2006年第二次全国残疾人抽样调查数据显示，0—14岁残疾儿童仅占全部残疾人口的4.66%，而15—59岁残疾人占残疾人口总数的42.1%，60岁及60岁以上的残疾人占残疾人口总数的53.24%。可见，我国0—14岁残疾儿童所占百分比远小于15岁以上残疾人口所占的百分比。与众多的成年残疾人和老年残疾人相比，残疾儿童这一群体的需求常被忽视和弱化，甚至这种观点在政府和社会中长期存在并得不到扭转。然而0—6岁的残疾儿童，仅占全部残疾人口的1.7%。在调查中有关人员抱怨，0—6岁的残疾儿童数量少，很多康复工作和援助工作很难开展。但是，所占比例小不能成为且不该成为康复工作难以开展的理由。相反，更应将残疾儿童康复保障和教育保障进行细化，不能减少对残疾儿童的财力投入。同时，残疾儿童家长对残疾子女的未来发展仍存在偏见。许多农村家庭希望子女能够成为有用的劳动力和有技术的人才，当发现子女残疾便感到失望，认定他们是没有劳动能力的人，从而放弃对子女的培养和教育。有些家长对残疾子女抱有康复愿望，然而家庭经济条件差，也放弃孩子的康复治疗，他们认为能做只是让残疾子女能够生活得更好。有些家长了解康复的作用，却将康复和教育视为代价太高的非理性选择。

其次，早期疗育的核心内容尚未纳入残疾儿童保障体系和服务体系。在早期发现和诊断方面，存在着覆盖面不够、保障不到位等问题。当前享受城乡最低生活保障的孕妇，在孕期产前筛查、新生儿疾病筛查及早期疗育方面所需的经费纳入当地财政预算。但前提必须为低保家庭，这一条件的制约把绝大部分的残疾儿童家庭排除在外。然而，在农村残疾儿童的早期康复方面也同样存在诸多不足。不仅存在"低保"对是否享受康复救助的诱导和抑制作用，还有一系列残疾儿童康复服务没有纳入到社会保障体系，如视力残疾儿童手术治疗和行走训练、生活技能训练、精神和智力残疾儿童所需要的工疗和娱疗等康复项目未能纳入保障范围，普通家庭的多重残疾和重残儿童托养服务也尚未纳入福利范围之内。在早期教育和学前教育方面，由于早期教育和学前教育的教育机构发展不够，费用高昂，当前农村残疾儿童家庭没有经济条件支撑这些费用，且难以做到每日接送，这让残疾孩子普遍得不到及时有效的教育。

最后，现行农村残疾儿童社会保障制度建设正处于起步阶段，有关早期教育和早期康复保障的相关改革尚未启动。例如，我国还没有建立起早期疗育方面的专项财政预算。这让早期康复和教育方面的政府财政投入与残疾儿童家庭的巨大需求之间形成巨大的缺口。再如，农村残疾儿童早期疗育保障体系和服务体系的建设过程中缺乏相应的法制建设。虽然法律和法规中有强调残疾儿童教育和康复，但学前教育方面尚未纳入立法当中。由于缺乏法律规范实施细则，已经立法的条文得不到贯彻落实。此外，农村残疾儿童早期疗育的服务机制尚不健全，农村公立康复中心（康复室）和早教机构的服务网络设置不完善，一些乡镇没有能力为残疾儿童的早期康复和早期特殊教育。但由于学前教育未纳入到社会主义新农村建设规划中，也未纳入到对乡镇政府考核指标中。以农村幼儿园为主的学前教育网络还不能普及到每个行政村。同时，未能提供专车接送残疾儿童上学和返回家中，未能提供交通补贴补偿因康复导致的交通费用或租雇专车所带来的费用。仍然重要的是，农村家长未参与到残疾儿童早期疗育中并发挥其作用。由于受到农村地区家庭劳动生产的特殊性的制约，家庭中残疾儿童的父母双方需要不间断的农业劳动来获取家庭经济收入，少有时间和精力顾及残疾孩子的康复和教育。仍有多数残疾儿童的家长并不知晓孩子有残疾问题，或虽已注意到异常情况但并未意识到问题的严重性。[6]另外，残疾儿童专业性要求高、幼儿难以配合，给残疾儿童早期疗育带来不小的挑战，因此，早期疗育的专业人员需要具备特殊教育或康复医学背景专业知识背景的复合型人才。然而，现有的人才培养导向还没有转移到学前特殊教育和早期康复上来。

二 建立和完善农村残疾儿童早期疗育的福利制度和服务体系

进入社会经济发展的新时期，我国经济发展水平仍然持续提升。政府在不断完善农村残疾人生活保障和补偿制度安排的同时，应将以上的挑战视为下一步改革的动力。积极发展残疾预防和残疾儿童缺陷干预机制，充分发挥福利制度的人力资本投资作用，在完善福利制度和服务体系的过程中，强调早期疗育的作用以促进残疾儿童全面发展，给残疾儿童和其家庭乃至社会带来对未来发展的良好预期。

（一）建立和完善农村残疾儿童早期疗育的福利制度

目前，我国农村残疾儿童福利制度福利水平还比较低，在许多福利制度安排上还有待完善。尤其是亟待完善补偿模式和补偿机制，以提高残疾儿童福利制度的供给水平，满足残疾儿童日益增长的需求。因此，下一个时期的任务是要对已经确立的残疾儿童保障制度做进一步完善，并积极地推进其他补充保障的发展，全面建设系统有效的残疾儿童福利制度。

完善农村残疾儿童的生活保障制度，提高生活保障水平，促使残疾儿童的生活质量得到保证。建立农村残疾儿童福利津贴制度，由当地基层政府发给残障津贴。对农村残疾儿童全部给予残疾儿童抚养津贴或残障津贴，直到学龄前保留其津贴待遇，特别对重度残疾儿童给予高标准补助待遇，让农村残疾儿童能够合理分享到国家经济社会发展的成果。

全面推进和完善新型农村合作医疗制度，给予农村残疾儿童在新型农村合作医疗制度中的特殊待遇。在这方面，首先要加大推行力度实现残疾儿童参加新农合医保的全覆盖，对参加新农合个人缴费的贫困残疾儿童家庭由财政按规定标准给予补贴。其次，增加残疾儿童所需要的诊疗项目进入报销范围。将精神残疾儿童住院、肢体残疾儿童的矫治手术、脑瘫、智障和听力残疾儿童康复治疗等医疗服务项目纳入新农合报销范围。再次，将精神残疾儿童门诊用药纳入新型农村合作医疗慢性病门诊报销范围。最后，对低保、被托养残疾儿童的大病医疗给予特殊补助，使入托残疾儿童都能及时得到医疗服务。

进一步整合康复救助制度，建立残疾儿童的早期康复专项救助。对符合康复救助条件的残疾儿童，按照所需要康复时长进行相应的康复救助。启动实施残疾儿童康复救助工程，对各类贫困残疾儿童实施医疗康复救助，省级财政视各地进展情况采取以奖代补方式给予补助。将贫困残疾人急需的轮椅、盲杖、拐杖、助听器、助视器等基本辅助器具所需补助经费纳入公共财政支付范围。对贫困残疾儿童家庭在残疾人辅助器具服务中心购买辅助器具，给予价格优惠，对确实需要又无力购买的应予免费配发。

增设残疾儿童护理津贴制度，为智力残疾儿童、精神残疾儿童、重度残疾儿童以及多重残疾儿童提供所需要的护理补贴，补偿家庭因照护残疾子女而误工所带来的成本。借鉴德国和日本的经验，中国也有必要考虑建立长期护理保险机制，这种机制同样可以兼顾残疾人护理的需求。[8]按照残疾儿童的残疾等级和所需要护理的时间长度，合理安排那些具有不同需求的残疾儿童统一的护理补贴标准。在有条件的情况下，将护理津贴制度、生活保障制度、新型合作医疗制度、康复救助制度有机地结合起来。

推进农村残疾幼儿早期教育和学前教育制度，将其作为早期疗育福利的核心内容，实现残疾幼儿学有所教的目标。政府应鼓励农村残疾儿童入园，满足残疾儿童学前教育的基本需要。为避免残疾儿童家庭因接受早期教育而产生较大的经济损失，对家庭经济困难的残疾幼儿入园实施救助制度，用于资助农村孤残儿童和家中有 3—5 岁残疾儿童的家庭。对家庭非常贫困的残疾幼儿入公办幼儿园依据具体情况给予减免学费的待遇，为入园的残疾幼儿提供适当的餐补和交通补贴，保障残疾幼儿入园学习。

发展慈善公益事业，积极引导慈善资源和社会力量对农村残疾儿童成长的普遍关注，广泛传播早期疗育对农村残疾儿童成长的重要性，以便扩大全社会对农村残疾儿童的资助范围和援助力度。努力扩大志愿者在残疾儿童福利服务方面的参与规模，发动志愿者更多地扶助残疾儿童早期教育，开展志愿性护理服务活动，尤其是发展农村社区的志愿者队伍，就近就地开展志愿活动和互助行为。

对残疾儿童家庭而言，实现对抚养残疾儿童的父母实施税负减免，向残疾儿童家庭提供购房租房补贴、交通费补贴和交通工具的补助，为家长购买残疾幼儿休闲娱乐器具提供补贴也是必需的。只有在确保残疾儿童家庭对残疾幼儿的早期疗育的持续性支持的前提下，才能保证残疾儿童相关保障待遇和相关权益不因家庭原因而损失。因此，残疾儿童的家庭特殊援助也将成为残疾儿童福利制度体系中重要且有益的补充内容。

（二）建立和完善农村残疾儿童早期疗育的服务机制

考虑我国特定的体制背景和文化传统，早期疗育的服务需要有一定的模式创新。在服务体系建设的进程中，以提供康复的服务和教育服务为核心，加强新型农村合作医疗与残疾预防、早期康复和教育的结合，建立科学的新生儿缺陷防治和幼儿缺陷干预管理机制。在此同时，还需要建立和完善托养服务及无障碍服务等相关的服务建设。

第一，建立完善的农村儿童残疾预防与诊断服务体系。建立起综合性、社会化的预防和疾病控制网络，健全出生缺陷干预体系和新增残疾儿童报告制度，为残疾儿童设立档案和跟踪回访服务。倡导和监督婚前医学检查和优生筛查及药物干预，做好农村妇女孕期、围产期保健，建立起法定的新生儿疾病筛查和特需儿童补碘制度。同时，建立残疾儿童缺陷发现和控制的预警机制。建立残疾儿童预防网络需要对环境、公共卫生、灾害等方面实施防控，积极发现残疾并减少残疾发生。在农村教育机构建立咨询与治疗中心，承担早期发现和诊断的功能，对 0—6 岁疑似残疾幼儿进行残疾筛检，对其进行评估，对交通事故中儿童给予残疾评估，对紧急医疗救护中产生的残疾进行评估，对确定残疾的儿童给予残疾医学证明。

第二，建立农村残疾儿童早期康复服务体系，针对残疾儿童的残疾状况身体缺陷功能缺陷采取补偿性的矫正或者补救措施,这是保障残疾儿童康复权利提供的重点服务。内容包括为残疾儿童的家长提供咨询和信息,为残疾儿童的康复治疗提供补助,为其使用辅助器具提供补助,提供早期疗育,提供辅具研发服务。增设残疾儿童康复机构和早期康复项目,在乡镇卫生院和农村社会福利服务中心要配备专职康复医生。全面开展残疾儿童康复,在农村利用卫生、民政、教育、计生服务网和民办康复机构,就地就便为残疾儿童提供早期康复服务。

第三,建立农村残疾儿童早期教育服务体系。积极发展村内教育模式是当前农村幼儿教育的内在要求。很多农村家长外出务工而留下残疾子女在家里无人护理的情况较多。又因农村幼儿园地处农村的优势,开展村内教育让残疾孩子从小认识各种农作物,学习种植各种蔬菜,让残疾孩子学会浇水除草,培养起自理能力和劳动能力对农村孩子来说裨益无穷。在村内实施早期教育还可以做到各种玩具就地取材,不需要额外费用去购置高档玩具。当前农村公共教育资源,如原村小学院舍都处于闲置亟待有效利用。因此,应将残疾人早期教育和学前教育纳入教育发展规划及评价考核体系,在县或乡建立一所特殊教育幼儿园或者特殊教育学校幼儿班,或者纳入新农村建设规划中,在村内改建幼儿园。服务方式上采取个性化教育,进行差异性个别化的课程设计,提供巡回教育、床边教学等灵活的教育服务以满足孩子的特殊需求。

第四,加快实施托养服务的基本建设。托养服务包括增设各类残疾儿童的养护机构,设立孤残儿童的福利教养机构,拓展临时托养服务。当前应该加快对那些家庭无能力照料或者孤残的幼儿给予托养服务,采取公办、公办民营、民办公助等方式,对智力残疾幼儿、精神残疾幼儿和孤独症幼儿以及重度残疾幼儿和多重残疾幼儿托(安)养机构建设。在每个县至少建立一所具有一定规模并符合标准的残疾幼儿的托养机构。在乡镇依托农村社会福利机构在机构内部建立专门适用于残疾儿童的日间照料站,配备具有特殊教育和幼儿教育背景的幼师和相应资质护理人员为精神残疾儿童、智力残疾儿童、重度残疾儿童提供生活照料、康复养护、文体娱乐等服务。积极发展由社区提供生活照顾服务、日间托育或临时托育、托养交通服务、居家服务的模式。[9]

第五,加快与残疾幼儿相关的无障碍建设。与残疾幼儿息息相关的无障碍建设包括改造幼儿园无障碍学习环境,进行家庭无障碍建设,以及改建扩建公共建筑,对城市道路、公共设施和场所进行无障碍改造。根据残疾儿童的残疾程度和家庭面积对残疾幼儿的家庭进行无障碍改造提供资助。保证用于幼儿学习和娱乐的用品能够进行无障碍的学习和使用,因此需要对幼儿产品进行无障碍的技术升级,提供各种形式的语音、文字提示、盲文、手语等无障碍服务。

第六,引导家长介入早期疗育服务之中。在早期疗育服务的运行过程中还需要与家庭责任良好地结合。残疾幼儿的家长要关注孩子成长、发育的状况及行为,通过对子女的外表形体、行为表现、发育速度等方面进行观察,及时发现孩子存在的发育迟缓或能力异常,及早向医疗机构或康复机构的专业人员寻求帮助。家长可主动向康复人员报告孩子的相关情况,包括家族病史、孩子出生情况、家庭个人情况等,为医疗和康复人员提供诊断鉴别上的帮助。家长可参与残疾儿童病情评估并制定目标,在了解孩子现况和应有的发展水平的基础上,与康复师共同制定适当的疗育目标和训练计划,并在残疾儿童评估和训练的过程中积极配合并同步向专业人员反映子女在训练中遇到的问题,为专业人员修改康复计划提供重要的信息。

总之,建立起一个由政府各职能部门、社会力量、家庭多方联动的服务体系,要加强家庭对残疾儿童残疾风险的教育和康复知识的教育,倡导康复和教育的理念,宣传早期康复和教育的重要性,增加家庭对新生儿残疾风险的防治知识,才能更好地保证残疾儿童早期疗育福利制度的实施效果,提高残疾儿童福利水平。

三 推动农村残疾儿童早期疗育的配套改革

在建立和完善农村残疾儿童早期疗育的保障体系和服务体系过程中,不可避免地受到一些制约因素的影响,客观上相关配套改革的滞后会直接导致建设过程中的困难。因此,要实现农村残疾儿童早期疗育,应该同时推进配套建设和改革,减少制度建设的阻力。

第一,建立建设残疾儿童早期疗育信息平台和咨询中心。残疾儿童的早期疗育需要信息的交流和互动,只有加快信息化建设才能让残疾儿童的早期疗育工作规范化、科学化、有序化。因此,需要建立一个早期疗育信息平台和服务中心,推进残疾儿童福利信息化的步伐。以县级残联部门为依托建立残疾儿童畅通无阻的早期疗育信息平台,可以让基层政府、相关职能部门全面快捷地了解本县范围内管理对象的信息和变化情况,让其他社会保障制度的实施拥有参考依据,是有效实施福利待遇的必要条件。残疾儿童早期疗育咨询中心又是确保残疾儿童享受服务的基本载体。在县级残疾儿童康复中心下设残疾儿童信息服务中心为残疾儿童家庭专门提供信息交流,促进残疾儿童家长之间的交流。同时,为家长提供免费的教育培训,让家长走入课堂学习与残疾子女沟通的技巧,帮助家长掌握残疾预防和康复基本知识,促进残疾儿童家长了解残疾儿童的特征与康复方法;为残疾儿童家长提供应急性的辅导和处理技巧。

第二,加快残疾儿童托养机构和早育机构的发展。各级政府需要多方面对残疾儿童托养机构和早育机构给予全力支持,做好残疾儿童服务基础保障工作。在残疾儿童托养机构创建初期,可根据软硬件条件,从残疾人就业保障金中给予一次性投入作为启动补助资金。民政部门应积极配合,特别是在福利中心用房和人力、物力方面给予大力支持。所属的民政部门和残联部门可以组成考核组,对机构实行年度考核,并按考核结果给予机构或个人于相应的实物和资金奖励。另一方面,加快新建和改扩建作为早育机构的农村幼儿园。以农村普通儿童学前教育的经验可以发现,坚持以政府投入为主,以公办幼儿园为主。鼓励社会力量办学前教育,依据经济发展水平让农村家庭缴纳在承担范围内的费用。规范幼儿园的教育管理,以游戏为基本活动,推进幼儿园素质教育,同时需要纠正残疾儿童学前教育"小学化"倾向。

第三,营造残疾儿童早期疗育福利制度和服务体系的社会氛围。广大的社会力量是残疾儿童福利制度蓬勃发展的重要推力。营造有利于残疾儿童早期疗育福利制度和服务体系的社会氛围,是促进残疾儿童早期疗育的有效途径。一是要为残疾儿童早期疗育取得社会资源的支持,需要通过宣传使社会各界能充分认识早期疗育的重要功能,争取企事业单位和爱心人士给予残疾儿童早期疗育更多的关注。二是需要动员社会为残疾儿童托养机构、家庭照顾提供志愿服务。特别是在早期康复、早期教育等方面,组织志愿者到托养机构或者残疾幼儿家中做义工,可以有效对机构的管理力量给予补充。三是鼓励社会力量开办形式多样的残疾儿童托养机构,利用农村社区空闲用房进行改造,开办农村社区残疾儿童日托所,解决残疾儿童日间无人照料的矛盾。对符合托养条件的机构,县残联对机构进行评估,以确定其为残联残疾人共享小康工程定点托养机构,并根据相关规定给予资助。

第四,规范早期疗育的专业人员队伍建设。没有规范的专业人员配备,早期疗育工作不可能科学地进行。对残疾儿童而言,他们需要多个领域的专业人员才能满足残疾儿童康复和特殊教育等特殊需要,专业人员队伍构成包括辅助幼儿教学的社工人员,帮助残疾学生上下轮椅,为残疾学生提供熟悉手语熟悉盲文用具的特教幼师;包括残疾幼儿所需要的早期康复医师,如儿科医生、物理治疗师、语言矫正师、心理治疗师、听力学专家、定向行走专家、职业辅导专家,给予其各方面的服务。现阶段,要构建以特教幼师、各类康复医师等组成的多领域、多功能的基本服务团队,需全力推进农村工作的专业人员的培养。在农村地区需注重残疾儿童服务的便捷程度,就近给予康复服务和教育。还需要继续加强对保育机构和幼儿特殊教育机构的服务人员专业水平,培养一批懂得业务、有爱心、有耐心的护理人员。只有保证以上人员的人才供给量和服务水平,才能使早期疗育工作顺利进行,极大地推动残疾儿童福利制度和服务体系的建立和发展。

参考文献

[1] [美] 威廉姆著,解俊杰译:《当今世界的社会福利》,法律出版社 2003 年版。

[2] 彭淑华等:《儿童福利——理论与实务》,华都文化实业有限公司 2008 年版。

[3] [5] 高圆圆:《中国残疾儿童福利研究——从功能补偿到能力开发》,中国人民大学 2011 年版。

[4] Betsy VanLeit, Samol Channa, Prum Rithy, Children With Disabilities in Rural Cambodia: an Examination of Functional Status and Implications For Service Delivery, *Asia Pacific Disability Rehabilitation Journal*, Vol. 18, No. 2. 2007, 33 – 48.

[5] 朱杰等:《兴化市农村 0—6 岁儿童智力残疾的流行病学抽样调查》,《中国行为医学科学》2006 年第 11 期。

[6] 董奇:《儿童创造力发展心理》,浙江教育出版社 2000 年版。

[7] 郑功成:《中国残疾人社会保障的宏观思考》,《河南师范大学学报》2007 年第 6 期。

[8] 《中共吉林省委吉林省人民政府关于促进全省残疾人事业发展的实施意见》,2009 年 9 月 1 日。